六朝江南道教の研究

陸修静の霊宝経観と古霊宝経

林 佳恵
Kae Hayashi

早稲田大学エウプラクシス叢書——016

A Study of Daoism in the Period of the Six Dynasties through the Early Lingbao Scriptures

First published in 2019 by
Waseda University Press Co., Ltd.
1-9-12 Nishiwaseda
Shinjuku-ku, Tokyo 169-0051
www.waseda-up.co.jp

© 2019 by Kae Hayashi

All rights reserved. Except for short extracts used for academic purposes or book reviews, no part of this publication may be reproduced, stored in a retrieval system or transmitted in any form whatsoever—electronic, mechanical, photocopying or otherwise—without the prior and written permission of the publisher.

ISBN978-4-657-19801-3

Printed in Japan

目 次

序 論▶ ‥‥‥‥‥‥‥‥‥‥‥‥‥‥‥‥‥‥‥‥‥‥‥‥‥‥‥‥ 1
　第 1 節　序言（先行研究史）　1
　第 2 節　問題の所在　8
　第 3 節　研究の方法　9

第 1 篇
敦煌本「霊宝経目録」における経典の分類　　15

第 1 章▶陸修静による霊宝経典の分類‥‥‥‥‥‥‥‥‥‥‥ 16
　第 1 節　序　　言　16
　第 2 節　敦煌本「霊宝経目録」の分類と「元始系」・「仙公系」の不一致　18
　第 3 節　陸修静の考える「元始旧経」　20
　第 4 節　「元始旧経」と紫微宮秘蔵の経の関係　24
　第 5 節　紫微宮秘蔵の経の条件　27
　第 6 節　『太上洞玄靈寶眞文要解上卷』の分類　28
　第 7 節　小　　結　31

第 2 章▶陸修静の霊宝経観と『太上洞玄靈寶天文五符經序』の分類‥‥‥‥‥‥‥‥‥‥‥‥‥‥‥‥‥‥‥‥ 34
　第 1 節　序　　言　34
　第 2 節　陸修静が示す霊宝経の二つの系統　36
　第 3 節　「霊宝経目序」に見える陸修静の霊宝経観　37
　第 4 節　『太上洞玄靈寶天文五符經序』の分類　41
　第 5 節　陸修静の霊宝経分類における「太上」の位置付け　43
　第 6 節　『太上太極太虛上眞人演太上靈寶威儀洞玄眞一自然經訣』の分類　45
　第 7 節　小　　結　46

第3章▶陸修静の霊宝経観と「舊目」の解釈……………48
    第1節　序　　言　48
    第2節　陸修静の霊宝経典の分類結果と「舊目」の解釈　51
    第3節　「篇目」の「未出」経典と「未出」の意味　54
    第4節　小　　結　60

第2篇
敦煌本「霊宝経目録」の分類カテゴリーの検証　63

第4章▶霊宝経における新旧の概念の形成……………64
    第1節　序　　言　64
    第2節　霊宝経における陸修静の新旧の概念　65
    第3節　敦煌本「霊宝経目録」著録経典中の「新経」の概念　67
    第4節　敦煌本「霊宝経目録」著録経典中の「元始旧経」の概念　68
    第5節　霊宝経典中の「舊」の語の意味　77
    第6節　小　　結　80

第5章▶「十部妙經」と「元始旧経」……………82
    第1節　序　　言　82
    第2節　「十部妙經」に言及する「元始旧経」中の経典　83
    第3節　「十部妙經」の設定　84
    第4節　「十部妙經」と「十方」の観念　107
    第5節　「十部妙經三十六巻」の検証　111
    第6節　小　　結　132

第6章▶分類の為のカテゴリーとしての「元始旧経」と
　　　　「仙公新経」……………136
    第1節　序　　言　136
    第2節　「元始旧経」の検証　136
    第3節　「仙公新経」の検証　155

第4節 「仙公新経」と「元始旧経」で共通する戒　175
第5節 小　　結　182

第3篇
陸修静の霊宝経観　185

第7章▶霊宝経と天師道　186
第1節 序　　言　186
第2節 霊宝経中の『道徳五千文』への言及　187
第3節 「靈寶齋」と「三天齋」　204
第4節 霊宝経典中の天師張道陵　210
第5節 霊宝経典中の天師道の神々　216
第6節 「元始旧経」に見える「發爐」　228
第7節 小　　結　232

第8章▶陸修静の霊宝経観の形成　235
第1節 序　　言　235
第2節 「靈寶經目序」中の霊宝経観の形成にかかわる霊宝経典　236
第3節 「靈寶經目序」に見える陸修静独自の霊宝経観　239
第4節 『太上洞玄靈寶授度儀』の「師告丹水文」中の霊宝経に関する言及の考察　246
第5節 陸修静の霊宝経観の継承　252
第6節 小　　結　264

結　論▶　267

あとがき　273
主な参考資料・文献　275
索　　引　290
英文要旨　299

序　論

第 *1* 節　序言（先行研究史）

　霊宝経は周知のように、道教の三洞四輔部の経典において、洞玄部を構成する重要な経典である。劉宋（420〜479）中葉に存在していた早期の霊宝経については、劉宋の道士陸修静（406〜477）がこれを整理して目録を作ったことが、北宋（960〜1127）・張君房の『雲笈七籤』（HY1026）巻四に収められている陸修静の元嘉十四年（437）の「靈寶經目序[1]」（以下、「目序」と略す）などからつとに知られていたが、陸修静が作成した霊宝経典の目録は久しく散逸したと考えられていた。しかし、大淵忍爾氏が梁（502〜557）の道士宋文明（生没年不詳）の『通門論』と擬定した[2]、敦煌写本ペリオ2861の2とペリオ2256（ペリオは、以下、Pと略す）[3] の中に、陸修静の目録を保存する内容が

---

1) 　陸修静が元嘉十四年に作成した『靈寶經目』自体は現存せず、その序である「靈寶經目序」のみが『雲笈七籤』の巻四に保存されている。
2) 　この『通門論』の擬定については、本書第2篇第5章の注151）参照のこと。
3) 　大淵忍爾『敦煌道経・図録篇』（福武書店、1979年）の725頁下段〜727頁上段にこの写本の写真図版を収める。同氏『敦煌道経・目録篇』（福武書店、1978年）付録1（365〜368頁）の三種の霊宝経目録の対照表も参照のこと。陸修静は泰始七年（471）にも『三洞經書目録』の中で霊宝経典の目録を作成しているが、この目録も現存しない。大淵忍爾氏は、敦煌写本中の霊宝経目録を敦煌本『靈宝経目』と呼び、その内容は元嘉十四年の『靈寶經目』を反映すると推定している。大淵忍爾『道教とその経典』（創文社、1997年）第二章の一、二（73〜88頁）参照。これに対し小林正美氏は、北周（556〜581）・甄鸞の『笑道論』の、太（泰）始七年に勅により作られた経典目録に関する記述に、「乃至洞玄經一十五巻猶隠天宮（乃至洞玄經一十五巻猶は天宮に隠る）」（『大正新脩大蔵経』（以下、『大正蔵』）52巻、151頁中段）とあり、

含まれることを発見し、1974年に発表した英語論文「古霊宝経について[4]」の中で紹介したことによって、目録の具体的な内容が知られることとなった[5]。陸修静の霊宝経の目録が発見されたことにより、『正統道蔵』(以下、『道蔵』)に収められた多くの経典の中から、劉宋期、陸修静の頃に存在していた霊宝経典の弁別が可能となり、それによって霊宝経に関する研究が大きく進展することとなった。発見された敦煌写本中の目録に著録された経典を『道蔵』に収められた他の洞玄部の霊宝経典と区別して、古霊宝経と呼ぶ研究者も多い。本研究ではこの目録を敦煌本「霊宝経目録」と呼び、そこに著録されている経典については、敦煌本「霊宝経目録」著録経典という言い方の他に古霊宝経の呼称も用いる。発見された敦煌本「霊宝経目録」は、霊宝経研究の進展に大きく貢献する資料であったが、同時に、目録の内容から霊宝経について新たな問題が生じることとなった。それは、敦煌本「霊宝経目録」の内容が前半、後半の二部構成になっており、その構成から霊宝経に二系統あることを示していた為である。大淵氏は、この目録が前半に「元始舊經紫微金格目三十六巻」を著

　　未出経典の巻数が敦煌本「霊宝経目録」の未出経典の巻数と一致することなどから、敦煌本「霊宝経目録」は泰始七年の『三洞經書目録』中の霊宝経典の目録部分を伝えるものとする。小林正美『六朝道教史研究』(創文社、1990年)第一篇第三章二参照。唐(618～907)・法琳の『辯正論』巻八にも「修靜經目」として、『笑道論』と同様の記述が見える(『大正藏』巻52、545頁中段)。ここでは小林氏の見解に従い、敦煌本「霊宝経目録」を泰始七年の霊宝経典の目録を伝えるものとして扱う。近年、この敦煌写本中の目録について劉屹氏は小林氏と同じ見解を示すと共に、これに大淵氏の用いた敦煌本『霊宝経目』ではなく敦煌本「霊宝経目録」の呼称を用いている。劉屹『漢唐道教的歴史与文献研究』(博揚文化、2015年)三、古霊宝経的基礎研究:「敦煌本"霊宝経目録"研究」(141～172頁)。筆者も敦煌本「霊宝経目録」の表記の方がこの目録について先入観や誤解を与える可能性が低く、また敦煌本「霊宝経目」の表記は元嘉十四年の『靈寶經目』と混同し易いと考え、本書では敦煌本「霊宝経目録」という表記を用いる。

4) "On ku Ling-Pao-Ching," *the Acta Asiatica 27*, The Toho Gakkai, Tokyo, 1974, (pp. 35-50) 大淵氏のこの論文はその後、加筆修正され、幾つかの付加的考論を加えて、大淵忍爾前掲書(1997年)第二章に「霊宝経の基礎的研究」(73～121頁)として収められた。筆者は主にこちらを参照した。

5) アンリ・マスペロ氏は、大淵氏以前に、敦煌写本中に陸修静の目録が残されていることに気づいていたが、1945年の死により、ポール・ドミエヴィル氏が残された研究遺稿を編集・出版するまで、そのことは遺稿に記されるに留まっていた。Maspero, Henri (1950) *La Taoisme, Mélanges Posthume sur les Religion et l'Histoire de la Chine*, vol.2, Paris ; Civilisations du sud, 川勝義雄訳『道教―不死の探求』(平凡社、1978年)の94～95頁に、敦煌写本中の陸修静の目録に関する記述が見える。本書は邦訳本を参照。

録し、後半に「葛仙公所受教戒訣要及説行業新經」(以下、「仙公新経(せんこうしんきょう)」と略す)を著録すると指摘した。そして、この目録の発見以降、所謂「元始(げんし)旧経(きゅうきょう)」と「仙公新経」の二つのグループに分けられた霊宝経典作成の主体と、二つの経典群の成立年代に関する問題が、霊宝経の問題として大きく取り上げられるようになった。

敦煌本「霊宝経目録」が発見される以前、霊宝経の作者については、陳国符氏が1949年に出版した『道蔵源流考』(中華書局:1963年増訂版参照)の中の「霊宝経考証」で、南斉(479〜502)・梁の道士である陶弘景(とうこうけい)(456〜536)が『眞誥(しんこう)』(HY1010)巻十九の「眞誥叙録(しんこうじょろく)」に、「葛巣甫造構靈寶、風教大行(葛巣甫(かつそうほ)は靈寶を造構し、風教大いに行はる)」(11b)と記した部分に基づき、早期の霊宝経は東晋(317〜419)末に葛巣甫(かつそうほ)によって作られ、劉宋期に陸修静がそれらを修訂し、以来、世間に流行するようになったとする見解を示した。その後、陳国符氏の見解は、ステファン・ボーケンカンプ氏が1983年に発表した論文"Sources of the Ling - Pao Scriptures"[6]の中で精査された。ボーケンカンプ氏は、大淵氏の発見により陸修静の霊宝経の目録が得られたことから、霊宝経典の起源の再考証が必要であると考え、この論文の中で、霊宝経と上清(じょうせい)経、江南土着の古い宗教的伝統や仏教経典との関わりを分析し、葛氏(かつ)一族が霊宝経を作った背景には、楊義(ようぎ)が受けた茅山(ぼうざん)の啓示で、葛玄(かつげん)(葛仙公(かつせんこう))が不死者に過ぎないと告げられたことに対して、天界での葛玄の地位を高めようという意図があったことを指摘すると共に、葛巣甫が東晋末の隆安年間(397〜401)頃に敦煌本「霊宝経目録」著録経典の大部分を作ったと結論した[7]。このようにして、霊宝経は葛巣甫を中心にした作成者たちによって作られたとする説が、久しく霊宝経に関する学界のほぼ通説となった。イザベル・ロビネ氏[8]やクリ

---

6) Bokenkamp, S. R., "Sources of The Ling - Pao Scriptures," M. Strickmann ed., *Tantric and Taoist Studies in honour of R. A. Stein*, (Bruxelles; Institut Belge des Hautes Etudes Chinoises, 1983), vol. 2, pp. 434-486.

7) 近年のボーケンカンプ氏の論文(2009年)酒井規史・山田明広共訳「転経―古霊宝経の宣教方式」(田中文雄、Kleeman, Terry編『道教と共生思想』、大河書店、2009年、73〜86頁)では、葛巣甫が実際に霊宝経の作者であるとする仮説は疑問の余地があると述べており、大部分の古霊宝経の作者を葛巣甫とするこれまでの見解を変えつつあるようである。

8) Isabelle Robinet, *Histoire de Taoisme*: des origines au XIV e siècle, Paris : Les Éditions du Cerf, 1991; translated by Phillis Books, *Taoisme : Growth of a Religion*, Stanford University

ストファー・シペール氏[9]、神塚淑子氏[10]、王承文氏[11]らはこの見解を支持する立場の研究者であり、またミシェル・ストリックマン氏は1977年の論文「茅山における啓示[12]」の中で、王霊期(おうれいき)が上清経の創作を始めたきっかけが、葛巣甫による霊宝経の造構であったとしている。陳国符氏と前後して、1950年に福井康順氏が論文「霊宝経の研究[13]」を発表し、霊宝経を葛洪の『抱朴子内篇(ほうぼくしないへん)』に見える「古霊宝経」と、「広霊宝経」、『元始無量度人上品妙經四註(げんしむりょうどにんじょうぼんみょうきょうしちゅう)』(HY87、『度人經』四註本(どにんきょうしちゅうぼん))及び『靈寶無量度人上品妙經(れいほうむりょうどにんじょうぼんみょうきょう)』(HY1)全61巻の四つに分け、東晋末の葛巣甫や劉宋の陸修静が「広霊宝経」の編集に関与したという見解を示した。1955年には吉岡義豊氏が「陸修静と六朝道教目録[14]」を発表し、霊宝経が葛巣甫によって「造構」されたという見解を示した。1979年に大淵忍爾氏が、敦煌写本P2861とP2256の写真図版を収録した『敦煌道経・図録篇』(福武書店)を出版し、これによって研究者が自分の目で

　　Press, 1997 英語訳版を参照。
9) Kristfer Schipper,"Purity and Strangers: Shifting Boundaries in Medieval Taoism, " *T'oung Pao* 80, 1994, pp. 61-81
10) 神塚淑子(1999年)『六朝道教思想の研究』(創文社)、同氏(2017年)『道教経典の形成と仏教』(名古屋大学出版会) 等、論文多数。神塚氏の研究は二系統の霊宝経の作成時期やその作者の問題よりも、霊宝経の思想や経典中に見えるモチーフの分析・解明に重点を置いている。二系統の霊宝経にかかわる道流の問題についても、天師道、所謂上清派や霊宝派の道流を対立的関係で捉えるのではなく、むしろ天師道を道流の母胎的なものとして捉え、霊宝派については天師道の伝統を継承しながら、他の道流の経典や仏典にも深い関心を示しつつ宗教活動を行う人々の存在を想定しているようである。神塚氏の指摘する霊宝経における「葛仙公」の存在の意義は、古霊宝経の起源を考える上でも重要であると考える。
11) 王承文 (2002年)『敦煌古霊宝経与晋唐道教』(中華書局)、(2017年)『漢唐道教儀式与古霊宝経研究』(中国社会科学出版社) 等、論文多数。
12) Strickmann, Michel(1977)"The Mao Shan Revelations: Taoism and the Aristocracy," *T'oung Pao* 63, pp. 1-64；(同論文邦訳)宮川尚志、安倍道子共訳「茅山における啓示―道教と貴族社会」(酒井忠夫編『道教の総合的研究』、国書刊行会、1977年、333〜369頁。)
13) 福井康順(1950年)「霊宝経の研究」(『東洋思想研究』四)：『福井康順著作集』(法藏館、1987年) 第2巻 (道教思想研究)、341〜447頁に再録。福井氏が「古霊宝経」と呼ぶのは、『抱朴子内篇』巻十二「辯問」篇に見える「靈寶經」の「正機」、「平衡」、「飛龜授袟」の三篇の経典であり、敦煌本「霊宝経目録」著録経典のことではない。『抱朴子内篇』に見える西晋末に存在した霊宝経については、本書第3篇第8章の注283) 参照のこと。
14) 吉岡義豊(1955年)「陸修静と六朝道教目録」(『吉岡義豊著作集』第三巻、五月書房(1988年) のIの第二章として収録)。この時点で敦煌本「霊宝経目録」は未発見であるが、吉岡氏は仏教側の資料や『道教義樞』(HY1121)の記述から、陸修静が泰始七年に勅命により編纂した道教目録が、『道教義樞』で言及する「陸先生三洞經書目録」であると推定している。

敦煌本「霊宝経目録」を保存する敦煌写本の実物の状態を確認することが容易になった。その後、小林正美氏が1982年に「劉宋における霊宝経の形成」(『東洋文化』62号、東京大学東洋文化研究所)と「霊宝赤書五篇真文の思想と成立」(『東方宗教』60号、日本道教学会)の論文二篇を発表し[15]、古霊宝経に見える「大乗(だいじょう)」の思想に着目して、中国仏教史との関連からそれまでの通説であった東晋・隆安年間末頃に葛巣甫が古霊宝経を作ったという説は成立しないと指摘し、葛巣甫が作ったのは所謂古霊宝経ではなく、氏が仮に『霊宝赤書五篇眞文(れいほうせきしょごへんしんぶん)』と呼ぶ一種の霊宝の護符であるとした。その上で小林氏は、敦煌本「霊宝経目録」に見える陸修静による霊宝経典の分類に対して、経典の内容から霊宝経を「元始系(げんしけい)」霊宝経と「仙公系(せんこうけい)」霊宝経の二系統に分類し直し、前者は葛氏道(かつしどう)によって作られ、後者は上清経のみならず霊宝経をも摂取しようと考える天師道(てんしどう)の一派[16]によって作られたという独自の見解を示した。1997年に大淵忍爾氏は、『道教とその経典』(創文社)を出版し、その中で敦煌本「霊宝経目録」の「元始舊經紫微金格目」中の「篇目(へんもく)」部分が、葛巣甫が霊宝経の構想を示すものとして作った「舊目(きゅうもく)」であり、陸修静はこの「舊目」に基づいて「元始旧経」の「已出(いしゅつ)」経典、即ち「巻目(かんもく)」の経典を選定したという見解を示した。また「仙公新經」については、敦煌本「霊宝経目録」中の「元始旧経」の「未出(みしゅつ)」経典と併せて葛巣甫の後学の徒が作ったと考えられるという見解を示した[17]。大淵氏の見解は、陳国符氏が目録発見以前に示した、『眞誥』中の「葛巣甫造構靈寶」の記述を根拠に、霊宝経が葛巣甫によって作られたとする見解と立場を同じくする。このように大淵氏の1974年の論文発表以降、霊宝経の研究は、霊宝経作成の主体と、それらの経典の成書年代に関する問題に大きな関心がもたれるようになっていく。また、小林氏の見解は、作成主体の問題に更に道教の道流(どうりゅう)の問題を結びつけるものであり、ここから敦煌本「霊宝経目録」の示す二系統の霊宝経の作者の問題には、「元始旧経」と「仙公新經」について、いずれも同一の道流によって作られたとする見解と、異なる道流によって

---

15) この二篇の論文は、小林前掲書(1990年)第一篇に収録されている。
16) 小林前掲書(1990年)の中で、小林氏はこの天師道の一派を「天師道三洞派」と呼んだが、『中国の道教』(創文社、1998年)以降の研究では、「天師道三洞派」という考えを改め、「天師道」全体の活動の中に、霊宝経の摂取も含まれるとしている。
17) 大淵忍爾前掲書(1997年)第二章三〜五参照。

作られたとする見解に基づく研究が行われるようになる。前者の研究は基本的に、陳国符氏以来の、霊宝経が葛巣甫を中心とする葛氏のグループ[18]によって作られたという視点からの研究であり、後者の研究は、小林氏の見解の側に立った視点からの研究であると言える。最近の敦煌本「霊宝経目録」著録経典の研究で、この二つの視点から行われている研究としては、王承文氏と劉屹氏の研究が挙げられる。近年、王承文氏は前者の視点から、「仙公新経」を「元始旧経」の補助及び注釈的な経典と位置付け、「仙公新経」は「元始旧経」を補完する目的で作られた経典であるという主張に基づき、一連の論文を発表している[19]。これに対し劉屹氏は、二系統の霊宝経の作者は異なるという視点から、二系統の霊宝経典にそれぞれ見える神格体系の相違に着目し、「仙公新経」を「元始旧経」に先行して作られたとし、「元始旧経」を「仙公新経」より後出の霊宝経典であるとして、王承文氏とは反対の見解を示している[20]。

　一方で近年、霊宝経の研究において、大淵忍爾氏や小林正美氏に始まる二系統の霊宝経の、経典作者及び作者が属する道流の別という問題には重点を置か

---

[18]　これを研究者の間では便宜上、葛氏道或いは霊宝派もしくは霊宝経派と呼ぶが、このような道流の問題については、それを論じる前に霊宝経研究の前提となっている「二系統の霊宝経」という概念の思想的背景を明らかにすることが必要と考える為、本研究では道流については特に言及しない。

[19]　王承文氏は「新旧」の古霊宝経は関連しあう一続きの経典であり、「新経」は「旧経」を解説し発展させたものであるとし、「新旧」の古霊宝経に同じ戒が見えることなどをその根拠として挙げる。王氏の一連の論文も一貫して、新旧二系統の霊宝経があることを前提としている。例えば同氏前掲書（2017年）下篇第三章第二節、同書下篇第四章第三節等。

[20]　劉屹氏は、2008年の論文「「元始系」与「仙公系」霊宝経的先後問題—以「古霊宝経」中的「天尊」和「元始天尊」為中心」（『敦煌学』第27輯、275～291頁）、及び2009年の論文「敦煌本「霊宝経目録」研究」（『文史』2009年第2輯（総第87輯）49～72頁、同論文は後に同氏前掲書（2015年）三、「古霊宝的基礎研究」の141～172頁に収録）の発表以来、一連の論文で、所謂新旧二系統の霊宝経の成書時期の前後問題について論じ、「仙公系」霊宝経・「仙公新経」を先行とし、「元始系」霊宝経・「元始旧経」を後出とする見解を示した。最近の研究では、「新旧」の区分に意義があったのは陸修静の霊宝経の分類整理の頃までで、それ以降は区分の意義は無くなったとするが、そこでも一貫して、「新経」が先に作られ、「旧経」が後から作られたとし、新旧二系統の霊宝経を前提に論じている。劉屹（2014年a）《靈寶略紀》与北宋初年的霊宝経教伝統」（2014年5月第6回日中学者中国古代史論壇『中国史の時代区分の現在』、財団法人東方学会・中国社会科学院歴史研究所、134～144頁）参照。この論文は、日本語に翻訳、出版されている。冨田絵美訳「「靈寶略紀」と北宋初年における霊宝経の伝統」（渡邉義浩編『中国史の時代区分の現在』、汲古書院、2015年）。

ず、別の方法でアプローチを試みる新たな研究も出て来ている。そのような研究として、謝世維氏や呂鵬志氏、張超然氏等の研究を挙げることができる。謝世維氏は、2010年出版の『天界之文―魏晋南北朝霊宝経研究』(台湾商務印書館)で、古霊宝経に対して道教経典を神学体系上、「天文」の演繹とその運用として捉えるという視点からのアプローチを試みている。従来の経典の作者やその道流の視点から離れ、宗教を作用の相関として見るという謝世維氏の視点は、2013年出版の『大梵彌羅―中古時期道教経典中的仏教』(台湾商務印書館)でも維持されている。呂鵬志氏は、論文中で道流の問題から完全には離れていないが、2003年の論文「早期霊宝経的天書観[21]」で霊宝経の「天書観」に着目し、霊宝経の「天書観」と道家哲学の関係の研究を行っている。張超然氏は、2011年の論文「道教霊宝経派度亡経典的形成[22]」で、二系統の霊宝経という問題には特に触れず、霊宝経の「天書観」に注目して、霊宝経が死者救済の経典として発展していく初期の過程を考察している。この三人の霊宝経研究に共通する主題は、霊宝経の「天書観」であり、これは今世紀に入って始まった霊宝経に関する新しい視点からの研究と言える。また、古霊宝経の成立時期や、その作成者の問題にかかわる道流について、アンジェリカ・ツェーチッヒ氏は、ボーケンカンプ氏の *Early Daoist Scriptures*[23] の書評[24] 中、そのような道流の設定自体に再考の余地があるとし、霊宝経についても、そのような道流の設定を前提として論じることに疑問を呈している。二系統の霊宝経と道流の問題に関するツェーチッヒ氏の考えは、筆者がこれから述べようとすることに最も近い考えであると思われる。以上のように、敦煌本「霊宝経目録」に関連した霊宝経の研究について概観してきたが、霊宝経に二系統あるということから生じた問題については、現在に至るまで、見解の一致を得ていない状況にある。

---

21) 呂鵬志(2003年)「早期霊宝経的天書観」(郭武主編『道教教義与現代社会』(国際学術研討会論文集)、上海古籍出版社、571〜579頁)。
22) 張超然(2011年)「道教霊宝経派度亡経典的形成―従《元始五老赤書玉篇眞文天書経》到《洞玄無量度人上品妙経》」(『輔仁宗教研究』2011年22期、28〜61頁)。
23) Bokenkamp,Stephen.R.(1997) *Early Daoist Scriptures*, with a contribution by Peter Nickerson; University of California Press
24) Cedzich,Angelika(2000) Review Article: *Early Daoist Scriptures*; *Journal of Chinese Religions* 28, pp. 165-167

第2節　問題の所在

　前節で概観した敦煌本「霊宝経目録」に関連する霊宝経の研究史から、1974年以降の霊宝経の研究では、敦煌本「霊宝経目録」に見える新旧二系統の霊宝経の作者と成書年代に重点を置く傾向が顕著になったことが判る。加えて、陸修静の分類する「元始旧経」と「仙公新経」の二系統の霊宝経と、小林正美氏が分類した「元始系」・「仙公系」の二系統の霊宝経の問題が存在し、新旧二系統の霊宝経に関連する様々な議論が行われてきたが、最近の王承文氏や劉屹氏の議論に至るまで、敦煌本「霊宝経目録」の発見から始まるこの問題については、未だに問題全体を合理的に説明できるような見解は示されていない。そもそも、霊宝経が敦煌本「霊宝経目録」の中で、「元始旧経」と「仙公新経」の二つに区分されている事実は何を示しているのかということが、新旧二系統の霊宝経をどのように解釈すべきかという問題の発端であったと考えられる。辞書的解釈を確認すると、『道教事典』（平河出版社、1994年）の霊宝経の項目では、霊宝経について「その後、劉宋の中葉にかけて多くの『霊宝経』が述作され、それらの経典は陸修静によって、35巻に整理された。これが今日の『霊宝経』の基礎となる経典で、陸修静によって元始天尊所伝の旧経と、葛玄所受の新経とに分けられた」云々（612頁、執筆担当：山田利明氏）と解説されている。ここでは霊宝経が陸修静によって二系統に分けられたという、事実と考えられることのみを述べている。しかし、この簡潔な記述から、敦煌本「霊宝経目録」著録経典について論じる為には、先ずどのような準備が必要であるかを知ることができる。それは、陸修静がどのような思想的背景において、そのような区分を行ったのか、或いは陸修静がそのような区分を行う要因となる概念、もしくは二系統の経典カテゴリーそのものが、当時の霊宝経典に内在していたのかという点を明らかにすることである。少なくとも、霊宝経の作者や経典の成立年代を論じる前に、古霊宝経に二系統あること自体が、議論の前提となり得るものであるのかを検証する作業が必要であると考える。これまでの諸先学による古霊宝経に関する議論では、浅学の知る限りにおいて、古霊宝経に二系統あるということが既に前提となっており、その上に経典の作者や成書

年代の問題、また所属する道流の問題が論じられてきたように見える。そこに四半世紀の議論を重ねてなお、共通の見解に達し得ない状況が続く原因の一端があるのではないだろうか。筆者は、ここに検討すべき問題が存在すると考える。

本研究の目的は、陸修静が当時行われていた霊宝経を、新旧二系統に分類したという事実に立ち戻り、それが当時の霊宝経典に内在した経典のカテゴリーを反映させた結果であるのか、それとも陸修静独自の考えに基づいて行われた分類の結果であるのかを確かめることにある。

第3節　研究の方法

先に示した問題を検討する為に、具体的には第1篇では、敦煌本「霊宝経目録」をもとに陸修静の霊宝経の分類について、陸修静がどのような基準で経典を二つの系統に分けたのか、その基準の推定を試みると共に、そのような分類の背景に、陸修静のどのような霊宝経観があるのかを考察する。第1篇の第1章では、陸修静が設定した「元始旧経」と「仙公新経」の分類基準を推定し、敦煌本「霊宝経目録」に見える経典分類の結果は、一定の条件を設定することで、例外なく分類されていると説明できるものであることを検証する。第2章では、他の古霊宝経とは、成立した年代も成立の背景も異なる『太上洞玄靈寶天文五符經序』が「仙公新経」に分類されている理由を、陸修静の「目序」に示された霊宝経観とのかかわりから考察する。更に第3章では、陸修静による霊宝経典の分類整理以前に、既に存在していたと考えられる「舊目」について、本来それがどのような目録であり、陸修静がそれをどのように捉えていたのかを、彼の霊宝経観との関係から考察する。

第2篇では、新旧の霊宝経という概念や、「元始旧経」・「仙公新経」という二系統の経典カテゴリーが、古霊宝経に内在する概念として見出せないことを検証する。第2篇の第4章では、相対的な関係において、経典のカテゴリーを形成する新旧の概念は、陸修静が経典分類の対象とした霊宝経に、本来、内在していなかったことを検証する。第5章では、霊宝経の中に見える「十部妙經」という語が、霊宝経典の中で、陸修静の考える「元始舊經三十六巻」

と同じ意味で用いられているのかを検証し、そこから霊宝経の中に、陸修静による経典の分類整理以前に、「元始旧経」に該当する経典カテゴリーの概念の存在を見出し得ないことを考察する。第6章では、前の二章の検証結果を踏まえ、敦煌本「霊宝経目録」著録の経典について、経典が完全に「元始旧経」と「仙公新経」の分類枠にはまり、逸脱する例の無い状態で二つの経典群を構成しているとは言い難いことを、「元始旧経」では経典の正統性の根拠の問題、「仙公新経」では先学が「仙公新経」の特徴とした諸事項の問題、また「元始旧経」と「仙公新経」で重複する戒の問題から考察し、それによって「元始旧経」と「仙公新経」という経典カテゴリーが、霊宝経が本来有していた傾向から必然的に形成されたとは考え難く、陸修静が経典の分類の為に設定した経典カテゴリーである可能性が高いことを検証する。

　第3篇では、前の二篇での検証・考察の結果から、「仙公新経」と「元始旧経」という新旧二系統の霊宝経の分類に深くかかわっていると考えられる、陸修静の霊宝経観の形成について考察する。第3篇の第7章では、陸修静の霊宝経観と関連する問題として、先学が「仙公新経」の特徴とした、霊宝経典に見える『道徳五千文』と天師張道陵の尊重、天師道の神々や「出官啓事」、「三天斎」の儀礼などの天師道関連諸事について、それらが霊宝経典中でどのように解釈されているのかを考察する。第8章では、「目序」に記述された陸修静の霊宝経の神話的「歴史」について、陸修静が古霊宝経から着想を得たと考えられる部分と、陸修静独自の考えが反映されている部分とを分別し、陸修静独自の霊宝経観を示す部分の分析から、陸修静の霊宝経観の基本的な構造がどのようなものであり、その根底に霊宝経典に対する陸修静のどのような想定があるのかを考察する。更に陸修静以後、新旧二系統の霊宝経という陸修静の霊宝経観が、道教の中で継承されているのか、或いはどのような変化がそこに生じたのかを検証する。

　本研究は、以上のような考察と検証を通して、これまで霊宝経の研究において、古霊宝経に「仙公新経」・「元始旧経」の新旧二系統が存在することを前提としてきたことに対し、その前提自体が霊宝経の事実であるのか、それを疑う余地のあることを示そうと試みるものである。（なお、本書中、特に断りのない場合、現行本とは『道蔵』、或いは『萬暦續道蔵』（以下、『續道蔵』）所収のテキス

トを指す。）古靈宝経は、敦煌本「靈宝経目録」著録経典と、現行本で経典名が異なるものが多く、経典名自体が長い為、本書中では略称を用いることが多い。以下に、本書で言及する古靈宝経の敦煌本「靈宝経目録」著録経典名、現行本名、略称を一覧表にして示す（序表-1、序表-2）。また、表記の方法として、経典名、経典中の用語については、本文中でも旧漢字を用いる。原則として「元始旧経」、「仙公新経／新経」については、経典中の用語の場合は「元始舊經」、「新經」のように経典の表記に従い、分類カテゴリーの用語としては「元始旧経」、「仙公新経」と当用漢字で表記する。

序表-1　古靈宝経リスト（敦煌本「靈宝経目録」著録経典）1：元始旧経

	篇目名	巻目名（略称）	現行本名（分類番号、略称）
1	缺	缺（天書經）	元始五老赤書玉篇眞文天書經（HY22、道蔵本『天書經』）
2	缺	缺（玉訣妙經）	太上洞玄靈寶赤書玉訣妙經（HY352、道蔵本『玉訣妙經』）
3	缺・未出	缺（※洞玄靈寶運度大劫經）（大劫經）	洞玄靈寶本相運度劫期經（HY319、『劫期經』）
4	缺・未出	缺（※洞玄靈寶丹水飛術運度小劫經）（小劫經）	洞玄靈寶丹水秘術運度小劫妙經（HY320、『小劫妙經』）
5	天地運度未出		太上靈寶天地運度自然妙經（HY322、道蔵本『天地運度經』）
6	空洞靈章	太上洞玄靈寶空洞靈章	（道蔵本缺）
7	升玄歩虚章	太上説太上玄都玉京山歩虚經（玉京山經）	洞玄靈寶玉京山歩虚經（HY1427、続道蔵本『玉京山經』）
8	九天生神章	太上洞玄靈寶自然至眞九天生神章（九天生神章）	洞玄靈寶自然九天生神章經（HY318、道蔵本『九天生神章』）
9	自然五稱文	太上洞玄靈寶大道無極自然眞一五稱符上經（五稱符上經）	太上無極大道眞一五稱符上經（HY671、道蔵本『五稱符上經』）
10	諸天内音玉字	太上洞玄靈寶諸天内音自然玉字（内音自然玉字）	太上靈寶諸天内音自然玉字（HY97、道蔵本『内音自然玉字』）
11	八威召龍經未出	（召龍經）	太上洞玄靈寶八威召龍妙經（HY361、道蔵本『八威召龍經』）
12	智慧上品大戒	（已出二巻）太上洞玄靈寶智慧罪根上品（智慧罪根）	太上洞玄靈寶智慧罪根上品大戒経（HY457、道蔵本『智慧罪根』）

13		太上洞玄靈寶智慧上品大戒	太上洞玄智慧上品大戒（HY177、道蔵本『智慧上品大戒』）
14		太上洞玄靈寶金籙簡文三元威儀自然眞一經（三元威儀自然眞一經）	洞玄靈寶玉籙簡文三元威儀自然眞經（HY530）※中元部分のみ
15		太上靈寶長夜九幽玉匱明眞科（九幽玉匱明眞科）	洞玄靈寶長夜之府九幽玉匱明眞科（HY1400、道蔵本『九幽玉匱明眞科』）
16	智慧定志通微	太上洞玄靈寶智慧定志通微經（定志經）	太上洞玄靈寶智慧定志通微經（HY325、道蔵本『定志經』）
17	本業上品	太上洞玄靈寶眞文度人本行妙經（本行妙經）	太上洞玄靈寶眞文度人本行妙經（P3022v、敦煌本『本行妙經』）
18	法輪罪福	太上洞玄靈寶眞一勸誡法輪妙經（法輪妙經） ※道蔵本四篇の総称：道蔵本『法輪妙經』	太上洞玄靈寶眞一勸誡法輪妙經（HY346、『法輪妙經』A） 太上玄一眞人説勸誡法輪經（HY348、『法輪妙經』B） 太上玄一眞人説三途五苦勸誡經（HY455、『法輪妙經』C） 太上玄一眞人説妙通轉神入定經（HY347、『法輪妙經』D）
19	無量度人上品	太上洞玄靈寶無量度人上品妙經（度人經）	元始無量度人上品妙經四註（HY87、道蔵本『度人經四註本』）
20	諸天靈書度命	（靈書度命）	太上諸天靈書度命妙經（HY23、道蔵本『度命妙經』）
21		太上洞玄靈寶滅度五練生尸妙經（五練生尸妙經）	太上洞玄靈寶滅度五鍊生尸妙經（HY369、道蔵本『五鍊生尸妙經』）
22	三元戒品	太上洞玄靈寶三元品誡（三元品誡）	太上大道三元品戒謝罪上法（HY417、道蔵本『謝罪上法』） 太上洞玄靈寶三元品戒功德輕重經（HY456、道蔵本『功德輕重經』）
24	衆聖難　未出		
26	二十四生圖	太上洞玄靈寶二十四生圖三部八景自然神眞錄儀（二十四生圖）	洞玄靈寶二十四生圖經（HY1396、道蔵本『二十四生圖』）

（注）　※の経典名は、敦煌写本の欠損の為、「齋壇安鎮經目」から補足。

序表 -2　古霊宝経リスト（敦煌本「霊宝経目録」著録経典）2：仙公新経

	著録仙公新経名（略称）	現行本名（分類番号、略称）
31	太上洞玄靈寶天文五符經序 （五符經序）	太上靈寶五符序（HY388、道蔵本『五符序』）
32	太上玉經太極隱注寶經訣（隱注寶訣）	上清太極隱注玉經寶訣 （HY425、道蔵本『隱注寶訣』）
33	太上洞玄靈寶眞文要解上卷 （眞文要解）	太上洞玄靈寶眞文要解上經（HY330、道蔵本『眞文要解』）
34	太上太極太虛上眞人演太上靈寶威儀洞玄眞一自然經訣 （自然經訣）	（道蔵本缺）
35	太極眞人敷靈寶文齋戒威儀諸戒經訣（諸要解經訣）	太極眞人敷靈寶齋戒威儀諸經要訣 （HY532、道蔵本『諸經要訣』）
36	太上消魔寶眞安志智慧本願大戒上品（智慧本願）	太上洞玄靈寶智慧本願大戒上品經 （HY344、道蔵本『智慧本願』）
37	太極左仙公請問經上（請問經上） 仙公請問經下（請問經下）	太極左仙公請問經上（S1351、敦煌本『請問經上』） 太上洞玄靈寶本行宿緣經（HY1106、道蔵本『請問經下』）
38	仙公請問本行因緣衆聖難 （衆聖難經）	太上洞玄靈寶本行因緣經 （HY1107、道蔵本『本行因緣經』）

（注）　経典の順番とその番号、未出の表記は、敦煌本「霊宝経目録」の表記による。缺は、敦煌写本でこの部分が失われていることを示す。また、篇目名欄の空欄は、敦煌写本中にその部分に該当する記述のないことを示す。敦煌本「霊宝経目録」著録の古霊宝経典全体については、本書第3篇第8章第5節第1項に示した経典対照表を参照のこと。

第 1 篇

▼

敦煌本「霊宝経目録」における経典の分類

第1章
陸修静による霊宝経典の分類[25]

第1節　序　言

　敦煌本「霊宝経目録」が、陸修静の作った霊宝経の目録の内容を伝えるものであるとすると、そこに見える「元始旧経」と「仙公所受」の「新経」(「仙公新経」)という霊宝経典の分類は、陸修静によって行われたものであると見ることができる。それでは陸修静は、どのような基準で敦煌本「霊宝経目録」著録経典[26]を、「元始旧経」と「仙公新経」に分類したのであろうか。小林正美氏は、敦煌本「霊宝経目録」のこのような経典の分類について、陸修静の「目序」の記述に基づいて、「目序」に云う旧・新二つの霊宝経典群、即ち「元始旧経」と「仙公新経」に対して、前者を「元始天尊が説いた経典」、後者を「葛仙公が真人から授けられた経典」と定義し、前者を「元始系」霊宝経、後者を「仙公系」霊宝経と呼び、氏が陸修静の泰始七年の霊宝経の目録を保存すると考える敦煌本「霊宝経目録」著録の霊宝経典は、この二系統から成るとい

---

25)　本章は、『東方宗教』第25号(2015年)に掲載された筆者の論文「陸修静による霊宝経典の分類」を加筆修正して、本書の第1篇第1章とした。
26)　敦煌本「霊宝経目録」著録経典に相当する現行本は、大淵忍爾前掲書(1997年)の第二章五に基づく。その中で敦煌本「霊宝経目録」記載の『本業上品』該当テキストに『太上洞玄靈寳誠業本行上品妙經』(HY345)と敦煌写本 P3022v『太上洞玄靈寳眞文度人本行妙經』を挙げるが、筆者は内容及び『無上秘要』(HY1130)の「本業上品」の引用文との照合から、『太上洞玄靈寳誠業本行上品妙經』は『本業上品』に該当しないと考える。本書第2篇第6章の注172)参照のこと。

う解釈を示した[27]。小林氏はこの二系統の霊宝経の定義に基づいて、現存する敦煌本「霊宝経目録」著録経典のテキストを検証し、敦煌本「霊宝経目録」の分類には、「元始系」・「仙公系」の定義にあてはまらない例のあることを指摘した。小林氏は、現行本の「元始系」・「仙公系」の定義と敦煌本「霊宝経目録」の分類の不一致について、元嘉十四年の『靈寶經目』に対して、泰始七年の『三洞經書目録』では、「元始系」霊宝経の已出経典の巻数が増え、「仙公系」霊宝経の巻数が減っていることを挙げ、『靈寶經目』で「仙公新経」に分類されていたものが、その後作成された『三洞經書目録』中の霊宝経目録では、何らかの理由により「元始旧経」に移し替えられたと推測する。氏は、増減した経典中、敦煌本「霊宝経目録」の巻目名で『太上説太上玄都玉京山經』、『太上洞玄靈寶大道無極自然眞一五稱符上經』、『太上洞玄靈寶眞一勸戒法輪妙經』三巻が、「仙公新経」から「元始旧経」に移し替えられたとし、敦煌本「霊宝経目録」で「紫微金格目」と呼ばれ、陸修静が「目序」で「舊目」と呼ぶ経典目録に記載された「元始旧経」の已出経典数を増やす必要があり、上掲三経典はその経典名に近い名が「舊目」にあったことから、『靈寶經目』で「仙公新経」に分類したものを、『三洞經書目録』で「元始旧経」に移したと考えている[28]。また、現行本の内容が「元始系」霊宝経に近いにもかかわらず、敦煌本「霊宝経目録」で「仙公新経」に分類されている『太上洞玄靈寶眞文要解上巻』については、「舊目」中に経典名がない為に「仙公新経」に分類されたのであり、『仙公請問本行因縁衆聖難』[29]については、「舊目」中に経典名が『衆聖難』とありながら「仙公新経」に分類されたのは、経典名に「仙公請問」の四字がある為ではないかと推察している[30]。小林氏の検証では、敦煌本「霊宝経目録」に見える経典の分類は、「元始系」・「仙公系」の二系統の区分を正しく反映していないことになる。しかし、敦煌本「霊宝経目録」の

---

27) 小林前掲書(1990年)第一篇第三章二、第一篇第三章四の(1)、及び同書184～185頁の霊宝経の分類表を参照。

28) 敦煌本「霊宝経目録」の「篇目」、「巻目」、「舊目」については、本書第1篇第3章第1節参照のこと。

29) 大淵氏は、この経典の敦煌写本(P2454)の経題を『太上洞玄靈寶仙人請問本行因縁衆聖難經』とする。大淵前掲書(1979年)の89頁を参照。

30) 小林前掲書(1990年)の第一篇第三章四の(1)を参照。

原本と考えられている『三洞經書目錄』の霊宝経典目録が、小林氏が想定するような何らかの事情から必要に迫られて、本来在るべき形に正しく経典の分類が行われていない目録として作られたと見るべきなのであろうか[31]。先にも述べたが、敦煌本「霊宝経目録」が陸修静の目録の内容を反映するものであるなら、このような分類を行ったのは陸修静であると推定される。その場合、敦煌本「霊宝経目録」に見える分類は霊宝経典に対して、陸修静が考える一定の基準による合理的な判定の結果であると捉えることはできないのか。もし、そのように考えることが可能であり、敦煌本「霊宝経目録」の分類自体が十分に合理的であることを示すことができれば、敦煌本「霊宝経目録」の分類は敢えて修正されるべきものではなく、そのままの形で、その作成者の考える霊宝経の在り方を示す正当な分類であると言えよう。そこから、陸修静が構想した「元始旧経」・「仙公新経」二系統の霊宝経の分類基準も見えてくることが期待できるのではないかと考える。本章では、小林氏の「元始系」・「仙公系」の定義と敦煌本「霊宝経目録」著録経典の分類とで一致しない経典の例を手掛かりとして、敦煌本「霊宝経目録」の経典分類が合理的に説明され得るものであるのか、検証を試みたい。

第2節　敦煌本「霊宝経目録」の分類と「元始系」・「仙公系」の不一致

　敦煌本「霊宝経目録」中の「元始旧経」・「仙公新経」の分類に対して、小林氏が「元始系」・「仙公系」の定義に基づき、敢えて敦煌本「霊宝経目録」と逆の分類を適用したのは、次の五つの経典である。(「元始旧経」は、敦煌本「霊宝

---

[31]　敦煌本「霊宝経目録」の経典分類で、「舊目」に該当する「篇目」における経題記載の有無が大きな意味を持っていたとする小林氏の指摘は、極めて重要であると考える。小林前掲書(1990年)第一篇第三章四参照。しかし、「舊目」自体が、小林氏が前提として考えるような、「元始旧経」の目録として作られたのかについては、第1篇第3章で検証する。王皓月氏は、陸修静が「篇目」に対応させて経典を選定する際、『玉京山經』のように、経題が「篇目」の『升玄歩虚章』と合致しなくても、内容に「歩虚吟」が含まれている経典が選択されている例を挙げ、「篇目」の経題のみから判定されたとは限らないことを指摘している。王皓月(2017年)『析経求真―陸修静与霊宝経関係新探』(中華書局、2017年)第三編第一章三を参照。

経目録」中の巻目の経題で示す。（　）内は本章での経典の略称を示す。）

1.『太上説太上玄都玉京山經』[32]（『玉京山經』）
2.『太上洞玄靈寶自然至眞九天生神章』（『九天生神章』）
3.『太上洞玄靈寶大道無極自然眞一五稱符上經』（『五稱符上經』）
4.『太上洞玄靈寶眞一勸戒法輪妙經』（『法輪妙經』）
5.『太上洞玄靈寶眞文要解上巻』（『眞文要解』）

前述のように、このうち『玉京山經』、『五稱符上經』、『法輪妙經』の三篇は小林氏の分類では「仙公系」であるが、敦煌本「霊宝経目録」では「元始旧経」に分類されている。『眞文要解』は「仙公新経」に分類されているが、小林氏は「元始系」に分類する。『九天生神章』は、小林氏の分類では「元始系」と「仙公系」の融合したもので、敦煌本「霊宝経目録」では「元始旧経」に分類されている。小林氏によれば『九天生神章』は二段階を経て、葛氏道の典籍に天師道の手が加えられて形成されたとするが[33]、これに相当するとされる現行本『洞玄靈寶自然九天生神章經』（HY318、道蔵本『九天生神章』）では元始天尊が教えを説いているので、敦煌本「霊宝経目録」で「元始旧経」に分類されていることに問題はないと考え、ここでは経典分類の例外的ケースとしては扱わない。小林氏が分類上経題を問題とした経典で、「仙公新経」に分類されている『仙公請問本行因縁衆聖難』についても、その現行本の『太上洞玄靈寶本行因縁經』（HY1107、道蔵本『本行因縁經』）を見る限り、葛仙公を中心とした内容であり、「仙公系」の定義に合致しているので、此方の分類自体も『九天生神章』同様、問題はないと考え、ここでは取り上げない。上掲五篇の経典の他、敦煌本「霊宝経目録」で「仙公新経」に分類される『太上洞玄靈寶天文五符經序』（『五符經序』）について小林氏は、成立年代も背景も他の著録経

---

32)　敦煌本「霊宝経目録」の巻目経題は、「太上説太上玄都京山經」となっている。大淵氏は、この「京山」は「玉京山」の「玉」字が抜けているとして補った「太上説太上玄都（玉）京山經」を、大淵前掲書（1978年）の付録一の「霊宝経目」の365頁と大淵前掲書（1997年）第二章二の76頁の対応表中に記載している。この巻目の経題に関して、劉屹氏は大淵氏の補正した経題が原文に沿うとする。劉屹（2009年a）「論古霊宝経《昇玄歩虚章》的演変」（*Foundation of Daoist Ritual*, A Berlin Symposium, Reiter, F. C.ed., Harrassowitz Verlag, pp. 189-205）の193頁の注14参照。ここでは、大淵氏の補正経題の表記に従う。

33)　小林前掲書（1990年）の第二篇第一章参照。

表 1-1

	経典名	敦煌本「霊宝経目録」	小林氏の分類
1	『太上説太上玄都玉京山經』	元始旧経	仙公系
2	『太上洞玄靈寶自然至眞九天生神章』	元始旧経	元始系・仙公系の融合した経典
3	『太上洞玄靈寶大道無極自然眞一五稱符上經』	元始旧経	仙公系
4	『太上洞玄靈寶眞一勸誡法輪妙經』	元始旧経	仙公系
5	『太上洞玄靈寶眞文要解上卷』	仙公新経	元始系
6	『太上洞玄靈寶天文五符經序』	仙公新経	どちらでもない

典とは異なり、本来、「元始系」・「仙公系」いずれにも属さないとする[34]。これを表1-1に示す。

『五符經序』の分類の問題については、第1篇第2章で論じることとし、ここでは、『玉京山經』、『五稱符上經』、『法輪妙經』及び『眞文要解』を中心に、陸修静の経典の分類基準について考察する。但し、陸修静当時のテキストは存在していないので、原則として、それに相当するとされている現行本の分析から類推する方法をとる。

第3節　陸修静の考える「元始旧経」

陸修静が「元始旧経」についてどのように考えていたかは、現存する「目序」から知ることができる。その部分を以下に一部省略して示す。(本書では、陸修静の「目序」中の、霊宝経の神話的「歴史」を記述する部分を繰り返し参照する。よって、重複して資料を引用するのを避ける為、以降、「目序」の霊宝経の「歴史」に関しては、ここに示した引用部分と記号を用いて論ずる。)

陸修静『靈寶經目序』(『雲笈七籤』巻四、(4丁～5丁)：
① 夫靈寶之文、始於龍漢、龍漢之前、莫之追記。延康長劫、混沌無期、道之隱淪、寶經不彰。赤明革運、靈文興焉。(中略)上皇元年、元始下敎、

---

34) 小林前掲書（1990年）の第一篇第三章の一参照。

大法流行。衆聖演暢、修集雜要、(イ)以備十部三十六帙、引導後學、救度天人。

(夫れ靈寶の文は、龍漢に始まり、龍漢の前、之を追記する莫し。延康は長劫にして、混沌として期無く、道は之れ隠淪し、寶經彰らかならず。赤明に運を革め、靈文焉に興る。(中略)上皇元年、元始教を下し、大法流行す。衆聖演暢し、雜要を修集し、以て十部三十六帙を備へ、後學を引導し、天人を救度す。) (4a〜b)

② 上皇之後、六天運行、衆聖幽昇、經還大羅。自茲以來、廻絶元法。雖高辛招雲輿之校、大禹獲鍾山之書、老君降眞於天師、(ロ)仙公授文於天台、斯皆由勲感太上、指成聖業。豈非揚芳於世普宣一切也。

(上皇の後、六天運行し、衆聖幽昇し、經は大羅に還る。茲より以來、元法を廻絶す。高辛は雲輿の校を招き、大禹は鍾山の書を獲、老君は眞を天師に降し、仙公は文を天台に授くと雖も、斯れ皆勲もて太上を感ぜしめ、聖業を指成するに由る。豈に世に揚芳して普く一切宣ぶるに非ずや。)(4b〜5a)

③ (中略)龍精之後、續祚之君、罷除僞主、退翦逆民、衆道勢訖。(ハ)此經當行。推數考實、莫不信然。期運既至、大法方隆。但經始興、未盡顯行。(ハ)十部舊目、出者三分。

(龍精の後、續祚の君、僞主を罷除し、逆民を退翦し、衆道の勢訖はる。此の經當に行ふべし。數を推し實を考ふるに、信然ならざるは莫し。期運既に至り、大法方に隆んならんとす。但だ經始めて興り、未だ盡くは顯行せず。十部舊目、出づる者は三分なり。)(5a)

　上掲の「目序」を見ると、①の部分では龍漢の時に出現した「靈寶之文」を上皇元年に元始天尊が説き、衆聖がそれを十部三十六帙の経典の形にして大いに流行したことを述べている。②の部分では、六天の支配が始まると経典は大羅天に還ってしまい、地上ではその教えは絶えてしまったことを述べ、その後地上では、太上に由って帝嚳や夏禹が天書を得たこと、老君が張道陵に教法を授けたこと、葛仙公が天台山で天真から経法を伝授されたことを記す。③の部分では、やがて劉宋の世になり、時が至って霊宝経が地上に出現し始めたが、それは経全体の十分の三であって、まだすべての経典が出現しているのではな

いことを述べている。ここに見える「十部三十六帙」の経典について、敦煌本「霊宝経目録」には、

　　右、元始舊經紫微金格目三十六卷。二十一卷已出。今分成二十三卷。十五卷未出。十部妙經三十六卷、皆尅金爲字、書於玉簡之上、題其篇目於紫微宮南軒。太玄都玉京山亦具記其文

　　（右、元始舊經紫微金格目三十六卷。二十一卷已に出づ。今分かちて二十三卷を成す。十五卷未だ出でず。十部妙經三十六卷、皆金を尅み字を爲し、玉簡の上に書し、其の篇目を紫微宮南軒に題す。太玄都玉京山も亦た具さに其の文を記す）、

とある[35]。全体の巻数の一致や未出分があるという記述から、「目序」の「十部三十六帙」の経典は、敦煌本「霊宝経目録」の中に「元始舊經紫微金格目三十六卷」、「十部妙經三十六卷」とある経典と同じものを指すと考えられる。故に、「目序」で陸修静が「十部三十六帙」について述べた部分は、陸修静の考える「元始旧経」を説明していると言える。また、陸修静の『太上洞玄靈寶授度儀』（HY528、以下、『授度儀』と略す）に付した「表」（以下、「授度儀表」と略す）の中でも、簡略ながら「元始旧経」について同様に言及している。即ち、

　　玄科舊目三十六卷、符圖卽自然空生、讚説皆上眞注筆。仙聖之所由、歴劫之筌範。（中略）但正教始興、天書寶重、大有之蘊、不盡顯行

　　（玄科舊目三十六卷、符圖は卽ち自然に空に生じ、讚説は皆上眞注筆す。仙聖の由る所、歴劫の筌範なり。（中略）但だ正教始めて興り、天書は寶重なれば、大有の蘊、盡くは顯行せず）（1a〜b）、

とある。ここでの「玄科舊目三十六卷」も巻数から見て、「元始舊經紫微金格目三十六卷」と同じ経典を示すと考えられる。「目序」と「授度儀表」の「元始旧経」に関する同様の説明から、陸修静は「元始旧経」を元始天尊が説いた経典であると考えていたようである。敦煌本「霊宝経目録」著録経典のうち、『玉京山經』、『五稱符上經』、『法輪妙經』を除く他の已出の「元始旧経」については、現存するテキストを見る限り、いずれも元始天尊、または元始天尊と解釈される「元始」或は「天尊」という神格が見えるので、それらは特に議論

35）　敦煌写本P2256、14〜18行（大淵前掲書（1979年）、726頁下段〜727頁上段）。

の余地もなく、「元始天尊が説いた経典」という、陸修静が考える「元始旧経」の設定に基づく内容であったと推測される。

　已出の「元始旧経」のその他の現行本を見ると、『洞玄靈寶玉籙簡文三元威儀自然眞經[36]』(HY530、道藏本『三元威儀自然』) では、最高神格は「天尊」となっている。その敦煌写本には、最高神格を記した箇所は見えない。しかし、『一切道經音義妙門由起』(HY1115、『妙門由起』と略す) に引く『靈寶金籙簡文三元威儀自然眞經』には、「元始天尊」の神格名が見える (23b)[37]。『太上洞玄靈寶智慧定志通微經』(HY325、道藏本『定志經』) は冒頭にのみ「靈寶天尊」とあり、以下、「天尊」と記す。この「靈寶天尊」が当時のテキストにもあったのか否かは、現行本から推定することは難しい[38]。陸修静は、この「天尊」を元始天尊と解釈したと推測される。道藏本『定志經』には、「天尊曰、時樂淨信者、吾今身是 (天尊曰く、時に樂淨信とは、吾が今の身是れなり)」(15b) とあり、「天尊」は自分の前身が道民の樂淨信であることを述べている。この「天尊」も、元始天尊と解釈されたと考えられる[39]。敦煌本「霊宝経目録」の『太上洞玄靈寶三元品戒』(『三元品戒』) の分出単行本である道藏本の『太上大道三元品誡謝罪上法』(HY417、道藏本『謝罪上法』) と『太上洞玄靈寶三元品戒功德輕重經』(HY456、道藏本『功德輕重經』) には「天尊」とのみ見えるが、後者には「道君稽首敢問天尊 (道君稽首し敢へて天尊に問ふ)」(32丁) 云々とあり、太上道君が「天尊」に問い、「天尊」が太上道君に答えて教えを説く設定が見える。『元始五老赤書玉篇眞文天書經』(HY22、道藏本『天書經』)

---

36) 道藏本『三元威儀自然』は分出単行本で、敦煌本「霊宝経目録」著録の『太上洞玄靈寶金籙簡文三元威儀自然眞一經』の完本は現存しないが、大淵忍爾氏が『太上洞玄靈寶金籙簡文三元威儀自然眞經 (擬)』とした敦煌写本のP3148、P3663、オルデンブルク将来本158の三件の断片が現存。『中華道藏』第3冊所収敦煌本『太上洞玄靈寶下元黃籙簡文威儀經 (擬)』(王卡点校、273～282頁) 及び大淵前掲書 (1979年) の38～42頁の写真図版参照。

37) 小林正美氏は、『妙門由起』に引く『靈寶金籙簡文三元威儀自然眞經』は唐代の偽経とする。同氏論文 (2006年)「劉宋・南齊期の天師道の教理と儀礼」、同氏編『道教の斎法儀礼の思想史的研究』(知泉書館、2006年、5～37頁)。

38) 神塚淑子氏は、この経典で「元始天尊」ではなく「靈寶天尊」となっている理由は不明としつつ、この「靈寶天尊」は元始天尊と同じ神格であるとする。神塚氏前掲書 (2017年) 第二篇第二章の199頁参照。

39) この樂淨信＝天尊説は、時代が下ると、『洞玄靈寶千眞科』(HY1399) の17丁bや唐・玄嶷『甄正論』巻中 (『大正蔵』52巻) の563頁下段に、樂淨信＝元始天尊説として見える。

や『洞玄靈寶長夜之府九幽玉匱明眞科』（HY1400、道蔵本『九幽玉匱明眞科』）では、太上道君は元始天尊の弟子という設定になっているので、この「天尊」も元始天尊を指すと解釈することができよう。ところが『玉京山經』、『五稱符上經』、『法輪妙經』には、元始天尊は登場しない。それ故、これらを「元始旧経」に分類していることに関しては、議論が必要であろう。この三経典を「元始旧経」に分類した陸修静は、「元始旧経」と判定するに足る何らかの基準を満たすものを、これらの経典中に認めていたと考えられる。それは「元始天尊によって説かれた経典」であること以外の、陸修静が「目序」に示す「元始旧経」に関わる設定と一致するものであったと想定される。そこで次に、『玉京山經』、『五稱符上經』、『法輪妙經』中に、「目序」に見える「元始旧経」の設定が見出せるか否かを検証したい。

第4節 「元始旧経」と紫微宮秘蔵の経の関係

『玉京山經』、『五稱符上經』、『法輪妙經』に相当する現行本は、以下の通りである。（（　）内はHY番号と本書での略記を示す。）
1）『玉京山經』：『洞玄靈寶玉京山步虛經』（HY1427、続道蔵本『玉京山經』[40]）

---

[40] 続道蔵本『玉京山經』は、複雑な形成過程を経て出来上がったテキストであると考えられ、そのまま陸修静当時の『玉京山經』として扱えない。続道蔵本『玉京山經』の構成は、①導入部：玄都玉京山の解説、②「步虛吟」：存思法と十首の「洞玄步虛吟」、③「太上智慧經讚」八首、④「太上太極五眞人頌」五首、⑤「禮經」三首の呪、⑥葛仙公の経典伝授の説話、となっている。道蔵本について劉屹氏と王皓月氏は、前半の①と②の部分が『玉京山經』に最初からあった部分であり、後半の③以降の部分は陸修静以後に付加された部分であるとする。劉屹氏は、『洞玄靈寶昇玄步虛章序疏』（HY614）が①②の部分にのみ言及し、③以下の部分の言及がないことをその根拠の一つとして挙げる。劉屹前掲論文（2009年 a）の195～199頁。王皓月氏は、続道蔵本の後半部分が、陸修静以後に加えられたと考えられる根拠の一つとして、④の『太上太極五眞人頌』の「太極眞人頌」を挙げ、これについて詳細な検証を行っている。王氏はこの頌が、続道蔵本『玉京山經』の他、『太上太極太虛上眞人頌太上靈寶威儀洞玄眞一自然經訣』（『自然經訣』と略す）の敦煌写本（P2454その他）、『授度儀』、『無上秘要』巻三九「授洞玄眞文儀品」、『三洞讚頌靈章』（HY314）巻中に見えること、またこの中で頌の冒頭の句は、続道蔵本『玉京山經』と『三洞讚頌靈章』では「太上大道君、出示靈寶經」となっているが、他の三経典では「太上大道君、出是靈寶經」となっていることを指摘し、このことから『三洞讚頌靈章』の頌は、唐代に『太上説太上玄都玉京山步虛

2)『五稱符上經』:『太上無極大道自然眞一五稱符上經』(HY671、道蔵本『五稱符上經』)
3)『法輪妙經』:(道蔵本『法輪妙經』[41] A、B、C、D)
　　A.『太上洞玄靈寶眞一勸誡法輪妙經』(HY346)
　　B.『太上玄一眞人説勸誡法輪妙經』(HY348)
　　C.『太上玄一眞人説三途五苦勸誡經』(HY455)
　　D.『太上玄一眞人説妙通轉神入定經』(HY347)

　この三篇に共通して見え、しかも「目序」の記述する「元始旧經」の設定に相当する要素として考えられるのが、經が天上界の「紫微宮（或は紫微臺）」に秘蔵されているという設定である。道蔵本『法輪妙經』Dには、「其文秘於太上紫微宮中（其の文　太上紫微宮中に秘す）」云々（8b）とあり、道蔵本『五稱符上經』には、「此乃太上寶之於紫微臺、衆眞藏之於名山洞室（此れ乃ち太上は之を紫微臺に寶とし、衆眞は之を名山洞室に藏す）」(1a)とある。続道蔵本『玉京山經』には、「玄都玉京山在三清之上、無色無塵。上有玉京金闕七寶玄臺紫微上宮、中有三寶神經（玄都玉京山は三清の上に在り、無色無塵なり。上に玉京金闕七寶玄臺紫微上宮有り、中に三寶神經有り）」(1a)とある。先にも触れたが「目序」では、「元始旧經」は六天支配が始まると大羅天に還ったことが述べられている。そこには「紫微宮」についての言及はないが、敦煌本「靈寶經目録」

經』から『太上玄都玉京山經』にアレンジされた際の『太上太極五眞人頌』を引用したとし、『授度儀』中の「五眞人頌」は、『自然經訣』中の「五眞人頌」に基づくと考えられ、続道蔵本『玉京山經』の後半部分は、陸修静当時の『玉京山經』になかった可能性が高いと推察する。更に他の後半部分についても他経典からの引用であることを検証し、前半部分の「歩虚吟」の前にある存思（ぞんし）法の部分も後世に加えられたとする。王皓月前掲書（2017年）第三篇第一章五を参照。また、本章の注45）参照。それらの議論から見て、③以降は後世の付加部分であるという両氏の見解は妥当と考え、本章では前半部分のみを考察の対象とする。①②部分のみが陸修静当時の『玉京山經』であったとすると、この経典には本来、仙公への経典伝授の設定は含まれていなかったことになり、元始天尊は見えないが、「元始旧經」に分類されている経典の例ということになる。その場合でも、この経典が「元始旧經」に分類された理由を分析し、陸修静の「元始旧經」の分類基準を考察する上では問題はないと考える。『玉京山經』中に見える神格の問題については、劉屹前掲論文（2009年a）の200～201頁参照。王承文氏は、『玉京山經』が「靈寶赤書五篇眞文」信仰に関わる「歩虚儀」の経典であることと、「五篇眞文」と元始天尊の密接な関係から、この経典の最高神格は元始天尊であるとする。王氏前掲書（2017年）下篇第四章第一節参照。

41) 以下、道蔵本『法輪妙經』については、この略記を用いる。

に「十部妙經三十六卷、(中略) 題其篇目於紫微宮南軒」云々とあり、そこから陸修静の考える霊宝経観では、天上に還った「元始旧経」が「紫微宮」と密接に関係していることが窺える。天上界での「経」と「紫微宮(臺)」の関係については、他の「元始旧経」に該当する現行の経典にもいくつか言及部分を見出せる。道蔵本『天書經』巻下には、「元始自然赤書玉篇眞文、開明之後、各付一文安鎭五嶽。舊本封於玄都紫微宮、衆眞侍衛(元始自然赤書玉篇眞文、開明の後、各おの一文を付し五嶽を安鎭す。舊本は玄都紫微宮に封じ、衆眞侍衛す)」(12a)とある[42]。『洞玄靈寶二十四生圖經』(HY1396、道蔵本『二十四生圖經』)には、「大運之中、當収文還上大羅七寶玄臺紫微宮中(大運の中、當に文を収め大羅七寶玄臺紫微宮中に還上せんとす)」(19a) とあり、「大運」の時に経は大羅天の「紫微宮」に還ることを述べる。同様の設定が『太上靈寶諸天内音自然玉字』(HY97、道蔵本『内音自然玉字』)巻四に、「偽道出行、萬姓心懷詐共崇奉、此文當還大羅之上(七寶上宮)(偽道出で行はれ、萬姓心に詐りを懷き共に崇奉せば、此の文當に大羅の上七寶上宮に還らんとす)」(24b) と見える。陸修静から見て、これらの例で「紫微宮」に秘蔵される経とは元始天尊が説いた経と解釈でき、故に陸修静はこの経を「元始旧経」と考えていたと推察される。「元始旧経」に分類されている『法輪妙經』については、道蔵本『法輪妙經』Bに、「此文與元始同生(此の文は元始と同に生ず)」(6b)とあり、陸修静がこの「元始」を元始天尊と解釈して、『法輪妙經』を「元始旧経」に分類した可能性が考えられる[43]。しかし、道蔵本『五稱符上經』と続道蔵本『玉京山經』には元始天尊は見えないので、『五稱符上經』と『玉京山經』の二篇については、経典中の「紫微宮に経が秘蔵されている」という設定が、「元始旧経」に分類された理由であったと推測できよう。なぜならその設定が経典中に含まれていることで、その経典を元始天尊所説のものとする解釈が可能になるからである。

---

42) 道蔵本『天書經』巻下12丁にも、経が紫微宮に封蔵されていることを述べるが、この部分は後世の加筆が疑われる為、「元始旧経」の分類条件を示す例として取り上げない。この箇所が含む問題については第2篇第5章で扱う。

43) 「目序」①の部分には「元始下教」(4b)とあり、陸修静は元始天尊の意味で「元始」と表記したと考えられる。「元始」と元始天尊については、小林正美前掲書(1990)第一篇第三章三の(7)を参照。

第5節　紫微宮秘蔵の経の条件

　先に、経が「紫微宮（臺）」に秘蔵されているという設定のあることを、陸修静が経典を「元始旧経」に分類する基準の一つとして推定したが、単に「紫微宮」に経が有ることに言及していれば、必ず「元始旧経」であると看做された訳ではないようである。『太上太極太虚上眞人演太上靈寶威儀洞玄眞一自然經訣上巻』（『自然經訣』）は、完本は現存しないが、P2356、P2403、P2452 の三件の敦煌写本の断片及び『道蔵』中の他の経典に引用する佚文から、どのような経典であったかを知ることはできる[44]。『自然經訣』の P2452 に見える「五眞人頌」[45]の文字の欠損部分は、『授度儀』に収められている「五眞人頌」から復元が可能である[46]。この中の「太極眞人頌」に、経典が「紫微臺」に宝蔵されていることが見える。即ち、

　　［太極眞人頌曰、太上大道君、出是靈寶經。高妙難爲喩、猶彼］玄中玄。
　　［自然無爲道、學之得高仙。大乎大洞虚經、安］坐朝諸天。［上寶紫微臺、
　　下藏諸名山］
　　（太極眞人頌して曰く、「太上大道君、出だすは是れ靈寶經。高妙にして喩えを

---

44)　『自然經訣』の敦煌写本については、大淵忍爾前掲書（1979 年）116～117 頁（P2356）、118 頁（P2403）、119～121 頁（P2452）参照。また、王承文前掲書（2002 年）付録一（138～153 頁）参照。

45)　続道蔵本『玉京山經』の形成過程とも関わる「五眞人頌」の形成について、劉屹氏と謝世維氏は「三眞人頌」から「五眞人頌」へ展開したと考える。劉屹氏は、『無上秘要』に見える「三眞人頌」が本来六朝期の『自然經訣』の「眞人頌」であり、「五眞人頌」への展開は陸修静以降に発生したとする。これに対し王皓月氏は、「五眞人頌」が『自然經訣』に最初に収められ、それを陸修静が『授度儀』に引用したとし、根拠の一つに『自然經訣』の残存部分の「五眞人頌」では真人の名前が記されているのに対し、『授度儀』ではそれが省略されていることを指摘する。本章では王氏の見解を妥当と考え、『自然經訣』の「五眞人頌」を『授度儀』の「五眞人頌」のオリジナルに当たるものとして考える。劉屹前掲論文（2009 年 a）201～204 頁、謝世維前掲書（2010 年）第四章、王皓月前掲書（2017 年）第三編第一章五。また本章の注 40) 参照。

46)　「授度儀表」は、『眞一自然經』即ち『自然經訣』を参照して『授度儀』を作ったと述べる：「臣敢以罷瞑竊按金黄二籙・明眞・玉訣・眞一自然經訣、准則衆聖眞人授度之軌。（臣敢へて罷瞑を以て竊かに金黄二籙・明眞・玉訣・眞一自然經訣を按じ、衆聖眞人授度の軌に准則す）」(2a)。

爲し難く、猶彼の玄中の玄のごとし。自然無爲の道、これを學べば高仙を得。大なるかな大洞の虚經は、安坐して諸天に朝す。[上　紫微臺に寶とし、下　諸名山に藏す]）（P2452。[　]が、『授度儀』（25b～26a）による復元部分）

とある。しかし、『自然經訣』は仙公への經典傳授という設定を含む經典であり、「仙公新經」に分類されている。これは、仙公への經典傳授と「紫微臺」に秘藏される經という両方の設定を同じく有する『法輪妙經』が、「元始舊經」に分類されているのとは逆の例である。仙公への經典傳授の設定があることに加え、『自然經訣』が「元始舊經」へ分類されなかったもう一つの理由と考えられるのが、頌の冒頭部分に、「霊宝経が太上大道君によって出現した」とあることである。『法輪妙經』には、「元始」という元始天尊と見做すことのできる神格が見える。『五稱符上經』や『玉京山經』では、元始天尊も見えないが、霊宝経の出現に元始天尊以外の神格が関与したという内容も見えない。それ故、この二篇で経が紫微宮（臺）にあるとする記述も、『法輪妙經』の場合と同じく、陸修静が「目序」中に述べるところの六天支配の時代に大羅天に還った経、即ち元始天尊の説いた「元始舊經」のこととして見ることができる。一方、霊宝経の出現に太上大道君が関与することを明言する『自然經訣』では、「紫微臺」に経が宝蔵されていても、それは太上大道君由来のもので、「元始天尊」所説の経とは異なるという解釈の余地を残すことになる。それ故、『自然經訣』が「元始舊經」に分類されなかったことは、必ずしも敦煌本「霊宝経目録」における経典分類の論理に破綻をきたすとは限らないと考える。つまりこれは、元始天尊所説の経が天界の「紫微宮」に収蔵されているという設定を含むことが、陸修静の「元始舊經」に分類する経典の條件のひとつであるが、『自然經訣』に見える太上大道君由来の「紫微宮」収蔵経典の設定は、その條件に該当しないということを示している。

第6節　『太上洞玄靈寶眞文要解上卷』の分類

「仙公新經」に分類される『眞文要解』に相当するとされるのが、『太上洞玄靈寶眞文要解上經』（HY330、道蔵本『眞文要解』）である。道蔵本『眞文要解』には元始天尊は見えないが、元始天王（経典中、「元始」とも表記される）

という元始天尊に極めて近い設定の神格が見える[47]。『眞文要解』では、元始天王が太上大道君に経典を伝授し、説かれる内容も「太上元始靈寶五篇眞文」（「五篇眞文」）に関するものであり、小林氏は『眞文要解』を「元始系」に分類する[48]。道蔵本『眞文要解』の内容からすると、『眞文要解』は経題の如く「靈寶五篇眞文」要解の書であり、天界に「靈寶五篇眞文」が秘蔵されていることを述べるだけでなく[49]、『眞文要解』全体の内容は太上大道君による「靈寶五篇眞文」に由来する重要な教えの解説である。それにもかかわらず何故、『眞文要解』は「元始旧経」に分類されなかったのであろうか。最も説得力のある理由として推測されるのは、経典中に元始天尊が見えないことと、小林正美氏が指摘するように、「篇目」中に該当する経典名が無かったことである[50]。

47) 道蔵本『眞文要解』では「元始」が1丁bと2丁aの二か所に見え、その後に太上大道君が「吾昔受之於元始天王（吾　昔之を元始天王より受く）」云々と、元始天王から教えを受けたことが5丁aと7丁bの二か所に見えるので、この「元始」は元始天王を指すと解釈される。このような解釈については、劉屹論文（2014年b）「《眞文要解上經》考論」、『東方学研究論集　高田時雄教授退休紀念』、東方学研究論集刊行会、2014年、中文分冊、156～163頁、及び同氏論文（2008年）「「元始系」与「仙公系」霊宝経的先後問題—以「古霊宝経」中的「天尊」和「元始天尊」為中心」（『敦煌学』2008年第27輯、275～291頁）を参照。また道蔵本『眞文要解』には、十方位に在る「無極太上靈寶天尊」（以下、「十方靈寶天尊」と略す）が見える。王承文氏はこの「元始」と「十方靈寶天尊」を、元始天尊に解釈する。王承文論文（2007年）佐野誠子訳「霊宝「天文」信仰と古霊宝経教義の展開―敦煌本『太上洞玄靈寶眞文度人本行妙經』を中心に」（『中国宗教文献研究』（臨川書店、2007年、293～335頁）の316頁の注53参照。大淵氏は、この神格が道蔵本『九幽玉匱明眞科』にも見えることを指摘し、この「十方靈寶天尊」は経を説く天尊ではなく、したがって元始天尊ではないとする。（大淵前掲書（1997年）114頁。）ここでは大淵氏の見解に従う。道蔵本『眞文要解』は、「五篇眞文」の天上界における秘蔵場所について、「太上元始靈寶五篇眞文、舊藏太上玄臺七寶上宮（太上元始靈寶五篇眞文、舊は太上玄臺七寶上宮に藏す）」(1b) と述べる。この「七寶上宮」については、本章の注49）参照のこと。

48) 小林前掲書（1990年）第一篇第三章四の特に170～171頁。劉屹氏は、『眞文要解』中の「靈寶五篇眞文」は、『天書經』、『玉訣妙經』中の「靈寶五篇眞文」とは異なるものであるとする。劉屹前掲論文（2014年b）を参照。

49) 道蔵本『内音自然玉字』巻四には、「僞道出行、萬姓心懷詐共崇奉、此文當還大羅之上七寶上宮」(24b) 云々とあり、天書が「七寶上宮」に還ることを述べる。道蔵本『二十四生圖經』には、天書の還る天界の場所として「大羅七寶玄臺紫微宮」が見える。ここから「七寶上宮」と「紫微宮（臺）」は、天界の同じ場所を指すと考えられる。続道蔵本『玉京山經』にも、経典秘蔵場所として「紫微上宮」(1a)、天書が還る場所として大羅天の「七寶玄臺」(2b) が見える。

50) 小林前掲書（1990年）の170～171頁。劉屹氏は『眞文要解』が「高玄大法師」に授けられた経であることが、該経が「仙公新経」に分類された理由であるとする。劉氏前掲論文

ところで、『眞文要解』は、陸修静自身が真経と判定したのであるから、この経典は陸修静にとって、霊宝経の目録に収めるべき経典であったのは確かであろう。ただし、『眞文要解』は「元始旧経」に分類できなかった為に、便宜上、「仙公新経」に分類されたのではないと考えられる。現行本を見る限り、『眞文要解』の中に葛仙公は登場しなかったようである。けれども道蔵本『眞文要解』には、「仙公が伝授された経典」という設定が見える。即ち、「太上大道君曰、吾昔受之於元始天王、使授仙公・仙王・仙卿・上清眞人。不傳中仙（太上大道君曰く、吾は昔之を元始天王より受け、仙公・仙王・仙卿・上清眞人に授けしむ。中仙には傳へず）」（5a）とあり、太上大道君がこの經典の教えは仙公の位の者にも伝授されることを述べている。ここでの仙公は葛玄を指す固有名詞ではないが、葛玄も仙公としてこの経典を伝授される資格を有するという解釈は可能であり、そのように解釈すれば、『眞文要解』を仙公が伝授された経典と見ることができる。『眞文要解』同様に、仙公の任にある者を対象に含めた経典伝授の資格について言及するのが、『太上玉經太極隱注寶經訣』（『隱注寶訣』）である。『隱注寶訣』に相当する『上清太極隱注玉經寶訣』（HY425、道蔵本『隱注寶訣』）には、「太上玉經注曰、寶訣衆經之祖也。太上命傳太極諸仙公・仙王・仙伯・仙卿。未得此任、不傳之矣（太上玉經注曰く、寶訣は衆經の祖なり。太上命じて太極諸仙公・仙王・仙伯・仙卿に傳へしむ。未だ此の任を得ざれば、之を傳へざるなり）」（12a）とあり、この経典が仙公の任にある者にも伝授されることを述べる。加えて道蔵本『隱注寶訣』には、葛玄を指すと考えられる「仙公」が、「仙公曰」として解説する一文[51]が見え、敦煌本「霊宝経目録」で『隱注寶訣』は「仙公新経」に分類されている。このことから先に推測したように、陸修静は「仙公の任にある者に伝授されるべき経典」の意味をほぼ「葛仙公が伝授された経典」と同義に解釈し、『眞文要解』を『隱注寶訣』と同じく「仙公新経」に分類したと考えられる。このように、『五符經序』を除く「仙公新経」に相当する現行本は、『眞文要解』を含めていず

（2014年b）参照。
51) 道蔵本『隱注寶訣』：仙公曰、老子西化胡教外国、讀經時多是大梵天音也。適道士所好者耳（仙公曰く、老子西して胡を化し外国を教ふるに、讀經の時多くは是れ大梵天音なり。道士の好む所に適ふ者なるのみ）、と」（7a）。

れも「仙公所受經典」の条件にあてはまると言える。経典の内容自体は「仙公所受經典」という条件に相当しない『五符經序』に、敦煌本「霊宝経目録」がわざわざ「仙公在世時所得本」という一文を記して「仙公新經」に分類しているのも、それによって『五符經序』が「仙公が伝授された経典」、即ち「仙公新經」であることを示していると言える。「仙公所受」の「新經」という表現からすれば当然のことながら、陸修静にとって、ある経典を「仙公新經」に分類する際、「仙公が伝授された経典」という点が重要であったことは、上掲の例から改めて確認することができよう。それ故、仙公の任にある者に伝授される資格があると規定する『眞文要解』は、「仙公新經」の条件を具えた経典として捉え得る余地があったと考えられる。

第7節 小　結

　以上、敦煌本「霊宝経目録」と小林正美氏の経典分類の一致しない部分を手掛かりとして、陸修静の霊宝経分類の基準はどのようなものだったのかという問題について、敦煌本「霊宝経目録」中の「元始旧經」・「仙公新經」への経典の分類には一定の基準があると想定し得るのではないかという仮説を立て、その仮説の検証を試みた。小林氏の検討では、敦煌本「霊宝経目録」著録経典には「元始天尊が説いた経典」＝「元始系」、「葛仙公が真人から授けられた経典」＝「仙公系」という分類の呼称通りの条件を基準として問題なく区分できる経典がある一方、そのような区分が正しく行われていない経典があると考え、『玉京山經』、『五稱符上經』、『法輪妙經』、『眞文要解』、『五符經序』の五篇の経典を問題としたのであるが、ここでは『五符經序』を除く四篇の経典に対して、敦煌本「霊宝経目録」が設定する「元始旧經」・「仙公新經」の条件を推測した。その結果として、以下のことが言える。

1) 陸修静は、経典中、元始天尊が教えを説くという設定の他、経が天上の「紫微宮（臺）」に秘蔵されているという設定を含む経典も「元始旧經」として分類したと考えられる。ただし、「紫微宮秘蔵の経」という設定も、その経が元始天尊所説の経であることが前提となっている。つまり、元始天尊所説の経であるという条件は、紫微宮に秘蔵されている経である

という条件に一部解釈の変更が可能であると考えられる。そのように条件を解釈して見直せば、『法輪妙經』、『五稱符上經』、『玉京山經』も「元始旧経」に分類されたことは、十分合理的であると推測される。
2) 『眞文要解』には、仙公の任にある者に経典が伝授されるという設定が見え、これによって葛仙公にも経が伝授された可能性が開かれることから、この経典が「仙公所受」経典として「仙公新経」に分類されたことは、十分に合理的であると考えられる。『五符經序』を除き、敦煌本「霊宝経目録」で、「仙公新経」に分類される経典の現行本は、「仙公所受経典」の条件に相当することから、「仙公新経」の分類基準は、「仙公が伝授された経典であること」と言える。
3) 敦煌本「霊宝経目録」の経典の分類は、「元始旧経」・「仙公新経」共に一定の基準によって分類されていると推定される。その基準に照らせば、敦煌本「霊宝経目録」で、「元始旧経」に分類されている経典は「元始天尊が説いた」経典であり、「仙公新経」に分類されている経典は「仙公が伝授された」経典であって、例外的な分類はなかったと言うことができる。

以上の三点に加え、『眞文要解』や『法輪妙經』の分類判定を見るに、「篇目」に該当する経典名が有るか否かという点も、分類の判断材料となったことが考えられる。ただし、『仙公請問本行因縁衆聖難』のように、「篇目」に『衆聖難』という経典名がありながら「元始旧経」に分類されず、「仙公新経」に分類されている例もあるので、「篇目」中の該当経典の有無は、分類上最優先される条件ではなかったようである。また『法輪妙經』の現行本を見ると、その内容は真人たちによる葛仙公への経典伝授であり、経典の内容からは「仙公新経」と言えるが、経典中に元始天尊と考えられる「元始」という神格が見え、紫微宮に経が秘蔵されているという設定が含まれている。このことから『法輪妙經』は、一つの経典中に「元始旧経」と「仙公新経」の二種の設定を含む経典であると言える。これは陸修静当時、言わば二つの系統の融合した内容の霊宝経が存在していたことを示す例と考えられるが、『法輪妙經』は敦煌本「霊宝経目録」で「元始旧経」に分類されている。このことから、陸修静は「元始旧経」に該当する部分を優先して、分類を行ったことが窺える。同様のことは、『玉京山經』や『五稱符上經』の例についても言えよう。これは、陸修静が

「元始旧経」を、霊宝経全体の中心に位置付けていたことを示す重要な点として見ることができる。

　本章では、陸修静の作成した霊宝経目録の内容を反映すると考えられる敦煌本「霊宝経目録」中の経典分類が、一定の基準のもと、一貫性をもって行われており、分類を決定する条件も十分に合理的と理解できるものであって、敢えて分類に修正を加える必要はないと考えられることを論じた。ここに見える経典の分類基準の合理性や、それによる分類結果の整合性とは、敦煌本「霊宝経目録」に反映されていると考えられる、陸修静の構想する経典分類に見えることであって、霊宝経そのものが初めからそのような基準に合わせて作られた、或いはそのような分類を成立させる構想に基づいていることを示している訳ではない。ここで確認されたのは、敦煌本「霊宝経目録」では、著録する古霊宝経を「元始旧経」と「仙公新経」の二系統に分類しているが、その分類基準は陸修静の「目序」で設定する旧新の霊宝経、即ち「元始旧経」と「仙公新経」の条件に則したものであると考えられることである。つまり、敦煌本「霊宝経目録」に見える二系統の霊宝経とは、陸修静の霊宝経の概念を示していると考えてよいであろう。そもそも、霊宝経を歴史上の事物として考えれば、陸修静が分類した二系統の霊宝経という霊宝経の在り方自体が、歴史的な事実として存在した霊宝経とは異なる様相を見せている。それは何より、『五符經序』の分類に現れていると筆者は考える。『五符經序』は、小林氏が指摘するように、本来、その成立の背景や時代から見て、「元始旧経」や「仙公新経」とは異なる過程を経て成立した霊宝経である[52]。その経典が、二系統の霊宝経の一方に分類されているということは、筆者がこの論文において試みようとする、霊宝経に二系統あるとする敦煌本「霊宝経目録」が、陸修静の霊宝経観を反映するものであって、当時の霊宝経の状況をそのまま忠実に写し取るものではなかったこと、換言すれば、陸修静の抱く霊宝経観を具現化したものが、敦煌本「霊宝経目録」に見える「二系統から成る霊宝経」であったと考えられることを示す鍵のひとつとなると考える。次章では、この『五符經序』の分類の問題を検討し、それが陸修静の霊宝経観を反映する分類であることを明らかにすることを試みる。

52）　小林前掲書（1990年）第一篇第三章一。

第2章
陸修静の霊宝経観と『太上洞玄靈寶天文五符經序』の分類[53]

第1節 序　言

　霊宝経を、「元始旧経」と「仙公新経」の二つのグループに分けて著録する敦煌本「霊宝経目録」の区分法は、前章で論じたように、基本的には、元始天尊によって教説されたとする経典を前者に、葛仙公に伝授されたという経典を後者に分類するものである。しかし、中にはその区分が一見不分明なものがある。前章では、小林正美氏がその区分に問題があるものとして敦煌本「霊宝経目録」の分類に変更を加えた経典の内の四篇に、改めて検討を加え、これらの経典も分類条件に対する一定の解釈を加えれば、敦煌本「霊宝経目録」における「元始旧経」と「仙公新経」の分類のままで、合理的に理解し得ることを論じ、これが敦煌本「霊宝経目録」に反映される、陸修静の用いた経典分類の基準であると考えられる可能性を示した。けれども小林氏も認めるように、古霊宝経の中には、もともと元始天尊によって説かれたとも葛仙公に伝授されたとも言い難い、言わば敦煌本「霊宝経目録」の分類規範を逸脱した経典が存在する。それが『太上洞玄靈寶天文五符經序』(『五符經序』) である。本章では、敦煌本「霊宝経目録」における『五符經序』の位置付けの理論を検討することで、そこから推測し得る陸修静の視点と、彼によって分類される霊宝経典にもとも

---

53)　この章は、『早稲田大学大学院文学研究科紀要』第60輯 (2014年度) に掲載された筆者の論文「陸修静の霊宝経観と『太上洞玄靈寶天文五符經序』の分類」を加筆修正して、本書の第1篇第2章としたものである。

と内在する多元的な様相への注意を喚起したいと考える。

敦煌本「霊宝経目録」著録経典の中で、『五符經序』一点だけが、経典の由来に関する説明を付されている。その説明には、

> 右二件、舊是一卷。昔夏禹例出靈寶經中衆文、爲此卷、藏勞盛山陰。樂子長於霍林仙人邊得、遂行人間。仙公在世時所得本、是分爲二卷。今人或作三卷。
>
> （右二件、舊は是れ一卷。昔　夏禹は靈寶經中の衆文を例出し、此の卷を爲り、勞盛山の陰に藏す。樂子長は霍林仙人の邊に於いて得、遂に人間に行はる。仙公世に在る時得る所の本、是れ分かちて二卷に爲る。今人或は三卷に作る）[54]、

とあり、仙公が在世時に得たものであると述べて、『五符經序』は「仙公新経」のリストの最初に置かれている。しかし、多くの先行研究が指摘するように、『五符經序』は、敦煌本「霊宝経目録」著録の他の経典に先行して成立したと推定されており、その成立の思想的背景も、他の著録経典とは異なる[55]。『五符經序』は敦煌本「霊宝経目録」では「仙公新経」に分類されているが、これに相当するとされる『太上靈寶五符序』（HY388、道蔵本『五符序』）を見る限り[56]、その中に、この経典が葛仙公に伝授されたものであることを示す内容は見えないので、陸修静当時の『五符經序』のテキストにも仙公の経典伝授に関する内容は含まれていなかった可能性が高い[57]。これは即ち、陸修静が『五符

---

[54] 大淵忍爾前掲書（1979年）：P2256の20行〜24行（727頁上段）。

[55] 『五符經序』及び道蔵本『五符序』に言及する主な先行研究：陳国符前掲書（1963年増訂版）上冊「五符経考証」（62〜71頁）。Kaltanmark M. (1960) "Ling-Pao: Note sur un terme du Taoisme Religieux", *Mélanges publiés par l'Institut des Hautes Etudes Chinoises*, 2,（本章では中国語訳を参照：杜小真訳（1997年）「関于道教術語"霊宝"的筆記」、『法国漢学』第二輯、清華大学出版社、1997年。1〜27頁）。同（川勝義雄訳）「『太上靈寶五符序』に関する若干の考察」、『東方学』第65輯、1983年、（116〜124頁）。Bokenkamp S., 前掲論文（1983）"Sources of The Ling-Pao Scriptures", 山田利明（1984年）「『靈寶五符』の成立とその符瑞的性格」（安居香山編『讖緯思想の綜合的研究』、国書刊行会、1984年、166〜196頁）。同（1987年a）「『五符序』形成考―樂子長をめぐって」（秋月観暎編『道教と宗教文化』、平河出版社、1987年、122〜135頁）。福井康順前掲書（1987年）、小南一郎（1992年）「尋薬から存思へ」（吉川忠夫編『中国古道教史研究』、同朋舎出版、1992年、3〜54頁）。小林正美前掲書（1990年）第一篇第一章。神塚淑子前掲書（2017年）第一篇第三章。王承文前掲書（2002年）第六章第二節一。

[56] 道蔵本『五符序』については小林前掲書（1990年）第一篇第一章参照。

[57] 道蔵本『五符序』巻中の「靈寶黄精方」の解説の中で、「葛仙公」という固有名詞が出てくる。

經序』を「仙公新経」と見做す際に、『五符經序』の内容には、仙公に伝授された経典という、「仙公新経」を定義する最も基本的な条件が見当たらなかったということになる。それでは何を以て陸修静は、『五符經序』を「仙公新経」と見做し得たのであろうか。この経典の分類の過程をよく理解する為には、陸修静が踏まえる所謂「元始旧経」と「仙公新経」の区分の根拠となる論理について、より深く把握しておく必要がある。換言すれば、それは元始天尊に由来するという想定と仙公が伝授されたという想定が、どのような意義や広がりを持つ想定であるのかを理解するということである。そこで、以下に陸修静の霊宝経観がどのようなものであるかを改めて分析して、陸修静が霊宝経を二つに分類する理由を考察し、そこから『五符經序』の分類の理由について説明することを試みたい。

第2節　陸修静が示す霊宝経の二つの系統

陸修静が霊宝経を二つに分ける際の呼称については、既に先行研究で言及されており、また前章でも、そのうちのいくつかについては特に説明もなく用いてきた。しかし、霊宝経の分類についてより深く考察を行うにあたり、ここで二系統の霊宝経の表記について、陸修静の著述した「目序」と「授度儀表」に拠りながら、筆者なりに整理しておきたい。陸修静は、最初の霊宝経の目録を作成した元嘉十四年の時点で、既に霊宝経を新旧二つの系統に分けて考えてい

それは、葛仙公所伝の身中の三虫駆除方を解説する部分に見える。即ち、「又聞、葛仙公所傳云、諸修長生之道、當先去三虫（又聞く、葛仙公の傳ふる所に云く、諸〻の長生の道を修むるに、當に先に三虫を去るべし）」（22b）云々とある。陳国符氏は、この部分は後世の増補部分であるとする。（陳国符前掲書上冊（1963年）「三洞四輔經之淵源及傳授」の「五符經考証」の項。）小林正美氏は泰始七年頃には、敦煌本「靈宝経目録」著録の『五符經序』は三巻本で、「五符經序」＋「五符經」＋増補部分から構成されると推定する。（小林前掲書（1990年）第一篇第一章。）もし、道蔵本『五符序』の巻中の「靈寶黃精方」が、陸修静当時の『五符經序』には収められていなかったとすると、『五符經序』は葛仙公に言及していない経典ということになり、それを「仙公新経」に分類するのに「仙公在世時所得本」という一文を付したのであろうと解釈される。或いは陸修静当時のテキストに、既に「靈寶黃精方」の問題の箇所が含まれていたとすると、それにもかかわらず、経典の由来に関する説明が付されたとすれば、経典中に葛仙公所伝の処方が含まれることと霊宝経伝授とは別のことであり、この処方の記載を以て、『五符經序』を仙公所受経典と見做すことはできなかった為と推察される。

たようである。「目序」には、「新舊五十五卷、學士宗竟、鮮有甄別（新舊五十五卷、學士宗び竟るも、甄別有ること鮮なし）」(5a)云々とあり、その後に「慮有未悉、今条舊目已出、并仙公所授（慮るに未だ悉くせざる有るも、今舊目の已出、并びに仙公の授かる所を条す）」(6a)云々とある。ここでは、霊宝経に新旧二系統があることと、著録する経典に「舊目」の経典と「仙公所授」の経典の二系統があることが述べられている。ここに見える「舊目」の経典が、「新舊五十五卷」の「舊」にあたる霊宝経、「仙公所授」の経典が「新」にあたる霊宝経であると解釈される。更に「授度儀表」には、「…見出元始舊経并仙公所稟、臣拠信者合三十五卷（…元始舊経并びに仙公の稟くる所を見出すに、臣の拠りて信ずる者合して三十五卷）」(1b)云々とあり、霊宝経の二系統は、「元始舊經」・「仙公所稟」として示されている。また、敦煌本「霊宝経目録」には、「元始舊經紫微金格目三十六卷」と「葛仙公所受教戒訣要及説行業新經」とある。これらの記述から、陸修静は霊宝経を「舊」の経典の系統＝「舊目」の経典＝「元始旧経」と、「新」の経典の系統＝「仙公所受」経典（仙公新経）の二系統に分けて考えていたことが判る。それでは、陸修静は何に基づいて、霊宝経に二系統あると考えたのであろうか。そこで次に、陸修静の霊宝経観から、霊宝経典を二系統に分類した理由について考察する。

第3節 「靈寶經目序」に見える陸修静の霊宝経観

　陸修静の霊宝経観は、「目序」中に記された霊宝経の神話伝承的な「歴史」に窺える。（以下、「歴史」と表記し、一般的な歴史の意味と区別する。）その簡略な内容は「授度儀表」にも見え[58]、陸修静が明確な霊宝経観を持っていたことが看取される。「目序」に記された霊宝経の「歴史」は、大きく三つの時代に分けられる。前章第3節に引用した「目序」の霊宝経史にあたる部分を参照しつつ、三つの時代について考察する。

　先ず、「目序」の①の部分は、龍漢の時代から存在した「靈寶之文」を、上

---

58)「授度儀表」(1a～b)：玄科舊目三十六卷、符圖即自然空生、讚説皆上眞注筆。仙聖之所由、歴劫之筌範。（中略）但正教始興、天書寶重、大有之蘊、不盡顯行。（この部分の訓読は、本書第1篇第1章第3節に引く「授度儀表」の引用部分を参照のこと。）

皇元年に到って元始天尊が説き、それを衆聖が十部三十六帙の経典の形にし、地上に霊宝の教えが大いに行われた時代について述べている。

②の部分は六天の支配が始まり、衆聖も経も天界に還ってしまった霊宝経不在の時代について述べ、この時代に起こった四つの出来事に言及する。それは(1)高辛招雲輿之校、(2)大禹獲鍾山之書、(3)老君降眞於天師、(4)仙公授文於天台、の四つである。劉宋以前の時代にあったこととして述べられるこれらの出来事は「皆由勳感太上」云々（4b）とあり、いずれも太上が関与するとされる。

③の部分は六天支配の時代が終わり、漢王朝の末裔たる劉宋の世となって時至り、「十部舊目（じゅうぶきゅうもく）」の経典が地上に出現し始めた時代について説く。

以上の「目序」の霊宝経の「歴史」の三つの時代で、①は完全に神話伝説的内容の虚史の部分である。②は劉宋以前の時代、③は劉宋の時代について述べた部分であり、この二つの時代は部分的に史実を反映し、実際の歴史上の霊宝経典の出現にかかわる部分をも含むと考えられる。「目序」の陸修静の記述を基に、霊宝経の出現という視点から、この二つの時代の意味を考えてみると、次のことが言える。

②の劉宋以前の時代、即ち元始天尊が説いた霊宝経の不在の時代に起こった四つの出来事の内、(1)(2)の二つは、本章で後述する道蔵本『五符序』の、巻上に見える『靈寶五符（れいほうごふ）』とかかわり、(4)は仙公が天台山で授受した経典とかかわる。(4)の仙公が天台山で授受した経典とは、『自然經訣』の敦煌写本に残存するテキスト断片の内容から、天真が仙公に伝授した霊宝経であることが判る。即ち、『自然經訣』には、

　　太極眞人稱徐來勒、以己卯年正月一日日中時、於會稽上虞山、傳太極左仙公葛玄、字孝先。玄於天台山、傳弟子鄭思遠、沙門竺法蘭、釋道微、呉先主孫權

　　（太極眞人　徐來勒と稱し、己卯の年正月一日の日中時を以て、會稽上虞山に於いて、太極左仙公葛玄、字は孝先に傳ふ。玄は天台山に於いて、弟子の鄭思遠、沙門の竺法蘭、釋道微、呉の先主孫權に傳ふ）（王卡点校『太上靈寶威儀洞玄眞一自然經訣（敦煌本）』、『中華道蔵』第4冊所収、100頁中段）、

とあり、仙公が天台山で弟子たちに伝授した経典は、太極眞人徐來勒（たいきょくしんじんじょらいろく）が仙公

に伝授したものであることが記されている。仙公が天真から経法を伝授されたことは、『自然經訣』の他にも、古霊宝経の現行本である『太上洞玄靈寶智慧本願大戒上品經』(HY344、道蔵本『智慧本願』[59])の17丁bや『太上洞玄靈寶本行宿緣經』(HY1106、道蔵本『請問經下』)の5丁bに見え、前者では、天台山が天真が仙公に伝授する場所として見える。また、道蔵本『法輪妙經』A (HY436)では、天台山における天真による仙公への伝授が経典全体の主題となっている[60]ので、仙公が地上で授受した経典とは、天真によって仙公に伝授された霊宝経であることは明らかである。「目序」では、前述の聖業にかかわる四つの出来事は、太上が感応したことによるとしており、道蔵本『五符序』巻上で帝嚳と夏禹が受けたとされる『靈寶五符』[61]と、古霊宝経で仙公に伝授されたとされる霊宝経とは、この時代に出現した経典ということになるので、いずれも「出現に太上が関与した経典」になる。(3)の「老君降眞於天師」も、天師道の創始伝承を記す『三天内解經』(HY1196)巻上を見ると、張道陵を「太玄都正一平氣三天之師」とし、「正一盟威之道」を授けた「新出老君」(5b～6a)とは、「新出太上」(5b)であることが記されている。その部分を見ると、この宗教上の事件もまた、太上に由るものであると解釈することができよう[62]。③の劉宋の時代になると、元始天尊が説いた「十部舊目」の

---

59) 古霊宝経には、この『智慧本願』の他に経題に「智慧」の語のある経典が二件あり、混同しやすいので、それを避ける為、本書ではそれらの経典にはHY番号をつけて、識別しやすいようにする。

60) 道蔵本『智慧本願』(HY344)：仙公於天台山靜齋念道、稽首禮拜、請問靈寶玄師太極太虛眞人曰（仙公天台山に於いて靜齋し道を念じ、稽首し禮拜し、靈寶玄師太極太虛眞人に請問して曰く）(1a) 云々。ここでは太極眞人による伝授が天台山で行われたとされている。道蔵本『法輪妙經』A：太極左仙公於天台山、靜齋拔罪、燒香懺謝、思眞念道（太極左仙公は天台山に於いて、靜齋し拔罪し、燒香し懺謝し、眞を思ひ道を念ず）(1b)。この経典でも、天台山が天真による仙公への伝授の場となっている。霊宝経典中の天台山は、本文で引用した『自然經訣』に見えるように、仙公が天真から経を伝授される場所であると共に、仙公が弟子たちに経を伝授する場所としても設定されている。

61) 道蔵本『五符序』該当箇所については本章第4節及び注64)、65)を参照。

62) 霊宝経の「歴史」を語る中で、天師道の重要な創始伝承に言及していることは、陸修静がこれを霊宝経の「歴史」にかかわる重要な出来事の一つとして考えていることを示す、と解釈するのが妥当であろう。小林正美氏は「仙公系」霊宝経を天師道の作と考えるが、「目序」で霊宝経の「歴史」の中に、天師道の重要な宗教的事件が組み込まれていることを考えると、「仙公新経」に分類されている霊宝経の作者を、「目序」に見える(3)の記述を根拠の一つ

経典が地上に出現し始める。ここで注目すべきは、陸修静が述べる霊宝経の「歴史」では劉宋期以前と以後とで、成立背景の異なる二系統の霊宝経がそれぞれ出現したとされている点である。それは②の時代に出現した経典は太上に由来し、③の時代に出現した経典は、①の時代に元始天尊が説いたものという二つの系統である。③の時代に地上に出現した経典は、①の説明により、霊宝経の「歴史」上では、②の時代に出現した経典よりも遥か昔に出現した経典であると設定されている。これは霊宝経典としては、③の経典の方が古い経典であり、②の経典は③の経典より新しいという陸修静の考えを示すものである。つまり、②の時代に出現した経典は新しい霊宝経で、③の時代に出現した経典は旧い霊宝経ということになる。敦煌本「霊宝経目録」に見えるように、陸修静が霊宝経に対して、「仙公新経」と「元始旧経」の二つのグループのみ設定したのは、分類項としての霊宝経の二系統が、陸修静の考える霊宝経の「歴史」の中の、劉宋以前と劉宋以後という、経典の出現時期の区分に基づいて考えられた為であると推測される。

　敦煌本「霊宝経目録」の「元始旧経」・「仙公新経」の二系統が、「目序」中の二つの時代に基づくとして、②の時代に出現したとされる霊宝経典は、先に見たように、出現に太上が関与した経典として想定され、②の時代に基づき設定された「仙公新経」の分類条件には、「仙公が真人から伝授された経典」という条件の他に、「太上に由来する経典」という条件も設定されていたと推定される。先に筆者は、『五符經序』は内容から仙公所受の経典であることは窺えず、それは陸修静が経典を分類する上で加えた設定であるという推測を述べた。それでは、『五符經序』と太上との関係という視点から見た場合には、どのようなことが言えるであろうか。結論から述べるなら、『五符經序』の内容には、経典が太上に由来するという設定が含まれていると言える。陸修静が「目序」に提示する霊宝経の「歴史」に拠るなら、『五符經序』は元始天尊が説いた「元始旧経」不在の時代に、太上を介して地上に降された経典としての要件を満たすことになり、経典中に仙公所受の経典であるという設定が明示されていないとしても、仙公所受経典と同じ位置付けをされることになると考えら

として天師道と特定することには、なお検証の余地があると思われる。(小林前掲書(1990年)第一篇第三章四～六。)

れる。次にその点について検証する。

第4節　『太上洞玄靈寶天文五符經序』の分類

「目序」の霊宝経の「歴史」中、①②の部分に見える旧い霊宝経に関する言及は、王承文氏が指摘するように[63]、道蔵本『天書經』(1a～2b)や、道蔵本『内音自然玉字』(24p)、『太上諸天靈書度命妙經』(たいじょうしょてんれいしょどめいみょうきょう)(1b～2a：HY23、道蔵本『度命妙經』)等の、敦煌本「霊宝経目録」で「元始旧経」とされる経典にも同様の内容が見え、陸修静が、これらの「元始旧経」中の記述に依拠して書いた可能性が高いと言える。これに対し、②の時代の四つの出来事が太上の関与によることを記す経典は、少なくとも敦煌本「霊宝経目録」著録の経典中には見えないので、この部分は陸修静独自の霊宝経史観が示されている部分であると考えられる。帝嚳がかかわる(1)の「高辛招雲輿之校」[64]と夏禹がかかわる(2)の「大禹獲鍾山之書」[65]は、いずれも同じ内容が道蔵本『五符序』巻上の「序」の部分に見え、それらは『靈寶五符』出現譚の一部である[66]。ここから、陸修静が『靈寶五符』を霊宝経の「歴史」の中で、劉宋以前に太上によって出現したものとして位置付けたことが判る。(陸修静の霊宝経史観の形成については、本書第3篇第8章で改めて考察する。)『五符經序』に相当する道蔵本『五符序』[67]に、太上に経典が由来するという内容が見えるかどうかを確かめると、

---

63)　王承文前掲邦訳論文（2007年）の304～308頁。
64)　道蔵本『五符序』巻上：其時有天人神眞之官、降之乘寶蓋玄車而御九龍、策雲馬而發天窓。自稱九天眞王・三天眞皇、並執八光之節、佩景雲之符、到于牧德之臺、授帝嚳以九天眞靈經・三天眞寶符・九天眞金文。(其の時天人神眞の官有り、之に降るに寶蓋の玄車に乗りて九龍を御し、雲馬を策（むち）うちて天窓を發す。自ら九天眞王・三天眞皇と稱し、並びに八光の節を執り、景雲の符を佩び、牧德の臺に到り、帝嚳に授くるに九天眞靈經・三天眞寶符・九天眞金文を以てす)。(3b)
65)　道蔵本『五符序』巻上：然後、登彼玄峯、繡嶺之阿、瓊境之上、忽得此書。(中略)本名爲靈寶五符、天文藏於玄臺之中、堅石之碩、隱於苗山之岫。(然る後、彼の玄峯、繡嶺の阿、瓊境の上に登り、忽ち此の書を得たり。(中略)本は名づけて靈寶五符と爲し、天文は玄臺の中、堅石の碩に藏し、苗山の岫に隱す) (6a～b)。小林正美氏はこの記述から、この「靈寶五符」は符ではなく経典であると考える。小林前掲書(1990年)第一篇第一章の57頁。
66)　これは既に小林氏の指摘がある。小林前掲書(1990年)第一篇第一章二(2)。
67)　陳国符氏は道蔵本『五符序』巻上を、『五符經序』に相当するとする。陳国符前掲書(1963年)上冊、「五符経考証」62～65頁。小林正美氏は、道蔵本『五符序』の「序」の部分を、原本『五

巻上「序」の『靈寶五符』出現譚には、「然其文繁盛、天書難了、眞人之言、既不可解、太上之心、衆叵近測（然して其の文繁盛にして、天書は了し難く、眞人の言は、既に解すべからず、太上の心は、衆近づき測り叵し）」(4a) 云々とあり、また、「此書必靈寶符、太上眞文也（此の書必ず靈寶符、太上の眞文なり）」(10a) 云々とあって、天書、即ち経や符が太上に由来するものであるという考え方が窺える。ここから類推して、『五符經序』にも、「太上に由来する経」という考えが含まれていた可能性は高いと言える。

　以上のことに加えて、『五符經序』に関して確かめておくべきことがある。『眞誥』巻二十に見える陶弘景の記述に、「陸既敷述眞文赤書、人鳥五符等（陸既に眞文赤書、人鳥五符等を敷述す）」(2b) 云々とある。王皓月氏はこの記述について、陸修静の著録した『五符經序』は、陶弘景が「人鳥五符」と呼んだものに相当し、「人鳥」に当たる部分が含まれていたと推定する[68]。王氏は更に、『無上秘要』巻四 (HY1130) に引く『洞玄五符經』の引文が、『玄覽人鳥山經圖』(HY434、道蔵本『人鳥山經圖』) 前半部の醮の前までの内容を要約したものであり、道蔵本『人鳥山經圖』前半部の内容が、原本「人鳥」経の内容を保存するものであると推定している[69]。陸修静の著録した『五符經序』に「人鳥」の部分が含まれていたとすると、その部分についても、「仙公新経」の条件に該当するか否かを確かめる必要がある。『無上秘要』中の引文と道蔵本『人鳥山經圖』前半部から、『五符經序』に含まれていた「人鳥」部分を類推することは可能である。そこで該当箇所を見てみると、『無上秘要』巻四の「洞玄五符經」の引文には、

　　太上曰、人鳥山是天地之生根、元氣之所因、人求其域靈、仙仰其神。於是

　　　符經序』の姿を伝えるものであると推察する。小林前掲書 (1990年) 第一篇第一章三の(1)。「目序」中の(1)と(2)の宗教的事件が、共に道蔵本『五符序』巻上の「序」部分の内容に見えることから、小林氏の推察は妥当と考える。
68)　王皓月前掲書 (2017年) 第一編第一章四、第二編。この研究で王氏は、『無上秘要』中の『洞玄五符經』の引文四條の分析から、『洞玄五符經』は、『五符經』の部分と人鳥山に関する記述部分（人鳥）から構成されていたと推定し、陶弘景が陸修静の敷述した経典を「人鳥五符」と呼ぶのは、陸修静が『五符經序』に「人鳥」の部分を加えたことによると推察する。小林氏も同氏前掲書 (1990年) 第一篇第一章の注 (18)(102〜103頁) において、三巻本『五符經序』が「人鳥五符」と呼ばれた可能性を示している。
69)　王皓月前掲書 (2017年) 第二編第一章。

朝致五嶽、使役海神

　（太上曰く、人鳥山は是れ天地の生根、元氣の因る所、人は其の域の靈を求め、仙は其の神を仰ぐ。是に於て五嶽に朝致し、海神を使役す）（8b）、

とあり、また道蔵本『人鳥山經圖』冒頭部分には、

　太上曰、無數諸天、各有人鳥之山、有人之象、有鳥之形、峰巖峻極、不可勝言

　（太上曰く、無數の諸天、各々人鳥の山有り、人の象有り、鳥の形有り、峰は巖峻極まり、勝げて言ふべからず）（1a）、

とある。『無上秘要』の引文も道蔵本『人鳥山經圖』の前半部分も「太上曰」で始まり、太上によって説かれた経典であることを示している。また元始天尊が見えないことから、元始天尊に由来する経典ではないということが言える。王皓月氏の論ずるごとく、『五符經序』にこの「人鳥」部分が含まれていたとすれば、経典が太上に由来するということはよりはっきりしていたと考えられる[70]。以上から、敦煌本「霊宝経目録」に著録された『五符經序』は、「太上が関与する経典である」と解釈可能な経典であったと推測される。

第5節　陸修静の霊宝経分類における「太上」の位置付け

　陸修静は、霊宝経にかかわる元始天尊と太上[71]の神格を、どのように認識していたのであろうか。「目序」の霊宝経の「歴史」から、陸修静は「元始旧経」を、太古に元始天尊が説いた由緒ある霊宝経と考えていたことが窺える。敦煌本「霊宝経目録」中の、已出の「元始旧経」に相当するとされる現行本を見ると、道蔵本の『天書經』巻上、『度命妙經』、『二十四生圖經』等に、元始天尊

---

70)　福井康順氏、陳国符氏、小林正美氏らにより、『抱朴子』と道蔵本『五符序』・『五符經序』の間に密接に関連する部分が含まれていたことが指摘されている。『五符經序』に付された文は、分類の便宜に加え、陸修静も『五符經序』と『抱朴子』の間にそのような関連性があると認識しており、それも分類の背景となっていた可能性が考えられる。本章の注55)の先行研究参照。

71)　これらの経典中では、太上道君、太上大道君、太上などの表記がされているが、等しく元始天尊と師弟関係にあることなどから見て、いずれも同じ神格を表していると考え、本書では特に断りの無い場合、太上と表記する。

が太上に教えを説き、経戒を授けるという内容が見える[72]。このことから、これらの「元始旧経」では、元始天尊と太上の間に一種の師弟関係が設定されており、元始天尊が太上より上位に位置付けられていることが判る。ここから、陸修静も元始天尊と太上を、「元始旧経」に見えるような師弟の上下関係で考えていたと推察される。それでは陸修静にとって元始天尊の弟子である太上に由来する霊宝経とは、どのように位置付けられるものであったのか。それを示すのが、先に考察した陸修静の独自の霊宝経史観が記された「目序」の②の時代の記述であると考えられる。「目序」の記述から、師である元始天尊に由来する霊宝経即ち「元始旧経」不在の②の時代に出現した霊宝経とは、弟子の太上に由来する霊宝経であり、したがってそれは「元始旧経」には含まれない新しい経典＝「仙公新経」であるという図式が窺える。これが、太上に由来する霊宝経に対する陸修静の位置付けであろう。陸修静にとって元始天尊と太上のいずれに由来するかという、彼の霊宝経の「歴史」観によって分けられた経典の起源の違いは、陸修静が霊宝経を分類する上で判定基準の一つとなったと考えられる。即ち、陸修静は「仙公新経」を「目序」の②の「元始旧経」不在の時代に出現した、太上に由来する経典群と考えたようである。つまり陸修静にとって「仙公新経」とは、単に葛仙公を経て伝えられた経典として理解されるだけでなく、元始天尊所説の経が中絶している状態の「元始旧経」不在の時代を表象する概念である。陸修静の視点においては、太上に由来するという設定

---

[72] 「元始旧経」に相当する道蔵本を見ると、元始天尊が霊宝の教えを説き、太上は教えを伝授されてこれを宣揚する設定になっている。王承文前掲邦訳論文（2007 年）の 304～315 頁参照。『太上洞玄靈寶赤書玉訣妙經』（HY352、道蔵本『玉訣妙經』と略し、その敦煌本「霊宝経目録」著録経典を『玉訣妙經』と略す）は、「道言」として「道」が説教をする設定であり、王皓月氏はこの「道」を太上と考える。道蔵本『玉訣妙經』巻上の 2 丁 a で、「道」が「吾受元始眞文舊經」云々と、自分が『元始眞文舊經』を伝授されたことを述べているので、この経典での「道」は、王氏の見解のように、太上（大道君）と解釈するのが妥当であると考える。王皓月氏は、元始天尊と太上の師弟関係は陸修静の考案であり、『玉訣妙經』に元始天尊を加えたという見解を示す。王皓月前掲書（2017 年）第一編第一章二。王氏の見解によれば、陸修静は『玉訣妙經』を、元始天尊が最初に経を説いたことを記す経典と考えて、そのような設定をしたと解釈できる。敦煌写本『太上洞玄靈寶眞文度人本行妙經』（P3022v）では、「道言」として太上が真文とめぐり合わせ、太上となった経緯を語るが、そこで元始天尊に由り太上に封じられ霊宝経を尊承したと述べており（大淵前掲書（1979 年）54 頁下段、30～32 行）、太上はここでも元始天尊の説く教えを宣揚する立場にある。

も元始天尊の教説した経が不在である時代と結びつくという点で、「仙公新経」と同じ意義を担うこととして認識されていると考えられる。そのような霊宝経の「歴史」が設定する「元始旧経」不在の時代に『五符經序』を置くことによって、それは「太上に由来する経典」という、「仙公新経」と同じカテゴリーに属する経典として解釈され、そこではじめて経典中に明確な根拠がないにもかかわらず、敦煌本「霊宝経目録」において、『五符經序』が「仙公在世時所得本」として解説されていることが納得されるのである。更に、敦煌本「霊宝経目録」の『五符經序』の分類の背景となる陸修静の霊宝経観の考察から、敦煌本「霊宝経目録」に見える「元始旧経」と「仙公新経」の二系統の霊宝経という概念自体が、陸修静の霊宝経観に根差す可能性の高いことが指摘できよう。

第6節 『太上太極太虛上眞人演太上靈寶威儀洞玄眞一自然經訣』の分類

先に『五符經序』が「仙公新経」に分類される際に、それが「太上に由来する経典」として認識されていることに、重要な意味が存在したであろうことを推論してきた。陸修静が「目序」に示した霊宝経史観に拠るなら、「仙公新経」は「太上に由来する経典」と理解することが可能なものであり、また現行本の内容から見る限り、実際に『五符經序』は太上に由来する経典として伝承されていたと考えられる。つまるところ、「太上由来の経典」という設定は、陸修静にとって「仙公新経」の条件ともなるのであり、それを『五符經序』が満たしていたとも言えるのである。最後に、この章を結ぶに先立って、陸修静が霊宝経の分類基準に、由来する神格の違いを設定していたという推測について、『自然經訣』の例からも確かめてみたい。この経典については、第１篇第１章でも少しく言及しているが、神格の違いによる経典区分にかかわる重要な例なので、改めてここでも取り上げる。

『自然經訣』の残存するテキストは、いくつかの「元始旧経」と同様に、経典が紫微臺に秘蔵されていることを説く[73]。それにもかかわらず『自然經訣』が「仙公新経」に分類されているのは、経典が太上に由来するという内容が含

まれる為であると前章第5節で推察した。即ち経典中の「五眞人頌」の句[74]に、「太上大道君、出是靈寶經。（中略）上寶紫微臺、下藏諸名山。（太上大道君、出だすは是れ靈寶經。（中略）上　紫微臺に寶とし、下　諸名山に藏す）」とあり、紫微臺に経典が宝蔵されていることを述べる一方、霊宝経は太上大道君によって出現したことを述べている[75]。陸修静が、「元始旧経」の「已出」経典に分類した霊宝経中に見える紫微宮（臺）に秘蔵される経は、元始天尊の説いたものであるという設定であるが、明確に太上の関与を述べる『自然經訣』の紫微臺宝蔵の経は太上由来の経であり、元始天尊の説いた経とは異なる、という解釈が成り立つ余地があったと考えられる。故に紫微臺に秘蔵された経という設定があっても、『自然經訣』が「仙公新経」に分類されたのは、そこに見える「太上に由来する霊宝経」という設定から、「目序」の②の時代に出現した経典と見做された為であると推察される。この例からも、陸修静が霊宝経の分類において、経典の由来する神格が元始天尊、太上のいずれであるかを甄別の基準の一つとしていた、と見ることができよう。

第7節　小　　結

敦煌本「霊宝経目録」における霊宝経典の二系統への分類、及び『五符經序』の「仙公新経」への分類の理由について、「目序」に記述された霊宝経の「歴史」に窺える陸修静の霊宝経観から考察した結果をまとめると、次のようなことが言える。

---

73)　天界の経の秘蔵場所については、前章の注47)、49)参照のこと。
74)　前章の注45)及び前章第5節の「太極眞人頌」の引用箇所参照のこと。
75)　『自然經訣』の佚文には、経典が太上に由来することを述べるものがある。『道教義樞』巻二、「三洞儀」第五に引く『眞一自然經』、即ち『自然經訣』の佚文には、「太上命鈔出靈寶自然（太上命じて靈寶自然を鈔出し）」云々（6a）と見える。『雲笈七籤』巻六「三洞品格」の9丁aにも『眞一自然經』の引文としてほぼ同文を引き、経典の出現が太上に由来することが窺える。これらの佚文について、筆者の博士論文では、『自然經訣』で霊宝経が太上大道君に由来することを述べる箇所として示したが、その後、研究を進めた結果、現時点では、この佚文を含む『自然經訣』のテキストが陸修静の時代に存在していたと断定するのは難しいと考え、ここでは参考として示すに止める。『自然經訣』の佚文に関しては、第1篇第3章第3節参照のこと。

陸修静が経典分類に用いた、「元始旧経」と「仙公新経」という二系統の設定は、彼の考える霊宝経の「歴史」の中の二つの時代、即ち劉宋の時代と劉宋以前の時代の区分に基づくものであると推測される。陸修静は、劉宋以前の時代に出現した経典は、太上が関与する新しい霊宝経であり、劉宋期になって出現した経典は、元始天尊が説いた旧い霊宝経であると考えていたようである。陸修静の考える新しい霊宝経とは、「目序」や「授度儀表」に見える仙公が伝授された「仙公新経」であり、旧い霊宝経とは元始天尊由来の「元始旧経」である。そこから、陸修静はこのような設定に沿って、霊宝経典を「仙公新経」と「元始旧経」の二系統に分類したのであり、敦煌本「霊宝経目録」はそれを反映していると考えられる。『五符經序』が「仙公新経」に分類されていることについては、陸修静の霊宝経の「歴史」の時代区分に照らして、『五符經序』はその内容から太上に由来する経典と認識され、劉宋以前に出現した霊宝経である「仙公新経」として分類された、と説明することができる。更に付け加えるなら、「目序」に示される霊宝経の「歴史」とは、あくまで陸修静の構想する経典史観を示したものであり、劉宋以前と以後とに分けられた経典出現の時代もまた、陸修静の考える経典体系を説明する為に設定されたのであって、必ずしも現実の歴史の、時系列上の経典の出現時期と全てが符合するものではないことに留意すべきであろう。

第3章
陸修静の霊宝経観と「舊目」の解釈

第1節 序　言

　陸修静がその著述「目序」や「授度儀表」の中で、「十部舊目」、「玄科舊目」、或いはただ「舊目」と呼ぶ[76]霊宝経の目録を用いて霊宝経の整理を行ったことは、先行研究によってつとに指摘されている[77]。敦煌本「霊宝経目録」前半部分の「元始旧経」の部分に、「第○篇目」として短い経典名と巻数、已出、未出の記載があり、「已出」の記載の後には「巻目曰」として、「篇目」の経典名に対応する長い経典名と巻数が記載されている。この「篇目」の記載部分が、「舊目」の内容を示しているとされる[78]。これまでの「舊目」に関する主要な先行研究としては、小林正美氏と大淵忍爾氏の研究がある。

　小林正美氏は、「舊目」は東晋末から劉宋最初期の永初元年（420）頃までに、葛氏道が作った最初の「元始系」霊宝経の目録であるとする。ただし、それは既に存在する霊宝経の目録として作られたのではなく、天上界に在る経典目録という想定で作られた架空の目録であり、陸修静が用いた「玄科舊目」という呼称は、それが天上界の目録であることを示し、「元始系」霊宝経編纂の経緯としては、先に「舊目」が作られ、後から「舊目」に記載された経典名に合わ

---

[76]　「舊目」は陸修静の用語である。ここでは便宜上、陸修静以前に存在していたと考えられるこの霊宝経の目録を陸修静の用語を用いて「舊目」と呼ぶ。
[77]　小林正美前掲書（1990年）第一篇第三章二、三（1）～（4）、大淵忍爾前掲書（1997年）第二章四を参照。
[78]　大淵忍爾前掲書（1997年）第二章二、小林前掲書（1990年）第一篇第三章三（2）参照。

せて「元始系」霊宝経が作成されたと推測する。また、陸修静の「目序」中の「十部舊目」、「十部三十六帙」という表現から、「舊目」は全三十六巻で、十部への分類も巻数と共に、目録が作成された時点であらかじめ定められていたとし、「篇目」に見える「已出」・「未出」の記載は、陸修静が「舊目」の記載内容に基づいて、当時存在した霊宝経を照合し、経典の「已出」・「未出」を知ってこれを記したと考える[79]。

これに対し、大淵忍爾氏は、敦煌本「霊宝経目録」著録の「元始旧経」は、葛巣甫と彼を中心とするグループの人々によって作られた可能性が高いとする立場[80]から、「舊目」を作ったのは葛巣甫であるとする。また、敦煌本「霊宝経目録」に見える「舊目」の十篇目は、作経の順序ではなく、ある種の理論的な構成体として霊宝経が構想されていたことを示しているとし、葛巣甫は霊宝経の作成当初から、既に十部構成、全三十六巻から成る霊宝経を構想しており、それを総括したものが「舊目」であるとする。大淵氏の議論では更に、「篇目」中の「已出」・「未出」の記載は、葛巣甫が「舊目」を作成した時点で記入したものであり、陸修静が行ったのはその已出経典の選定、即ち「巻目」の経典名の選定であったと考える。加えて、葛巣甫が「舊目」に「未出」と記したのは、当時、中国仏教側で「未出経」が存在したのに倣い、道教においても未来に経の更なる展開のあることを予告し、仏教と同等であることを示す為であった可能性を指摘する。このように「舊目」について、大淵氏は葛巣甫の作とし、小林氏は葛巣甫より後の、東晋末から劉宋の永初元年頃までの葛氏道の作としており、作成者や作成年代など、「舊目」成立の背景については見解を異とするが、「舊目」が「元始旧経」の目録であるという点では一致している。「舊目」をめぐる研究としては、筆者の知り得る限りでは、この両氏の見解と全く異なる見解はまだ出されていないようである。劉屹氏が近年、敦煌本「霊宝経目録」中の「篇目」は、陸修静による霊宝経の整理後に作られたものであるという見解を示している[81]が、「舊目」そのものに関する従来の説を覆すまでには

---

79) 小林前掲書（1990年）第一篇第三章三（2）。
80) 「舊目」に関する大淵氏の見解については、大淵前掲書（1997年）第二章四の5を参照。
81) 劉屹（2010年）「古霊宝経"未出一巻"研究」（『中華文史論叢』、総第100期、81～103頁）、特に99～101頁。

至っていない。そうした中で、李静氏が上清経の「出世」に関する楊立華氏の研究を参照しつつ、霊宝経の「未出」の表記にも、経典未成立の意味だけでなく、偽経の判定結果を示す可能性があることを指摘している点が注目される[82]。しかし、現存する陸修静以後に作られた霊宝経の目録である「靈寶中盟經目」（『洞玄靈寶三洞奉道科誡營始』（HY1117）巻四所収）や「齋壇安鎭經目」（南宋・蔣叔輿『無上黄籙大齋立成儀』（HY508）巻一所収）を見ると、霊宝経典を「元始旧経」と「仙公新経」の二系統に分けて著録する考えは継承されていない[83]。このことからも、「元始旧経」・「仙公新経」という分類カテゴリー自体が、陸修静独自の霊宝経観によるものであり、霊宝経の現実の状態の反映ではない可能性が考えられる。（この問題については本書の第2篇で更に検証する。）

筆者は、もし先学が指摘するように、「舊目」が陸修静の霊宝経の分類整理以前から存在していたとすると、それが「元始旧経」の目録として作られたとすることには、なお検証の余地があると考える。先に第1篇第1章では、敦煌本「霊宝経目録」の経典の分類では、小林氏によって指摘された経典の二系統への分類における幾つかの例外的なケース[84]について、一定の条件を設定すれば例外なく分類可能であることを示した。本章では、「舊目」は最初から「元始旧経」の目録として作られたのかという視点から、先学により敦煌本「霊宝経目録」の例外と指摘された分類例が、「舊目」を「元始旧経」の目録とすることによって生じた可能性について改めて考察する。そこから更に、「未出」の含む意味についても考察を加えることで、本来、「舊目」は「元始旧経」の目録ではなく、「舊目」を「元始旧経」の目録としたのは陸修静である可能性を示し、それと共に、その背景にある陸修静の霊宝経観を、「舊目」の考察を通して更に明らかにすることを試みたい。

---

82) 李静博士論文（2009年）『古上清経史若干問題的考辨』（2009年復旦大学）第四章第四節。楊立華（1999年）「論道教早期上清経的"出世"及其与《太平経》的関係」（『北京大学学報・哲社版』1999年第1期、116～123頁）。

83) 「靈寶中盟經目」は、敦煌本「霊宝経目録」の著録の順序に従って、「元始旧経」の「已出」経典と「仙公新経」を著録するが、二系統の経典を区切ることなくそのまま続けて著録している。「齋壇安鎭經目」では、「篇目」の著録順序に沿って、新旧及び「已出」・「未出」の区別なく著録している。この二つの経典目録については、本書第3篇第8章第5節を参照のこと。

84) 小林前掲書（1990年）第一篇第三章三。

第2節　陸修静の霊宝経典の分類結果と「舊目」の解釈

「授度儀表」には、「玄科舊目三十六巻」(1a)、「元始舊経」(1b) という表現が見え、文脈から「玄科舊目三十六巻」の経典が「元始舊経」であると解釈できる。このことから「授度儀表」の時点で、陸修静が「舊目」を「元始旧経」の目録として考えていたことは確かであろう。第1篇第1章では、敦煌本「霊宝経目録」の例外的分類とされた経典についての考察の過程で、『法輪妙経』のように両方の基準を満たす場合、「元始旧経」への分類が先行されたと推測した。つまり分類の基準は、陸修静が自己の霊宝経観により経典を二系統に分類する為の一種の方便であったと考えられ、それ故、霊宝経の当時の状況と陸修静の分類の間のずれによって、例外的な分類のケースが生じた可能性を否定できない。そして、そのずれが「舊目」本来が示す経典の在り様と、陸修静の考える「舊目」著録経典の在り様の間にも生じているのではないかと筆者は考える。換言すれば、「舊目」を「元始旧経」の目録と考えたことで、単に「舊目」にある経典名に該当する経典を著録するのではなく、「舊目」＝「元始旧経」の目録という解釈に合わせて、経典を著録する為の分類基準の設定が必要となり、結果として現代の人間の目で見ると、分類結果に複数の例外的ケースがある（ように見える）目録の作成に至った可能性が考えられる。以下に先学により例外的分類とされた経典中で、「舊目」の本来の内容と、陸修静の考える「元始旧経」の目録としての「舊目」の間のずれを示すと考えられるものとして、「仙公新経」に分類されている二経典を挙げる。なお、経典名は敦煌本「霊宝経目録」記載のものを記す。

A.『太上洞玄靈寶眞文要解上巻』(『眞文要解』)
B.『衆聖難』、及び『仙公請問本行因縁衆聖難經』(『衆聖難經』)

敦煌本「霊宝経目録」で「仙公新経」に分類されている『眞文要解』は、前述の如く、道蔵本『眞文要解』の内容から見て、例えば冒頭に「靈寶眞文」(1b) について解説する部分は、道蔵本『天書經』巻上で「靈寶五篇眞文」を解説する内容に通じるなど、極めて「元始旧経」に近く、小林正美氏はこの経典を「元始系」霊宝経とし、「篇目」に該当する経典名が無い為、陸修静はこ

れを「元始旧経」に分類できず「仙公新経」に分類したと推定している[85]。道蔵本『眞文要解』の内容を、第1篇第1章で推定した「元始旧経」の分類基準に照らすと、解釈によっては基準を満たしていると見ることができる。例えば、該経の現行本には、「元始命五老上眞、以靈寶眞文封於五嶽之洞（元始は五老上眞に命じ、靈寶眞文を以て五嶽の洞に封ず）」（1b）の語が見える。この「元始」が元始天尊か元始天王かをめぐって王承文氏や劉屹氏の議論[86]があり、未だ見解の一致は得られていないが、元始天尊と解釈することも可能であろう。また、「太上元始靈寶五篇眞文、舊藏太上玄臺七寶上宮（太上元始靈寶五篇眞文、舊は太上玄臺七寶上宮に藏す）」（1b）とあり、眞文が天界に秘蔵されていることを述べる。この「太上玄臺七寶上宮」は、「元始旧経」の道蔵本『内音自然玉字』巻四に、「此文當還大羅之上七寶上宮（此の文當に大羅の上七寶上宮に還らんとす）」（24b）とあり、道蔵本『二十四生圖』には「大羅七寶玄臺紫微宮」（19a）とあって、「紫微宮」と同じ場所を指していると考えられる。このように分類基準の解釈によっては、十分「元始旧経」に分類できる内容でありながら、陸修静はこれを「仙公新経」に分類している。本編第1章でも触れたように、この『眞文要解』と対照的な例が、『法輪妙經』である。この経典の現行本は、葛仙公に天真が経法を伝授するという内容を見ると、小林氏が分類したように「仙公新経」に属する経典と言える。ただ、『法輪妙經』の現行本の一つ『法輪妙經』B（HY348）に「此文與元始同生（此の文元始と同に生ず）」（6b）と「元始」の語が見え、また『法輪妙經』D（HY347）に「其文秘於太上紫微宮中（其の文太上紫微宮中に秘す）」云々（8b）とあって、経が紫微宮中に秘蔵されていると述べる。この「元始」を元始天尊と解釈すれば、この経典は「元始旧経」の分類基準を満たしていると言える。この二つの経典の内、「元始旧経」に属す内容の『眞文要解』が「元始旧経」に分類されず、「仙公新経」に属す内容の『法輪罪福』が「元始旧経」に分類された最大の理由は、小林氏が指摘するように「篇目」上の経典名の有無にあったと見るべきであろう。

---

85) 小林前掲書（1990）第一篇第三章四の（1）。
86) 王承文氏は元始天尊とする：王氏前掲書（2017年）下篇第四章第三節二。劉屹氏は元始天王とする：劉氏前掲論文（2008年、2014年b）。筆者は、第1篇第1章で「元始」を元始天王の意に解釈した。これも『眞文要解』が「元始旧経」に分類されなかった一因と考えることができよう。

『眞文要解』が「篇目」に記載されておらず、『法輪妙經』が「篇目」に記載されているという、この二つの経典の例から考えられるのは、「舊目」が本来、「元始旧経」の目録として作成されたのではない可能性である。もし「舊目」が単に霊宝経の目録であると考えれば、『眞文要解』と『法輪妙經』の例は、「篇目」に記載の無い経典と有る経典というだけのことであって、そこにこの二経典をそれぞれ「元始旧経」と「仙公新経」に分類する為の複雑な解釈や、何らかの他の分類基準を設定する必要はない。故に、この二経典のような分類結果は、「舊目」を「元始旧経」の目録と考える為に生じた可能性が高いと考えられる。

『眞文要解』は「舊目」に経典名が無い例であるが、一方、『衆聖難』は、「篇目」に記載がありながら、陸修静が、当時存在していた該当経典名を持つ『衆聖難經』を「元始旧経」に分類せずに「仙公新経」に分類し、「篇目」には「未出」と記した例である。「篇目」の『衆聖難』三巻については、陸修静の後も「元始旧経」の該当経典が作られなかったことは、「齋壇安鎮經目」(『無上黃籙大齋立成儀』巻一、6a)で、「篇目」の『衆聖難』三巻に該当する部分に、『衆聖難經』と『洞玄靈寶仙公請問經』(即ち敦煌本「霊宝経目録」の『太極左仙公請問經上』(『請問經上』)と、『仙公請問經』(『請問經下』);この二経典を合わせて以下、『請問經』と略す)が充当された形で著録されていることからも知られる。この『衆聖難』の例は、「未出」の意味の解釈とも関わるが、『衆聖難經』が「元始旧経」に分類されずに「仙公新経」に分類されたのは、この経典の場合、『法輪妙經』のように経典中に、「元始旧経」の分類基準を満たす内容が含まれていなかったことが、大きな要因であったと推測される。しかしこの例もまた、「舊目」を「元始旧経」の目録である、と考えることによって生じる例外の一つであり、「舊目」をそのように解釈しなければ生じなかった分類の例と見ることができる。何より、陸修静の二系統の霊宝経という経典観を継承した記載形式を取らず、「篇目」順に記載する「齋壇安鎮經目」が、そのことを示していると言えよう。(陸修静の経典観の継承については第3篇第8章で改めて扱う。)このように『衆聖難』の例を見ても「舊目」が本来「元始旧経」の目録として作られたのか、疑問が生じる。『衆聖難』に該当するのが、『衆聖難經』及び『請問經』であるとするなら、これは「篇目」の「未出」が、必ず

しも経典の未成立を意味するものではないことを示す例としても見ることができる。何故なら、『衆聖難經』も『請問經』も、陸修静の頃には存在していたからである。そこで次に「未出」の意味の問題と絡んで、「篇目」に見える『天地運度(てんちうんど)』の例についても考えてみたい。

第3節　「篇目」の「未出」経典と「未出」の意味

「篇目」の「已出」・「未出」の記載については、前述のように、小林正美氏は陸修静の記載とし、大淵忍爾氏は葛巣甫の記載としたが、前掲の『衆聖難』の分類例を見るに、陸修静による記載とするのが妥当と考えられる。『衆聖難』の例と霊宝経の真偽の判定が陸修静によると考えられることと、前述の李静氏の指摘から、「篇目」の「未出」の意味するところについては、以下の三つのケースを想定することが可能であろう。即ち、

1)　該当する経典はまだ存在していない
2)　「篇目」と同名の「仙公新経」は存在するが、該当する「元始旧経」はまだ存在していない
3)　「篇目」と同名の経典が存在するが、それは真経と認められない経典（偽経）であり、したがって該当する真経の「元始旧経」はまだ存在しない

という三つである。『衆聖難』は二番目のケースと考えられる。大淵忍爾氏は、「未出」とされた経典が存在していた可能性を指摘する[87]。その根拠としているのは、敦煌本「霊宝経目録」著録の『自然經訣』の佚文中に、「未出」とされた経典名が見えることである[88]。『雲笈七籤』巻六「三洞經敎部・三洞品格」に『眞一自然經(しんいつじねんきょう)』として、以下の文が引かれている。即ち、

　…、按『眞一自然經』云、太極眞人夏禹通聖達眞。太上命鈔出靈寶自然經、分別有大小劫品經、棲山神呪、八威召龍神經

　（…、按ずるに『眞一自然經』に云く、太極眞人夏禹聖に通じ眞に達す。太上命じて靈寶自然經を鈔出せしめ、分別して大小劫品經、棲山神呪、八威召龍神經

---

87)　大淵前掲書（1997年）第二章四の3、特に116〜119頁。
88)　大淵前掲書（1997年）第二章三の1、特に89〜93頁。

有り）⁸⁹⁾（9a）、

とある。ここに見える「大小劫品經」、「八威召龍神經」を、大淵氏は「未出」の『洞玄靈寶運度大劫經』（『大劫經』）と『洞玄靈寶丹水飛術運度小劫經』⁹⁰⁾（『小劫經』）、及び『八威召龍經』（『召龍經』）の三經典であり、これらが『自然經訣』以前に存在していたと考え、「篇目」に「未出」と記載されていても、必ずしもその經典が存在していなかったことを意味しないとした⁹¹⁾。しかし、これら「未出」の三經典を引用するのは、いずれも唐代以降の文献であり、『眞一自然經』の佚文自体が唐代以降の文献に見える引用の為、果たして陸修静の頃にこれらの佚文が存在していたのか、その点も問題となる。また、『大劫經』の現行本とされる『洞玄靈寶本相運度劫期經』（HY319）には、『三洞珠囊』（HY1131）巻四や巻八、『上清同類事相』（HY1124）巻四などに『大劫經』或いは『大劫上經』として引用されている部分と同文、もしくは同じ内容の箇所が見出せないことから、現行本と唐代の頃の『大劫經』との関係については再考の余地があると考えられる⁹²⁾。更に、当時既に上掲三經典が陸修静の時代に存在していたとすると、北周の『無上秘要』にその引用が見えないことは、どのように説明できるのかという問題もある。このように、「未出」三經典と『自然經訣』の佚文自体の成立年代については、今後、より詳細な分析・検証が必要であり、この佚文の記述を以て、この三經典が陸修静の時代に既に存在していたとするのは、現時点では難しいと考える。ところで、同じく

---

89) ほぼ同文が、『道教義樞』巻二「三洞義第五」の６丁ａに同じく『眞一自然經』の引用文として見えるが、『棲山神呪』を『中山神呪』につくる。大淵氏は、この『棲山神呪』・『中山神呪』は該当經典に心当たりなしとする。（同氏前掲書（1997年）第二章三の１、92頁）。筆者にも、現時点では該当經典は不明。『雲笈七籤』巻六「三洞經教部・三洞幷序」の４丁ｂに同文ではないが、『四極盟科』としてほぼ同じ内容の文を引く。ただし、道蔵本『太眞玉帝四極明科經』（HY184）にこの文は見えない。
90) 敦煌本「霊宝経目録」の写本では、この二經典を記す「篇目」部分が失われているので、「齋壇安鎭經目」記載の該当經典名を用いる。
91) 大淵前掲書（1997年）第二章三の１、93〜94頁。
92) 山田俊氏は『太上妙法本相經』（HY1123）巻二十に『大劫經』が収められていることを指摘する。山田氏論文（1999年ｂ）「再論《太上妙法本相經》」、1999年『敦煌吐魯番研究』第４巻、489〜507頁。劉屹氏は、この『大劫經』は唐代に『太上妙法本相經』から抽出・加工して成立した經典であるとする。劉氏論文（2007年）「敦煌本『太上妙法本相經』所見南北道教伝統之異同」、『出土文献研究』第八輯、2007年、199〜212頁。

「未出」とされた経典の中で唯一、『天地運度』のみ『無上秘要』巻七に『洞玄運度經』として引用例が見える[93]。この引用文は、現行本『太上靈寶天地運度自然妙經』（HY322、道蔵本『天地運度經』）6丁bにも見えるので、現行本が北周当時のテキスト内容の一部を保存していることが判り、『天地運度』が北周までに成立していたことは確かである。『天地運度』の成立時期に関しては菊地章太氏の研究があり[94]、氏は道蔵本『天地運度經』中の「太極眞人法言」十首の内容の分析を行い、そこに見える「甲申」、「辰中」(4a)、「金馬」(4b)等の語彙に注目し、それらが東晋末、劉裕抬頭の頃の状況を示しているとして、『天地運度』の成立時期を420年頃と推定する[95]。この経典には先学の指摘するように、所謂「李弘信仰」が見える。経典中の「太極眞人法言」第三首には、「至于水龍時、仙君乃方起。弓口十八子、高吟相営理。（水龍の時に至り、仙君乃ち方に経つ。弓口十八子、高吟して相ひ営み理む。）」(4b)とあり、また第九首には「鹿堂信可貴、和民至壬辰。十八既出治、子来合明眞（鹿堂信に貴ぶ可し、民を和して壬辰に至る。十八既に出でて治め、子来りて明を眞に合す）。」(6a)とあって、仙君である「弓口十八子」即ち「李弘」が出現し、混乱の世を治めて秩序を回復することが、「李弘」の柝字という方法を用いて暗示的に述べられている[96]。「李弘信仰」については、多くの先学の詳細な先行研究がある[97]。

---

93) 『無上秘要』巻七：「道言、靈寶自然運度有大陽九、大百六、小陽九、小百六。三千三百年爲小陽九、小百六。九千九百年爲大陽九、大百六。夫天厄謂之陽九、地虧謂之百六（道言ふ、靈寶自然運度に大陽九、大百六、小陽九、小百六有り。三千三百年を小陽九、小百六と爲す。九千九百年を大陽九、大百六と爲す。夫れ天厄は之を陽九と謂ひ、地虧は之を百六と謂ふ）」(10b)。『無上秘要』巻七は「修眞養生品」という品目であり、前半部分に引く『老子道經』までの引用文は品目に沿う内容であるが、後半の『洞玄玉訣經』、『洞玄運度經』、『道迹經』の引用文は陽九百六、大劫小劫に関する内容であり、「修眞養生品」にそぐわない。巻六の最初の品目は「劫運品」であり、内容的にはここに引かれるべきであろう。これは現行本において何らかの理由で本来巻六の内容であった一部が、巻七の後に恐らくは誤って付けられたことによると推察する。巻六「劫運品」の最後の引用文は出典がないが、道蔵本『眞文要解』1丁aの部分と一致することから、道蔵本『眞文要解』には、北周当時のテキストの一部が保存されていることが判る。

94) 菊地章太（2009年）『神呪経研究—六朝道教における救済思想の形成』（研文出版、2009年）第二部第三章。

95) 菊地前掲書（2009年）第二部第三章五。同章三に『天地運度』の成立年代に関する先行研究が詳しく紹介されているので、ここでは触れない。

96) ここに見える「水龍」、「鹿堂」について、菊地氏はこれらの語彙を、劉裕を暗示する表

「李弘」と「太平金闕後聖帝君(たいへいきんけつこうせいていくん)」の関係について、吉岡義豊氏は、李弘、即ち「太平真君(たいへいしんくん)」とその種民(しゅみん)の理想が、寇謙之(こうけんし)と北魏帝室との関係において実現されたことから、その後「太平真君」に取って代わる「太平金闕後聖帝君」が、全面的に押し出されてきたことを指摘する⁹⁸⁾。吉岡氏の見方に従えば、「李弘」についてただ「聖帝」(6b、7a)、「聖君」(7b) と記す道蔵本『天地運度經』は、「金闕後聖帝君」が救世者として前面に押し出されてくる以前の「李弘信仰」を反映させた内容であるとも言えよう。しかしながら、「李弘信仰」を経典成立の年代推定に用いるには、その展開の過程と、例えば道蔵本『天地運度經』以外にも「李弘信仰」が見える『太上洞淵神呪經(たいじょうどうえんしんじゅきょう)』(HY335) の一巻や『正一天師告趙昇口訣(しょういつてんしこくちょうしょうくけつ)』(HY1263) 等の経典の成立時期の関係をあらためて考察する必要があり、経典中に「後聖」を冠する神格名が見えないことを以て成立年代の確証とすることはできない。ただし現時点で筆者は、「李弘信仰」だけでなく劉裕や東晋末の状況を示すと考えられる内容から、菊地氏が420年頃とする推定成立時期を適当と考える。それでは、『天地運度』が、陸修静の頃には既に存在していたと見た場合、陸修静がこの経典を「未出」と記した理由として、どのような説明が可能であろうか。

『天地運度』が、「篇目」に経典名がありながら「未出」とされ、しかも前掲の『衆聖難經』の場合と異なり、現行本を見る限り、本文中に「仙公曰」(3b)の句がありながら、「仙公新経」としても陸修静の霊宝経目録に著録されなかったと考えると、それは陸修静が『天地運度』を偽経と判断したということになる。この場合は、前掲の三番目のケースに該当する。そうであるとすれば該経典の場合は、「舊目」を「元始旧経」の目録と考えたことによって生じた判定結果であるだけではなく、「元始旧経」はもとより「仙公新経」も含め、陸修静が霊宝経をどのような経典として考えていたかという、陸修静の霊宝経観全体に関わるケースとして考えることができる。『衆聖難經』は「元始旧経」には分類できない経典であっても、「仙公新経」として目録に著録することの

現と考える。菊地前掲書 (2009年) 第二部第三章四。
97) 菊地章太(1999年)「民間信仰の神々と新しい道教」(砂山稔他編『講座道教』第一巻、1999年、雄山閣出版、202〜221頁) 注30に「李弘信仰」に関する先行研究がまとめられている。
98) 吉岡義豊 (1976年)『道教と仏教 第三』(国書刊行会、1976年) 第三章第一節、特に235頁。

できた経典であり、これは陸修静が『衆聖難經』を真経と判定したことを示している。それでは、陸修静が真経と判定した敦煌本「霊宝経目録」著録の諸経典と『天地運度』とを比較した時、そこに見える決定的な相違は何であろうか。現行本を見る限り、『天地運度』と敦煌本「霊宝経目録」著録の諸経典との間に見える最大の相違は、そこに説かれる救済思想に求められると考える。前述のように、道蔵本『天地運度經』には「李弘信仰」、即ち救世者李弘の出現とその救済を期待する「救世者信仰」としての思想が窺える。一般に霊宝経は、大乗仏教の衆生救済の思想の影響を受けて、万人の救済を説く経典であることがその特徴とされている。現行本を見る限り、陸修静が真経と判定した敦煌本「霊宝経目録」著録経典は、新旧いずれの経典も、根底に衆生救済の思想を持つという点で共通していると言うことができる。そして、救済思想における『天地運度』とそれらの経典の違いは、その救済がどこからもたらされるのかという点にある。道蔵本『天地運度經』に見える「李弘信仰」は、言うまでもなく「李弘」という特定の救済者による救済を待望する思想である。他方、陸修静が真経とした霊宝経典は、特定の救済者による救済を説かない。敦煌本「霊宝経目録」著録の霊宝経典に説く救済とは、「靈寶五篇眞文」或いは「天書玉字[99]」と呼ばれる天文の文字と音の霊妙な力によってもたらされる。例えば、『太上洞玄靈寶赤書玉訣妙經』（HY352、道蔵本『玉訣妙經』）巻上の冒頭、来たるべき五濁の世にあって衆生を救済すべく、「道」により精進学士王龍賜に「玉訣眞要」が授けられるが、王龍賜が救世者として地上に出現して衆生を救済するのではない。救済は真文の力によって為されるのである[100]。また、道蔵本『天書經』巻中に見える「靈寶五篇眞文」由来の「九天玉眞長安神飛符」、「三天眞生神符」には、これを佩びることで大きな災難を逃れて太平の世

---

99) 道蔵本『内音自然玉字』巻一に「天眞皇人曰、天書玉字、凝飛玄之氣以成靈文、合八會以成音、和五合而成章（天眞皇人曰く、天書玉字は、飛玄の氣を凝して以て靈文を成し、八會を合して以て音を成し、五合を和して章を成す）」（1a）云々と見える。霊宝経が大乗仏教の影響を受けていることはつとにエリック・ツルヒャー氏が指摘している。Zurcher, Eric：(1980) "Buddhist Influence on Early Taoism: A Study of Scriptural Evidence," *T'ong Pao*, vol. 65, pp. 84-147 (1982) ""Prince Moonlight"Messianism and Eschatology in Early Medieval Chinese Buddhism," *T'oung Pao* 68,1-3,pp. 1-75。

100) 道蔵本『玉訣妙經』巻上、1丁〜5丁a。

に「聖君の種民」となることができると説かれる[101]が、そのような救済の力の根源は「聖君」ではなく「靈寶五篇眞文」に求められる。これこそが陸修静の目録に著録された霊宝経と、「未出」とされた『天地運度』との決定的な違いではないか[102]。この違いから見えてくるのは、陸修静が霊宝経を新旧二系統に分け、「元始旧経」を劉宋の瑞兆として[103]霊宝経の体系の中心に据えただけでなく、彼が根本的な霊宝経の在り方において天文の神聖な力による衆生救済を説く経典として、霊宝経全体を構想するという霊宝経観を持っていたのではないかということである。

　陸修静が最初に霊宝経典の分類整理に着手した、元嘉十四年（437）の頃は、劉宋も中葉期に入り、社会的にも安定した時期であったと考えられる。陸修静はその時代に「元始旧経」を劉宋の瑞兆であるとしたことで、劉宋王朝による統治を、霊宝経の力による救済の具現として見ることを可能にし、同時に、天文の神聖な力による衆生救済を説く霊宝経典を以て、霊宝経を体系化しようとしたと推察される。またそれ故、王朝交代の混乱期に出現する救世者「李弘」に言及する内容を含む経典は、陸修静の構想する霊宝経の体系において、不都合な内容であったことも想像に難くない。『天地運度』が当時既に存在していたとしても、「篇目」に経典名がありながら陸修静が著録せず、「未出」とする理由として、『天地運度』に見える「李弘信仰」が、陸修静の霊宝経観における救済思想にそぐわない思想であり、時の為政者から見て一種の危険思想でもあったことから、これを真経と認めることはできなかったと推測できる。即ち、「篇目」に記載があり、該当する経典名の経典が存在していても、陸修静の抱く霊宝経観に合致しない内容の経典は、「未出」とされた可能性が十分あったと見ることができる。『天地運度』の場合、確実な証拠となるだけの資料が無

---

101) 道蔵本『天書經』卷中：過水火之難、得見太平爲聖君種民（水火の難を過ぎ、太平に見て聖君の種民と爲るを得ん）」（4a：2～3）、「過萬癘之中、得見太平爲聖君種民（万癘の中を過ぎ、太平に見て聖君の種民と爲るを得ん）（4b：1～2）

102) 『道蔵』収録の「未出」経典中、『大劫經』の道蔵本『洞玄靈寶本相運度劫期經』4丁に天尊により「諸苦済厄之法」として『神呪經』十巻による救済が説かれているが、直接「李弘信仰」には言及していない。『天地運度』を除く他の「未出」経典には、「李弘信仰」に直接関わる内容は見出せない。

103) 「目序」（5a）には、「十部舊目」の経、即ち陸修静の考える「元始旧経」が劉宋の瑞兆であることが述べられている。本書第1篇第1章第3節参照。

い為、可能性を指摘するにとどまるが、『天地運度』については、「舊目」本来の在り方と、陸修静が考える「元始旧経」の目録としての「舊目」の間に生じるずれを示すのみならず、霊宝経の現実と、陸修静の抱く霊宝経観との間のずれをも示している可能性があると指摘できよう。

第4節　小　　結

　本章では先ず、敦煌本「霊宝経目録」に見える、『眞文要解』、『衆聖難』、及び『法輪妙經』等の先学が例外的とした経典の分類が、敦煌本「霊宝経目録」中に「篇目」として記される「舊目」を、陸修静の言う「元始旧経」の目録と解釈することから生じた結果である可能性を示した。これらの経典を、単に「篇目」に経典名が記載されている経典と記載されていない経典とに分けるのであれば、内容的に「元始旧経」と言える『眞文要解』が陸修静の言う所謂「仙公新経」に分類され、「仙公新経」に属す内容であるにもかかわらず、『法輪妙經』が「元始旧経」に分類されたり、或いは『衆聖難』のように、当時、『衆聖難經』という経典が存在しながら、「篇目」には「未出」と記載されるような分類の結果は、生じなかったと考えられる。このことから、「舊目」が最初から「元始旧経」の目録として作られた可能性は低い、と言えよう。また、『天地運度』については、先行研究に東晋最末期の成立とする見解もあることを踏まえると、この経典が敦煌本「霊宝経目録」では、「元始旧経」としても「仙公新経」としても目録に著録されず、「篇目」に「未出」と記載されていることから、陸修静の構想する霊宝経の体系において内容的にその構想に沿わない経典の場合、これを陸修静が偽経と判定し、目録に著録しなかった可能性があることを指摘した。

　『天地運度』と、「已出」の「元始旧経」と「仙公新経」の現行本の比較から推察されるのは、陸修静が経典の真偽判定に際し、万人の救済を天文の霊妙な働きによるものとして説く経典、或いはそのような救済思想を基礎として構成された内容の経典を選出・体系化することに留意し、それ以外の経典、特に救済を特定の救済者に求めて、その出現を待望するような内容の経典を霊宝経の体系から除き、そうした一種の危険思想を持つ経典を含まない霊宝経典の体系

化を目指した可能性があるということである。これは、陸修静が、当時行われていた「五十五巻」の霊宝経典の真偽の甄別に際して、何をその基準としたのかを示唆することでもあり、陸修静が抱く霊宝経観にその経典の内容が沿うものであったか否かが、彼の真偽判定を決定する重要な基準のひとつとなっていた可能性が考えられる。広瀬直記氏は、陸修静が「目序」の５丁に記した、上清経など他経典の剽窃、勝手な加筆、形式や内容の乱れ、舊典偽装を、陸修静が偽経の特徴としたと指摘し、陸修静は真人伝授の経典を真経、人の手が加えられ乱れた経典を偽経と見做したとする[104]。陸修静が最初に「五十五巻」の経典の真偽を判別する際、広瀬氏の指摘する偽経の特徴がその目安となったことは間違いないであろう。その後、更に経典を精査し、最終的に目録に著録するまでの間、大きく作用したのが、陸修静の霊宝経観であったと筆者は考える。敦煌本「霊宝経目録」に見える新旧二系統に分類・著録された経典目録は、当時存在していた霊宝経典の現実と、陸修静が構想する霊宝経の体系化の間で、陸修静がどのような折り合いをつけたのかを示しているとも言えよう。

　陸修静の構想した霊宝経の体系化とその経典観とは、彼の著述「目序」に述べられた霊宝経の神話的「歴史」から窺い知ることができる。そこでは、時至って劉宋の世に瑞兆として出現し始めた、元始天尊所説の「十部三十六帙」の「元始旧経」こそが、霊宝経全体の根幹を成すものであると主張されている。それ故、「元始旧経」と「仙公新経」の二系統の霊宝経の、根底にある天文の神聖な力による救済思想を以って、霊宝経を霊宝経たらしめるものとしたのが陸修静であった、と言えるのではないか。

　現在、『天地運度』以外の「未出」経典も、該当経典不明の『薬品(やくほん)』を除いて、全て『道蔵』に収められている。そして、全体として古霊宝経とは、「靈寶五篇眞文」や「天文玉字」に由来する様々な符法や、儀礼、経典の音誦等による衆生救済、他者救済を説くことを特徴とする経典であると認識されている。それ故、陸修静が構想した霊宝経の体系は、新旧二系統の霊宝経という経典の捉え方は別として、その最も根本的な部分において、今日まで継承されていると見ることができよう。即ち、我々が現在持っている霊宝経のイメージは、陸

104）　廣瀬直記博士論文（2017年）「六朝道教上清派再考―陶弘景を中心に―」（2017年、早稲田大学）の第一部第二章参照。

修静の霊宝経の体系化によって明確にされたものであると言える[105]。本章の最初の問いに戻れば、「舊目」は本来、ただ霊宝経の目録として作られたのであって、その「舊目」を「元始旧経」の目録としたのは、霊宝経典を新旧二系統に分類した陸修静に始まると考えられる。そしてそれは、陸修静の霊宝経観と、彼が構想する霊宝経の体系化に関わるものであったと言うことができよう。また、ここで試みた、「舊目」が本来「元始旧経」の目録であったのか否かという問題に対する考察の結果は、筆者が次の第2篇で行う、霊宝経における「元始旧経」、「仙公新経」という経典カテゴリーの概念形成の考察からも裏付けられるものと考える。

---

[105] ギル・ラズ氏は2009年の論文で、陸修静が道教の歴史に与えた影響は大きく、彼の道教の解釈が、今日の道教研究において道教を定義するものとなっていることを指摘している Raz,Gil：(2009) "Daoist Ritual Theory in the Work of Lu Xiujing", *Foundation of Daoist Ritual*, A Berlin Symposium, Florian C.Reiter ed., Harrasowitz Verlag,Wisebaden,pp. 119-133、特にp.120。

第 2 篇

▼

敦煌本「霊宝経目録」の
分類カテゴリーの検証

第4章
霊宝経における新旧の概念の形成 [106]

第1節 序　言

　前篇でも述べたが、敦煌本「霊宝経目録」に見える霊宝経を「元始旧経」・「仙公新経」の新旧二系統に分ける考えは、先学が指摘するように[107]、陸修静が元嘉十四年に最初の霊宝経の目録を作った時点で既にあったようである。それは「目序」の中で、当時行われていた霊宝経について「新舊五十五巻」[108]（5a）と表現していることから知られる。前篇ではこの二系統の霊宝経という考え方が、陸修静の「目序」や、「授度儀表」に見える神話的な霊宝経の「歴史」と密接に関わっていること、従来、「元始旧経」の目録とされてきた「舊目」が、本来「元始旧経」、「仙公新経」の別の無い、単に霊宝経の目録として作られたものである可能性を示した。その結果として、二系統の霊宝経という考えについて、いくつかの疑問が生じる。即ち、個々の霊宝経は元々、新旧二つのカテゴリーの何れかに属す経典として作られたのか。敦煌本「霊宝経目録」に見える「仙公新経」・「元始旧経」の概念は、本来、霊宝経中に内在する概念であったのか。また、「目序」では、「霊宝経」を新旧二系統あるものとし

---

106) この章は、『論叢アジアの文化と思想』第23号（2014年）掲載の筆者の論文「霊宝経における「新経」・「旧経」の概念の形成」を一部訂正及び加筆修正し、本書の第2篇第4章としたものである。
107) 小林正美氏は、陸修静が泰始七年（471）作成の『三洞経書目録』以前に、霊宝経を新旧の二系統に分けていることを指摘している。小林前掲書（1990年）第一篇第三章二。
108) 「新舊五十五巻」を含む「目序」の該当箇所については、本章の注124）参照のこと。

て捉えているが、陸修静はこのような霊宝経の新旧の語を、どのような概念を示すものとして用いているのかといった疑問である。

本章ではこれらの問題について、敦煌本「霊宝経目録」著録の已出の「元始旧経」及び「仙公新経」に該当するとされる現行本に、陸修静が著述中に示したような新旧の霊宝経の概念が見出せるかを確認し、そこから新旧二系統の霊宝経の概念の形成について、考察を加えることを試みる。

第2節　霊宝経における陸修静の新旧の概念

陸修静はどのような意味で霊宝経に対して、新旧という概念を用いていたのであろうか。敦煌本「霊宝経目録」では、二系統の霊宝経のそれぞれについて、「元始舊經紫微金格目三十六巻」、「葛仙公所受教戒訣要及説行業新經」と記されている。陸修静はこの二系統を、「目序」では「新舊」と表現したと考えられる。第1篇でも述べたように、「授度儀表」に「玄科舊目三十六巻」（1a）、「目序」に「十部三十六袟」（4b）、「十部舊目」（5a）と見えるのは、元始天尊が説いた霊宝経を指していると考えられ、これが陸修静の言う「元始旧経」にあたる。また、「授度儀表」に「仙公所稟」（1b）と表現されているものが「仙公新経」[109]にあたる。この二系統は「授度儀表」では「元始舊經及仙公所稟」（1b）、「目序」では「新舊五十五巻」（5a）とあるように、新旧という相対的な関係にあるものとして記されている。第1篇第2章では「目序」中に開陳される陸修静の霊宝経の「歴史」を踏まえて、彼の霊宝経史観が、劉宋期を元始天尊が説いたとする「元始旧経」出現の時代とし、劉宋以前に「元始旧経」不在の時代を設定し、この二つの時代を対置させるという観点を持つことを論じてきた。その経典史観では、葛仙公に伝授されたとする「仙公新経」は、劉宋

---

109)　劉屹氏は、霊宝経の「舊經」という呼称は、「靈寶之文」が宇宙開闢前の道気が凝結して出来た「天文玉字」であるという道教の思想に基づいており、開皇の劫以来、天宮に存在する三十六巻の古い経典であることを示すものとし、陸修静も「靈寶之文」についてそのような認識を持っていたと推測し、霊宝経の新旧の別は、二系統の霊宝経が持つ異なる来歴の「神話」にかかわるものであって、実際の歴史上の経典の成立時期とは符合しないとする。劉屹前掲書（2015年）三：「古霊宝経出世論―以葛巣甫和陸修静為中心」（209〜235頁）の特に212〜215頁、及び同氏前掲論文（2008年）参照。

以前の時代に出現した経典として位置付けられ、「仙公新経」と「元始旧経」とは、対置する二つの時代をそれぞれに表象するものであるということになる。しかし、このことに加え、陸修静が「目序」で用いた「新舊」という語は、経典の出現時期の前後関係において生じる、新しい霊宝経と古い霊宝経という認識から導き出される相対的関係を示す語としても用いられているのではないだろうか。「目序」の問題の部分については、第1篇第1章第3節に示した「目序」の引用部分を参照しつつ、次のように考察する。「目序」では、①の（イ）「十部三十六峽」と、③の（ハ）の「此經」と「十部舊目」の経典とは、同じものを指しており、これが「元始旧経」である。そして前章で言及したように、②の（ロ）で仙公に伝授された経典が「仙公新経」に該当する。ここから陸修静の霊宝経史観では、「元始旧経」は宇宙に太古から存在するということに加え、「仙公新経」よりも古い霊宝経であるという設定も含んでいることが指摘できる。「仙公新経」も、天真によって仙公に授けられた経典という設定に加え、この霊宝経典史の上では、「元始旧経」より後に出現した新しい霊宝経という設定になっている。即ち、陸修静が霊宝経に対して、「仙公所受」の「新經」や「元始舊經」という表現を用いる時にも、「目序」中の「新舊」の語と同様、そこには相対的関係にある新しい霊宝経と古い霊宝経という概念が含まれていたと考えられる。それでは陸修静のこのような霊宝経の新旧の概念は、敦煌本「霊宝経目録」著録の古霊宝経典に既にあったのであろうか。次にその点について考察したい。

　ところで陸修静は、彼の言う「元始舊經」については上掲の「目序」の箇所からも判るように、「舊」という表現の他には「十部三十六峽」、「十部舊目」（或いは「目序」の6丁aでは「舊目已出」）という表現は用いているが、「舊經」の語は用いていない。一方、「元始舊經」という用語は「目序」には見えないが、陸修静の「授度儀表」に「…元始舊經并仙公所禀（…元始舊經并びに仙公の禀ける所を）」(1b)云々と見えるので、陸修静の用語であることは確かであろう。また、陸修静が「元始旧経」を「舊經」と書かない理由としては、霊宝経典中に既に「舊經」という語があるので、この「舊經」が彼の考える「元始旧経」とは異なるものを指して用いられていた為である可能性が考えられる。「元始旧経」を、「舊目」の経典として捉えていることについても、既に先行研

究で指摘されている[110]ように、敦煌本「霊宝経目録」に「元始舊經紫微金格目」として、「舊目」を用いて陸修静が経典を分類したとされることと関係していると考えられる。「新經」については、泰始七年の陸修静の目録を伝えるとされる敦煌本「霊宝経目録」に、「葛仙公所受教戒訣要及説行業新經」と見えることから、陸修静が「新經」の語を用いていた可能性は高いと推測される。以下に、霊宝経典中に陸修静の用語と同じものが含まれるかを検証する際には、陸修静自身が用いた「元始舊經」、「新經」という語が、現存する資料中に有るか無いかを見ていきたい。

第3節　敦煌本「霊宝経目録」著録経典中の「新經」の概念

　陸修静当時の霊宝経の版本は現存しないが、先行研究により推定された敦煌本「霊宝経目録」著録経典に該当する現行本から、当時の経典の一部についてはある程度その内容を類推することが可能である[111]。そこで先ず「仙公新経」とされる経典の現行本に、「新經」という用語が見えるかを確かめてみると、いずれにも「新經」もしくは「元始旧経」より新しい経典であることを示している語や内容は見えない。「仙公新経」に自らの経典を新しい霊宝経であると示す設定が見えないということは、少なくとも、現存する「仙公新経」のテキストを見る限り、敦煌本「霊宝経目録」で「仙公新経」に分類された霊宝経典の作者たちは、自分たちの経典を、新しい霊宝経典という認識を以て作成したのではないということが言える。同様に「元始旧経」の已出経典にも、「新經」や自分たちの経典より新しい霊宝経典の存在を示すような語は見えない。このように、敦煌本「霊宝経目録」著録経典の作者たちに、陸修静が想定したような「新經」という認識があったと考えられない。このことから、「新經」という用語及び概念は陸修静から始まった可能性が高いと言えよう。それでは「元始旧経」という概念については、どのようなことが言えるだろうか。次に、敦

---

110)　陸修静が「舊目」に基づいて霊宝経典を分類し、「舊目」記載の経典名と対応する経典を、「元始旧経」として選定したと考えられることについては、大淵前掲書（1997年）第二章三、小林前掲書（1990年）第一篇第三章三を参照。
111)　古霊宝経の現行本については大淵前掲書（1997年）第二章五を参照。

煌本「霊宝経目録」著録経典に、陸修静が用いたような「元始旧経」の概念が存在するか否かを確かめたい。

第4節　敦煌本「霊宝経目録」著録経典中の「元始旧経」の概念

　前述のように、「元始舊經」という語も、「新經」同様、陸修静が霊宝経典の整理と目録作成の際に用い始めた語である可能性が高いと考えられるが、「舊經」の他、「舊文」、「舊典」、「舊科」、「舊本」といった「舊」の字を冠する語が、複数の「元始旧経」及び「仙公新経」の現行本の中に散見する。そこでこれらの語が具体的に何を示すのかを考察すると共に、そこに陸修静の考える「元始旧経」と同様の意味で用いられている例があるか否かを見ていきたい。

1　「舊經」の用例
　「元始旧経」に分類される経典の現行本には、「舊經」の語の見える経典として、以下の二例がある。
（1）『元始五老赤書玉篇眞文天書經』（道蔵本『天書經』）巻上
　　右総靈文出黃帝眞文篇、以安中央一炁之天。黃帝受此文天炁中、開運應轉輪。此文始見、天關停輪、無有晝夜。元始收其本文、還於上元之炁、黃帝中嶽則闕此一文。今所以書於舊經者、爲使存之不絶。四帝共典衛於上宮、無正吏可守。
　　（右総靈文は黃帝眞文篇に出で、以て中央一炁の天を安んず。黃帝は此の文を天炁中に受け、開運し應ちに轉輪す。此の文始めて見れ、天關停輪し、晝夜有る無し。元始は其の本文を收め、上元の炁に還せば、黃帝中嶽は則ち此の一文を闕く。今舊經に書する所以は、之を存して絶えざらしむる爲なり。四帝は共に上宮を典衛し、正吏の守るべき無し。）（37丁）
　ここでは黃帝に授けられた「文」について、それを元始天尊が收めて天上に還した為に中嶽には「文」が無く、それ故その「文」を絶やさない為に、「舊經」に書したと述べている。五嶽に安置されている「文」とは、道蔵本『天書經』巻上に「元始五老赤書玉篇出於空洞自然之中、生天立地、開化神明。上謂之靈、施鎮五嶽、安國長存。下謂之寶。靈寶玄妙、爲萬物之尊（元始五老赤書

玉篇は空洞自然の中より出で、天を生じ地を立て、神明を開化す。上　之を靈と謂ひ、五嶽に施し鎭め、國を安んじ長存せしむ。下　之を寶と謂ふ。靈寶は玄妙にして、萬物の尊爲り）」（2丁）云々、と見えるように、「元始五老赤書玉篇」即ち「靈寶五篇眞文」（「靈寶眞文」と略す）である。この「元始五老赤書玉篇」は、道蔵本『天書經』巻下に、「元始自然赤書玉篇眞文」として見える。即ち、「元始自然赤書玉篇眞文、開明之後、各付一文安鎭五嶽。舊本封於玄都紫微宮、衆眞侍衛。置立玄科、有俯仰之儀（元始自然赤書玉篇眞文は、開明の後、各おの一文を付し五嶽を安鎭す。舊本は玄都紫微宮に封じ、衆眞侍衛す。玄科を置立し、俯仰の儀有り）」（12a）とあり、「元始自然赤書玉篇眞文」（「靈寶眞文」）が一文ずつ五嶽に安鎭されることを述べる。この部分は、前掲の巻上の引用部分に、「元始五老赤書玉篇」が「施鎭五嶽」すると記された、「靈寶眞文」の基本設定と一致する。更に巻下では、「元始自然赤書玉篇眞文」の原本と考えられる「舊本」が、天上の玄都紫微宮に封蔵されていることを述べる。ここには、「舊」の字を冠するものが天上界に所蔵されているという設定が見え、しかもその場所は玄都紫微宮である。この玄都紫微宮という特定の場所が、「舊」字を冠する語で表現される「眞文」の収蔵場所として想定されていることが判る。このような設定から、陸修静は、天上の紫微宮に所蔵される元始天尊所説の「元始旧経」という、霊宝経の一系統の着想を得たと推測される。巻上に見える「舊經」は、「今所以書於舊經」、即ち「靈寶眞文」を書した経とあり、これは『天書經』そのものを指すとも解釈できる。道蔵本『天書經』を見る限り、『天書經』には経文中の「舊經」の設定のように、「靈寶眞文」やそれを基とする「眞符」が収められているからである。ただし、それは推測の域を出ない。ここで確かなことは、この「舊經」は「靈寶眞文」を書した経の意味であって、「元始旧経」という経典群を指す呼称ではない、ということである。陸修静が「元始旧経」を「舊經」と呼ばないのは、ここでの「舊經」の語の用例と関係があると思われる。同じく、巻下の「靈寶眞文」を指す「舊本」の語にも、「元始旧経」を指す設定は見えない。このように、道蔵本『天書經』に見える「舊經」や「舊本」の語には、陸修静が「元始旧経」に想定したような、所謂新旧の相対する概念の一方を示す意味は見出せない。

次に示す「舊經」の語の例も、「元始旧経」という意味での用例ではないと

いう点では、道蔵本『天書經』の例と同じである。

(2)　『太上洞玄靈寶赤書玉訣妙經』（道蔵本『玉訣妙經』）巻上

　この経典では冒頭、元始天尊、太上大道君以下の神々が南丹洞陽上館に集まる中、法戒の伝授を請う王龍賜に「道」即ち太上大道君が答える中に、「舊經」の語が見える。即ち「吾受元始眞文舊經、說經度世萬劫、當還无上宛利天（吾元始眞文舊經を受け、經を說き世を度すこと萬劫、當に无上宛利天に還らんとす）」(2a) とあり、「元始眞文舊經」の語が見える。この「元始眞文舊經」については、その後に「今解說諸要、以度可度。汝好正意、締受吾言。於是注訣（今諸要を解說し、以て度す可きを度す。汝好く意を正し、吾が言を締受せよ。是に於て注訣す）」(2a) とあり、太上大道君が「元始眞文舊經」の諸要を解說し、注訣を行ったことが見える。更に道蔵本『玉訣妙經』には、

　　道言、眞文呪說、高上法度、舊文宛奧、不可尋詳。後來學者難可施用。故
　　高下注筆、以解曲滯、玉訣眞要、開演古文
　　（道言ふ、眞文の呪說、高上の法度、舊文は宛奧にして、尋ね詳らかにする可か
　　らず。後來の學者は施用す可き難し。故に高きより注筆を下し、以て曲滯を解き、
　　玉訣眞要、古文を開演す）(4b) 云々、

とある。ここに見える「舊文」と「古文」の語は、その前に見える「眞文」を指すと解釈される。その「古文」を開演する「玉訣眞要」とは、『玉訣妙經』に記載された諸々の玉訣のことであり[112]、「玉訣眞要」が解說し、注訣を加える「元始眞文舊經」とは、「靈寶眞文」のことであると解釈できる[113]。道蔵本

---

[112] 太上大道君が作った注訣が、『玉訣妙經』記載の諸々の玉訣を指すことは、既に神塚淑子氏や王承文氏が指摘している。神塚淑子前掲書（2017 年）第一篇第二章の特に 50 ～ 51 頁。王承文前掲邦訳論文（2007 年）の 313 ～ 314 頁。小林正美氏は、『玉訣妙經』などの「元始系霊宝経」の祖経となるものが存在しており、それが葛巣甫の作った『靈寶赤書五篇眞文』（仮称）であるとする。小林前掲書（1990 年）第一篇第二章五の 128 頁。

[113] 『玉訣妙經』が『天書經』の解説書として作られたという視点から見ると、道蔵本『玉訣妙經』の「元始眞文舊經」の「舊經」に、『天書經』の「舊經」の意味が含まれている可能性があるとも考えられるが、後述する「過去」說と「眞文」の関係を考えた場合、道蔵本『玉訣妙經』の「元始眞文舊經」は「眞文」そのものを示すと解釈する方が適当であると考える。『玉訣妙經』と『天書經』の関係については、大淵忍爾前掲書（1979 年）第二章四を参照。この二経典の関係についてはより詳細な検証を要すると考えるが、道蔵本『天書經』中の雲篆で書かれた「靈寶眞文」が、道蔵本『玉訣妙經』では漢字に書き直されていることや、道蔵本『天書經』巻上に見える「神杖」(39a) や同経典巻中の「八威策文」(1a) について、

『天書經』の「舊經」の、「靈寶眞文」を書した経という意味と、「靈寶眞文」を指すと考えられる「元始眞文舊經」の「舊經」とでは、完全に同じ意味ではないものの、どちらも「靈寶眞文」に関する語として用いられており、そこに、陸修靜の考える「元始旧経」を指す意味も、「元始旧経」に設定されているような、相対的な関係における古さを示す概念も含まれないことが指摘できる。また、いずれの「舊經」の語も、天書である「靈寶眞文[114]」と関係し、道蔵本『天書經』の「舊本」の語は、天上界に所蔵されている「眞文」を指すことから、「舊經」、「舊本」の「舊」の語には、天上界との関係を示す意味が含まれていると考えられる。

次に「舊」の字を用いた「舊文」、「舊典」、「舊科」の例について見ていく。

2 「舊文」の用例

「舊文」の語は、先に見た『玉訣妙經』の他、以下のような用例がある。

(1) 道蔵本『天書經』巻上

この経典では「舊文」の用例として、「五帝眞符以元始同生。舊文今秘於玄都紫微宮、侍眞五帝神官五億萬人。諸天皆一月三朝眞文（五帝眞符　以て元始と同に生ず。舊文は今玄都紫微宮に秘し、侍眞五帝神官五億萬人。諸天は皆一月に三たび眞文に朝す）」(39a) とあり、この「舊文」は前にある「五帝眞符」を指すと解釈される[115]。「舊本」の例と同じく、「舊文」は天上の玄都紫微宮に秘蔵されており、「舊」の字と天上界との関係が窺われる。また、天上界では「舊」なる「文」や「符」[116]は、玄都紫微宮に秘蔵されるという共通した想定がされ

　　道蔵本『玉訣妙經』巻上の23丁〜24丁に、その詳しい解説や作成方法が見えるなど、『玉訣妙經』が『天書經』の内容を解説・補足しており、『玉訣妙經』は『天書經』の解説書的な文献であると言える。王皓月氏は、『玉訣妙經』は「靈寶五篇眞文」の玉訣を収める文献であるとする。王皓月前掲書（2017年）第一編第一章二。

114)　謝世維氏は、「靈寶眞文」は天書であり、『天書經』は天文である「靈寶眞文」の形象と力量を強調する経典であるとし、霊宝経典自体が、天書或いは「眞文」で構成されたものであるとする。謝世維前掲書（2010年）導論及び第一章。

115)　道蔵本『天書經』巻上の35丁aの10行目〜39丁aの6行目に「五帝眞符」についての解説があり、これを使って神杖を作ることが述べられている。神杖の具体的な作成法は道蔵本『玉訣妙經』巻上23丁aの8行目〜24丁bの1行目に見える。

116)　「文」と「符」の違いについては、蕭登福氏が、「文」・「眞文」は一個の雲篆体の文字を言い、これは「玉字」と呼ばれるものであること、「符」或いは「符命」はいくつかの「眞文」

ていることも指摘できる。次の例も、道蔵本『天書經』と同様の意味で「舊文」が用いられている。

(2) 『太上洞玄靈寶三元品戒功德輕重經』（道蔵本『功德輕重經』）

この経典は、敦煌本「靈寶經目録」の篇目に『三元戒品』と見える経典の、単行分出本とされる。ここでは、「舊文」の用例として、

> 今以三元謝罪之法相付。元始上道舊文秘於三元宮中、萬劫一行、不傳下世。（中略）寶而行之、必招大福。輕而泄之、禍至滅族。言丹心盡、深慎科法。（今三元謝罪の法を以て相ひ付す。元始上道舊文は三元宮中に秘し、萬劫に一たび行はれ、下世に傳へず。（中略）寶として之を行はば、必ず大福を招く。輕んじて之を泄らせば、禍至り族を滅す。言は丹心にして盡くし、深く科法を慎め）。(37b～38a)

とあり、ここに見える「元始上道舊文」も、天上界に秘蔵されているものとして見える。その場所は、三元宮となっているが、この経典の冒頭に、「天尊曰、上元一品天官、元氣始凝、三光開明、結青黃白之氣、置上元三宮。其第一宮、名太玄都元陽七寶紫微宮（天尊曰く、上元一品天官、元氣始めて凝じ、三光開明し、青黃白の氣を結びて、上元三宮を置く。其の第一宮、太玄都元陽七寶紫微宮と名づく）」云々 (1a) とあり、上元三宮の中には紫微宮があることが説明されている。ここでは以下、中元三宮、下元三宮の説明が続き、最後に上掲の「舊文」の例として示した箇所に「三元宮」の語が見えるので、三元宮とは上元三宮、中元三宮、下元三宮の総称と考えられる。その中に紫微宮が見えることから、「元始上道舊文」を秘蔵する三元宮とは紫微宮のある場所ということになり、ここにも「舊文」が秘蔵される場所と紫微宮の関係が窺われる。他に「舊文」の天界秘蔵という設定が見える例としては、道蔵本『法輪妙經』Aがある。

(3) 『法輪妙經』A（HY346）

この経典では、「太上高玄太極三官法師玄一眞人、説太上洞玄靈寶眞一勸誡法輪妙經。舊文藏於太上六合玄臺（太上高玄太極三官法師玄一眞人、太上洞玄靈寶眞一勸誡法輪妙經を説く。舊文は太上六合玄臺に藏す）」(1a) とある。「舊文」が天上界の太上六合玄臺に秘蔵されることが見え、ここでも「舊」の字に天界

から組成されるものであるという違いがあると説明している。蕭登福（2008年）『六朝道教靈寶派研究』（台北、新文豐出版公司、2008年）下冊、第三篇第七章第一節の942頁。

との関係が示されている。この「舊文」の秘蔵場所は紫微宮ではないが、『法輪妙經』D（HY347）には、「其文秘於太上紫微宮中、自非仙公之任、其文弗可得見（其の文は太上紫微宮中に秘め、仙公の任に非ざる自りは、其の文見ること得るべからず）」(8b)云々とあり、紫微宮に秘蔵されている「文」という設定が見える。このことから『法輪妙經』では「舊文」は天上界に秘蔵されており、その秘蔵場所が紫微宮であると想定されていると解釈される。

　以上、「舊文」の三つの例を見ると、共通するのは「舊文」が天上界に秘蔵されているという想定である。この点では「元始旧経」の設定にも通じており、前掲の道蔵本『天書經』の「舊經」と同じく、この経典は、陸修静が紫微宮秘蔵の経典という着想を得た霊宝経の一つであったということは言える。三つの例で更に共通する点は、これらの「舊文」にも「舊經」同様、相対的な新旧の概念は見えないことである。次に、これら三例とは異なる設定の「舊文」の例についても見てみたい。

(4)　『元始无量度人上品妙經四注』（HY87、『度人經』四註本）巻四

　　道言、此諸天中大梵隱語、无量之音。（注釈略）舊文、字皆廣長一丈。天眞皇人昔書其文、以爲正音。東曰、（中略）大梵隱語者、是天帝之名。皆隱而不顯。无量之音者、其洞章自然響徹諸天。故曰、无量之音。舊文是也（後略）

　　（道言ふ、此れ諸天中の大梵隱語、无量の音なり。（注釈略）舊文、字は皆廣長一丈。天眞皇人は昔其の文を書し、以て正音と爲す、と。東曰く、（中略）大梵隱語とは、是れ天帝の名なり。皆隠して顯はさず。无量の音とは、其の洞章自然に諸天に響徹す。故に曰く、无量の音と。舊文是れなり）。(25b〜26a)

　ここで「道」が解説する「舊文」は一丈四方の文字で、天眞皇人が昔書写して正音としたものであるとされる。この文に厳東は、「舊文」が天帝の名を表す大梵隱語という无量の音である、と注釈している[117]。ここには、「舊文」が天上界に秘蔵されるものであるという設定は見えないが、この「舊文」もまた、諸天中に存在するもの、即ち天上界に在るものとして想定されており、「舊」の字に天上界とのかかわりが示されていると考えられる。この「舊文」の「舊」

---

117)　「大梵」の正音については、「仙公新経」の道蔵本『隠注寶訣』7丁a1行目〜4行目、9丁a6行目〜8行目に言及がある。

にも、新旧の概念に於ける相対的に古いものという意味は見出せない。次に、「舊典」・「舊科」の用例についても見てみたい。

3 「舊典」・「舊科」の用例

霊宝経典に見える「舊典」としては、次のような例が挙げられる。
(1) 『太上洞玄靈寶滅度五錬生尸妙經』（HY369、道蔵本『五錬生尸妙經』と略す）

　請以玉女安鎭神宮、一切侍衛、供給自然、須魂反尸、上帝奉迎、一如明眞舊典施行

　（玉女を以て神宮に安鎭し、一切侍衛し、自然に供給し、魂は尸に反るを須め、上帝奉迎し、一に明眞舊典の如く施行せられんことを請ふ）。(8b)

道蔵本『五錬生尸妙經』には、ここに見える「明眞舊典」の他に、「龍漢玄都舊典九幽玉匱女青玉文」(2a)、「元始盟眞舊典女青文」(8a)、「明眞玉匱女青上宮舊典」(16b、その他複数箇所）などの用例がある。これらはいずれも同じ「舊典」を指すと考えられる。その中で注目されるのは、「舊典」が「龍漢玄都舊典九幽玉匱女青玉文」や「明眞玉匱女青上宮舊典」と呼ばれていることである。そこに見える「龍漢玄都舊典」、「上宮舊典」の文字は、これらの「舊典」が、天上界のものであることを示していると考えられる。ところで、「舊經」・「舊文」は「眞文」を示すと考えられるが、「舊典」・「舊科」が表わすものはそれとは異なるようである。「舊典」・「舊科」の用例を見ると、「明眞舊典」のように、「明眞」の語を冠する例が多くみられる。また「舊典」の語は含まれないが、「明眞」の語が共通する「明眞科品」(18a)、「明眞科」(18b) といった語も見える。これらは「舊典」、「玉匱」、「女青」、「明眞」の語のいずれかが共通しており、文中で「舊典」や「明眞科」の通りに儀礼等を行うことが求められている内容から見て、いずれも科法を記した経典を指している可能性が高い。道蔵本『五錬生尸妙經』で科法の内容が記されている「明眞科品」、「明眞科」については、道蔵本『九幽玉匱明眞科』[118]と『無上秘要』に引く「明眞經」に

---

[118] 大淵氏は多くの「元始旧経」に属する経典に「明眞科」の語が見えることから、敦煌本「霊宝経目録」第五篇目にある「明眞科」について、他の「元始旧経」より「明眞科」の方が先にできていた可能性を指摘する。大淵前掲書（1997年）第二章四の 102 頁。

一部同様の内容のものが見える。このことから、これらはおそらく当時行われていた科法を記した経典を指すと考えられる[119]。しかもそれらの科法は、天上界の科法に由来するとされていたようであり、それを示す「舊典」に言及する経典の例として、次の例が挙げられる。

(2) 『洞玄靈寶二十四生圖經』（道蔵本『二十四生圖經』）

この経典の前半部には、天上界での「三部八景神二十四圖」の伝授儀の作法が記されている。そこに、

> 諸天大聖、無極天尊、飛天神王、三天眞人、同時監盟、焼香散華、誦詠靈章、旋行宮城、繞經三周。一依舊典俯仰之格、自然威儀
>
> （諸天大聖、無極天尊、飛天神王、三天眞人、同時に監盟し、焼香し散華し、靈章を誦詠し、宮城を旋行し、經を繞ること三周。一に舊典の俯仰の格、自然威儀に依る）(3a)、

とあり、「舊典俯仰之格・自然威儀」に依拠して焼香散華などの儀礼が行われているので、この「舊典」は、天上界で行われる科法を記したものと考えられる。更にこの経典の19丁には、太上無極大道君が「威儀玄格明眞科文」(19a) により、「宿有金名、列字諸天、應仙之人（金名を宿有し、字を諸天に列ね、應に仙となるべき人）」(19a)、即ち仙人となるべき多くの者を済度したことが述べられている。それに続き、地上で太上無極大道君が行ったのと同じ伝授儀を「先師舊科明眞大法」(20a) によって行い[120]、一切を済度することが記され

---

[119] 例えば、道蔵本『五錬生尸妙經』18丁に見える「明眞科法」の法信規定と、道蔵本『九幽玉匱明眞科』37丁に見える「長夜之府九幽玉匱明眞科法」の末尾の法信規定や、『無上秘要』巻34「法信品」の7丁に引く『洞玄明眞經』の法信規定の一部に、同じ内容が含まれている。ただし、道蔵本『九幽玉匱明眞科』が、どの程度まで原本の内容を保存しているかという問題を含め、「明眞」を冠する「舊典」・「舊科」が、大淵氏が指摘するように敦煌本「靈寶經目録」第五篇目「明眞科」を指すか否かは、『無上秘要』に出典を「明眞經」とする引文や、敦煌写本 P3663『太上洞玄靈寶金籙簡文三元威儀自然眞經』（擬）（大淵前掲書（1979年）40～42頁）に見える「明眞王遣女青上宮拔род科品」の引文等の資料を詳細に分析する必要があり、現時点では断定することはできないと考える。

[120] 陸修靜の『授度儀』の中にも、「今謹依先師舊典明眞大法玉訣之要、付授某甲身、共登皇壇、金繒鎭靈（今謹みて先師舊典明眞大法玉訣の要に依り、某甲の身に付し授け、共に皇壇を登り、金繒もて靈を鎭む）」(21a)、「謹依明眞舊典、建壇立盟告誓九天（謹みて明眞舊典に依り、壇を建て盟を立て九天に告誓す）」(23a) とある。科法の名称から類推して、これらの「先師舊典明眞大法」や「明眞舊典」も、道蔵本『二十四生圖經』の「先師舊科明眞大法」などと同じく、天上界に由来する科法を指すと考えられる。

(19b～20a)、その終わりには「一如明眞科文（一に明眞科文の如くす）」(20b)とある。このことから「舊典俯仰之格・自然威儀」と「威儀玄格明眞科文」、「先師舊科明眞大法」、「明眞科文」は同じ科法を示し、「舊典」や「舊科」に記される科法とは、地上で行われる科法であっても、天上界の科法に由来することを示していると推察される。ここでも天上界に由来する科法に「舊」の字が用いられており、「舊典」・「舊科」の「舊」にも天上界にかかわるものという意味が含まれると考えられる。道蔵本『二十四生圖經』に見えるような、地上で行われる科法が天上界で行われる科法に由来するという考えは、『太極眞人敷靈寶齋戒威儀諸經要訣[121]』(HY532、道蔵本『諸經要訣』) に明確に示されている。道蔵本『諸經要訣』にも「舊典」の用例が見え、それは「太玄都舊典」(13b)とあり、その呼称からこの「舊典」が天上界のものとして考えられていることが判る。ところで「舊典」・「舊科」の中には、陸修靜が考える「元始旧経」の分類条件とは異なる要素を含む例がある。次にその例を見てみたい。

(3)　道蔵本『玉訣妙經』巻下

「元始靈寶五帝醮祭招眞玉訣」に、「玄科舊典」の語が見える。即ち、

　　道言、靈寶赤書五篇眞文、篇鎭一方。皆元始自然之書。五老以五帝侍衛五方、靈官掌録。禁限一年三開、衆仙慶眞。玄科舊典、上宮諸眞人及五嶽神仙三年一奉

　　（道言ふ、靈寶赤書五篇眞文、篇は一方を鎭む。皆元始自然の書なり。五老五帝を以て五方を侍衛し、靈官掌録す。禁限は一年三開、衆仙は眞を慶す。玄科舊典、上宮諸眞人及び五嶽神仙は三年に一たび奉ず）(20a～20b)、

とある。ここに見える「玄科舊典」は、道蔵本『玉訣妙經』が解説する「五帝醮祭招眞法」であると解釈される[122]。注目すべきは、この後に「於案上請靈寶五篇眞文及五符（案上に靈寶五篇眞文及び五符を請ふ）」云々 (22a) と見え、「五帝醮祭招眞法」が、「五篇眞文」と「靈寶五符」を用いた科法であるというこ

---

121)　敦煌本「靈宝経目録」著録の「仙公新経」、『太極眞人敷靈寶文齋戒威儀諸要解經訣下』（『諸要解經訣』）の現行本。

122)　小林正美氏は、「玄科舊典」の「玄科」は「舊典」を修飾し、「舊典」は天上界の経典である靈宝経を示すとする。小林前掲書 (1990年) 第一篇第三章三 (2) の149頁。

とである。敦煌本「霊宝経目録」の中で、「靈寶五符」に関する経典である『五符經序』は、「元始旧経」ではなく「仙公新経」に分類されている。これは第1篇第2章で見たように、陸修静の霊宝経史観に基づく分類と考えられるが、それ故、陸修静が「元始旧経」に分類しなかった『五符經序』の根幹を成す「靈寶五符」を用いる「五帝醮祭招眞法」が、「元始旧経」に分類されている『玉訣妙經』の道蔵本に見えるということは、陸修静の分類とは異なる概念が、『玉訣妙經』に内在することを示す例と考えることができよう。

　以上見てきたことを総括すると、霊宝経に見える「舊」の字を冠した語は、共通して天上界にある経典や科法、或いはそれらとかかわるものを意味していると言える。「舊經」は天書である「靈寶眞文」とかかわり、「舊文」には、元始天尊とのかかわりや天上界の特定の場所に秘蔵されるものであること等、かなり明確な設定がされていたと考えられる。また、「舊典」・「舊科」については、天上界の科法として想定されていたことが判る。これらの「舊」なるものについては、それらと天上界との関係は窺えるが、陸修静が「元始旧経」に持たせたような、「仙公新経」と比較して古いものという相対的な古さの概念は含まれていないようである。それでは何故、天上界にかかわる経典や科法に、「舊」の語が用いられているのであろうか。次の節ではそのことを考察することにより、霊宝経典の中に見える「舊」なるものに、陸修静が考える新旧という相対的概念が含まれていないことを、更に明らかにできると考える。

第5節　霊宝経典中の「舊」の語の意味

　先に霊宝経典で、「靈寶眞文」や科儀に関して、「舊經」、「舊文」、或いは「舊典」のように「舊」の字を用いて表現する例を見てきて、それらの「舊」の語に、「天上界にあるもの」という意味合いが含まれるのではないかと推測した。天上界とのかかわりから見ると、「舊典」の語で示される科法もまた、天上界に由来すると考えられていたようである。道蔵本『諸經要訣』は、地上で行われる科法が、天上界の科法に則るものであることを述べる。例えば、「皆當安徐雅歩、審整庠序、男女不得參雜、令威儀合於天典（皆當に安徐雅歩し、審らかに庠序を整へ、男女參雜するを得ず、威儀をして天典に合せしむべし）」(6b)

云々とあり、斎において香炉の周りを旋繞する作法についても、「無上諸眞人持齋誦詠、旋繞太上七寶之臺。今法之焉（無上諸眞人は持齋し誦詠し、太上七寶の臺を旋繞す。今之に法るなり）」(6b〜7a) とある。先に見た道蔵本『五錬生尸妙經』に「龍漢玄都舊典」、『諸經要訣』に「太玄都舊典」とあるように、科法の書と考えられるものに天上界を指す「龍漢玄都」、「太玄都」の語が冠されていることも、そのような考えを示す一例と推察される。それでは何故、天上界にあるものを「舊」で表現するのか。霊宝経では、例えば道蔵本『天書經』や『度人經』四註本等、複数の現行本に見えるように、霊宝経は万劫以前から天上に存在するものという設定になっている[123]。道蔵本『天書經』に「五帝眞符以元始同生（五帝眞符　以て元始と同に生ず）」(39a) とあり、『法輪妙經』B (HY348) に「此文元始同生（此の文　元始と同に生ず）」(6b) とあるように、天上界に在る経とは「元始」と共に生じた、つまりは宇宙の原初の頃から存在していた古いものであると考えられている。霊宝経典中に見える「舊」を冠した用語が示すのは、そのような天上界に存在するものの根源的な古さであり、それは古さを比較する対象を以て新旧の別を言うような、相対的な関係における古さではなく、絶対的な古さであると言うことができよう。もし、「舊典」や「舊科」などという用語について、それらが地上で行われていた古い経典や古い科儀という意味であるとするなら、それらと共に現在行われている新しい経典や儀式を示す「新典」、「新科」といった用語があってもよいはずであるが、そのような例は現行本を見る限りでは見当たらない。このことも、霊宝経典中に見える「舊」とは、天上界にある、根源的に古いものの意味であることの傍証とすることができるのではないかと考える。霊宝経典に見える「舊」の語が、天上にあって宇宙の原初と同義の古さを有するもの、という意味合いを持つものであるとすると、その点からも霊宝経典中の「舊經」や「舊典」等の語が、陸修静の用いた新旧二系統の霊宝経典という、相対的な関係を示す語ではなかったことが指摘できよう。

---

[123] 「靈寶眞文」については道蔵本『天書經』巻下に「五老爲靈寶五篇眞文、元始天書、生於空洞之中、爲天地之根（五老靈寶五篇眞文は、元始天書、空洞の中に生じ、天地の根爲り）」(10a)、「靈寶五符」については道蔵本『五符序』巻上に「本名爲靈寶五符、天文藏於玄臺之中、堅石之磧（本は名づけて靈寶五符と爲し、天文は玄臺の中、堅石の磧に藏す）」(6b) 云々とある。

以上のことから導き得ることとして、次のようなことが挙げられる。

1. 「元始旧経」、「仙公新経」という、経典の異なる出現時期の設定によって生じる相対的関係にある二系統の霊宝経は、陸修静によって構想されたものである可能性が高い。
2. 敦煌本「霊宝経目録」著録の霊宝経典には、その現行本を見る限り、「舊經」は天書である「靈寶眞文」を書した経であり、「舊文」は、宇宙の始源に生じ、元始天尊によって天上界の宮殿に秘蔵されている経であるというように、かなり明確な設定が窺える。陸修静の考える「元始旧経」が、このような霊宝経典に見える設定に着想を得たものであったことは、ほぼ確かであると見ることができる。
3. 霊宝経典中の「舊」の語は、霊宝経典で説かれる霊宝経が、宇宙の原初に生じたという設定から見て、霊宝経の根源的な古さを示し、新旧という相対化された関係において、その一方に分類され得るような概念を示すものではないと考えられる。故に、敦煌本「霊宝経目録」に著録された古霊宝経自体には、新旧という相対化された分類概念は内在しなかったと考えられる。

このように、霊宝経典中に見える「舊經」、「舊文」という「舊」を冠する語は、霊宝経の出自に関する想定を示す語であって、特定の経典を包括する経典のカテゴリーを示す語として用いられているのではない、ということが明らかになったかと思われる。ここで新たに生じてくるのが、霊宝経典中に見える「十部妙經(じゅうぶみょうきょう)」を、霊宝経典に内在する経典のカテゴリーを示す用語として見ることができるのか否か、という問題である。「十部妙經」は、陸修静が霊宝経を分類整理する以前から、既に霊宝経典中に存在する用語であるが、従来、大淵忍爾氏や小林正美氏などの見解では、これを陸修静以前に霊宝経典にあった「元始旧経」に該当する経典の総称とし、また「十部舊目三十六巻」の経典と同義の語と捉えてきた。確かに「十部妙經」という語は、あたかも陸修静以前に、既に陸修静が考える「元始旧経」に相当する経典のカテゴリーが存在していたかのような印象を与える。しかし、本章ではこれまでに、敦煌本「霊宝経目録」著録経典中には、陸修静が考えるような、新旧二系統の経典カテゴリー

の分類概念が内在しない可能性を論じてきた。それを踏まえるなら、「十部妙經」についても従来のように、「元始旧經」に相当する経典カテゴリーとして見てしまってよいのか、という問題が生じるのである。「十部妙經」に関しては、次章で論じることとする。

第6節 小　結

　本章では、敦煌本「霊宝経目録」著録経典に該当する現行本に、陸修静が用いた霊宝経の新旧の概念が見えるか否かを考察してきた。しかし、そこに経典の出現時期の前後関係によって生じる、古い霊宝経と新しい霊宝経という相対的関係にある、二つの経典カテゴリーに区別して捉える概念を明確に示しているような用語や表現、記述を見出すことはできなかった。このことから、霊宝経の作者たちに、当初から陸修静のように、霊宝経全体を新旧の二系統に分けて捉えるという認識があったとは考え難く、新旧に基づく経典区分の発想もなかったと推察される。つまり、霊宝経に新旧の二系統あるという考えは、現存する文献から知り得る限りにおいては、陸修静によってはじめて明確に示されたものであり、陸修静が霊宝経に対して持つ新旧二系統の霊宝経という概念は、「目序」や「授度儀表」に述べられているような、陸修静自身の霊宝経観とそれに基づく霊宝経の「歴史」観に由るものであると考えられる。また、このことは第1篇第3章で論じた、「舊目」が本来、「元始旧經」の目録として作られたのではなかったという考察の結果とも矛盾しないと考える。本章第2節で示したように、陸修静が「目序」に述べる霊宝経の「歴史」は、陸修静が言う「元始旧經」を中心とした「霊宝経史」である。この霊宝経史観が、陸修静の霊宝経の体系を方向づけたのは言うまでもないが、陸修静自身が「目序」中に記しているように、当時、実際に行われていた霊宝経典の作成は、ある種の無秩序な状態にあったと推察される[124]。そのような状況にあって、陸修静が霊

---

124)「目序」に、「頃者以來、經文紛互、似非相亂、或是舊目所載、或自篇章所見。新舊五十五卷、學士宗竟、鮮有甄別。余先未悉、亦是求者一人。旣加尋覽、甫悟參差。或刪破上清、或採摶餘經。或造立序説、或迴換篇目、禆益句章、作其符圖。或以充舊典、或別置盟戒。文字僻左、音韻不屬、辭趣煩猥、義味淺鄙。顚倒舛錯、事無次序。考其精僞、當由爲猖狂之徒〔頃者以來、經文紛互し、似非相ひ亂れ、或いは是れ舊目の載する所、或いは篇章自り見る所。

宝経典の整理と体系化を行う上で、元始天尊が教説した「十部三十六峡」の経という霊宝経の設定を中心に置き、それをとても古い時代に出現した、元始天尊所説の霊宝経典を表す「元始旧経」と呼んだことは、陸修静の霊宝経に対する立場が、「元始旧経」を霊宝経の正統とするものであったことを示すと推測される。このような陸修静の霊宝経観の形成に関しては、第３篇第８章で改めて論じることとする。

新舊五十五巻、學士宗び竟るも、甄別有ること鮮し。余は先に未だ悉くせざるも、亦た是れ求むる者の一人なり。旣に尋覽を加え、甫（はじめ）て參差を悟る。或いは上清を刪破し、或いは餘經を採搏す。或いは序説を造立し、或いは篇目を迴換し、句章を神益し、其の符圖を作す。或いは以て舊典に充て、或いは別に盟戒を置く。文字は左に僻り、音韻屬さず、辭趣は煩猥にして、義味は淺鄙なり。顚倒舛錯して、事に次序無し。其の精僞を考ふるに、當に猖狂の徒が爲に由るべし）」(5a～b) 云々、とあり、当時の霊宝経作成の状況が一種無秩序とも言える状態を呈していたことが窺える。

第5章
「十部妙經」と「元始旧経」

第*1*節　序　　言

　「元始旧経」は「目序」には「十部舊目」（5a）と見え、「授度儀表」に「玄科舊目三十六巻」（1a）とあり、陸修静はこれを天上界の経典目録中に収められている経典群として考えていたようである。「十部妙經」は、敦煌本「霊宝経目録」で「元始旧経」に分類されているいくつかの経典の現行本に見える語で、従来の霊宝経研究ではこの「十部妙經」は「十部」という語が冠されていること、また道蔵本『天書經』に「十部妙經三十六巻」（12a～b）とあることなどから、「十部全三十六巻で構成される霊宝経」という構想をもとに作られた経典群を指すものであるとされてきた。（道蔵本『天書經』のこの記述については、陸修静の時代のテキストそのままの記述であるのか、検証の余地がある。この問題については、本章第5節で改めて取り上げる。）

　小林正美氏は「十部妙經」について、「十部」、「三十六巻」という数の一致から、先に挙げた「玄科舊目」や「十部舊目」に収められた経典群と同じものを指す呼称であり、「元始旧経」或いは、「元始系」霊宝経の総称であるとする。大淵忍爾氏は、「元始旧経」中に「十部妙經」の語が見えることから、陸修静の霊宝経の整理以前に、霊宝経には既に十部三十六巻から構成される経典の構想があったと推定し、「十部妙經」を十部構成の霊宝経を示す語であると考え、「十部妙經」が葛巣甫の造った霊宝経と関係のある可能性を指摘する。[125] しかしながら、「十部妙經」の語が見える「元始旧経」に該当する現行本を見る

限り、道蔵本『天書經』に三十六巻と記されている以外、「十部妙經」に言及する他の経典には巻数を記す例は見えない。また、「元始旧経」の中に、「十部妙經」の十部全三十六巻という構想によって作られた経典名や、或いはそのような構想によって作成される「十部妙經」の経典群に関する言及は見えない。そこで、本章では改めてこの「十部妙經」について、その語が見える現行本の内容を分析し、「十部妙經」の語が、従来考えられてきたような、「元始旧経」或いは「元始系」霊宝経に該当する経典の総称として用いられていたのかを検証し、また経典の中ではどのようなものとして設定されているかを確かめる。その上で、陸修静が考える「十部妙經」と「元始旧経」の関係についても考察し、陸修静以前の霊宝経には、「元始旧経」に該当する経典カテゴリーは内在しておらず、また「十部妙經」が「元始旧経」に相当するという見方は陸修静に始まる可能性が高いことを検証する。

第2節 「十部妙經」に言及する「元始旧経」中の経典

「元始旧経」に該当すると推定されている現行本の中で、「十部妙經」に言及するのは、以下の経典である。なお、（ ）内は敦煌本「霊宝経目録」著録経典の略称。現行本の略称は今まで本書で用いたものを使う。

① 元始五老赤書玉篇眞文天書經（『天書經』）
② 太上洞玄靈寶赤書玉訣妙經（『玉訣妙經』）
③ 太上諸天靈書度命妙經（『靈書度命』）
④ 洞玄靈寶長夜之府九幽玉匱明眞科（『九幽玉匱明眞科』）
⑤ 三元品誡（さんげんほんかい）[126]（『元始無量度人上品妙經』四注本、巻二、嚴東注の『三元品誡』

---

125) 小林正美前掲書（1990年）第一篇第三章三（3）。大淵忍爾前掲書（1997年）第二章四。「十部妙經」と関連して、葛巣甫と霊宝経の関係に言及する主な先行研究としては以下のようなものがある：大淵前掲書（1997年）第二章三、四；Bokenkamp, S. 前掲論文（1983年）；神塚淑子前掲書（1999年）序論及び第一篇第五章；神塚前掲書（2017年）第一篇第二章、第三章；王承文（2003年）「敦煌古靈寶経与陸修静『三洞』学説的来源」（黎志添主編『道教研究与中国宗教文化』、中華書局、2003年、72～102頁）；小林前掲書（1990年）第一篇第三章三（6）。
126) この『三元品誡』のみ、『度人經』四註本中の出典名。敦煌本「霊宝経目録」の篇目名は『三元戒品』。完本は現存せず、現行本に『太上大道三元品誡謝罪上法』（HY417）と『太上洞玄靈寶三元品戒功德輕重經』（HY456）の二篇の分出単行本がある。

の一部要略部分。この引用文は、『三元戒品』の現行本には見えない。)

「元始旧経」の中では、「十部妙經」についてどのように記されているのか。先ず「十部妙經」の語が見える経典について、その記述内容を見ていく。

第3節 「十部妙經」の設定

敦煌本「霊宝経目録」で、「元始旧経」に分類されている経典の作者にとって、「十部妙經」とは本来どのようなものとして認識され、用いられていた用語なのであろうか。ここでは上掲五つの経典を対象に、「十部妙經」に言及する「元始旧経」の現行本の内容から、「十部妙經」とは経典の中で、どのようなものとして考えられていたのかを考察する。

1 「元始旧経」中の「十部妙經」の設定
(1) 『靈書度命』中の「十部妙經」

道蔵本『太上諸天靈書度命妙經』(道蔵本『度命妙經』)では、冒頭部分で元始天尊が大福堂国の長楽舎中で太上大道君に教えを説き、次いで東方の蒼帝九炁天君、南方の赤帝三炁天君、西方の白帝七気天君、北方の黒帝天君に対してそれぞれ教えを説くという形で、五方国土の人々が憂いを知らず不老長生であるのはその国土に出現した「靈寶眞文」の力によるものであることが説明され、そこに「十部妙經」の語が見える。この経典からはある程度「十部妙經」の設定を知ることができると考える。本章ではこの経典中の記述から、「十部妙經」がどのようなものとして考えられていたかを分析し、「十部妙經」の基本設定と考えられるものを明らかにした後、その基本設定が「十部妙經」に言及する他の経典にも見出せるかを確認する。道蔵本『度命妙經』に「十部妙經」の語が見えるのは、1丁b、2丁a、7丁a、13丁aの四か所で、「十部妙經」を指すと考えられる「妙經」の語が見えるのは、4丁aと13丁bの二か所である。その導入部で最初に「十部妙經」に言及する部分では、元始天尊が口から放った五色の光の中に「靈寶眞文」を出現させ、そこから「十部妙經」の成り立ちが説き起こされる。即ち、元始天尊が、

① 汝見眞文在光中不。此文以龍漢之年、出於此土。時與高上大聖玉帝撰十

部妙經、出法度人

（汝は眞文光中に在るを見るや不や。此の文龍漢の年を以て、此の土に出づ。時に高上大聖玉帝と與に十部妙經を撰し、法を出だし人を度す）(1b) 云々、

と述べ、龍漢の年に「靈寶眞文」が大福堂国に出現し、元始天尊と高上大聖玉帝が「十部妙經」を撰作したことが説明されるが、ここに巻数の記載はない。これは「十部妙經」の語が見える他の三か所と、ただ「妙經」と記されている4丁a、13丁bの二か所の部分についても同様で、道蔵本『度命妙經』には「十部妙經」の巻数は記されていない。また合わせて六例中の三例が「十部妙經」の成り立ちを説明するが、いずれも「十部妙經」の基本設定は、元始天尊が「靈寶眞文」を敷演して撰作したものであることで共通している。経典中、①の箇所では曖昧であった「靈寶眞文」と「十部妙經」の関係は、西極衛羅大福堂世界西那玉国での元始天尊の説法の場面では、より詳しく述べられている。即ち、

② 天尊言曰、我昔龍漢之年、與元始天王・高上玉帝、同於此土、遇靈寶眞文出於浮羅空山之上。鳳凰孔雀、金翅羣鳥、飛翔其巔。須臾之頃、忽有五色光明、洞照一土、幽隱並見。我於空山之上、演出眞文、撰十部妙經、始於此土、出法度人、欲令法音流化後生、其法開張

（天尊言ひて曰く、我は昔龍漢の年、元始天王・高上玉帝と與に、此の土に同まり、靈寶眞文の浮羅空山の上に出づるに遇ふ。鳳凰孔雀、金翅羣鳥、其の巔を飛翔す。須臾の頃、忽ち五色の光明有り、一土を洞き照らし、幽隠せるもの並びに見る。我は空山の上に於いて、眞文を演出し、十部妙經を撰し、此の土より始めて、法を出だし人を度し、法音をして後生を流化し、其の法をして開張せしめんと欲す）(7a)、

とあり、「十部妙經」は「靈寶眞文」を敷衍して撰述されたものであることを明示する。ここでは「靈寶眞文」に「遇」したことと、「眞文」を「演出」して「十部妙經」を「撰」したこととが分けて述べられており、「靈寶眞文」と「十部妙經」をそれぞれ別個のものとして認識していることが窺える。「十部妙經」の成り立ちを説く三つ目の箇所にも、

③ 元始天尊告蒼帝君曰、昔龍漢之年、靈寶眞文出於此国土、出法度人。高上大聖、時撰出妙經、以紫筆書於空青之林[127]

(元始天尊 蒼帝君に告げて曰く、昔龍漢の年、靈寶眞文 此の国土に出で、法を出だし人を度す。高上大聖、時に妙經を撰出し、紫筆を以て空青の林に書す)（3b～4a)、

とある。これは、後に示す『度人經』四注本の巻二の厳東注に見える『三元品誡』の一部要略の内容とほぼ同じであるが、ここでも「妙經」が「靈寶眞文」をもとに撰出されたことを述べている部分が看取される。道蔵本『度命妙經』の三か所で同じ設定が見えるので、これがこの経典における「十部妙經」の基本設定であると考えられる。更に「十部妙經」について、

④　今當爲諸來生、説十部妙經、以度天人

（今當に諸々の來生の爲に、十部妙經を説き、以て天人を度すべし）（2a)、

とあり、「十部妙經」が「天人」、即ち諸天の人々[128]の救済の為に説かれるものであることが記されている。この他にも、「十部妙經」及びそれを指すと考えられる「妙經」の語は、以下の部分に見える。

⑤　天尊随其國土、口吐靈寶五篇眞文、光彩煥爛、不可稱視。説十部妙經、授以禁戒、宣示男女

（天尊其の國土に随り、口より靈寶五篇眞文を吐けば、光彩煥爛として、視ること稱ふべからず。十部妙經を説き、授くるに禁戒を以てし、男女に宣示す)（13a)。

⑥　是時四方邊境男女長幼、莫不歸心。（中略）來詣天尊、伏受法戒、遵承

127）ここでは、「靈寶眞文」から撰出された「妙經」、即ち「十部妙經」が空青の林に紫筆で書かれたとあり、「十部妙經」が文字で記されたものであることを示している。同じく「十部妙經」が空青の林に書かれた例が、本文に引いた『度人經』四註本巻二の、厳東注の『三元品誡』の要略部分に見える。

128）道蔵本『度命妙經』に見える「天人」の意味については、「天尊出遊西河之邊、坐弱水之上、口吐五色之光、普照諸天四方邊土、普見光明。天尊分形百萬、處處同時。是男是女、普見天尊在五色光中、如倶一地、隨所在處。長幼男女、皆往稽首。天尊隨其國土、口吐靈寶五篇眞文、光彩煥爛、不可稱視。説十部妙經、授以禁戒（天尊　西河の邊に出遊し、弱水の上に坐し、口より五色の光を吐き、普く諸天四方邊土を照らし、普く光明を見す。天尊　形を百萬に分かち、處處に時を同じくす。是男是女、普く天尊の五色の光中に在るを見るに、一地を倶にするが如く、隨所に在處す。長幼男女、皆往きて稽首す。天尊　其の國土に随ひ、口より靈寶五篇眞文を吐けば、光彩煥爛として、視ること稱ふべからず。十部妙經を説き、授くるに禁戒を以てす)」（13a)とあり、元始天尊によって諸天の四方邊土の人々に「十部妙經」が説かれているので、本文に引用した道蔵本『度命妙經』の④の部分に見える「天人」も、諸天の人々の意味であると解釈される。

妙經。

(是の時四方邊境の男女長幼、歸心せざるは莫し。(中略)來たりて天尊に詣り、伏して法戒を受け、遵ひて妙經を承く)(13a〜b)。

⑤⑥に窺える「十部妙經」を撰作して人々を救済するという設定は、先に挙げた①〜③の部分にも見える。

以上のような道蔵本『度命妙經』の記述から、『靈書度命』では「十部妙經」とは、「靈寶眞文」を敷衍して撰作されたものであり、衆生救度の為に説かれるもの、或いは救済を為すものとして撰作されたという設定であったと推測される。

(2) 『三元品誡』(要略)中の「十部妙經」

道蔵本『元始無量度人上品妙經』四注本卷二「上品妙首十廻度人」の句に付された嚴東の注の中の『三元品誡』の要略に、「十部妙經」の語が見える。その内容は先に見た道蔵本『度命妙經』中の内容とほぼ同じである。即ち、

其事自具出三元品誡中、今略舉一隅。昔龍漢之年、玉字始出、日月始明。天地亦分、衆眞列位。元始出法度人、説經十遍、周回十方、度人无量之数。元始因撰作十部妙經、以紫筆書著空青之林。衆聖所崇、爲經之祖宗。故曰、上品妙首也

(其の事は三元品誡の中に具さに出づるに自り、今一隅を略擧す。昔龍漢の年、玉字始めて出で、日月始めて明らかなり。天地も亦た分かれ、衆眞は位を列ぬ。元始は法を出だし人を度し、經を説くこと十遍、十方を周回し、人を度すること无量の数なり。元始因りて十部妙經を撰作し、紫筆を以て空青の林に書き著す。衆聖の崇ぶ所、經の祖宗爲り。故に曰く、上品妙首なり、と)(4a〜b)、

とある。これは内容の一部を略して書かれたものであるが、ここでも「十部妙經」の巻数には言及していない。そして、龍漢の年に出現した「玉字」を元始天尊が説き、「十部妙經」を撰作したことが見え、それが紫の筆で空青の林に書かれたなど、道蔵本『度命妙經』の記述に通じる内容であったことが類推される。故に『三元品誡』でも『靈書度命』と同様、「十部妙經」には、真文を敷演して撰作されたものであるという、基本的な設定がされていたと推測される[129]。

(3) 『天書經』中の「十部妙經」

道藏本『天書經』卷下では、「十部妙經」に関して次のように言及する。

> 元始自然赤書玉篇眞文、開明之後、各付一文、安鎮五嶽。舊本封於玄都紫微宮、衆眞侍衛、置立玄科、有俯仰之儀。至五劫周末、乃傳太上大道君、高上大聖衆、諸天至眞、奉修靈文、敷演玄義、論解曲逮、有十部妙經三十六卷。玉訣二卷、以立要用。悉封紫微上宮
>
> (元始自然赤書玉篇眞文、開明の後、各〻一文を付し、五嶽を安鎮す。舊本は玄都紫微宮に封じ、衆眞侍衛し、玄科を置立し、俯仰の儀有り。五劫の周の末に至り、乃ち太上大道君、高上大聖衆、諸天至眞に傳へ、靈文を奉修し、玄義を敷演し、曲逮を論解して、十部妙經三十六卷有り。玉訣二卷、以て要用を立つ。悉く紫微上宮に封ず)。(12a〜b)

この中では「十部妙經三十六卷」と記されている。この卷數の問題については本章第5節で檢討するとして、道藏本『天書經』に見える「十部妙經」の基本設定については、ここでも「十部妙經」は「元始自然赤書玉篇眞文」、即ち「靈寶眞文」の奥深い道理を敷演し、「曲逮」[130]、即ち「元始自然赤書玉篇眞文」の隅々まで恩澤の及ぶ靈妙な內容を論じ解釋して作られたものであるとい

---

129) 『度人經』四註本卷二の嚴東の注に見える『三元品誡』の一部要略では、「十部妙經」が「玉字」から撰作されたとある。この要略中の「玉字」については、第2篇第6章第2節1の⑥を參照のこと。

130) 「曲逮」については、道藏本『內音自然玉字』卷四に「雖不覶縷、然經歷前生、億劫以來、遊涉天元、隨法生死、恒値眞文。自不履其玄化、洞於本根、將感以私短、而切申自然之書、以解曲逮之文。(覶縷(らる)ならずと雖も、然して前生を經歷し、億劫以來、天元に遊涉し、法に隨ひて生死し、恒に眞文に値ふ。自ら其の玄化を履まず、本根を洞き、將に感ずるに私短を以てし、而して自然の書を切申し、以て曲逮の文を解かんとす)。」(24a)とあり、その後に更に「今粗解天書五合文義(今天書の五合の義を粗解す)」(24a)とあるので、道藏本『內音自然玉字』に見える「曲逮之文」は、「自然之書」や「天書五合文」と同じ意味で用いられている、と解釋される。道藏本『天書經』卷下に見える「論解曲逮」の「曲逮」は、この「曲逮之文」と同じ用法であり、ここでは「元始自然赤書玉篇眞文」を指すと考えられる。また道藏本『九幽玉匱明眞科』に、「今日侍座、得見諸大地獄之中善惡命根、心振意懼、五神悲惶。敢緣天慈曲逮無窮、欲有所問(今日座に侍り、諸大地獄の中の善惡の命根を見るを得て、心振へ意懼れ、五神悲惶す。敢へて天慈の無窮に曲逮するに緣り、問ふ所有らんと欲す)」(1a~b)とあり、ここでは「曲逮」は、「天慈」即ち元始天尊の慈悲が「諸大地獄」に「窮り無く」、「曲逮」即ち「つぶさにおよんでいる」という意味で使われている。この「つぶさにおよぶ」という意味から、その恩澤を隅々にまでおよぼすものという意味で「眞文」や「自然之書」を指して「曲逮」という表現が用いられていると解釋できる。

う、道蔵本『度命妙經』で見た設定と同様の基本的設定が見出せる。

(4) 『玉訣妙經』の中の「十部妙經」

道蔵本『玉訣妙經』には「十部妙經」の語は見えるが、巻数についての記載はない。道蔵本『玉訣妙經』巻上で、「十部妙經」に言及する部分を含む導入部では、元始天尊、太上大道君、五老上帝、十方大神が南丹洞陽館に会した時、精進道士王龍賜が法戒を請うところから始まり、即ち「有精進道士王龍賜、侍座請受法戒（精進道士王龍賜有り、座に侍し法戒を受けることを請ふ）」(1a) とあり、これに「道」（太上大道君）が次のように答える。

① 道告龍賜、吾於七百萬劫、奉修靈寶。立願布施、持戒執齋、勤苦不退、展轉生死、忍辱精進、斷除異念、空受無想、積感玄寂、得作衆聖。道尊常用慈念、欲令廣度衆生、是男是女、好願至人、咸使得見靈寶妙法。爾有善心、來歸法門、由爾前生萬劫已奉至眞。功滿德足、致生道世、値遇法興。今當爲爾解説凝滯、十部妙經使爾救度十方諸天人民。勤爲用心、勿使魔言。（道　龍賜に告ぐ、吾は七百萬劫に於いて、靈寶を奉修す。立願し布施し、持戒し執齋し、勤苦して退かず、生死を展轉し、忍辱精進し、異念を斷除し、無想を空受し、玄寂を積感し、衆聖と作るを得たり。道尊は常に慈念を用つて、廣く衆生、是男是女、好願の至人を度さしめ、咸く靈寶の妙法を見るを得しめんと欲す。爾（なんぢ）に善心有り、來たりて法門に歸するは、爾の前生萬劫に已に至眞を奉ずるに由る。功滿ち德足り、道世に生ずるを致し、法の興るに値遇す。今當に爾が爲に凝滯を解説し、十部妙經もて爾をして十方諸天の人民を救度せしめんとす。勤めて爲に心を用ひ、魔をして言はしむる勿かれ）(1a～b) 云々。

ここでは「道」が王龍賜に、自分が七百万劫、霊宝を奉修し、願を立てて布施をし戒を持し斎を行い、勤苦して退くことなく輪廻をめぐりながら、様々な苦しみに耐えて修行に励み、俗念を断ち、空の境地にすべての雑念を離れ、奥深い悟りの境地を感じ、そのようにして衆聖の一人となったことを語り、道を得た尊神が常に慈悲の心で広く衆生を済度して、人々が霊宝のすぐれた教えに出会えるように欲していることを述べる。そして、王龍賜が善心を有して法門に帰依したのは、万劫の前世から至真を奉じていたことによるもので、功徳を

積んだことにより經法が現れる世に生まれ合わせたことを告げる。その上で「道」は、法戒を受けることを求める王龍賜に對して「凝滯」を「解説」し、「十部妙經」を以て王龍賜が十方諸天の人民を救濟できるようにしようと述べる。ここに見える「十部妙經」の基本設定の一つと考えられる「人々の救濟の爲に用いられる」ことは、先に見た道藏本『度命妙經』中の、「十部妙經」の基本設定に通じる。一方で道藏本『度命妙經』は、眞文が敷衍されて「十部妙經」が撰述されたことを述べるが、道藏本『玉訣妙經』には、そのような過程を直接述べる部分は見えない。道藏本『玉訣妙經』に見えるのは、「凝滯」が「解説」されると言う記述である。この「解説凝滯」とは、どのような意味であろうか。また「道」が「解説凝滯」を行うことで、王龍賜が「十部妙經」を以て衆生の救濟ができるようになることから、「解説凝滯」と「十部妙經」の間にどのような關係が想定されているのであろうか。上の引用部分で、「道」が王龍賜に「凝滯」を「解説」するのは、王龍賜が「十部妙經」によって「十方諸天の人民」を救濟できるようにする爲である。道藏本『玉訣妙經』で「十部妙經」が見えるのはこの一か所だけであるが、この「十方諸天の人民」の救濟については、後に續く文脈の中でも言及されており、その中には「解説凝滯」と「十部妙經」の關係を推測し得る内容が含まれていると考えられる。そこで、この後の文脈の展開において、「解説凝滯」と「十部妙經」の關係を推測していきたい。道藏本『玉訣妙經』の①の引用部分に續く次の段落でも、「道」が人々の救濟について言及している。即ち、

② 道曰、生死因縁、輪轉福願、莫不由身。人身難得、道世難遇、經法難値、訣言難聞。吾所以敷張玄旨解説要言者何。感念十方天人、受生不能保度其身、長處苦悩、甘心履罪、展轉五道、無能覺者。是故廣明法教、開導愚蒙、咸使天人得入无上正眞之門、普度一切、生値此世、眞以宿縁所從眞人、皆得過度

(道曰く、生死の因縁、輪轉の福願、身に由らざるは莫し。人身得難く、道の世遇ひ難く、經法値ひ難く、訣言聞き難し。吾の玄旨を敷張し要言を解説する所以は何ぞや。十方の天人を感念するに、生を受けて其の身を保ち度すこと能はず、長く苦悩に處り、甘心して罪を履み、五道を展轉し、能く覺ゆる者無し。是の故に廣く法教を明かし、愚蒙を開導し、咸く天人をして无上正眞の門に入るを得、

普く一切を度し、生じて此の世に値ひ、眞に宿縁を以て眞人に從ふ所、皆過度を得しめんとす）(1b)、

とあり、ここでは「道」が、因縁により輪廻する中で人に生まれるのは難しく、また道の教えの説かれる世に生まれて来ることも難しく、経法に遇い、その要言を聞くことも難しいことを述べる。更に自分が敢えて奥深い教えを広く説き、要言を解説しようとするのは、十方諸天の人々のことを感じて思うに、生を受けても其の身を保って悟りを得ることができず、長く苦しみ、自ら求めて罪を負い、五道を輪廻していることを自覚できない者に、そのことを覚らせる為であると説く。そして、その為に広く法教を明らかにして、それらの愚蒙な人々を導き、それらすべての人を悟りに至るこの上ない真実の門に入れ、普く一切の衆生を救済し、またこの世に生まれ合わせ、真の前世からの縁により真人（王龍賜）に従う者を救済しようとすることを述べる。ここに「敷張玄旨解説要言」と見えるが、その目的は人々の救済であることから、これが「解説凝滞」に通じることは明らかである。ここで人々の救済の為に行われる「廣明法教」とは、具体的には「敷張玄旨解説要言」のことであり、それは「解説凝滞」のことであると考えられる。ここで「解説」される対象は、「玄旨」、「要言」、「凝滞」である。「玄旨」、「要言」と「凝滞」の関係は、これだけではまだ明らかにするには十分でないが、いずれにも共通するのは人々の救済がその目的であり、結果でもあるということである。ここに見える「玄旨」、「要言」及び「法教」が何を表し、何に基づくものであるかは、道蔵本『玉訣妙經』の②の引用部分に続く次の段落の内容から次第に明らかになってくる。そこでは「道」が「元始眞文舊經」を受けて、万劫にわたってこれを説き、世を救済したことが語られる。即ち、

③　吾受元始眞文舊經、説經度世萬劫、當還无上宛利天。過世後、五濁之中、運命不逮、是男是女、不見明教、常處惡道、生壽無機、而憂惱自嬰、多受枉横、自生自死、輪轉五道、墮於三途八難之中、殃對相尋、無有極已、生死分離、無有豪賤。實爲痛心。今解説諸要、以度可度。汝好正意、諦受我言。於是注訣。龍賜稽首、伏受教旨

（吾　元始眞文舊經を受け、經を説き世を度すこと萬劫、當に无上宛利天に還らんとす。過世の後、五濁の中、運命逮ばず、是男是女、明教に見えず、常に惡

道に處り、生壽に機無く、而して憂悩自ら嬰り、多く枉横を受け、自ら生じ自ら死し、五道を輪轉し、三途八難の中に堕し、殃對相ひ尋ね、極り有ること無きのみ、生死の分離は、豪賤有る無し。實に爲に心を痛む。今諸要を解説し、以て度すべきを度す。汝好く意を正し、我が言を諦受せよ、と。是に於いて注訣す。龍賜稽首し、伏して教旨を受く）（2a～b）、

とあり、ここに見える「元始眞文舊經」は、「解説」の対象となる「玄旨」、「要言」、或いは「明」らかにされるべき「法教」と関わるものであることは十分予想される。それは、「道」が万劫にわたる説教度世の後、天上に還ってしまうと、人々が「明教」に会うこともできなくなる五濁の世となることへの憂慮を述べる部分から明確になる。道蔵本『玉訣妙經』の①の引用部分で、「道尊」が人々が会うことのできるよう望むのは、「靈寶妙法」である。ここで「道」が、五濁の世で人々が会えなくなることを憂いているのは「明教」である。ここから、「明教」とは「靈寶妙法」のことであると推測される。また「明教」は、「道」が天上に還ると共に失われてしまうものとして設定されているようなので、これは「道」が受けた後、万劫の間説教を行っていた「元始眞文舊經」を指すと見てよいであろう。尊神が去ると共に経法が失われるという設定は後述するように、例えば道蔵本『度命妙經』にも「吾過去後、眞文隱藏、運度當促、五濁躁競、萬惡並至（吾過去せし後、眞文隱藏し、運度當に促り、五濁躁競し、萬惡並び至るべし）」（2a）という箇所があり、元始天尊が世を去った後、真経も隠れてしまい、五濁万悪の世が来ることに言及している。道蔵本『玉訣妙經』の③の引用部分で「道」が述べていることも、これと同様の設定である。そして、五濁の世の人々を憂慮して「今諸要を解説し、以て度す可きを度す」と述べ、そこで「注訣」が行われる。ここでも人々の救済の為に「諸要」の「解説」がなされ、またもや「解説」の語が使われている。人々の救済の為になされる「解説」は、前掲の道蔵本『玉訣妙經』の①の引用部分では「解説凝滞」と表現され、②の引用部分では「敷張玄旨解説要言」と記され、③の引用部分の末尾では「解説諸要」と表現されている。前述のように、③の引用部分では「道」の去った後、人々が会うことのできなくなる「明教」とは「元始眞文舊經」を指すと考えられるので、それが隠れてしまう前に、救済すべきものを救済する為に「道」が「解説」した「諸要」とは、「元始眞文舊經」

の主旨であることは明らかであろう。「道」が去り、「元始眞文舊經」が隠れた後の世の救済の為に、「道」は「諸要」を「解説」し、「注訣」を行う。そして「注訣」の後に、王龍賜が「道」から受けるのが「教旨」である。この「教旨」は「注訣」されたものを示し、それは「元始眞文舊經」の主旨であり、「玄旨」、「要言」、「諸要」とも表現されるものであると考えられる。このような文脈から、「注訣」の語は「解説」と同じ行為を示すと見てよいであろう。以上から、「解説凝滯」、「解説要言」、「解説諸要」の意味は明らかになった。しかし、改めて本章の最初に示した問いに戻ると、これらは『玉訣妙經』で、「十部妙經」とどのような関わりを持つのか。道蔵本『玉訣妙經』の①の引用部分では、「今當爲爾解説凝滯、十部妙經使爾救度十方諸天人民」とある。本章では先に、「十部妙經」の働きとして、人々の救済が設定されていることを指摘した。ここまでの考察で、「解説凝滯」が人々の救済を目的として行われるものであり、それが「元始眞文舊經」の主旨を解説することであるのは明らかである。「解説凝滯」が救済の為の具体的な行為として、「元始眞文舊經」の主旨を解説することを表すなら、「十部妙經」とは人々の救済を成し得る働きを持つもの、即ち解説された「元始眞文舊經」の主旨に対する呼称であると推測できる。これは道蔵本『度命妙經』で考察した、「十部妙經」が「靈寶眞文」を敷衍して作られたものであるという設定に通じる。ところで、「元始眞文舊經」の主旨に対して何故、「凝滯」という表現がされるのか。「凝滯」は字義から推し量れば、「凝り固まって滞っている」という意味に取れる。眞文の主旨が「凝り固まって滞っている」のを「解説」することであるから、この「凝滯」とは解説を要するような眞文の状態、即ち、解説が無ければ理解が滞って進まないほどの眞文の難解さを表現していると解釈することができよう。つまり、眞文は非常に難解であるが故に、解説が必要であるという考えが、「解説凝滯」の語によって表現されていると推察される。このことを踏まえて先の一文を解釈するなら、「今、あなた（王龍賜）の為に（「元始眞文舊經」の）難解な意味を解き明かし、（そのような眞文を解説したものである）十部妙經によって、あなたに十方諸天の人民を救済させよう」と訳すことが可能であろう。このように考察し、改めて道蔵本『玉訣妙經』巻上の導入部に見える「十部妙經」が、どのようなものとして考えられているのかを導入部全体の流れから見ると、それは「玄

旨」、「要言」、「諸要」と表現されるものであり、「道」の奉ずる「元始眞文舊經」の奥深い教えを敷衍したものであると言うことができる。道蔵本『玉訣妙經』巻上ではその後、二種の戒を受けた王龍賜は、次のような言葉を述べる。即ち、

> ④　龍賜稽首伏承戒曰、道言、眞文呪説、高上法度、舊文宛奧、不可尋詳。後來學者難可施用。故高下注筆、以解曲滯[131]、玉訣眞要、開演古文
> （龍賜稽首し伏して戒を承けて曰く、「道言ふ、眞文の呪説、高上の法度、舊文は宛奧にして、尋ね詳らかにする可からず。後來の學者は施用す可き難し。故に高きより注筆を下し、以て曲滯を解き、玉訣眞要、古文を開演す）云々」
> （4b）、

とあり、「高下注筆、以解曲滯」とは「道」が「元始眞文舊經」を「注訣」し、それによって真文の難解な意味を解説したことを表現しており、前掲の道蔵本『玉訣妙經』の①の経典の導入部に「解説凝滯」とあり、その後に「今解説諸要、以度可度。汝好正意、諦受我言。於是注訣」とあることを要約する形で表していると考えられる。故に、その結果として成立した「玉訣眞要」とは、「元始眞文舊經」の「玄旨」、「要言」であるということになろう。このことから、④の部分の内容を、道蔵本『玉訣妙經』の①②③の引用部分と合わせてみると、「舊文」＝「古文」＝「元始眞文舊經」を敷衍したものが「玉訣眞要」＝「諸要」・「要言」＝「十部妙經」であると理解される。道蔵本『玉訣妙經』では「十部妙經」の語は、①の引用部分に挙げた用例が一か所しかない為、この部分のみから「玉訣眞要」と「十部妙經」及び「靈寶眞文」の関係を断定することは確実性に乏しいと言わざるを得ないが、ここで王龍賜が「玉訣眞要」について、「古文」を開演したもの（開演古文）と述べていることは、「十部妙經」が「靈寶眞文」を敷衍して作られたという、道蔵本『度命妙經』中に見える設定に通じると言えよう[132]。このことから道蔵本『玉訣妙經』中の「十部妙

---

131) ここに見える「以解曲滯」は、道蔵本『玉訣妙經』巻上でその前に見える「解説凝滯」と同じことを示すと考えられる。「曲滯」の場合、字義から見て「複雑に入り組んでいて滯る」意味に取れる。それは、「凝滯」と同様、真文の難解さを表現していると解釈でき、本文では「真文の難解な意味を解説する」と訳した。

132) 「玉訣眞要」に関連して、道蔵本『度命妙經』中の「諸天靈書度命品章」の最初の章、「東方九氣天中靈書度命品章」（15b〜16a）に、「玉訣」の語の用例が見える。この品章は、こ

經」の設定は、現行本の『度命妙經』や『天書經』に見える、「十部妙經」は「靈寶眞文」の玄義を敷演して作られたという基本的設定と同じであると見ることができる。道藏本『玉訣妙經』では、「十部妙經」は具体的には「玉訣眞要」などの言葉でも表現され、「元始眞文舊經」即ち「靈寶眞文」を解説するものを指す語として用いられていると考えられる。また、前述のように道藏本『玉訣妙經』の①の引用部分には、「十部妙經」によって人々の救濟がなされることが見える。ここから道藏本『玉訣妙經』の「十部妙經」にも、道藏本『度命妙經』に見えるのと同様、人々の救濟の為に作られ、說かれるものであるという基本設定を見出し得る。

　ここで、「戒」の問題についても少し触れておきたい。道藏本『玉訣妙經』の冒頭、①の引用部分に見えるように、王龍賜が求めたのは「法戒」である。これに対し「道」は、「元始眞文舊經」を「注訣」して「敎旨」を与えた。この「敎旨」が、今までの考察から見ると「十部妙經」を指すと考えられる。道

の經典の前の方に見える、東方國土の蒼帝九炁天君に、元始天尊が說法する場面で語られる內容と對應している。この品章中、「靈書披長條、寶文翡碧林。鳳歌通天響、六時應節吟（靈書は長條を披き、寶文翡碧の林、鳳歌は天を通じて響き、六時に節に應じて吟ず）」（15b）の句が章の前半にあり、品章の終わりの部分に「赤書檢精炁、玉訣妙自深。朱宮有錄籍、魔王莫能侵（赤書は精炁を檢べ、玉訣の妙自ら深し。朱宮に錄（ろく）籍有り、魔王の能く侵すこと莫し）」（16a）の句があって、「玉訣」の語が見える。前半の句の「寶文翡碧林」は、道藏本『度命妙經』の前半部で、東極碧落空歌大浮黎國土の人々が、憂いを知らず不老不死なのは、龍漢の年にこの國土に出現した「靈寶眞文」から「十部妙經」を選出し、それを紫筆で空青の林に書いたので、木々の葉が風に吹かれるたびに、その葉音が洞章の靈音となって響き渡る為であるという、元始天尊の說明に對應している。以下に品章のその部分を示す：有青林之樹、樹葉並生自然紫書。風吹樹動、其樹聲音、皆作洞章、靈音燦爛、朗徹太空。其上恒有九色鳳鳥、其鳥鳴時、一國男女、皆稽首禮（青林の樹有り、樹葉並びに自然紫書を生ず。風吹き樹動けば、其の樹に聲音あり、皆洞章を作し、靈音は燦爛として、太空に朗徹す。其の上に恒に九色の鳳鳥有り、其の鳥の鳴く時、一國の男女、皆稽首し禮す）（3b）。ここでは「十部妙經」とは、空青の林に紫筆で書かれた「自然紫書」を指し、品章では「寶文翡碧林」の句に見える「寶文」を指していると解釋される。また、この空青の林に書かれた「十部妙經」が靈妙な働きを爲すことが、「玉訣妙自深」の句に示されていると見ることができる。ここでの「玉訣」の語は「寶文」に照應する語であり、「十部妙經」に對應していると考えられるので、前の「赤書檢精炁」の句の「赤書」が、「靈寶眞文」を指すことは間違いないであろう。(ただし、その後に續く「朱宮有錄籍、魔王莫能侵」の句に對應する內容は、道藏本『度命妙經』の東方國土における元始天尊の說法の中には見えない。なお、樹林が天文の要訣の音を發するという發想は、道藏本『內音自然玉字』卷三にも「騫林歌要訣（騫林要訣を歌う）」（23a）と見える。）

蔵本『玉訣妙經』ではその後に続いて、「道曰、子受靈寶大戒、當起北向、首體投地、禮於十方、東向伏聽十戒（道曰く、子は靈寶大戒を受くるに、當に起ちて北に向ひ、首體投地し、十方に禮し、東に向ひて伏して十戒を聽くべし）」(2b)とあり、王龍賜に「靈寶大戒」として「十戒」と「十二可從」戒とが傳授される。よって、王龍賜は「法戒」を求めて、「教旨」と「靈寶大戒」二種を得たことが判る。道蔵本『玉訣妙經』の④の引用部分に見える「玉訣眞要」が「元始眞文舊經」の注訣であるとすると、「靈寶眞文」を收める『天書經』の解説書として作られた『玉訣妙經』の内容自體が、「玉訣眞要」であるということになる。その『玉訣妙經』には、王龍賜に傳授した「靈寶大戒」が含まれる。王龍賜が求めたのは「法戒」であり、それに對して「道」は、「十部妙經」を以て王龍賜に人々を救濟させようと述べている。つまり、王龍賜が「法戒」を求めて與えられた「十部妙經」とは、「元始眞文舊經」の主旨であると考えられ、具體的には「教旨」と「靈寶大戒」が王龍賜に傳授される。「玉訣眞要」を收めた經典とされる『玉訣妙經』には、現行本を見る限り、『天書經』の内容の解説と戒が含まれている。その『天書經』には、「靈寶眞文」が含まれる。これらを整理すると、「十部妙經」には、眞文の要旨の他、戒も含まれる可能性が考えられる。更に言えば、戒自體が眞文の要旨を示したものの一種として考えられていた可能性がある。戒については「過去」説とのかかわりから本節で後述するように、戒自體に設定されている働き、或いは效能、及び戒が人々に與えられる理由においても、「十部妙經」の基本設定に通じるものがある。ところで「十部妙経」に言及する「元始旧経」には、「十部妙經」の思想的背景を示すものとして、興味深い点がある。それは「十部妙經」が、至尊の神が世を去るという「過去」説[133]と関わっていると考えられることである。また、前述のように「過去」説には戒も関わっている。そこで次に「十部妙經」と

---

133)　神塚淑子氏は、霊宝経の「開劫度人」説に関連するものとして,道蔵本『玉訣妙經』や『太上洞玄靈寶智慧罪根上品妙經』（HY457,道蔵本『智慧罪根』）や道蔵本『度命妙經』に見える、元始天尊や「道」が世を去るという霊宝経中の設定に言及し、これを仏教における仏陀の死（涅槃）というテーマを踏まえたものであるとする。更に道蔵本の『智慧罪根』（HY457）や『度命妙經』で、戒や斎が天尊「過去」後の人々を導く教えとされていることは、「開劫度人」説によりそれらが権威づけられるという「開劫度人」説の新たな面を示すものとする。神塚前掲書（2017年）第一篇第二章。

「過去」説の関係から、「十部妙經」がどのようなものとして經典の作者たちに認識されていたのかを考察し、これと合わせて戒と「十部妙經」の關係についても見ていきたい。

2 「十部妙經」と「過去」説

道藏本『度命妙經』には元始天尊の言葉として、以下の記述がある。即ち、

> 吾過去後、眞文隱藏、運度當促、五濁躁競、萬惡並至。感念來生、生在其中、甘心履罪、展轉五道、長苦八難、更相殘害、憂惱切身。不見經法、不遇聖文、任命生死。甚可哀傷。深愍此輩不知宿命、殃對相尋、所從而來。今當爲諸來生、説十部妙經、以度天人。汝可勤爲用心。正意諦授、勿忘是言
>
> (吾過去せし後、眞文隱藏し、運度當に促り、五濁躁競し、萬惡並び至るべし。來生を感念するに、生じて其の中に在り、甘心して罪を履み、五道を展轉し、長く八難に苦しみ、更に相ひ殘害し、憂惱身を切る。經法に見えず、聖文に遇はず、命を生死に任す。甚だ哀み傷むべし。此の輩の宿命を知らず、殃對相ひ尋ね、從りて來たる所を深く愍む。今當に諸々の來生が爲に、十部妙經を説き、以て天人を度すべし。汝勤めて爲に心を用ふべし。意を正して諦授し、是の言を忘るる勿かれ）(2a～b) 云々、

とあり、元始天尊が去った後の世に生まれてくる人々の救濟の爲に「十部妙經」を説き、この命を「汝」即ち太上大道君に受けさせている。「靈寶眞文」は元始天尊が世を去ると共に隱れてしまい、元始天尊が説いて太上大道君に授けた「十部妙經」と呼ばれるものが、その後に人々の救濟の爲に遺されるという設定のようである。これは、後述する元始天尊「過去」後の、來生の人々の爲に遺される「明戒」と同様の設定である。元始天尊が「過去」した後を憂慮して、「十部妙經」が説かれることは、道藏本『度命妙經』の他の部分にも見える。即ち、

> 吾過去後、眞經隱藏、天運轉促、國當破壞。來生塗炭、不遇經教、流曳五苦八難之中、男女夭命、痛毒可言。今故説是經、令此土人知有宿世因緣之根、爲諸來生開度之津
>
> (吾過去せし後、眞經隱藏し、天運轉た促(せま)り、國當に破壞すべし。來生

塗炭し、經敎に遇はず、五苦八難の中を流曳し、男女夭命にして、痛毒言うべし。今故に是の經を説き、此の土の人をして宿世因縁の根の有るを知らしめ、諸もろの來生の開度の津と爲さん）（7b～8a）、

とあり、「十部妙經」を指すと解釈される「是經」をこの国土の人々に宿世因縁の根を知らしめる為に説くと共に、来生の人々を救いに導く渡し場のようなものとすることが述べられている。同様の事柄を記した箇所が、道蔵本『度命妙經』では、4丁、5丁、9丁にも見える[134]。このようにこの経典では、元始天尊「過去」後の世の人々を救済するために「十部妙經」が説かれるが、説かれた「十部妙經」は、元始天尊「過去」後に、太上大道君に託して地上に遺される設定であると解釈される。天尊「過去」後の世の人々を救済する為に遺されるものについて、道蔵本『度命妙經』には、次の言及も見える。即ち、元始天尊が、

吾過去後、經道當還三界之上大羅天中。遙觀其心其中。故當有可度之人、汝勤爲宣化。今有心者、得聞法者、度諸苦根、憂悩之中、身見光明、與善因緣。其不信向、自取塗炭、生死流曳、展轉五道、無得解時。我何其勤勤故重丁寧。不忍見來生頑癡可哀。故遺明戒。勤行勿怠

（吾過去せし後、經道當に三界の上大羅天中に還るべし。其の心を其の中に遙觀す。故に當に度すべきの人有れば、汝勤めて宣化を爲すべし。今心有る者、法を聞くを得る者、諸々の苦根を度し、憂悩の中、身に光明を見し、善因緣に與る。其の信向せざるは、自ら塗炭を取り、生死流曳し、五道を展轉し、解する時を得る無し。我何ぞ其の勤勤とするが故に重ねて丁寧にせん。來生の頑癡にして哀むべきを見るに忍びず。故に明戒を遺す。勤めて行ひ怠ること勿かれ）（19a～b）、

と述べて、元始天尊が世を去った後のことを憂慮し、来生の人々を哀れみ、そ

134）　4丁aに「吾過去後、運度當促、兵災交行（吾過去せし後、運度當に促り、兵災交ごも行はるべし）」云々、5丁b～6丁aに「吾過去後、眞經隱藏（吾過去せし後、眞經隱藏す）」云々、9丁bに「我過去後、此觀經文當還鬱單無量天中（我過去せし後、此の觀の經文は當に鬱單無量天中に還るべし）」云々と、「過去」説が見える。この三か所でも、文脈から「十部妙經」と考えられる「妙經」或いは「是經」と表現されるものが、「過去」後の来生の人々の救済の為に説かれることが見える。なお9丁bに見える天界に還る「經文」とは、文脈から察するに「觀」に封藏された「靈寶眞文」を指すと解釈される。

こで太上大道君らに「明戒」を遺していくことが記述されている。この「明戒」は、元始天尊過去後に、人々を救済するために天尊が遺していくものとして設定されている。先に見たように、ここでの「明戒」と同じ趣旨で、道蔵本『度命妙經』の他の箇所に、天尊が世を去った後を憂慮して説かれるのが「十部妙經」である。その解釈に従えば、「十部妙經」はここで「明戒」と表現される戒と同様、地上に遺されるものであり、元始天尊の「過去」と共に地上から隠れるものとしては設定されていないようである。道蔵本『度命妙經』には、「説十部妙經、授以禁戒」(13a)とあり、「明戒」以外に「禁戒」という語も見え、元始天尊は「十部妙經」を説いた後、人々に「禁戒」を授けている。該經典で「十部妙經」の内容は、「靈寶眞文」を敷衍して撰作された「要訣」、「要言」の類であると推察されるが、この「十部妙經」と「明戒」とは、同じく元始天尊「過去」後に備えて来生救済の為に地上に遺される設定である。故に、「十部妙經」には戒も含まれている可能性が高いと考えられる。「十部妙經」に真文の要訣と共に戒が含まれる可能性は、例えば先にも触れたが、道蔵本『玉訣妙經』を見ると、王龍賜が「法戒」を求めたのに対し、「道」が「十部妙經」によって人々を救済させる為に、「教旨」と「靈寶大戒」二種を与えたという内容にも窺うことができよう。經典中に含まれる「十戒」や「十二可從」戒、及び種々の「靈寶眞文」の「要訣」は、これらを經典の導入部において「道」が、「教旨」と「靈寶大戒」として、王龍賜に伝授する設定であると看取される。道蔵本『玉訣妙經』では、「十戒」の最後の部分に、「於是不退、可得抜度五道不履三惡。諸天所護、萬神所敬、長齋奉戒、自得度世(是に於いて退かざれば、五道を抜度し三惡を履まざるを得べし。諸天の護る所、萬神の敬ふ所、長齋し戒を奉じて、自ら世を度するを得ん)」(3a)とあり、長斎してこの戒を奉じることで自らを救済することができるとする。また、「十二可從」戒も、「道言、靈寶　開法度人有十二可從、而得度世者、爾宜從之、自得正直、終入無爲(道言ふ、靈寶　法を開き人を度するに十二可從有り、而して度世を得れば、爾(なんぢ)宜しく之に從ひ、自ら正直を得て、終に無爲に入るべし)」(3a)とあり、霊宝の教えによって人々を救済することに関わる戒として述べられている。つまり、「十戒」と「十二可從」戒は、自他救済の為の一組の「靈寶大戒」として、王龍賜に人々を救済する為に、「教旨」と共に伝授されていると見ることができ

る。そして戒にも、救済を行うという点で、「十部妙經」の機能と同じ働きが設定されている。これも道蔵本『度命妙經』中の、衆生救済の為に地上に遺される「明戒」と、設定される働きの面で共通している。道蔵本『玉訣妙經』には、「十二可從」戒を指して、「十二妙訣」(4a) と表記している例が見える。ここで戒を「妙訣」と呼ぶのは、先に推察したように、戒を「要訣」の一種として認識していた為であると考えられる。また、道蔵本『玉訣妙經』の引用部分④の４丁ｂで、王龍賜は受戒した後、「道言、眞文呪説、高上法度。舊文宛奧、不可尋詳、後來學者難可施用。故高下注筆、以解曲滯、玉訣眞要、開演古文」と言う。ここでは受けた戒そのもののことではなく、先に「十部妙經」を指すと推測した「玉訣眞要」について述べている。このことも、「玉訣眞要」に戒が含まれていることを示す例と見ることができる。このように戒について見てくると、「十部妙經」とは、具体的には真文の「要訣」・「要旨」と戒の類を含むものとして想定されていたと推測される。ところで道蔵本『度命妙經』では、後半に劫運との関連で、諸経典にはランクによって、劫運の周期に従い消滅するものや、劫災の及ばない天上界に還るものがあると記す。これは劫運の周期により経典が地上から失われるのであり、尊神が世を去るのと共に真経が隠蔵されるという「過去」説とは異なる思想を背景に、経典が地上から失われる時が来ることを説いている[135]。ここでは霊宝経も天上界に還ることを説くが、そこに「十部妙經」への言及はない。このことから、劫災による経典の天界還上と、天尊「過去」による真文の隠蔵を憂慮して「十部妙經」が説かれることとは、それぞれ異なる思想背景を持つものである[136]と見ることができよ

---

135) 道蔵本『度命妙經』14a〜15bでは、劫災により「太清」の経法は消滅し、元始と共に出現した三洞神経、霊宝経等は劫災の及ばない無上大羅天の玉京山七寶玄室に還り、運と共に消滅生成を繰り返すことを説く。

136) 劫災による経典の天界還上を述べる「劫運」説と、天尊「過去」による「真文」隠蔵と、それを憂慮して「十部妙經」が説かれることを述べる「過去」説の思想的背景について、神塚淑子氏は、劫運に伴い経法が消滅と出現を繰り返すという思想は、中国の伝統的な天地の循環的再生説と瑞祥の観念に基づくものであり、「過去」説は仏教における仏陀の涅槃の問題というテーマを踏まえたものであるとする。神塚氏前掲書(1999年)第二篇第三章、同(2017年)第一篇第二章。道蔵本『度命妙經』の内容全体を見ると、「過去」説に言及する部分と、「劫災」説に絡んだ「経典還上天界」説に言及する部分がそれぞれあり、後半で両説が結合した内容を持つ「経典還上天界」説が元始天尊によって説かれる。これは両説が本来別々に形成された説であり、それが『度命妙經』の中で結合されたことを示唆するものと考える。

う。道蔵本『度命妙經』を見る限り、「十部妙經」には、劫運の周期を契機に、天上へ還る經典であるという設定は見えない。「過去」説との関連は見えるが、「劫災」説との直接的な関連は見られないことも、「十部妙經」の設定に見える特徴の一つであると考えられる。

　ところで、道蔵本『玉訣妙經』にも、「過去」説が見えることは先にも触れた。それは、前掲の道蔵本『玉訣妙經』の引用部分①にある「吾受元始眞文舊經、説經度世萬劫、當還无上宛利天。過世後、五濁之中、運命不逮、是男是女、不見明教、常處惡道（吾　元始眞文舊經を受け、經を説き世を度すこと萬劫、當に无上宛利天に還らんとす。過世の後、五濁の中、運命逮ばず、是男是女、明教に見えず、常に惡道に處る）」(2a)　云々という部分である。道蔵本『玉訣妙經』で世を去るのは「道」であるが、「今解説諸要、以度可度。汝好正意、諦受我言（今諸要を解説し、以て度すべきを度す。汝好く意を正し、我が言を諦受せよ）」(2a)と述べ、「道」が无上宛利天に還った「過世」後の救済を行う為に、王龍賜に「諸要」を授けるという設定になっている[137]。この「諸要」や「玉訣眞要」(4b)等と表現されているものは、王龍賜に授ける形で、「過去」後に地上に遺されるものとしても設定されているようである。先にこれらの「諸要」や「玉訣眞要」が、「十部妙經」に当たるものであると推測したが、道蔵本『度命妙經』に見えたのと同様、道蔵本『玉訣妙經』においても、「十部妙經」は過去・現在の救済の為だけでなく、「道」の「過去」後の救済の為に説かれ、地上に遺されるものとして考えられていたと類推される[138]。『玉訣妙經』や『度命妙經』の現行本からは、「十部妙經」について、「靈寶眞文」を敷衍して撰作され、衆

　　王承文氏は『度命妙經』に見える「劫運」説が『太上洞玄靈寶智慧罪根上品大戒經』(HY457)巻上にも見えることから、両経典の援用関係を指摘する。王氏前掲書（2002年）第六章第一節。

137)　道蔵本『玉訣妙經』で世を去るのは「道」で、「過去」後の救済を行う為に「玉訣眞要」を伝授されたのが王龍賜という設定である。この関係は、道蔵本『度命妙經』の元始天尊と太上大道君の関係にあたる。そのような神格間の設定から、道蔵本『玉訣妙經』は、冒頭に元始天尊が登場するが、その「過去」説は、「道」という神格と王龍賜を中心に構成されたという印象を受ける。この点について、王皓月氏は、「元始天尊」が後から加えられた可能性を指摘する。同氏前掲書（2017年）第一編第一章二及び本書の注72）を参照。

138)　「十部妙經」の設定に関する考察に誤りがなければ、霊宝経において、「戒」や「訣」と呼ばれるものが、教えを説く至尊の神が去った後の世で、衆生を救済するものであるという思想が、「十部妙經」の設定の上に反映されていると見ることができよう。

生救度の為に説かれるものであり、更に「過去」説を背景に、来生の人々の救済の為にも説かれるという、共通の設定を見出すことができた。これが霊宝経典作成当時、作成者たちの「十部妙經」に対する共通認識であった、と考えることができよう。次に、道蔵本の『玉訣妙經』や『度命妙經』と同じことが、道蔵本『九幽玉匱明眞科』中の「十部妙經」にも見出せるか否かを検証する。

3 『洞玄靈寶長夜之府九幽玉匱明眞科』中の「十部妙經」

道蔵本『九幽玉匱明眞科』は、主として元始天尊が人々を救済する為に「禁戒明眞科律」と称される倫理規範を説き、「明眞科法」によって九幽地獄の死者救済を行うことと、その儀礼の次第と実践方法を解説するという内容の経典である。その末尾に収められた十四条の「明眞科法」の作法に関する規定事項の中に、四条の「靈寶眞文十部妙經」の伝授儀における法信規定が含まれる。道蔵本『九幽玉匱明眞科』で「十部妙經」に言及するのはこの四条のみで、しかも条項にはただ「靈寶眞文十部妙經」と見えるだけで、巻数を含め「十部妙經」に関する説明は見えない。以下がその四条の法信規定の部分である。

① 飛天眞人曰、受靈寶眞文十部妙經、以金龍三枚投於水府及靈山、所住宅中、合三處、爲學仙之信。不投此三官拘人命籍、求乞不逮。法依玉訣之文。有違考屬地官九都曹
  （飛天眞人曰く、靈寶眞文十部妙經を受くるに、金龍三枚を以て水府及び靈山、所住の宅中、合して三處に投じ、學仙の信と爲す。此れを投ぜずんば三官は人の命籍を拘し、求乞するも逮ばず。法は玉訣の文に依る。違ふこと有らば考は地官九都曹に屬す）。(37b)

② 飛天眞人曰、受靈寶眞文十部妙經、以紋繒五方之綵各四十尺、以關五帝爲告盟之信。關則五帝不受人名、爲五帝魔王所壞、使人志念不專。考屬水官泉曲曹
  （飛天眞人曰く、靈寶眞文十部妙經を受くるに、紋繒五方の綵各おの四十尺を以てし、五帝に關するを以て告盟の信と爲す。關くれば則ち五帝は人名を受けず、五帝魔王の壞する所と爲り、人の志念をして專らにせざらしむ。考は水官泉曲曹に屬す）。(37b～38a)

③ 飛天眞人曰、受靈寶眞文十部妙經、法用上金五兩、以盟五嶽爲寶經之信。

闕則犯慢經之科、五嶽靈山不領人學籍。違者、考屬陰官曹

（飛天眞人曰く、靈寶眞文十部妙經を受くるに、上金五兩を法用し、五嶽に盟するを以て寶經の信と爲す。闕くれば則ち慢經の科を犯し、五嶽靈山は人の學籍を領せず。違ふ者、考は陰官曹に屬す）。(38a)

④　飛天眞人曰、受靈寶眞文十部妙經、以金錢二百四十、以質二十四炁生官重眞之信。闕則三部八景之神、不度人命籍。無金錢者、銅錢六百準。犯之、考屬都神曹

（飛天眞人曰く、靈寶眞文十部妙經を受くるに、金錢二百四十を以てし、以て二十四炁生官重眞の信に質す。闕くれば則ち三部八景の神、人の命籍を度さず。金錢無き者は、銅錢六百もて準ず。之を犯さば、考は都神曹に屬す）。(38a)

以上の四条は、「靈寶眞文十部妙經」の伝授儀の際に、必ず備えるべき法信（供物）についての規定と、それを欠いた場合に、経典を伝授される者が受けることになる罰についての説明である。この四条を含む十四条の規定は、道蔵本『九幽玉匱明眞科』の末尾に付されていることから、「靈寶眞文十部妙經」の伝授が『九幽玉匱明眞科』の伝授、もしくはこの経典を含む霊宝経典の伝授のことであると推測されるが、何故、そこで伝授される経典を「靈寶眞文十部妙經」と表現するのであろうか。道蔵本『九幽玉匱明眞科』に見えるこれらの「十部妙經」の語は、この経典の最後の部分の規定事項の中に唐突に出現したような印象を与える。しかし、いきなり何の脈絡もなく、その語のみが、伝授儀の法信規定で用いられるのも不自然である。そこで注目されるのが、この経典の本文中、元始天尊から太上道君へ「訣言」が伝授される場面である。本章ではこれまで、道蔵本の『度命妙經』、『天書經』、『玉訣妙經』の考察を通じて、「諸要」や「要言」、或いは「注訣」と表現される「十部妙經」の設定について見てきた。道蔵本『九幽玉匱明眞科』で伝授される「訣言」に窺える想定は、この「十部妙經」の設定と通じるものであるように見える。伝授儀の法信規定に「十部妙經」が見えることから、道蔵本『九幽玉匱明眞科』中の伝授に関わる箇所に着目すると、次のような記述がある。即ち、

①　太上道君、前進作禮、上白天尊。今日侍座、得見童子受諸威光、普照諸天福堂及无極世界地獄之中

（太上道君、前に進み禮を作し、天尊に上白す。今日座に侍し、童子諸〻の威光

を受け、普く諸天福堂及び无極世界地獄の中を照らすを見るを得たり）(15b)、と始まり、太上道君が元始天尊に、自分が知った善悪の因縁の應報について述べた後、天尊に対して次のように述べる。

② 如蒙慈愍、生死荷恩、亡者開樂、見世興隆、富貴昌熾、壽命久長、則雲蔭八遐、風灑蘭林、來生男女、得聞法音。惟願天尊分別解説、授以訣言、令衆見明科、一切得安

（如し慈愍を蒙り、生死恩を荷ひ、亡者開樂し、世に興隆を見し、富貴昌熾にして、壽命は久しく長ければ、則ち雲は八遐を蔭ひ、風は蘭林に灑ぎ、來生の男女、法音を聞くを得ん。惟だ願はくは天尊分別し解説し、授くるに訣言を以てし、衆をして明科に見え、一切をして安きを得しめんことを）。(15b～16a)

注目されるのが、「惟願天尊分別解説、授以訣言、令衆見明科、一切得安」と太上道君が述べる箇所である。この後に元始天尊が太上道君に向かって「吾今爲汝解説妙音（吾今汝が爲に妙音を解説す）」(16a) 云々と答える言葉から、太上道君は元始天尊に「解説」と「訣言」を求めていることが判る。その後、元始天尊によって「妙音」が解説され、太上道君に「訣言」が伝授され、それにより人々に「明科」が示される。これと同様に、道蔵本『度命妙經』では「説十部妙經、授以禁戒、宣示男女」(13a) とあり、元始天尊によって「十部妙經」が説かれ、その後に「禁戒」が伝授され、更にそれは人々に「宣示」されることが述べられている。つまり、道蔵本『九幽玉匱明眞科』の②の引用部分には、道蔵本『度命妙經』に見える「十部妙經」に関する伝授の流れと同じ考え方が示されていると見ることができる。またこの後、道蔵本『九幽玉匱明眞科』では、太上道君の願いを聞き入れて元始天尊が飛天神人に命じ、太上道君に対して「九幽玉匱罪福縁對抜度上品」として、「九幽玉匱抜度死魂罪對上品」(24b) と「長夜之府九幽玉匱明眞科法」(25b) の二つの科儀を解説させている[139]。その記述から、この経典では「訣言」、「明科」、「妙音」及び「九幽玉匱罪福縁對抜度上品」は、すべて元始天尊が太上道君に伝授したものとして

---

139) 道蔵本『九幽玉匱明眞科』では、「天尊會飛天神人説罪福縁對抜度上品」(16b) となっているが、敦煌写本（P2442）では「會」を「命」に作る。（大淵忍爾前掲書（1979 年）47-2 頁下段、257 行目。）敦煌写本の「命」の方が意味が通るので、ここでは「天尊命飛天神人説罪福縁對抜度上品（天尊 飛天神人に命じて罪福縁對抜度上品を説かしむ）」で意味を取った。

想定されていることが窺える。道蔵本『九幽玉匱明眞科』では、飛天神人による解説の後、元始天尊が「於是說之、善受訣言（是に於いて之を説く、善く訣言を受けよ）」（25b）と述べ、太上道君に「訣言」が伝授されたことが示される。故に道蔵本『九幽玉匱明眞科』では、「訣言」、「明科」、「九幽玉匱罪福緣對拔度上品」などと表現されるものが伝授の対象となるものである。これらが『九幽玉匱明眞科』に収められているということは、『九幽玉匱明眞科』という経典自体が伝授における法信規定の適用対象であり、道蔵本『九幽玉匱明眞科』に見える「靈寶眞文十部妙經」の表現の中の「十部妙經」に該当すると推察される。以上、道蔵本『九幽玉匱明眞科』に見える「十部妙經」の語は、経典本文の内容から、「訣言」、「明科」等の科戒要訣の類を指して用いられていると考えられ、それらは人々の救済の為に説かれるという設定であると言える。「過去」説は直接的には説かれていないが、道蔵本『九幽玉匱明眞科』でも「來生男女、得聞法音」（16a）と見え、無極世界の人々だけでなく来生の人々にも言及しており、「訣言」、「明科」、「妙音」というものが、無極世界地獄から来生にまで広く及ぶものとして考えられていることが窺える。この点も、先に見た道蔵本の『度命妙經』や『玉訣妙經』に通じる。ところで、道蔵本『九幽玉匱明眞科』には、「訣言」等が「靈寶眞文」を敷衍し撰作したものであるという明確な記述は見えない。しかし、「長夜之府九幽玉匱明眞科法」は「靈寶眞文」を用いた科儀であり、「靈寶眞文」から展開したものと考えられる[140]ので、「靈寶眞文」を敷衍して作ったという、「十部妙經」の設定に該当するものと見ることができる。「長夜之府九幽玉匱明眞科法」では、中庭の五方に置いた案（机）の上に「靈寶眞文」五篇を安置して、科儀が行われる。即ち、道蔵本『九幽玉匱明眞科』には、

飛天神人曰、長夜之府九幽玉匱明眞科法、帝王國土、疾疹兵寇、危急厄難、當丹書靈寶眞文五篇、於中庭五案置五方、一案請一篇眞文
（飛天神人曰く、長夜の府九幽玉匱明眞科法、帝王國土に、疾疹兵寇、危急厄難あらば、當に靈寶眞文五篇を丹書し、中庭に於いて五案は五方に置き、一案に

---

[140] 道蔵本『九幽玉匱明眞科』中の儀礼が「靈寶眞文」を用いることは、既に小南一郎氏が指摘している。小南一郎（1988年）「道教信仰と死者の救済」（『東洋学術研究』第27号別冊、74～107頁）参照。

一篇の眞文を請ふべし）(25b)、

とあり、ここでは「明眞科法」を行うに際して、儀礼を行う場の中庭の五方位（中央と東西南北の五方位）に五つの案を置き、その上に赤い色で書いた「靈寶眞文」を一篇ずつ置くことが解説されている。このように、この科儀を行うには「靈寶眞文」の伝受が前提となっているので、「長夜之府九幽玉匱明眞科法」は、「靈寶眞文」を用いた科儀であると言える。儀礼の中で行われる十方拜（四正四維上下の十方位に対して行われる拜礼と請願）でも、各方位に向かって道士が「謹依大法、披露眞文（謹みて大法に依り、眞文を披露す）」（30a、その他九か所）と述べることから、この儀礼が、「靈寶眞文」を用いた儀式を中心にして構成されたものであることが看取される。これらのことから見て、道蔵本『九幽玉匱明眞科』所収の「長夜之府九幽玉匱明眞科法」は、「靈寶眞文」をもとに展開した科儀であると考えられる。現行本を見る限り、『九幽玉匱明眞科』はそのような科戒要訣の類を収めた経典である。故に、道蔵本『九幽玉匱明眞科』中に見える「十部妙經」の語も、禁戒要訣の類及びそれを含む経典を指すと見ることができ、『九幽玉匱明眞科』も、道蔵本の『玉訣妙經』や『度命妙經』に見える「十部妙經」と同じ意味で、「十部妙經」の語を用いていた可能性が高いと言える。加えて、「長夜之府九幽玉匱明眞科法」が「靈寶眞文」の伝受が前提の科儀であるということは、経典末尾の四条の伝授儀の法信規定で、伝授される経典を「靈寶眞文十部妙經」という表現をすることにも関連していると考えられる。先に考察したように、道蔵本『九幽玉匱明眞科』では、「長夜之府九幽玉匱明眞科法」自体が伝授されるものとして想定されている。「長夜之府九幽玉匱明眞科法」を含む『九幽玉匱明眞科』の伝授においては、「靈寶眞文」も併せて伝授された可能性が考えられる。それ故、四条の伝授儀の法信規定では、「靈寶眞文」と「十部妙經」の伝授に於ける法信規定という意味で、「靈寶眞文十部妙經」という表現がされていると推察される。それでは、「靈寶眞文」を敷衍し撰作されたという設定の科戒要訣の類、及びそれらを収める経典を指すと考えられる「十部妙經」は、何故、「十部」の語を冠しているのであろうか。そもそも「十部妙經」の「十部」とは、従来考えられてきたような、「経典を分ける十の部門」という意味なのであろうか。次に、「十部妙經」の「十部」の語について考察を試みる。

第4節　「十部妙經」と「十方」の観念

　大淵忍爾氏や小林正美氏に代表される従来の説では、「十部妙經」を全三十六巻の経典の意味に解釈し、「十部」の意味は、経典三十六巻を十部に分けるという、経典の構想を示すものとして考えられてきた。しかし、これまでの考察で、「元始旧経」に見える「十部妙經」に三十六巻という巻数が設定されていなかったと考えられることと、「十部妙經」が経典の中で、「禁戒」、「科戒」の類、或いは「要訣」、「訣言」の類を指す呼称として用いられている可能性が高いと考えられることから、この「十部」を特に経典を分類する十の部門のような意味に解するのは、無理があるように思われる。小林氏の指摘では、「十部妙經」を「元始系」霊宝経の総称としつつ、「十部」については、「十方」の観念と関わるものであるとする。これは大変重要な指摘であろう[141]。本章ではこの指摘を踏まえ、「十部妙經」と「十方」の観念との関係について改めて考察し、「十部妙經」の「十部」の意味について検証したい。

　小林氏の指摘に既にあるように、道蔵本『玉訣妙經』巻上では、本章で先に示した「道」の「今當爲爾解説凝滞、十部妙經使爾救度十方諸天人民」（1b）という言葉の中に、「十部妙經」の教えによって、「十方諸天人民」を救済することが説かれている。道蔵本『度命妙經』にも、同様の救済の思想が見える。経典の冒頭、大福堂国において、元始天尊が太上道君に、「頗聞、大福堂國十方邊土有悲泣之声不（頗る聞く、大福堂國十方邊土に悲泣の声有るや不や）」（1a）と問いかける。太上道君はこの国に七百五十万劫いて悲嘆の声を聞いたことがないが、それがなぜか判らない（「入是境七百五十萬劫、不聞此土有悲嘆之声。不審是何故（是の境に入りて七百五十萬劫、此の土に悲嘆の声有るを聞かず。是れ何の故かを審らかにせず）」（1a）と答える。太上道君の言葉を聞いた元始天尊は口中から五色の光を放ち、国土を照らす。「靈寶眞文」がその光の中で煌めき

---

141) 小林前掲書（1990年）第一篇第三章三（3）、（4）。王承文氏は「十部」に関する小林氏の見解に対し、この「十」の数は仏教の影響であるよりも、極大の数を表す中国の伝統的な観念の影響の方が大きいと考える。王氏前掲書（2017年）第五章第一節四。筆者は本文で示した『度命妙經』中の表現などから見て、この「十部」については、上下四正四維の全方位に普くということで、「十方」の意味に解釈するのが妥当であると考える。

五方位を輝かせると、太上道君は跪き、その要旨を聞くことを願う。即ち、

> 元始天尊含笑、放五色光明、從口中出、照一國地土。靈寶眞文於光中煥明、文彩洞耀、暎朗五方。道君長跪、稽首瞻仰、願聞其要。元始天尊答曰、汝見眞文在光中不。此文以龍漢之年、出於此土。時與高上大聖玉帝撰十部妙經、出法度人。因名此土爲大福堂國長樂之舍。靈音震響澤被十方。是故此土男女長壽、無有中夭、不歷諸苦、不履憂悩、不堕三塗、不經八難門、無悲泣之声。唯有歡樂之音
>
> （元始天尊含笑し、五色の光明を放ち、口中従り出し、一國地土を照らす。靈寶眞文光の中に於いて煥明し、文彩洞耀し、五方を暎朗す。道君長跪し、稽首し瞻仰して、其の要を聞くことを願ふ。元始天尊答へて曰く、汝は眞文の光中に在るを見るや不や。此の文龍漢の年を以て、此の土に出づ。時に高上大聖玉帝と與に十部妙經を撰し、法を出だし人を度す。因りて此の土を名づけて大福堂國長樂の舍と爲す。靈音震響して十方を澤し被ふ。是の故に此の土の男女は長壽にして、中夭有ること無く、諸苦を歷ず、憂悩を履まず、三塗に堕ちず、八難の門を經ず、悲泣の声無し。唯だ歡樂の音有るのみ）(1b〜2a) 云々、

とある。ここで元始天尊は、龍漢の年に出現した「靈寶眞文」を、高上大聖玉帝と共に敷演して「十部妙經」を撰作し、「出法度人」を行うと、霊音が震響して十方に恵みがもたらされ、その為にこの国土の人々は長寿で苦しみを知らず、地獄に落ちることもなく、故に悲嘆する声は無く、ただ喜び楽しむ音が聞こえるのだと説明する。ここでは、「十部妙經」が十方に恩沢をもたらすとされ、道蔵本『度命妙經』でも「十部」と「十方」の対応が窺える。

次に道蔵本『九幽玉匱明眞科』を見ると、伝授儀での法信規定の条項に見える「十部妙經」の内容に該当すると推測した「九幽玉匱罪福縁對抜度上品」、或いは「明科」、「明眞科」と表記される禁戒科律の解説が見える。その冒頭1丁a2〜5行目には、元始天尊が香林園の中で五色の光を放ち、その場にいた諸天童子たちに、諸天の長樂福堂と十方无極世界地獄を照らし出して見せる場面が描かれている。この時、十方无極世界地獄の悲惨凄絶な様子を見た上智童子が、その救済を求め、元始天尊に次のように請う。

> 惟願天尊有所開悟愚矇之心、直垂訓厲、敷演玄教、令衆得明。來世之人不見科戒、方當履向五濁毒湯、遭難遇害、不能度身。是男是女、皆當如今所

見地獄囚徒餓鬼謫役之魂。億劫塗炭而不得還、無知受對、甚可哀傷。願使禁戒明眞科律、以爲來生人世作善因緣世世。可得蒙此大福、免離苦根、度脱三塗、上昇天堂
（惟だ願はくは天尊　愚曚を開悟する所の心有り、直だ訓厲を垂れ、玄教を敷演し、衆をして明を得しめんことを。來世の人は科戒に見えず、方當に五濁毒湯を履向し、難に遭ひ害に遇ひ、身を度する能はざらん。是男是女、皆當に今見る所の地獄の囚徒餓鬼謫役の魂の如くなるべし。億劫塗炭して還るを得ず、對を受くるを知る無きは、甚だ哀み傷むべし。願はくは禁戒明眞科律をして、以て來生の人の世の爲に善因緣を世世に作さ使め、此の大福を蒙り、苦根を免離し、三塗を度脱し、天堂に上昇するを得べきことを）。（1b〜2a）

ここでは、十方无極世界地獄の人々と共に、科戒に出会うことがなく、三途にあるのと同じ状況に置かれる来生の人々の救済も求められている。それを救済するものとして「禁戒明眞科律」が考えられており、十方无極世界地獄の救済が主題となっている。元始天尊は上智童子の願いを聞き、十方飛天神人を召して、「長夜之府九幽玉匱」から「明眞科律」を取り出させ、これにより「生死開泰、福慶普隆、五苦解脱、九幽赦魂、長徒披散、上昇天堂（生死泰を開き、福慶普く隆り、五苦解脱し、九幽魂を赦し、長徒披散し、天堂に上昇す）」（3b〜4a）と記されるように九幽地獄の人々が救済される。「十方飛天神人」が取り出した「明眞科律」は、経典中では太上道君に傳授されるものとなっている。これが「十部妙經」に該当するという推測に基づくなら、ここで救度のために「明眞科律」を取り出す役割を担うのが、「十方飛天神人」であるということも、「十方」の観念との関係を窺わせるものであると言える。この「十方」と「十部」の関係について、「十部妙經」の内容に当ると考えられる「九幽玉匱拔度死魂罪對上品」と「罪福緣對拔度上品」（長夜之府九幽玉匱明眞科法）の二つの科儀では、共に十方位の靈寶天尊以下の天眞に対して拜禮する「十方拜」の儀式が行われることと、後者の科儀ではこの「十方拜」で、「靈寶眞文」が十方に披露されること[142]が記されており、これらの科儀が「十方」の観念と結び

---

142)「長夜之府九幽玉匱明眞科法」の十方への拝礼では、東方への拝礼に際して、道士が「謹依大法、披露眞文（謹みて大法に依り、眞文を披露す）」（30a）と言い、同じ文言を各方位の拝礼でその都度述べる。

ついていることが窺える。

　「十部」と「十方」の関係は、『無上秘要』巻二九に引く『洞玄空洞靈章經』[143]にも見出せる。その「赤明和陽天頌」（巻二九、4a〜b）に「元始敷靈篇、十部飛天書」とあり、「玄明恭華天頌」（巻二九、4b〜5a）に「恭華十方經、廻解諸天音」とある。大淵忍爾氏は、元始天尊が、「靈寶眞文」を敷演して作ったのが「十部飛天書」であるとし、この「十部飛天書」を「十部妙經」であるとする[144]。また、「恭華十方經、廻解諸天音」の句には、「十方經」という語が見える。この句で「恭華十方經」が諸天の音の解説を行うというのは、「十部妙經」が、十方諸天の人民救度の為に解説されるものであるという、道藏本『玉訣妙經』巻上（1b）の設定を想起させる。この句も、「十方」と「十部」の照応を示す例のひとつと考えられる。小林正美氏の指摘では、道藏本『内音自然玉字』巻四「太文翰籠妙成天音第三」の、「大梵隱語无量之音」に見える「育生部十部（育生十部を部す）」（14a）の句と、その句に対する天眞皇人の「妙成立而有天中神、字曰育生、總統十方飛天之神也（妙成立ちて天中の神有り、字して育生と曰う、十方飛天の神を總統するなり）」（14a〜b）の解説の文を挙げて、「十部」と「十方」が照応しているとする[145]。前掲の『洞玄空洞靈章經』に「十部飛天書」[146]の語が見えることから、この句で「十部」が「十方飛天」を指しているということは、道藏本『内音自然玉字』では、「十部」を「十方」と同じ意味で用いている例と見てよいであろう。このように、「十方」と「十部」を同じ意味で用いていると考えられる用例があることを考えると、「十部妙經」の「十部」は「十方」と同義、もしくは「十方」に対応する意味で用いられたと推測される。「十部妙經」が、十方世界の救済思想とかかわる

---

143)　この経典は敦煌本「霊宝経目録」に『空洞靈章』とあり、「元始旧経」に分類され、一部敦煌写本も現存するが、『道藏』では欠本となっている。
144)　大淵忍爾氏は、同じく『無上秘要』巻二九に見える『洞玄空洞靈章經』中の「赤書朗長冥、十部大乗門」（8a）の「十部大乗門」の「十部」も「十部妙經」の意味であるとする。大淵前掲書（1997年）第二章の注（6）。
145)　小林前掲書（1990年）第一篇第三章三（4）、特に157〜158頁。
146)　「十部飛天書」の表現は、道藏本『二十四生圖經』の「神仙五嶽眞形圖」上部第二眞炁にも、「妙哉元始道、五靈敷眞文。上開龍漢劫、煥爛三景分。十部飛天書、安鎭五帝神（妙なる哉元始の道、五靈眞文を敷く。上龍漢の劫を開き、煥爛たる三景分かる。十部飛天書、五帝神を安鎭す）」（4b）と見える。

ものであることは既に指摘されているが、この十方世界の救済という思想から見ても、「十部妙經」の「十部」が「十方」の意味であると考えることは、「十部妙經」の設定とも合致する。

　以上、「元始旧経」中に見える「十部妙經」について、その基本的設定と、「十部」が「十方」に対応する意味で使われていると考えられることを見てきた。現行本を見る限り、「十部妙經」とは十方世界の救済の為に説かれ、伝授される禁戒要訣の類、及びそれを収める経典を指して用いられた用語であり、それらは「靈寶眞文」を敷衍して作られたという設定であったと考えられる。それでは、「十部妙經」の語は果たして、十部構成全三十六巻の構想による霊宝経を指す言葉としても、当初から用いられてきたのであろうか。これは陸修静が「目序」の中で、元始天尊が「靈寶の文」を説き、衆聖がそれを「十部三十六帙」の経としたと述べる部分と関わることでもある。そこで次に、「十部妙經三十六巻」について検証を試みる。

第5節　「十部妙經三十六巻」の検証

　「十部妙經三十六巻」という表現は、これまで見てきた「元始旧経」では、道蔵本『天書經』にのみ見え、他の経典の現行本には見えない。それでは、「十部妙經」が三十六巻で構成される霊宝経の総称であるということは、どのような文献で言われているのであろうか。またそこでは、「十部妙經」と「元始旧経」と「三十六巻」とは、どのように結びついているのであろうか。先ず、敦煌本「霊宝経目録」について見てみたい。

1　敦煌本「霊宝経目録」中の「十部妙經」、「元始旧経」、「三十六巻」の検証

　「十部妙經」と「元始旧経」と「三十六巻」についての記述は、敦煌本「霊宝経目録」を記載する敦煌写本 P2256 に見える[147]。この写本には、「元始旧経」の「篇目」、「巻目」等を列記した後に、

---

147) P2256 写真図版：大淵前掲書（1979 年）726 頁下段～727 頁下段に収録。

① 右元始舊經紫微金格目三十六卷。二十一卷已出。今分成二十三卷。十五卷未出
（右元始舊經紫微金格目三十六卷。二十一卷已に出づ。今分かちて二十三卷を成す。十五卷未だ出でず）（14～15行）、

とあり、更に続けて、

② 十部妙經三十六卷。皆尅金爲字、書於玉簡之上、題其篇目於紫微宮南軒。太玄都玉京山亦具記其文
（十部妙經三十六卷。皆金を尅し字を爲し、玉簡の上に書し、其の篇目を紫微宮南軒に題す。太玄都玉京山も亦た具さに其の文を記す）（15～18行）、

とある。その後には、

③ 陸先生就此十部靈寶經、正文有三十六卷、其二十二卷見行於世、餘十四卷猶隱天宮[148]、惣括體用、分別条貫、合有十二種。謹別如左（陸先生此の十部靈寶經に就きて、正文に三十六卷有り、其の二十二卷世に見行し、餘の十四卷猶ほ天宮に隠る、體用を惣括し、条貫に分別し、合して十二種有り。謹んで別つこと左の如し）（38～41行）、

とある。敦煌本「霊宝経目録」のこの部分の書き方から見て、ここでは「元始舊經紫微金格目」と「十部妙經」と「十部靈寶經」とは同じものであり、その数は三十六卷であるという認識が示されていると見ることができる。加えて、①は敦煌本「霊宝経目録」に著録された経典についての記述であり、②は天上界にある経典についての記述であり、③は霊宝経を「十部靈寶經」と表記することで、「十部舊目」の霊宝経典に結び付け、更に「十部妙經三十六卷」とも結びつけていると解釈でき、そこに陸修静の霊宝経典観が示されていると考えられる。

ところで、ここに見える「元始舊經」と「紫微金格目」の語、及び霊宝経が

148）「正文有三十六卷、其二十二卷見行於世、餘十四卷猶隠天宮」の部分について、P2256の写真図版では「陸先生就此十部靈寶經」に続けて、同じ大きさの文字で記されているため、地の文のように見える。しかし、王卡氏が『靈寶經義淵（擬）』の点校に示すように、後ろにある十二部の解説との文脈上のつながりから見て、ここは本来、細字で記すべき部分であり、「陸先生就此十部靈寶經」の文は「惣括體用、分別條貫、合有十二種」につながるとするのが適切であると考える。『中華道蔵』第5冊、王卡氏整理点校『靈寶經義淵（擬）』、511頁上段を参照。

「三十六巻」であるという設定は、何れも「元始旧経」の現行本には見えない。「元始舊經紫微金格目三十六巻」と言う表現を含む敦煌本「霊宝経目録」の①の部分に関して、北周・甄鸞の『笑道論』(『大正蔵』52巻、151頁中段) に、「宋人陸修静所撰者」として「洞玄經一十五巻、猶隠天宮」とある。唐・法琳の『辨正論』巻八 (『大正蔵』52巻、545頁中段) には、「修静經目又云、洞玄經有三十六巻。其二十一巻已行於世。其大小劫已下有十一部、合一十五巻、猶隠天宮未出 (修静經目に又云く、洞玄經に三十六巻有り。其の二十一巻已に世に行はる。其の大小劫已下十一部有り、合して一十五巻、猶ほ天宮に隠れ未だ出でず)」とある。これらの記述では「修静經目」、即ち陸修静の経典目録にあったとする霊宝経全体の巻数、及び「已出」、「未出」の巻数と敦煌本「霊宝経目録」の巻数とは合致する。故に①の部分は、陸修静の作った経典目録の内容を伝えるものである可能性が高いと考えられる。また、敦煌本「霊宝経目録」中の、③に挙げた「陸先生就此十部靈寶經」の文の後に「正文有三十六巻」と説明されている。敦煌本「霊宝経目録」の記述からは、「十部靈寶經」の語が陸修静の用語であったと断定することはできないが、「正文有三十六巻」は「十部靈寶經」を説明しており[149]、③の部分は、陸修静が十二部に分けた「十部靈寶經」と呼ばれる霊宝経が三十六巻であるとしている。故に、③も①の部分と同様に、陸修静が霊宝経を三十六巻と考えていたことを示すと見ることができよう。このような陸修静の考えは、彼の著述からも確かめられる。次に、霊宝経が三十六巻であることを述べる陸修静の著述について、考察を加えたい。

2 陸修静の著述中に見える霊宝経三十六巻に関する言及

霊宝経典が三十六巻であるという考えは、陸修静の「目序」や「授度儀表」

---

[149]「正文有三十六巻」の後に続く「其二十二巻見行於世、餘十四巻猶隠天宮」の部分は、この敦煌本「霊宝経目録」自体が、陸修静の目録を元にして作成された時点での、霊宝経典の状況を記したものと推測される。故に「正文有三十六巻、其二十二巻見行於世、餘十四巻猶隠天宮」の部分は、陸修静自身の文ではなく、後世の人が「十部靈寶經」を説明する為に加えた文と考えられる。敦煌本「霊宝経目録」に見える解説・補足の部分は、誰の手に拠るかと言う問題については、本章の注151) を参照のこと。敦煌本「霊宝経目録」の経典の已出・未出の問題に関しては、小林正美前掲書 (1990年) 第一篇第三章二、三 (1) ～ (2)、大淵忍爾前掲書 (1997年) 第二章四の3、劉屹前掲書 (2015年) 三：141～172頁、及び同氏前掲論文 (2010年) 参照。

の記述から窺うことができる。第1篇第1章第3節に示した「目序」の引用部分を参照すると、①の部分では、天上界で元始天尊が「靈寶之文」について教えを説いたものが、「十部三十六帙」の経に整えられたことが記されている。これに続く「上皇之後、六天運行、衆聖幽昇、經還大羅。自茲以來、廻絶元法（上皇の後、六天運行し、衆聖幽昇し、經は大羅に還る。茲自り以來、元法を廻絶す）」(4b)の文で、この経は一度、地上から失われたことを述べた後、②の部分では、劉裕を指すとされる「續祚之君」が地上に現れたことにより、再びそれらの経が地上に出現し始めたことが記される。②に見える「十部三十六帙」の経は、「十部舊目」に収められているという設定になっている。そして、天上界の経典目録を指すと考えられる「十部舊目」のうちの地上に出現した経典については、「目序」の末尾部分に「今条舊目已出幷仙公所授事（今舊目の已出幷びに仙公授かる所の事を条す）」(6a)とあり、「舊目已出」と表現されている。このように元嘉十四年の時点で既に陸修静は、天上界の目録である「十部舊目」に、天上界で作成された「十部三十六帙」の経が記載されていると考え、また劉宋期に出現し始めた霊宝経がそれらの経典にあたるということを、「目序」の中で主張しようとしたと考えられる。

「目序」の後に著述されたと推定される「授度儀表」[150]には、「玄科舊目三十六卷、符圖則自然空生、讚説皆上眞注筆（玄科舊目三十六卷、符圖は即ち自然に空に生じ、讚説は皆上眞注筆す）」(1a〜b)とあり、「玄科舊目」に「三十六卷」有ることが明記されている。この「玄科舊目」が、「目序」中の「十部舊目」と同じ天界の経典目録を指すことは、その後に「但正教始興、天書寶重、大有之薀、不盡顯行（但だ正教始めて興り、天書は寶重なれば、大有の薀、盡くは顯行せず）」(1b)とあり、「目序」の「但經始興、未盡顯行」と同じ表現がされていることから推察される。つまり、「授度儀表」に至り陸修静は、天上界の経典目録である「舊目」には、三十六卷の経典が著録されていると考えていることを、直接的表現で明らかにしている。

「授度儀表」では更に、地上に出現したものについて、「然即今見出元始舊經幷仙公所禀、臣拠信者合三十五卷（然らば即ち今元始舊經幷びに仙公の禀くる所

---

150) 小林正美氏は遅くとも「授度儀表」は元嘉末年（453）頃までに書かれたと推定する。小林前掲書（1990年）第一篇第三章の注(3)。また、本書第3篇第8章の注290)参照のこと。

を見出すに、臣の拠りて信ずる者合して三十五巻)」(1b) と述べ、「元始舊經」の語を用いている。ここで陸修静は「舊目」の経典を「元始舊經」と呼び、それを「玄科舊目三十六巻」と記していることから、ここでの「元始舊經」は三十六巻であると考えていたようである。この「元始舊經」が「舊目」中の経典を指すことは、「授度儀表」の「元始舊經幷仙公所禀」の句が、「目序」の「舊目已出幷仙公所授事」と対応した表現であることからも確かであろう。

このように陸修静は、「目序」で「十部舊目」に収められた「十部三十六帙」の経が、劉宋の世に地上に出現し始めた霊宝経であることを示し、「授度儀表」ではその経典を「元始舊經」と呼び、それが三十六巻であることを示している。前述のように「元始舊經」の語も「舊目」の語も、「元始旧経」の現行本には見えず、現存する道教文献を見る限り、それらの語が見えるのは陸修静の著述に始まる。また、「目序」から「授度儀表」へと時間の推移に沿って、「元始旧経」が三十六巻の天書であるという考えが形成されていることが判るので、敦煌本「霊宝経目録」で「元始旧経」に分類されている経典の総称としての「元始舊經」の語や、或いは「元始旧経」が三十六巻からなるという設定も、陸修静に始まる可能性が高いと考えられる。前掲の敦煌本「霊宝経目録」の③に挙げた「陸先生就此十部靈寶經」の文の後に、「正文有三十六巻」という説明の文があるのは、このことを示していると見られる。

ところで、「目序」では、衆聖が備えた経はなぜ「十部三十六帙」と「十部」の語を冠し、それを収める天上界の目録も「十部舊目」と「十部」の語を冠するのであろうか。先の「十部」の語の分析に関連して言うと、これまでに前掲の敦煌本「霊宝経目録」中の①の「元始舊經紫微金格目三十六巻」と、③の「此十部靈寶經、正文有三十六巻」の部分は、陸修静の考えを反映すると考えてきたが、敦煌本「霊宝経目録」の②「十部妙經三十六巻」の部分については、これが陸修静の考えを反映したものであるかどうかの検証が残されている。この「十部妙經三十六巻」に関わるのが、第1篇第1章第3節に示した「目序」の①の部分に見える「十部三十六帙」の経の設定である。「目序」の①の部分には、「元始下教、大法流行。衆聖演暢、修集雜要、以備十部三十六帙、引導後學、救度天人」とある。ここでは元始天尊が「靈寶之文」を教説し、その教えが世に広く行われるようになったことが述べられ、続いて衆聖がその教えを敷

衍し、そのさまざまな要訣・要旨を集めて整理し、「十部三十六帙」に整えた
ことが述べられている。つまり、「目序」の中で陸修静は、「十部三十六帙」に
整えられた経に、「十部妙經」という語は用いていないものの、「靈寶眞文」を
敷衍して撰作されたものであるという「十部妙經」と同じ設定をして、「十部
妙經」という従来から存在した用語に、霊宝経の中では三十六巻という、本来
「十部妙經」という想定には結び付いていなかった設定を加えている。また、
その「十部三十六帙」の経は、劉宋の世になって出現し始めた霊宝経であると
し、「授度儀表」に至っては、それを「元始舊經」と呼んでいるのである。こ
れらを整理すると、先ず陸修静が「目序」で行ったのは次のようなことである。
1.「十部妙經」と同じ設定の天書が「十部三十六帙」を備えているとし、「十
   部妙經」に三十六巻という設定を加えた。
2.「十部三十六帙」の天書を収める天界の経典目録を「十部舊目」とした。
3.「十部舊目」にある経が、劉宋期に地上に出現した霊宝経であるとした。
「授度儀表」では、更に次のようなことを行っている。
4.「玄科舊目三十六巻」と表現し、「舊目」中の経典が三十六巻であること
   を明示した。
5.「舊目」中の経典の総称として、「元始舊經」という語を用いた。

以上のことを通じて、陸修静の著述の中では、本来の「十部妙經」の意味を
拡張し、「靈寶眞文」を敷衍して撰作されたという「十部妙經」の基本設定を、
彼が「元始舊經」と呼ぶ経典群にまで適用しようとしたことが窺える。本来の
「十部妙經」の基本設定から見ても、「目序」中の元始天尊が真文を教説して撰
作された「十部三十六帙」の経とは、「十部妙經」であるということになる。
上述のように「目序」で、「十部妙經」の設定が応用されていると考えると、
陸修静が用いた「十部三十六帙」や「十部舊目」の「十部」の語は「十部妙
經」の「十部」と同じく、「十方」に対応する意味であることが考えられよ
う[151]。陸修静が「目序」から「授度儀表」へと、「十部妙經」の設定を展開さ

---

151) 陸修静が「十部三十六帙」や「十部舊目」の「十部」の語を、「十部妙經」と同じく「十方」
に対応する意味で用いているとすると、敦煌本「霊宝経目録」では「元始旧経」を十篇目に分け、
それぞれの篇目を「部」と呼んでいるが、それは陸修静以後、敦煌本「霊宝経目録」を作成

せて、彼が「元始舊經」と呼ぶ經典を指す語として用いるようになったことは、『授度儀』の中の「十部妙經」の用例から窺い知れる。次に、『授度儀』の中に見える「十部妙經」の用例について見ていきたい。

3 『太上洞玄靈寶授度儀』中の「十部妙經」

陸修静の著述である『授度儀』の中には、「十部妙經」の語が一例見える。その内容から、彼がそこでは「十部妙經」を、具体的にどのような經典を指して用いていたかを知ることができる。『授度儀』本文は、以下の構成になる。

1. 法信、壇・門の設置法、榜文の説明
2. 宿啓儀にあたる儀礼の説明
3. 「登壇告大盟次第法」…登壇して行われる經典伝授儀とそれに関連した諸
   とうだんこくだいめい　しだいほう
   事の説明（以下、記載順に）平旦言功、六榜五門の設置、「金眞太空章」、

した者による分別の可能性が考えられる。『雲笈七籖』巻六では「三洞幷序」に、「玉緯云、洞玄是靈寶君所出、高上大聖所傳、按元始天王告西王母曰、太素紫微宮中金格玉書靈寶文、眞文篇目、十二部妙經合三十六帙（玉緯に云く、洞玄は是れ靈寶君の出だす所、高上大聖の傳ふる所、按ずるに元始天王　西王母に告げて曰く、太素紫微宮中金格玉書靈寶文、眞文篇目、十二部妙經合して三十六帙あり、と）」(4a) と見える。これは『雲笈七籖』巻六に引く「三洞品格」の文とほぼ同文であるが、「妙經」は「十二部妙經」となっている。『玉緯』の引用文の前に「天尊曰、吾以延康元年、號無始天尊、亦名靈寶君。化在上清境、説洞玄經十二部、以敎天中九眞中乘之道也（天尊曰く、吾延康元年を以て、無始天尊と號し、亦た靈寶君と名づく。化して上清境に在り、洞玄經十二部を説き、以て天中九眞中乗の道を教ふるなり）」(4a) と見えるように、「洞玄經十二部」の意味で『玉緯』の文を引いていると考えられる。また、敦煌写本 P2256 の敦煌本「霊宝経目録」の後には、「宋法師于陸先生所述後名、爲靈寶部屬條例、區品十二（宋法師　陸先生述ぶる所の後名に、靈寶部屬の條例を爲り、十二に區品す）」(大淵前掲書 (1979 年) 728 頁上段) として十二種の区分により霊宝経典類を論じており、これは『雲笈七籖』の『玉緯』引文中の「十二部妙經」という考えとも符合する。陸修静と宋文明が霊宝経を十二に区分して論じていることに関しては、王宗昱 (2001 年)『《道教義樞》研究』(上海文化出版社、2001 年) 第三章第五節 (二) を参照。劉屹氏も、陸修静から宋文明に至るまで、「元始旧経」を十二部に分けて経教の体系を述べていることを指摘する。劉屹前掲論文 (2010 年) の 100 ～ 101 頁参照。「篇目」の解釈に関連して劉屹氏は、上掲論文中で「篇目」の十の区分に付されたコメントに「宋法師云」とあることから、これが宋文明自身のものではない可能性を指摘する。敦煌本「霊宝経目録」の作者に関しては、王卡氏も論文 (1998 年)「敦煌道経校三則」(『道家文化研究』第一三輯、三聯書店、1998 年、110 ～ 129 頁) の「霊宝経目再校説」(118 ～ 129 頁) で、敦煌写本 P2861 の 2 + P2256 を、宋文明の『通門論』と擬定する大淵忍爾氏の見解自体に再考の余地があるとする。この敦煌写本に関する大淵氏の見解については、大淵前掲書 (1997 年) 第二章一及び第八章二を参照。

「衛靈神呪」、發爐(祝)、十方拜、出官、關啓、上啓、読表文、送表、上啓、行道、「五眞人頌」、師誦「眞文序」・依玉訣口授正音、「五方赤書玉篇」、「五魔玉諱」、「度上部八景」、「度中部八景」、「度下部八景」、「四方四帝八會内音自然玉字」、読盟文、「度策文(封八威策法・封神杖法)」、「師告丹水文」、「弟子自盟文」、経典伝授(十方礼拜)、歩虚(辞)、「禮經頌」三首、「唱三禮」、「元始禁戒」、「天尊六誓文」、法位伝授と弟子の大謝辞、「三徒五苦辞」、口啓言功、復官、「太歳(盟文)」、復爐(祝)、「本戒頌」、「還戒頌」、復爐、読簡・祝文

4.「元始靈寶告九地土皇滅罪言名求仙上法」…投簡法の説明
5. 伝授儀に於ける法信や生まれ月に関わる規定等

また、「十部妙經」の用例は、『授度儀』の大部分を占める「登壇告大盟次第法」の中の、経典が伝授される直前に師が行う「師告丹水文」(38a〜39b)の中に見える。即ち、

①　今建立黄壇、關盟五帝、付授寶文十部妙經

(今黄壇を建立し、五帝に關盟し、寶文十部妙經を付授す)」(37a)云々、とあり、伝授される経典を「寶文十部妙經」と呼んでいる。この「寶文十部妙經」が具体的に何を指すかは、「登壇告大盟次第法」の中の伝授儀において、出官儀の後に行われる二つの上啓の文言から知ることができる。

(1)「寶文十部妙經」と「眞文二籙」

最初に行われる上啓の文に、経典伝授の儀を行う法師が、弟子にどのような経典を伝授しようとしているのかが述べられている。即ち、

②　今齋金繒法信、求受臣所佩元始五老赤書玉篇眞文、金書紫字玉文丹章、二十四眞三部八景圖神仙乘騎、諸天内音自然玉威、策錄八字等文、神杖衆事

(今金繒の法信を齋し、臣の佩する所の元始五老赤書玉篇眞文、金書紫字玉文丹章、二十四眞三部八景圖神仙乘騎、諸天内音自然玉威、策錄八字等の文、神杖衆事を受けんことを求む)(20b)云々、

とある。これは、二度目に行われる上啓の文言でも、

③　求佩靈寶元始五老赤書眞文、寶符三部八景二十四眞官吏兵、諸天内音玉

字、八威策文、神杖衆事
　　（靈寶元始五老赤書眞文、寶符三部八景二十四眞官吏兵、諸天内音玉字、八威策
　　文、神杖衆事を佩ぶることを求む）(23a) 云々、
とあって、同じ内容の経典伝授が行われることを述べている。
　②③の二つの上啓文を照合すると、そこに見える伝授の対象となる経典等は、次のように対応している。
　　（イ）　元始五老赤書玉篇眞文＝靈寶元始五老赤書眞文
　　（ロ）　金書紫字玉文丹章二十四眞三部八景圖神仙乘騎＝寶符三部八景二十四
　　　　　眞官吏兵
　　（ハ）　諸天内音自然玉威＝諸天内音玉字
　　（ニ）　策錄八字＝八威策文
　　（ホ）　神杖衆事＝神杖衆事
　ただし、陸修静は（イ）から（ホ）までの全てを「寶文十部妙經」であると考えている訳ではないようである。『授度儀』の宿啓儀では、上啓で師が弟子に伝授する文物を列挙するが、そこで挙げられた文物と宿啓儀で行われる「出官儀」で弟子に授けたものとして挙げられる文物は、同じもののはずである。「出官儀」の終わりには、「臣謹授上學道士某甲等靈寶大法靈眞文、八景・内音二籙（臣謹みて上學道士某甲等に靈寶大法靈眞文、八景・内音二籙を授く）」(6a〜b) とあり、師が弟子に伝授するものは「靈寶大法靈眞文」と「八景・内音二籙」から構成されることが判る。これは「靈寶大法靈眞文」と「八景・内音二籙」は別のものであることを示しており、「二籙」が「八景・内音」の二つであることが知られる。そこで「出官儀」に見える文物を（イ）から（ホ）までの文物と照合してみると、「八景・内音二籙」に対応するものがあることが判る。それが（ロ）金書紫字玉文丹章二十四眞三部八景圖神仙乘騎＝寶符三部八景二十四眞官吏兵と（ハ）諸天内音自然玉威＝諸天内音玉字で、これが「八景・内音二籙」に該当すると考えられる。「靈寶大法靈眞文」に該当するものは、「眞文」の語から見て（イ）元始五老赤書玉篇眞文＝靈寶元始五老赤書眞文ということになる。改めてこれらの対応関係を示すと、以下のようになる。
　　眞文：（イ）元始五老赤書玉篇眞文＝靈寶元始五老赤書眞文
　　二籙：（ロ）金書紫字玉文丹章二十四眞三部八景圖神仙乘騎＝寶符三部八景

二十四眞官吏兵
（ハ）諸天内音自然玉威＝諸天内音玉字

この真文二籙に該当する経典が、①の「寳文十部妙經」と呼ばれているものということになる。（ニ）と（ホ）については、上啓文の中では弟子に伝授するものとして挙げられながら、「出官儀」中で言及する、弟子に伝授される文物との対応関係を見出すことができない。この二点については本章で後述するが、つまるところ（ニ）の八威策文と（ホ）の神杖は、伝授儀で用いる法具の一種として経典類と共に伝授されるので、上啓文中には挙げられているが、伝授される経典類ではない為、「出官儀」では言及されないということのようである。

『授度儀』で「寳文十部妙經」と「眞文二籙」が対応した表現になっているとすると、「眞文」が「寳文」、「二籙」が「十部妙經」に該当すると取ることができそうであるが、陸修静は『授度儀』に見える「十部妙經」を「八景・内音」の「二籙」に限定して設定しているのではなく、ここでは「二籙」を「十部妙經」に含まれるものとして考えているようである。何故なら、『授度儀』には、「十部妙經」を示すと考えられる「妙經」の語が見える箇所があり、そこに陸修静が考える「十部妙經」の基本設定が示されているからである。即ち「師告丹水文」に、

> 元始天尊於眇莽之中、敷演眞文、結成妙經。劫劫濟度、無有窮巳、如塵沙巨億。無絶靈文、隱奥秘于金閣。衆眞宗奉、諸天所仰。逮于赤鳥、降授仙公。靈寳妙經、於是出世度人
> （元始天尊眇莽の中に於いて、眞文を敷演し、妙經を結成す。劫劫に濟度し、窮巳有ること無きは、塵沙の巨億なるが如し。絶えること無き靈文、隱奥は金閣に秘す。衆眞宗び奉じ、諸天の仰ぐ所なり。赤鳥に逮び、仙公に降授す。靈寳妙經、是に於いて世に出で人を度す）（36a〜b）云々、

とあり、元始天尊が「眞文」を敷演して、「妙經」を結成したことを述べる。この「師告丹水文」は、そのまま陸修静の原文を完全な形で伝えているか、疑問の余地のある部分ではある[152]が、ここに見える元始天尊が真文を敷演して

152）「師告丹水文」のテキストの問題については、本書第3篇第8章第4節で改めて言及する。

「妙經」を結成したという内容は、「目序」の記述に、元始天尊が真文を教説し、衆聖がその要訣を集めて「十部三十六帙」の経としたとあることと、「元始天尊が真文を敷演して作った経典」という考えでは共通しており、この部分が、陸修静の原文を伝えている可能性は高いと考える。そしてこの「妙經」の設定は、本章で考察した道蔵本の『度命妙經』や『玉訣妙經』に見える「十部妙經」の基本設定と共通する。「師告丹水文」の記述から見て、陸修静は、「十部妙經」は元始天尊が（霊宝）真文から敷演して作ったものであるという「十部妙經」本来の設定を、そのまま取り入れているようである。つまり、陸修静は『授度儀』において、「十部妙經」を「八景・内音」の「二籙」のみに限定しているのではなく、この「二籙」を「十部妙經」とすることで、「十部妙經」の適用範囲を、彼が「元始舊經」と呼ぶ経典にまで拡大させていると見ることができる。何故なら、「二籙」に該当する道蔵本の『二十四生圖經』と『内音自然玉字』を見ると、この二つの経典には「十部妙經」の語は見えず、「十部妙經」の基本設定も見えない。それだけでなく、『内音自然玉字』に至っては「靈寶眞文」ではなく、「天書玉字」に由来するという設定で作られている経典である[153]。即ち「二籙」のうち『内音自然玉字』は、本来の「十部妙經」の基本設定にはあてはまらないのであるが、それを陸修静は「十部妙經」に該当するものとして扱っており、ここに陸修静が「十部妙經」に独自の設定を加えていることが窺える。それでは、陸修静独自の「十部妙經」の設定とは、どのようなものか。それは「授度儀表」の次の部分に示されていると考える。即ち、

　　伏尋靈寶大法、下世度人。玄科舊目三十六卷、符圖則自然空生、讚說皆上眞注筆。仙聖之所由、歷劫之筌範。文則奇麗尊貴、事則眞要密妙、辭則清虛玄雅、理則幽微濬遠。標明罪福、權便應適、戒律軌儀、導達羣方

　　（伏して靈寶大法を尋ぬるに、世に下りて人を度す。玄科舊目三十六卷、符圖は則ち自然に空に生じ、讚說は皆上眞注筆す。仙聖の由る所、歷劫の筌範なり。文は則ち奇麗尊貴、事は則ち眞要密妙、辭は則ち清虛玄雅、理は則ち幽微濬遠

---

[153] 謝世維氏は、「元始旧経」に「五篇眞文」に由来する経典と、「天書玉字」に由来する経典があり、両者で天文に対する崇拝と解釈に差異が存在し、前者は中国伝統の「天命」と文字の創生神話の流れの延長上にある天文で、「五篇眞文」の形象とそれが持つ功徳の力を強調し、後者は仏教の梵字に由来する天文であり、その唱誦と音声による功徳と救度に力点が置かれるとする。謝世維前掲書（2010年）導論一及び第二章、第五章。

なり。罪福を標明し、權便應適し、戒律軌儀、輦方を導達す）（1a～b）云々、とあり、本章で先に考察したように、ここに見える「玄科舊目」が、「目序」に見える「十部舊目」と同じ天上界の經典目錄を指すと考えられる。「目序」の記述では、「十部舊目」に収められた「十部三十六帙」の經とは、「靈寶之文」を敷衍して作られた「十部妙經」を指し、そこから「玄科舊目」の「三十六卷」とは、「十部三十六帙」の經と同じもの、即ち「十部妙經」の「三十六卷」であるという解釈が成り立つ。「授度儀表」では、地上に出現し始めた「玄科舊目三十六卷」の經典を「元始舊經」（1b）と呼ぶ。つまり、陸修静の解釈では、彼が「元始舊經」と呼ぶ經典は、「玄科舊目」に収められた三十六卷の霊宝經であり、それは三十六卷の「十部妙經」でもあるということになる。このように「元始旧経」が「十部妙經」であるということが、陸修静が「十部妙經」に加えた独自の設定ということになる。また、それを具体的に示したのが、伝授される「眞文二籙」を「寶文十部妙經」と表現し、更に「二籙」のうち、本來の「十部妙經」の設定ではそれに該当しない「内音」、即ち『内音自然玉字』を「寶文十部妙經」のひとつに挙げていることである。このことから、陸修静は「八景・内音」の「二籙」を「元始旧経」とし、それによってこれらを、『授度儀』の中で「十部妙經」と表現したということが推察される。ところで先に示した「授度儀表」の「玄科舊目」に言及する部分では、「標明罪福、權便應適、戒律軌儀、導達輦方」と見え、陸修静が「十部妙經」であると設定している「玄科舊目」の經典は、禁戒、科律、要訣等を含むものとして考えられていることが看取される。これは先に推測した「十部妙經」の具体的な内容とも重なる設定である。一方で、「玄科舊目三十六卷、符圖則自然空生、讚説皆上眞注筆」という記述から、「玄科舊目三十六卷」は、「自然空生」の「符圖」と、「上眞」が書き記した「讚説」を含むと解釈できる。陸修静の解釈では「玄科舊目」が「十部妙經」と同じものを指すとすると、「眞文」を敷衍して作られた「十部妙經」に該当するのは、「讚説」の方だけになるが、「玄科舊目」では「眞文」に該当する「自然空生」の「符圖」も含めているのは、どのような考えに基づくのであろうか。これについては、「元始旧経」に該当する現行本から類推することが可能であると考える。例えば、「二籙」の「八景・内音」に該当すると考えられる道蔵本の『二十四生圖經』と『内音自然玉字』

を見ると、その中に「自然空生」の「符圖」に当たる「符」や、「天書玉字」を表す「雲篆」と呼ばれる書体の文字が含まれている[154]。「眞文」に関しても「靈寶五篇眞文」として単行しているのではなく、道蔵本『天書經』をみると「靈寶眞文」が「雲篆」の書体で経典中に収められている。陸修静当時の「元始旧経」も同様に、経典中に要訣・禁戒・科律の類と共に「眞文」或いは「符圖」、「玉字」も収めるという構成になっており、「玄科舊目三十六巻、符圖則自然空生、讚説皆上眞注筆」という記述は、そのような実際の経典の構成内容を踏まえた表現であったと考えられる[155]。

(2)　「八威策文」と「神杖衆事」の伝授

先に結論だけを述べたが、『授度儀』の上啓文②③の部分では、弟子に伝授されるものの中に、(ニ)の「八威策文」と(ホ)の「神杖衆事」も含まれている。道蔵本『天書經』には、一種の法具として「神杖」[156]と「八威策文」[157]が見えることから、陸修静がこれらを伝授儀に必要な物として、『授度儀』に採

154)　道蔵本『二十四生圖經』には符が6〜8丁、11〜13丁、16〜18丁に、雲篆の文字が29〜31丁、38〜39丁、47〜48丁に収められている。また、道蔵本『内音自然玉字』では巻一の1〜3丁、5〜6丁、8〜9丁、11〜12丁に雲篆の文字を収めている。

155)　本章では「眞文二籙」との対応から「寶文十部妙經」を、「寶文」と「十部妙經」の意味で用いていると解釈したが、「寶文十部妙經」は、「寶文である十部妙經」という意味である可能性もあり得る。ただし、本文のような説明が可能であるので、ここでは「寶文」と「十部妙經」の意味に取る。他の文献中の「寶文」の用例については、本章第3節の注132)参照のこと。

156)　道蔵本『天書經』巻上に「五帝眞符、以元始同生（五帝眞符、以て元始と同に生ず）」(39a：6〜7)、その後に「元始天尊封於神杖之中、常以随身（元始天尊は神杖の中に封じ、常に以ゐて随身す）」(39a：10)とあり、元始と共に生じた五帝真文を、元始天尊が「神杖」の中に封じて常に携えていたことが見える。道蔵本『玉訣妙經』巻上 (23a〜24b) に、「神杖」の作成法が詳述されており、それによって「神杖」が「五帝眞符」を中に封じた竹製の杖であり、道士が常に携帯する物であることが判る。

157)　道蔵本『天書經』巻中に、「太上洞玄靈寶召伏蛟龍虎豹山精八威策文、與元始玉篇眞文同出於赤天之中（太上洞玄靈寶召伏蛟龍虎豹山精八威策文は、元始玉篇眞文と同に赤天の中に出づ）」(1a)とあり、巻中の1丁〜4丁に「八威策文」を収める。これについても道蔵本『玉訣妙經』巻上 (24b〜26a) に詳述されており、「元始玉篇眞文」と共に赤天の中に生じたという「太上洞玄靈寶召伏蛟龍虎豹山精八威策文」と三枚の板を使って、道士が身に佩びる「神策」という物を作ることがわかる。道蔵本『玉訣妙經』に作成法が記される「八威神策」は、「八威策文」を朱書した木の板一枚に、二枚の木の板を重ねて作った法具である。

り入れたと推測される。しかし、前述のように、これらは「真文二籙」に該当しないと考えられる。なぜならこの二つの物は、伝授儀の前に弟子に伝授されているからである。それは、『授度儀』の「登壇告大盟次第法」中の、「度策文」（封八威策法）の項（33丁b～38丁a）に見える「八威策文」と「神杖衆事」の解説の内容から看取される。そこでは「八威策文」について、その詳細な説明の後に、「八威神策」が弟子に伝授されることを記している。即ち、「弟子受策、長跪師前、勅衆符曰（弟子策を受け、師前に長跪し、衆符を勅して曰く）」（34b）云々とあり、経典伝授の前に、弟子に「八威神策」が伝授される。それに続いて、具体的な「神杖」の作成法である「封杖法」が記されるが、ここでは「神杖」の作成を終えた後に「弟子依前横振杖（弟子前に依りて杖を横振す）」（37b）とあり、その後「師祝之曰（師之を祝して曰く）」（37b）とあって、「神杖」に関する祝文を記載しているので、明記されてはいないが、「神杖」を作成し終えた後、それはそのまま弟子に授けられるものであったと推測される。つまり、「神杖」も「神策」と同様、経典伝授の儀式の前に弟子に授けられているので、「出官儀」に見える伝授儀で弟子に伝授する「靈寶大法靈眞文、八景・内音二籙」の「寶文十部妙經」には、「八威策文」と「神杖衆事」は含まれないと考えられる。ただし、『授度儀』の中では、「八威策文」と「神杖衆事」は経典伝授の儀式に必要なものとされていたようであり、それ故、師が弟子に伝授するものとして上啓文の中に列挙されたと見られる。「弟子自盟文」に続いて行われる伝授儀の作法を記した部分には、経典伝授に際して、「次師起立北向、左手執真文二籙。弟子長跪以右手持信物（次に師起立し北向し、左手に真文二籙を執る。弟子長跪して右手を以て信物を持す）」（40a）云々とあって、この場面から伝授儀で伝授されるのは「真文二籙」であることが確認できる。そして、叩歯し存思し、師が祝し終えると、弟子は経典を受け、「次弟子跪九拜三起三伏、奉受真文、帶策執杖、礼十方一拜（次に弟子は跪き九拜三起三伏し、真文を奉受し、策を帶び杖を執り、十方に礼すること一拜）」（40b）云々とあって、経典伝授の後に弟子が「策」と「杖」を身に佩びて「十方」に拜礼を行うことが記されている。この記述から、『授度儀』では伝授儀において、あらかじめ「八威策文」と「神杖衆事」が伝授されている必要があることが理解されよう。

以上、『授度儀』に見える「寶文十部妙經」の表現から、陸修静が「十部妙

經」の本来の設定を承ける一方で、「十部妙經」は「元始旧經」と同じものであるという、陸修静独自の設定を加えたことを考察した。

4　他の文献中に見える「十部妙經」

先に陸修静の著述から、「十部妙經三十六巻」という考えは、陸修静から始まる可能性が高いことを見てきた。「十部妙經三十六巻」という考えが、その後に定着していったことは、陸修静以後の道教文献から確かめることができる。その中で成立時期の早いものとしては、『道教義枢』と、それ以降のものとして、『雲笈七籤』が挙げられる。『道教義枢』巻二の5丁b～6丁aには、以下のように記されている。

> 洞玄是靈寶君所出、高上大聖所撰。今依元始天王告西王母、太上紫微宮中金格玉書靈寶眞文篇目十部妙經、合三十六巻
> （洞玄は是れ靈寶君の出す所、高上大聖の撰する所。今元始天王　西王母に告ぐに依るに、太上紫微宮中金格玉書靈寶眞文篇目十部妙經、合して三十六巻）。

ここでは、「十部妙經」は三十六巻として記述されている。陸修静の考えを反映すると考えられる敦煌本「霊宝経目録」の記述が、これと同じ認識を示しているのは先に見た通りである。また『雲笈七籤』巻六にも、「十部妙經」に関して、「三洞品格」の段に、出典の明示は無いが、『道教義枢』とほぼ同文の箇所を含む記事を載せる[158]。即ち、

> 元始天王告西王母曰、太上紫微宮中金格玉書靈寶眞文篇目、有十部妙經、合三十六巻。是靈寶君所出、高上大聖所撰。具如靈寶疏釋、有二十一巻已現於世、十五巻未出
> （元始天王　西王母に告げて曰く、太上紫微宮中金格玉書靈寶眞文篇目、十部妙經有り、合して三十六巻。是れ靈寶君の出だす所、高上大聖の撰する所なり。具さに靈寶の疏釋の如く、二十一巻有り已に世に現る、十五巻は未出なり）（8a）、

とあり、「十部妙經」は三十六巻として記述されており、『道教義枢』に見える考えが踏襲されている。更にここでは、「已出」・「未出」の經典の巻数について言及があり、それは敦煌本「霊宝経目録」に見える「已出」・「未出」の經典

---

158)　『雲笈七籤』に「十二部妙經」として類似の引用有り。本章の注151) 参照。

の巻数と一致していることから、「十部妙經」三十六巻が、敦煌本「霊宝経目録」の「元始旧経」三十六巻と同じものを指していると推測される。その敦煌本「霊宝経目録」を保存する敦煌写本P2256の末尾には、「開元二年十一月二十五日道士索洞玄敬寫」とあり、西暦714年の写書であることが判る。この敦煌写本中の日付から、敦煌本「霊宝経目録」が写書されたのは唐・武則天の時代（武周：690〜705）より後ということになる。その敦煌本「霊宝経目録」には『道教義枢』と同じく、「十部妙經三十六巻」という考えが明示されていることから、『道教義枢』を従来の説により、武周時代の道士孟安排の作とすると、「十部妙經三十六巻」という考えは、唐代前半の則天武后の頃までに定着したものと見ることができよう。敦煌本「霊宝経目録」の写書年代から見て、少なくともこの頃になると、写書した道士も、「十部妙經三十六巻」という認識を持っていた可能性が考えられる[159]。ところで前述のように、現行本の「元始旧経」の中にも「十部妙經三十六巻」を記す例がある。それは道蔵本『天書經』である。次にこの経典について考察したい。

5 『元始五老赤書玉篇眞文天書經』中に見える「十部妙經三十六巻」

先に「十部妙經三十六巻」という考えが、現存する資料を見る限り、陸修静に始まる可能性が高く、陸修静以後、道教の中で定着していったと考えられることを述べた。この「十部妙經三十六巻」という表現は、道蔵本『天書經』巻下に見える。しかしこの記述を以て、初めから「十部妙經」には全三十六巻で構成される経典群という構想があったとは考えられないことを、説明する必要があろう。その理由として、「十部妙經」に言及する『天書經』以外の古霊宝経に、「三十六巻」という巻数の設定が見えないことが挙げられる。特に、『天書經』を補足・解説するとされる『玉訣妙經』の現行本中の「十部妙經」に言及する部分で、「三十六巻」という巻数に全く言及のない点は、注目すべきで

159）唐・高宗の時代の成立とされる『道門經法相承次序』（HY1120）や唐・玄宗即位の開元元年（713）完成の『一切道經音義』に付された『妙門由起』には、経典中に引く「靈書度命」の文に「十部妙經」の語が見えるのみで、「十部妙經」三十六巻という考えは見えない。何故「三十六巻」という巻数が設定されたかについて、筆者には明確にその根拠となり得るものを現時点では見出せていない。「舊目」の経典を三十六巻とすることに関する先学の見解としては、小林正美前掲書（1990年）第一篇第三章三（2）参照のこと。

あろう。前掲の「元始旧経」の現行本五例の中で、「十部妙經三十六卷」を言うのは『天書經』の一例のみである。そこで、前に引用した箇所ではあるが、「十部妙經三十六卷」の記述の検証に必要な部分なので、再度道蔵本『天書經』巻下の「十部妙經」に言及する箇所を以下に示す。

　　元始自然赤書玉篇眞文、開明之後、各付一文、安鎭五嶽。舊本封於玄都紫
　　微宮、衆眞侍衛、置立玄科、有俯仰之儀。至五劫周末、乃傳太上大道君、
　　高上大聖衆、諸天至眞、奉修靈文、敷演玄義、論解曲逑、有十部妙經三十
　　六卷。玉訣二卷、以立要用。悉封紫微上宮
　　（元始自然赤書玉篇眞文、開明の後、各おの一文を付し、五嶽を安鎭す。舊本は
　　玄都紫微宮に封じ、衆眞侍衛し、玄科を置立し、俯仰の儀有り。五劫の周の末
　　に至り、乃ち太上大道君に傳へ、高上大聖衆、諸天至眞、靈文を奉修し、玄義
　　を敷演し、曲逑を論解して、十部妙經三十六卷有り。玉訣二卷、以て要用を立つ。
　　悉く紫微上宮に封ず）（12a～b）。

ここでは、「元始自然赤書玉篇眞文」が玄都紫微宮に封蔵されたのち、太上大道君らに伝授され、玄義が敷衍され、真文の難解な意味が解説されて、三十六巻の「十部妙經」が成ったこと、玉訣二卷によって経典の要訣が立てられたこと、またそれらは全て天上界の紫微上宮に封蔵されていることを述べる。道蔵本『天書經』のこの記述をどのように説明できるのかが、ここでの問題となる訳であるが、これまでの本章の考察から、「十部妙經」に本来、巻数の設定が無かったとすると、疑われるのは後世の加筆の可能性である。そこで、ここでは、道蔵本『天書經』巻下の「十部妙經」に関する記述内容が、どのような点で「十部妙經」本来の基本設定と異なっているのかを明らかにし、それにより道蔵本『天書經』巻下の記述を以て、「十部妙經」を三十六巻の経典群の総称として初めから設定されていたと考えるのは難しいことを示したい。前節までの考察から改めて、『天書經』以外の「元始旧経」の現行本に見える「十部妙經」の基本設定をまとめると、以下のようになる。

　（イ）「十部妙經」は、「靈寶眞文」を敷衍し、撰述されたものである。
　（ロ）「十部妙經」は、至尊の神が「過去」すると共に「靈寶眞文」が天界
　　　　に還上するのに際して、濁世となる地上の、現世の衆生及び来世の衆生
　　　　の救済の為に説かれ、遺されるものである。

道蔵本『天書經』に見える「十部妙經」の設定でも、(イ)は共通している。しかし(ロ)の設定は見えず、それに代わって「三十六巻」という巻数に加え、「十部妙經」が天界の紫微上宮に封蔵されているという、他の「元始旧經」中の「十部妙經」には見えない設定が見える。特に注目すべきは、巻数と同様、紫微上宮に封蔵されているという設定が、道蔵本『玉訣妙經』には見えないというだけでなく、道蔵本『玉訣妙經』に見える(ロ)の基本設定とこの設定とは矛盾する内容になっている点である。(ロ)の基本設定は「過去」説と関わり、それは「十部妙經」の思想的背景となっていると考えられる。つまり、「過去」説は、「十部妙經」自体の意義に関わる重要な思想と考えられるが、地上に遺されて衆生を救済する為に撰述された「十部妙經」が、道蔵本『天書經』の記述では、天上界に封蔵されているという設定になっており、設定の背景にある思想自体が、全く異なっていることが指摘できる。『天書經』と『玉訣妙經』の関係と、(ロ)の設定が他の「元始旧經」中の「十部妙經」の基本設定と共通することとを合わせて考えると、道蔵本『天書經』巻下の「十部妙經」に関する記述は、後世の加筆の可能性が疑われる。更に、道蔵本『天書經』中の「十部妙經」の設定は、「目序」中に見える霊宝經の神話的「歴史」で語られる、「十部舊目」の霊宝經典の設定と類似することが指摘できる。第1篇第1章第3節に挙げた「目序」の一節では、①の部分で、元始天尊が「靈寶之文」を教説し、衆聖たちが「十部三十六帙」の経の形にしたことが述べられる。②の部分では、この「十部三十六帙」の経は、六天の支配する時代になると、衆聖たちと共に大羅天に還ったことが記される。「目序」に見える経の天界還上の一節は、古霊宝經に見える「経の天界還上」の話に着想を得たと推察されるが[160]、その理由は六天の支配が始まったことになっている。また、「十部妙經」の撰述過程の記述については、道蔵本『度命妙經』に見える「高上大聖玉帝撰十部妙經（高上大聖玉帝十部妙經を撰す）」云々(1b)、「我（元始天尊）於空山之上、演出眞文撰十部妙經（我空山の上に於いて、眞文を演出し十部妙經を撰す）」云々(7a)という記述に比べると、道蔵本『天書經』巻下の「……高上大聖衆、諸天至眞、奉修靈文、敷演玄義、論解曲逮、有十部妙經三十六巻」という記述

---

[160] 經典の天界還上については、本章第3節第2項を参照のこと。

は、「目序」の①の部分の描写に類似していることが判る。道蔵本『天書經』
にはその理由は見えないが、天界に封蔵されるという設定だけを見れば、これ
も「目序」の②の部分の内容と共通することが指摘できる[161]。更に、道蔵本
『天書經』巻上（5a～7b）には「目序」の霊宝経史観に通じる内容が見え、元
始天尊が、「元始自然赤書玉篇眞文」を太上大道君らに伝授する経緯が記され
ている。即ち、

> 此元始之玄根、空洞自然之文。保劫運於天機、鎭五靈以立眞。今三天贄運、
> 六天道行、雜法開化、當有三万六千種道。以釋來者之心、此法運訖、三龍
> 之後、庚子之年、雜氣普消、吾眞道乃行
>
> （此れ元始の玄根、空洞自然の文なり。劫運を天機に保ち、五靈を鎭め以て眞を
> 立つ。今三天運を贄(ちゅう)し、六天の道行はれ、雜法開化し、當に三万六千種道有ら
> んとす。以て來たる者の心を釋すに、此の法運り訖らば、三龍の後、庚子の年、
> 雜氣普く消え、吾が眞道乃ち行はる）（6b)、

とあり、六天支配の時代には、元始天尊の説く「元始之玄根、空洞自然之文」
は行われないことが述べられている。これは、「目序」の②の部分に見える、
六天支配の時代の霊宝経の不在という考えに通じる内容であるが、この部分に
も『玉訣妙經』との整合性において、後世の加筆の可能性が考えられる。道蔵
本『玉訣妙經』巻上には、「吾受元始眞文舊經、説經度世萬劫、當還无上苑利
天。過世後五濁之中、運命不逮、是男是女、不見明敎（吾　元始眞文舊經を受け、
經を説き世を度すこと萬劫、當に无上苑利天に還らんとす。過世の後五濁の中、運
命逮ばず、是男是女、明敎に見えず）」（2a）云々とあり、太上大道君が无上苑利
天に還った後、經法も地上から失われたことが示されるが、六天の支配によっ
て「十部妙経」が地上から失われるという設定は見えず、ここに看取されるの
は、「過去」説である。また、古霊宝経の中で六天支配の時代の霊宝経の不在
を説く経典は、この『天書經』一例のみである。このように、道蔵本『天書
經』を見る限り、「十部妙經」の設定に限らず、他にも陸修静の著述と似た設
定や表現が見える一方、それらは道蔵本『玉訣妙經』には見えず、他の古霊宝
経中にも見えないことから、道蔵本『天書經』の問題の部分は、後世の加筆の

---

161) 經が天上界に秘蔵されているという設定の見える古霊宝経と、陸修静の霊宝経史観との
　　関係については、第3篇第8章で論じる。

可能性が高いと考えられる。[162] 道蔵本『天書經』と「目序」の表現や設定の類似について、「目序」の問題の箇所が、道蔵本『天書經』巻下の記述を参考にして書かれたと考えるのは難しいであろう。それには二つの理由が挙げられる。

一つ目の理由は、「十部妙經三十六巻」という表現に見える「十部妙經」と「三十六巻」という巻数の結合である。本節の第2項で考察したように、陸修静は「目序」の中で「十部妙經」という語は用いずに、その基本設定を用いて設定した経に「十部三十六帙」という数の設定を加え、この経を天上界に収蔵されている「十部舊目」の経典とし、更に「授度儀表」では「元始舊經」を「玄科舊目」の三十六巻であると設定し、段階的に「十部妙經」と「三十六巻」、「十部舊目」、「元始舊經」を結び付けている。陸修静の見た『天書經』に既に「十部妙經三十六巻」の記述があったのであれば、その記述を典拠とすれば、このような段階的な結合の必要はない筈である。陸修静が『天書經』の記述を典拠としなかったのは、経典中に典拠とし得る記述が無かった為であると推察される。故に、「十部妙經三十六巻」という考えが陸修静以降の道教で定着していったとすると、道蔵本『天書經』巻下の「十部妙經」の記述部分は、陸修静以降の加筆の可能性が高い。

二つ目の理由は、道蔵本『天書經』に見える「玉訣二巻」が、『玉訣妙經』二巻の意味であるとすると、陸修静の時代の『玉訣妙經』の巻数と符合しない可能性がある[163] ことである。

この「玉訣二巻」の問題については、既に大淵忍爾氏が、後世の加筆の可能

---

162)『眞誥』巻二〇に、「陸既敷述眞文赤書人鳥五符等（陸既に眞文赤書人鳥五符等を敷述す）」(2b)とあることから、王皓月氏は陸修静が『天書經』に手を加えた可能性を指摘する。王氏前掲書（2017年）緒論二、第一編第一章。本章で問題とした箇所が陸修静の加筆かについては、本書注165) 参照のこと。

163) 敦煌本「霊宝経目録」のはじめの部分はテキストが欠損しているが、第一篇目の「舊目」の巻数は二経三巻と推定されている。また「霊宝経目録」では「元始旧経」全体で二巻の分巻があることが記されている。更に、第五篇目部分は写書の脱字等の乱れが甚だしく、この為に、第五篇目の記述内容の解釈によっては、『玉訣妙經』が分巻されて二巻本であったと考える研究もある（劉屹前掲論文（2010年）を参照）が、筆者は、第一篇目の『玉訣妙經』は、一巻本であった可能性が高いと考える。筆者の研究ノート「敦煌本「霊宝経目録」第五篇目再考」（『アジアの文化と思想』第26号、2017年、1～20頁）を参照のこと。

性を指摘している。大淵氏は、敦煌本「霊宝経目録」の第一篇目は二経三巻、即ち『天書經』二巻、『玉訣妙經』一巻であると推定し、陸修静が敦煌本「霊宝経目録」に保存される霊宝経目録を作成した時点では、『玉訣妙經』は一巻であったと考える。故に大淵氏は、「玉訣二巻」が『玉訣妙經』二巻のことであるとすると、陸修静の時の『玉訣妙經』の巻数と符合せず、少なくとも『玉訣妙經』巻数については、後世加筆された可能性があると指摘する[164]。二巻本

---

164) 大淵前掲書（1997年）第二章四の1。「玉訣二巻」に関連して、道蔵本『玉訣妙經』巻下に「靈寶赤書玉訣二巻」という表現が見えることを指摘しておきたい。これは道蔵本『玉訣妙經』巻下導入部分の、阿丘曾の物語の最後の部分で、太上道君が南極尊神を介して阿丘曾に授ける「玉訣寶妙」の名称とその巻数である。道蔵本『玉訣妙經』巻下では、「於是受戒。元始即命南極尊神爲女之師、授女眞文（是に於いて戒を受く。元始即ち南極尊神に命じて女の師と爲し、女に眞文を授けしむ）」(2b〜13a) 云々とあり、元始（天尊）が、南極尊神を受戒した阿丘曾の師とし、阿丘曾に（霊宝）真文を伝授したことが見える。この後、阿丘曾が「惟垂成就、明所未聞玉訣寶妙、願特哀矜（惟ふに成就を垂れ、未だ聞かざる所の玉訣寶妙を明かし、願はくは特り哀矜せられんことを）」(4b) と言って、「玉訣」の伝授を求める。これに対して、「太上道君登命赤帝靈童、開九霜玉笈七色之韞、出靈寶赤書玉訣二巻、以付南極、使依盟授受丘曾（太上道君　赤帝靈童に登ちに命じ、九霜玉笈七色の韞を開き、靈寶赤書玉訣二巻を出し、以て南極に付し、盟に依りて丘曾に授受せしむ）」(4b) とあり、太上道君が「靈寶赤書玉訣二巻」を阿丘曾に伝授したことが見える。この「靈寶赤書玉訣二巻」については、いくつかの疑問が生じる。先ず、ここではっきりと経典名と巻数が示されているのにもかかわらず、何故、道蔵本『玉訣妙經』巻上では、王龍賜に与えられた「玉訣眞要」については、経典名も巻数も示されていないのであろうか。これについては、『玉訣妙經』は上下巻で成書時期が異なり、下巻は上巻が作られた後、『靈寶赤書玉訣』という経典名が確定した時に作られた可能性が考えられる。そうであるとすると、道蔵本『天書經』に「玉訣二巻」とある記述は、『玉訣妙經』が二巻本として成った後の加筆部分ということになる。もう一つ考えられることは、本来一巻の『玉訣妙經』を後から二巻に分け、下巻の導入部として阿丘曾の物語を挿入したので、その時点で定まっていた経典名と巻数とが記された可能性で、この場合も、道蔵本『天書經』の「玉訣二巻」の記述部分が、後世の加筆ということになる。阿丘曾の物語は、『雲笈七籤』巻一〇一の「赤明天帝紀」に引く「太上洞玄靈寶眞文度人本行妙經』（『本行妙經』）の佚文中に見える。『本行妙經』の完本は現存しないが、敦煌写本P3022Ｖと『雲笈七籤』中の佚文から復元されたテキストが、『中華道蔵』第3冊に収められており、阿丘曾の話はその311頁中段〜312頁上段に見える。『中華道蔵』所収の『本行妙經』では、発心し神真となった者の話七例を収めるが、七例の内、経法を伝授される話は五例で、阿丘曾もその中に入る。その五例すべてに共通して伝授されるのは「靈寶眞文」で、「元始天尊師（指）命南極尊神、爲丘曾之師、授丘曾十戒・靈寶眞文（元始天尊　南極尊神に師（指）命し、丘曾の師と爲し、丘曾に十戒・靈寶眞文を授けしむ）」（『中華道蔵』第3冊、312頁上段）とあり、阿丘曾は「十戒」を「眞文」と共に伝授されたことが見えるが、「玉訣」を伝授された話は見えない。阿丘曾が「戒」と「眞文」を伝授されたことは、道蔵本『玉訣妙經』にも見えるので、この部分は阿丘曾の物語の本来の部分であり、物語の主題は「靈

の『玉訣妙經』を現存する文献上で確認できる最も早い例は、「靈寶中盟經目」の中の「太上洞玄靈寶玉訣上下二卷」の記述である。先に述べた大淵氏の見解に従うなら、「玉訣二卷」の記述が加筆された時期の上限は、陸修静の霊宝経目録作成以降、「靈寶中盟經目」が作成された頃までの間ということになる。「十部妙經三十六卷」の考えも陸修静以降と考えると、道蔵本『天書經』卷下の「十部妙經」に関する記述部分については、少なくとも「三十六卷」から「悉封紫微上宮」までの箇所は、陸修静より後の時代の加筆の可能性が高い[165]。以上のような考察から、道蔵本『天書經』の「十部妙經三十六卷」の記述は、後世の加筆である可能性が高く、この記述を以て、「十部妙經」に最初から、十部構成三十六卷の霊宝経の構想があったとする根拠にはできないと考える。

第6節 小　　結

本章では、「十部妙經」についていくつか考察し、陸修静の考える「元始旧経」に該当する経典の中で、「十部妙經」が「靈寶眞文」を敷衍して撰作された禁戒、科律、要訣等を指す語として用いられていたと考えられること、「十部妙經」が三十六卷であるという考えは陸修静に始まる可能性が高く、そのような考えが最初から霊宝経典に内在していた可能性の低いことを見てきた。また、「十部妙經」が「靈寶眞文」を敷衍し撰作されたものであるということは、

寶眞文」を伝授されて真神となることと考えられる。これは『中華道蔵』所収の『本行妙經』に見える他の四例の話にも該当する。ところが道蔵本『玉訣妙經』では、「戒」と「眞文」を伝授された阿丘曾が更に「玉訣」を求め、「靈寶赤書玉訣二卷」が伝授されるという話が続く。『本行妙經』に見えないこの部分は、『玉訣妙經』で、元の阿丘曾の物語に付け加えられた部分であり、その加筆の時期は『玉訣妙經』が二卷になった時である可能性が高いと考えられる。道蔵本『玉訣妙經』に見える阿丘曾の物語については、神塚淑子前掲書（2017年）第一篇第二章三を参照。

165）原本に陸修静が手を加えた可能性が指摘される『天書經』に関して、この考察から、少なくとも道蔵本『天書經』卷下の「十部妙經」の部分については、陸修静の加筆ではないことが考えられる。王承文氏は、『無上秘要』中の『天書經』と『玉訣妙經』の引用文と、道蔵本の『天書經』と『玉訣妙經』の比較から、唐代に入って、この二つの経典に対して大規模なテキストの改編が行われたと考えられることを指摘している。王承文（2012年）「論古霊宝経"天文"和"神符"的淵源」（余欣主編『中古時代的礼儀・宗教与制度』、上海古籍出版社、2012年（339～374頁）356～361頁。）

陸修静自身が理解しており、それは陸修静の著述の中に窺えることを考察した。
「十部妙經」に三十六巻という巻数が本来設定されていなかったとすると、
元々考えられていた「十部妙經」とは、敦煌本「霊宝経目録」中の「元始舊經
紫微金格目三十六巻」と同じものを指す語ではないということが言える。それ
では「十部妙經」とは本来、何を指す語として霊宝経中で用いられていたのか。
「十部妙經」の基本設定から見ると、それは「靈寶眞文」に経典の正統性の根
拠をおき、禁戒・科律・要訣を内容に含む霊宝経を指すと考えられる。このこ
とは本章で『玉訣妙經』や『九幽玉匱明眞科』を考察した際に少し触れたが、
「十部妙經」に言及する現行本の『玉訣妙經』や『九幽玉匱明眞科』の他、『度
命妙經』、『三元品戒』もそれ自体が「十部妙經」の一つということになる。
「十部妙經」に関する記述部分に後世の加筆が疑われる『天書經』も、その内
容から「十部妙經」であると言える。また、敦煌本「霊宝経目録」で「仙公新
経」に分類される『眞文要解』も、現行本を見る限り、「靈寶眞文」の要訣類
を解説する経典であるから、これも、「十部妙經」の基本設定に該当すること
になろう。換言すれば「十部妙經」とは、「靈寶五篇眞文」から展開した霊宝
経を指すと考えられる。この「十部妙經」の基本設定から、霊宝経の作者たち
が、自分たちの霊宝経をどのように意義付けしていたのかを窺い知ることがで
きる。即ち、当時、「十部妙經」として作られた霊宝経は、至尊の神によって
濁世に遺された経典であり、地上の衆生救済の為の経典であると意義付けられ
ていたと推測される。周知のように、古霊宝経の作られた中国南北朝時代は、
政情が不安定で戦乱が絶えない時代である。当時において、このような経典は、
言わば不安と混乱の世の中で、救済を求める者に応える形で出現した経典で
あったと言えよう。一方で例えば、先に本章で「二籙」と「十部妙經」の関係
について考察したように、現行本から見ると、「元始旧経」の中で「靈寶眞文」
ではなく「天書玉字」に由来する設定である『内音自然玉字』は、「十部妙經」
の基本設定とは異なるものということになる。このように、「十部」の意味や
巻数だけでなく、「十部妙經」の基本設定からみても、「十部妙經」は、「元始
旧経」の中の一部の経典には該当するとしても、「元始旧経」全体にあてはま
るものではなく、また「元始旧経」に限定されるものでもないことが指摘でき
よう。このことから、古霊宝経中に見える「十部妙經」の語が、敦煌本「霊宝

経目録」中の「元始旧経」三十六巻、或いは「玄科舊目」三十六巻と同じ意味で用いられていたとは言えず、故に「十部妙經」が、霊宝経典作成当初から、「元始旧経」に該当する経典の総称として用いられていたと見ることは難しいと考える。他方、経典の正統性の根拠が、「靈寶眞文」にあるものも「天書玉字」にあるものも含めて、「十部妙經」であると再設定したのは、現存する文献資料を見る限り、陸修静に始まると考えてよいであろう。陸修静の著述からは、「十部妙經」本来の設定を、彼が「元始舊經」と呼ぶ経典群に適用し、更にそこに「三十六巻」という数の設定を加えた過程が看取される。そこから、「十部妙經」＝「元始旧経」＝「三十六巻」という考えも、陸修静に始まる可能性が指摘できよう。

　以上、現行本を見る限りでは、本来「十部妙經」は、「元始旧経」に該当する経典の総称として霊宝経典の中で用いられていたのではないと考えられる。故に、敦煌本「霊宝経目録」中の「元始旧経」に該当する経典群を指す語として、「十部妙經」というカテゴリーが、霊宝経典作成当時から作者たちによって認識されていたとは言い難く、且つ、そのような認識のもとに経典が作られていたのではなかったと推察される。霊宝経典の作者たちが、陸修静が考えるような全三十六巻から成る「元始旧経」にあたる経典の総称として、経典の中で「十部妙經」の語を用いていたのではないとすると、敦煌本「霊宝経目録」に見える「元始旧経」という経典のカテゴリーは、陸修静による霊宝経の分類整理以前から、全三十六巻で構成される「十部妙經」という霊宝経典のカテゴリーが存在していた状況を反映したものではなく、また、そのような状況もなかったと推測される。当時、霊宝経の作成者たちが「靈寶眞文」に根拠をおく要訣や科戒を、「十部妙經」として考えていたとすると、そのような意味では、一種の経典のカテゴリーを示す語として認識されていた可能性も否定できない。しかし、それは少なくとも陸修静が「元始旧経」として考える、全三十六巻で構成される霊宝経典を指す語としてではない。それ故、「元始旧経」というカテゴリーは、霊宝経典の目録作成に際して、経典の分類の為に設定されたものであったと見ることができよう。そして、誰が元始天尊所説の「元始旧経」三十六巻という経典分類の設定をしたかと言えば、それはやはり陸修静であると考えられる。つまり「元始旧経」とは、陸修静が霊宝経典を分類する際に設定

した、経典分類の為のカテゴリーであり、また彼の霊宝経観を示した経典群の呼称であった可能性が高い。ただし、元始天尊が真文を敷演して、「十部妙經」を撰作したという霊宝経典中のモチーフが「目序」に窺えることから、霊宝経典に見える「十部妙經」の基本設定が、陸修静の考える「元始旧経」の基本設定の一部となっていることは確かであろう。

第6章
分類の為のカテゴリーとしての「元始旧経」と「仙公新経」

第1節 序 言

　本章では、これまでの考察の結果を踏まえ、敦煌本「霊宝経目録」著録経典の現行本の内容と、「元始旧経」・「仙公新経」それぞれの基本設定との照合から類推して、「元始旧経」や「仙公新経」に分類されている経典が、本来、多元的であり、「元始旧経」・「仙公新経」という二系統の枠のみに収まらない内容を持つ経典であることをここでも確かめたいと考える。更に、「元始旧経」・「仙公新経」二系統に共通して見える戒についても考察し、それらにより、霊宝経の「元始旧経」・「仙公新経」という経典カテゴリーが、経典分類の為に設定されたカテゴリーであることの検証を試みる。

第2節 「元始旧経」の検証

　前章では、陸修静が「十部妙經」の本来の設定を霊宝経典の分類整理において拡大解釈し、「十部妙經」を「元始旧経三十六巻」に結びつけたと考えられることを指摘した。ここでは、「元始旧経」に分類されている経典には、その内容が、「十部妙經」＝「元始旧経三十六巻」という枠内に収まらないものが含まれることを検証し、それにより、「元始旧経」が経典分類の為のカテゴリーである可能性の高いことを示す。具体的には、「十部妙經」の基本設定を手掛かりに、それぞれの経典が何に正統性の根拠をおいているのかを分析し、

表6-1 「十部妙經」の基本設定に当てはまる經典：八例九件

正統性の根拠を「靈寶眞文」におく經典
① 元始五老赤書玉篇眞文天書經（HY22）（※十部妙經に言及）
② 太上洞玄靈寶赤書玉訣妙經（HY352）（※十部妙經に言及）
③ 太上無極大道自然眞一五稱符上經（HY671）
④ 太上洞玄靈寶智慧罪根上品大戒經（HY457）
⑤ 洞玄靈寶長夜之府九幽玉匱明眞科（HY1400）（※十部妙經に言及）
⑥-1 太上大道三元品誡謝罪上法（HY417）（※『三元戒品』分出単行本）
⑥-2 太上洞玄靈寶三元品戒功德輕重經（HY456）（※『三元戒品』分出単行本）
⑦ 太上洞玄靈寶眞文度人本行妙經（敦煌本P3022Ｖ）
⑧ 太上諸天靈書度命妙經（HY23）（※十部妙經に言及）
⑨ 洞玄靈寶二十四生圖經（HY1396）

表6-2 「十部妙經」の基本設定に当てはまらない經典：四種九例

(イ) 正統性の根拠を「天書玉字」（内音玉字、大梵隠語）におく經典
　⑩ 太上靈寶諸天内音自然玉字（HY97）
(ロ) 正統性の根拠として「靈寶眞文」と「天書玉字」の両方が見える經典
　⑪ 元始無量度人上品妙經四註（HY87）
　⑫ 太上洞玄靈寶滅度五鍊生尸妙經（HY369）
　⑬ 洞玄空洞靈章經（敦煌本P2399、『無上秘要』巻二九）
(ハ) 「靈寶眞文」と「天書玉字」いずれも正統性の根拠としない經典
　⑭ 洞玄靈寶自然九天生神章經（HY318）
　⑮ 太上洞玄靈寶智慧定志通微經（HY325）
(ニ) 正統性の根拠とするものが不明瞭な経典
　⑯ 洞玄靈寶玉京山歩虚經（HY1427）
　⑰ 法輪妙經　四篇（HY346、HY348、HY455、HY347）
　⑱ 太上洞玄智慧上品大誡（HY177）[166]

「元始旧経」が本来、多元的な経典の集まりであることを明らかにしたい。

---

166) 『太上洞玄智慧上品大誡』（HY177）について、劉屹氏はこれを敦煌本「霊宝経目録」第五篇目の『太上洞玄靈寶智慧罪根上品』三巻中の「未出一巻」に該当すると考える。小林正美氏は第五篇目中の『太上洞玄靈寶智慧上品大戒威儀自然』の「已出一巻」に該当するとしている。筆者はこの経典に関しては小林氏の見解に従い、已出経典と考える。劉屹前掲論文（2010年）、小林前掲書（1990年）第一篇第三章、184頁。筆者の第五篇目全体の解釈については筆者前掲研究ノート（2017年）参照のこと。

「十部妙經」は前章で見たように、元始天尊が「靈寳眞文」を敷演して撰作したという設定であり、「十部妙經」の正統性の根拠は「靈寳眞文」におかれ、「靈寳眞文」を正統性の根拠としない經典は、「十部妙經」に該当しない經典ということになる。「元始旧経」に本来、「十部妙經」の枠に収まらず、正統性の根拠の異なる經典が多数含まれているとすると、それは「元始旧経」が、本来の霊宝經典の状況を反映する分類カテゴリーとして形成されたのではなく、陸修静による經典分類の為に設定されたものである可能性が高いことを示している、と考えられる。確認の結果から先に言えば、「元始旧経」に分類される經典のほぼ半数が、正統性の根拠から見て、「十部妙經」の枠に収まらない。しかも、それらの經典が正統性の根拠とするものも一様ではない。個々の經典について、何に正統性の根拠を求めているか分析した結果を表6-1、表6-2に示す。(表では、現存する經典テキストの經題を用いる。) この表から、正統性の根拠を明示する經典では根拠とするものとして、「靈寳眞文」と「天書玉字」という、二種類の天書のあることが判る[167]。經典の正統性の根拠となる天書にその由来を異にする二種類があること自体、「元始旧経」に分類された經典の多元性を示していると考えられる。次に、個々の經典に正統性の根拠としているものが、どのように説明されているのかを見て行きたい。

1 「十部妙經」の基本設定に当てはまる經典

まず正統性を「靈寳眞文」におく表6-1の經典について見ていく。( )の中には、現行の經典の略称を記す。

① 『元始五老赤書玉篇眞文天書經』(『天書經』)

この現行本は、上中下の三巻から構成されている。上巻に「靈寳眞文」について、「元始洞玄靈寳赤書玉篇眞文、生於元始之先、空洞之中(元始洞玄靈寳赤書玉篇眞文は、元始の先、空洞の中に生ず)」(1a〜b)云々とあり、「元始洞玄靈寳赤書玉篇眞文」(「靈寳眞文」)が元始の先、空洞の中より生じた「空洞自然の書」であることを述べ、經典全体は「靈寳眞文」にかかわる内容構成になって

---

[167] 二種の天書の違いについては、前章の注153)、及び謝世維前掲書(2010年)第一章、第二章、第三章を参照のこと。

いる。下巻には太上大道君以下の衆真たちの行ったこととして、「奉修靈文、敷演玄義、論解曲逮、有十部妙經三十六卷（靈文を奉修し、玄義を敷演し、曲逮を論解し、十部妙經三十六卷有り）」(12a〜b) 云々とあり、「十部妙經」が「靈寶眞文」を敷衍して作られたことを述べる。この「三十六卷」については、前章で後世の加筆の可能性を示したが、「十部妙經」の設定から、『天書經』は、「靈寶眞文」にその正統性の根拠をおく經典であると考えられる。

② 『太上洞玄靈寶赤書玉訣妙經』（『玉訣妙經』）

この經典は、『天書經』の内容を補足する為に構想されたと考えられており[168]、現行本の内容も、『天書經』の内容とそこに含まれる「靈寶眞文」にかかわる。例えば卷上には、「靈寶眞文」の玉訣 (8a〜16b) を記載し、卷下では、「靈寶眞文」を用いて行う醮の儀礼の玉訣である「元始靈寶五帝醮祭招眞玉訣」(20a〜28b) を記載する。これも經典の正統性を「靈寶眞文」に求める例と考えられる。

③ 『太上無極大道自然眞一五稱符上經』（『五稱符上經』）

この現行本は、上下二卷から構成される。その内容は「靈寶（文）」や「靈寶五稱符」の解説、符の用法やその效驗の説明を中心とするが、上卷冒頭部分に、「老君曰、混沌之初、微妙之源、開闢以前、如有靈寶自然眞文、象帝之先（老君曰く、混沌の初、微妙の源、開闢以前、靈寶自然眞文有り、帝の先を象るが如し）」(1a) 云々とあり、天地開闢以前から存在する「靈寶自然眞文」に言及しており、その正統性の根拠を「靈寶眞文」におく經典であると言える。

④ 『太上洞玄靈寶智慧罪根上品大戒經』（『智慧罪根』HY457）

この現行本では、冒頭、太上道君が元始天尊に対し、大戒を以て「三寶神經」を賜授されることを請う。元始天尊は太上道君に「智慧罪根上品大戒」を授けるに際して、龍漢から上皇にかけての自らの出現と、「過去」[169]、及び「靈寶眞文」の出現と人々の救済について語る。この中で、開皇元年に「靈寶眞

---

168) 大淵忍爾前掲書（1997年）第二章四の1。
169) この經典中の「過去」説については、神塚淑子前掲書（2017年）第一篇第二章を参照。

文」が開通し、この時初めて天尊が、始青天で「元始天尊」と号して、教えを説いたことが述べられる。即ち、

> 幽幽冥冥、五劫之中、至開皇元年、靈寶眞文開通、三象天地復正。五文煥明、我於始青天中、號元始天尊、流演法教、化度諸天
>
> (幽幽冥冥、五劫の中、開皇元年に至り、靈寶眞文開通し、三象天地正しきを復す。五文煥明し、我は始青天中に於いて、元始天尊を號し、法教を流演し、諸天を化度す)(2b) 云々、

とある。経典の導入部で、「靈寶眞文」について説く道蔵本『智慧罪根』(HY457) も、正統性の根拠を「靈寶眞文」におく例であると言える。

⑤ 『洞玄靈寶長夜之府九幽玉匱明眞科』(『九幽玉匱明眞科』)

この現行本については前章で、「靈寶眞文」を敷衍して作られたという設定の「十部妙經」にあたる内容が含まれることを確かめた。この経典では後半部分に、「靈寶眞文」を用いて行う「長夜之府九幽玉匱明眞科法」を収める。これらのことから、この経典も「靈寶眞文」に基づく経典であると考えられる。

⑥ 『三元戒品』(さんげんかいほん) 170) ※これのみ、篇目の経題(『謝罪上法』、『功徳輕重經』)

『三元戒品』の分出単行本の道蔵本『謝罪上法』、『功徳輕重經』の二篇には、「天書玉字」や「大梵隱語」に関する内容は見えない。先に「十部妙經」に関する考察で、『度人經』四註本巻三の、厳東注に見える『三元品誡』要約部分に、「十部妙經」に関する言及があることを確かめた。この『三元品誡』要約部分では、「玉字」を敷衍して「十部妙經」を作ったとある。この要約部分とほぼ同じ内容が、道蔵本『度命妙經』に見えることは先に指摘したが、道蔵本『度命妙經』では、「十部妙經」は「靈寶眞文」を敷衍したものと表現されている 171)。『三元品誡』要約中の「玉字」については、『度人經』四註本巻三の本文中の「五篇」の語に、厳東は「五篇眞文、赤書玉字也」(7a) と注を付し、「靈

---

170) 『三元戒品』については、本書第1篇第1章第3節、第2篇第5章第3節1の(2)及び注126) を参照のこと。

171) 道蔵本『度命妙經』3丁b〜4丁bに記された、碧落空歌大浮黎國における「靈寶眞文」の出度度人の場面の描写と、『三元品誡』要約の内容がほぼ同じである。本書第2篇第5章第3節1の(2)を参照のこと。

寶眞文」に対して「赤書玉字」という表現をしている。この「玉字」は「靈寶眞文」を指すと見てよいであろう。『三元戒品』の現行本二篇に「天書玉字」や「大梵隠語」に関する内容が見えないことと、『度人經』四註本の厳東注に見える『三元品誡』要約に、「靈寶眞文」を指す「玉字」を敷衍して撰作されたという「十部妙經」の設定が含まれることから見て、『三元戒品』は「靈寶眞文」に正統性を求める経典であったと推測される。

⑦　『太上洞玄靈寶眞文度人本行妙經』(『本行妙經』) [172]
　この経典の完本は現存せず、敦煌写本のP3022Vを底本として、その他、敦煌写本に残るこの経典の断片、及び『雲笈七籤』の巻一〇一、一〇二、『無上秘要』の巻四七に引く『本行妙經』の佚文等を、王卡氏が輯補した『太上洞玄靈寶眞文本行妙經』(敦煌本) が、『中華道蔵』第3冊 (308～312頁) に収録されている。この『中華道蔵』本を見ると、冒頭、「如是靈寶眞文始明 (是の如く靈寶眞文始めて明す)」(308頁上段) とあり、「靈寶眞文」についての言及から始まる。後半部分には、道蔵本『玉訣妙經』巻下に見えるのとほぼ同じ内容の、阿丘曾の物語を含む七つの得道登仙した者の話が記載されている[173]。阿丘曾の話を含む五つの話は、「靈寶眞文」を受けて得道するという話であり、『本行妙經』が「靈寶眞文」に対する信仰に基づいた経典として構想されていることが窺える。故に、これも正統性の根拠を「靈寶眞文」におく経典であったと推測される。

---

172)　本章では、敦煌本「霊宝経目録」に『本業上品』とある経典に該当する現行本としては、この『本行妙經』のみを考える。経題に似た語を含む経典に『太上洞玄靈寶誡業本行上品妙經』(HY345、以下、『誡業本行上品妙經』と略す) があるが、道教文献の中で『本行經』、『本行妙經』として引く佚文中に、『誡業本行上品妙經』の文と一致するものは見えない。また、『誡業本行上品妙經』は「元一天尊」が「道」に「無上金眞誡業」を説くという内容であり、内容の面からも敦煌写本のP3022Vや、『無上秘要』、『雲笈七籤』が摘録する『本行妙經』との共通点が見えない。故に、この『誡業本行上品妙經』は、『本業上品』とは別の経典である可能性が高いと考える。なお、汪桂平氏が点校した『誡業本行上品妙經』が『中華道蔵』第4冊に収められているが、汪氏もこの経典を敦煌本「霊宝経目録」著録経典としていない。(『中華道蔵』第4冊、152頁上段参照。)

173)　阿丘曾の話を記載する経典については、第2篇第5章の注164)参照。

⑧ 『太上諸天靈書度命妙經』(『度命妙經』)

　道蔵本『度命妙經』については、先に「十部妙經」を考察した際、経典が「靈寶眞文」の出現と人々の救済について述べており、「十部妙經」が「靈寶眞文」を敷衍して撰作されたという設定を含むことを確かめた。故にこの経典は、その権威を「靈寶眞文」に依拠する経典であると考えられる。

⑨ 『洞玄靈寶二十四生圖經』(『二十四生圖經』)

　道蔵本には、「上皇元年九月二日、後聖李君出游西河、歷觀八門、値元始天王。(中略) 李君稽首請問天王。昔蒙訓授天書玉字二十四圖（上皇元年九月二日、後聖李君西河に出游し、八門を歷觀し、元始天王に値ふ。(中略) 李君稽首し天王に請問す。昔天書玉字二十四圖を訓授するを蒙る）(3a～b)」云々とあり、後聖李君が元始天王に遇って、自分がかつて「天書玉字二十四圖」を伝授されたことを述べる。ここに「天書玉字」の語が見えるが、これは、この経典の「二十四圖」に関する表現を見ると、「大梵隱語」である「天書玉字」の意味で用いられているのではないようである。その導入部で、

　　天尊普告大聖尊神云、洞玄天文靈寶玉奧有三部八景二十四圖、上應二十四
　　眞、中部二十四炁、下鎮二十四生
　　（天尊普く大聖尊神に告げて云く、洞玄天文靈寶玉奧に三部八景二十四圖有り、
　　　上　二十四眞に應じ、中　二十四炁を部し、下　二十四生を鎮む）(1b) 云々、

とあり、「二十四圖」が「洞玄天文靈寶玉奧」の中に含まれることが示される。また、後聖李君が元始天王に請問する場面に続き、元始天王が口から「洞玄内觀玉符」を出して李君に授けた後、李君が千日の長斎を経て、この符を服用する場面が記されている[174]。符を服用して「三八景神」が出現した場面では、「三八景神並見、身中金書玉字二十四圖空中而明、文彩光鮮洞徹無窮、羅縷自然（三八景神並びに見れ、身中の金書玉字二十四圖空中に明らかにして、文彩は光鮮洞

---

174) 道蔵本『二十四生圖經』：天王口吐洞玄内觀玉符。「以授於君。清齋千日、五香薰體、東向服符、子形神備見、自當洞達諸疑頓了」。李君稽首、奉承敎旨、具依天儀、長齋千日、東向服符（天王口より洞玄内觀玉符を吐く。「以て君に授く。清齋すること千日、五香もて體を薰ぜしめ、東に向ひ符を服さば、子の形神備さに見れ、自ら當に洞達し諸疑頓了すべし」と。李君稽首し、敎旨を奉承し、具さに天儀に依り、長齋すること千日、東に向ひ符を服す）(3b) 云々。

徹すること窮り無く、自然を羅縷す)」(3b～4a)と描写され、先には「天書玉字二十四圖」と表現されていたものが、ここでは「金書玉字二十四圖」と表記されている。これらから、道蔵本『二十四生圖經』に見える「天書玉字二十四圖」は、「金書玉字二十四圖」と同じものを指すこと、またそれは、「洞玄天文」に属することが窺える。つまり、ここに見える「天書玉字」の語は、『太上靈寶諸天内音自然玉字』に見える、所謂「天書玉字」の意味で用いられているのではないと推察される。更に道蔵本『二十四生圖經』には、二十四図のそれぞれに付された文章の中で、例えば「神仙五嶽眞形圖」に「妙哉元始道、五靈敷眞文、上開龍漢劫、煥爛三景分（妙なるかな元始の道、五靈は眞文を敷き、上　龍漢の劫を開き、煥爛たる三景分かる)」(4b)云々、「神仙寂嘿養精守志圖」に「龍漢無終劫、妙哉靈寶文（龍漢無終の劫、妙なるかな靈寶の文)」(10b)などとあり、いくつか「靈寶眞文」に関する表現が見えるが、そこに見える「靈寶眞文」は宇宙の始まりに存在する根源的なものとして述べられている。一方、「内音玉字」、「大梵隠語」に関する内容は見えない。これらから類推して、『二十四生圖經』は「靈寶眞文」に基づく経典であり、従って、その正統性を「靈寶眞文」に求める経典であると考えられる。

2　「十部妙經」の基本設定に当てはまらない経典

　ここでは、正統性の根拠を「靈寶眞文」以外におく表6-2の経典について、その現存するテキストを見ていく。

（イ）　正統性の根拠を「天書玉字」(「内音玉字」、「大梵隠語」)におく経典[175]
⑩　『太上靈寶諸天内音自然玉字』（『内音自然玉字』）

　道蔵本は全四巻から成るが、巻一冒頭の「大梵隠語无量洞章玉訣」に、天眞皇人により「天書玉字」は「飛玄之炁」が凝結して霊文となったことが解説される。即ち、

---

[175]　謝世維氏は、道教経典の難解な「天文」の「翻訳」という概念に関して、梵字で書かれた大量の仏典（梵文）が中国に伝来し、その漢文への翻訳ということを経て、中国人に意識されるようになった「梵字」の神聖性から、「天書玉字」、「大梵隠語」が発想されたとする。謝世維前掲書（2010年）第一章、第二章、第三章参照。

天眞皇人曰、天書玉字凝飛玄之炁、以成靈文、合八會以成音、和五合而成章。(中略)與龍漢而俱化、披赤明於延康。錬水火於生死、與億劫而長存、開八垣於幽紐、植靈光於太陽、二儀持之以判、三景持之以分
(天眞皇人曰く、天書玉字は飛玄の炁を凝らし、以て靈文を成し、八會を合して以て音を成し、五合を和して章を成す。(中略)龍漢と與に俱に化し、赤明を延康に披く。水火を生死に錬り、億劫と與に長存し、八垣を幽紐に開き、靈光を太陽に植て、二儀之を持して以て判じ、三景之を持して以て分かる)(1a)云々、

とあり、飛玄の炁が凝結してできた「天書玉字」が龍漢の劫と共に化して、延康の混沌とした状態に赤明の劫を開き、それによって天地が分かれ、日月星辰の光がそれぞれ輝くようになったことを説明している。このように、宇宙論の中で「天書玉字」が天地開闢に力を及ぼしていることを説き、その「天書玉字」を解説する『内音自然玉字』は、經典の正統性の根拠を「天書玉字」におく經典である。ところで、この道蔵本の巻四の「太文翰寵妙成天音第三」に、「五篇眞文」について言及する箇所がある。即ち、

天眞皇人曰、其章以妙成天中、合五方飛玄之炁、以和八字自然之音。曰无量洞章。妙成天去禁上天七萬七千炁。妙成以龍漢洞玄之炁、赤明開運。其炁於空洞之中、與五篇眞文結炁俱明。元始號妙成之天
(天眞皇人曰く、其の章は妙成天中を以て、五方飛玄の炁を合し、以て八字自然の音を和す。曰く无量洞章。妙成天は禁上天を去ること七萬七千炁。妙成は龍漢洞玄の炁を以て、赤明に開運す。其の炁は空洞の中に於いて、五篇眞文と炁を結びて俱に明るし。元始は妙成の天を號す)(14a)云々、

とあり、「太文翰寵妙成天音第三」の洞章中に見える「妙成」(14a)の語に関連して天眞皇人が、「妙成」が「龍漢洞玄之炁」をもって赤明に開運し、空洞の中で「五篇眞文」と炁を結び、「元始」が「妙成之天」を号したことを述べている。ここに見える「五篇眞文」即ち「靈寶眞文」は、空洞中で「龍漢洞玄之炁」と結合し、「妙成之天」を結成したとされていて、『内音自然玉字』が説く「天書玉字」が配された天の一つの構成要素として、この經典が構想する宇宙の秩序体系に組み込まれており、道蔵本の『天書經』や『玉訣妙經』、『度命妙經』などで説かれるような、天地開闢以前から存在し、元始と共に出現して天地を分け日月星辰を輝かせ、宇宙の秩序の根幹を成す力を持つ存在としての

「靈寶眞文」とは異なる扱いになっている。道蔵本『内音自然玉字』で宇宙全体に及ぶ力を持つ「天文」として構想されているのは、「天書玉字」である。故に經典中に「五篇眞文」が見えても、『内音自然玉字』は經典の正統性を「天書玉字」に求める經典であると言える。

(ロ)　正統性の根拠として「靈寶五篇眞文」・「天書玉字」の両方が見える經典
⑪　『元始無量度人上品妙經四註』(『度人經』四註本)
　道蔵本は四卷本で、卷一の冒頭部分には「道」が語る形式で、元始天尊が説法を行う場面が描かれる。即ち、本文の部分には、

　　道言、昔於始青天中碧落空歌大浮黎土、受元始度人無量上品。(中略) 元
　　始天尊玄座、空浮五色師子之上、説經一遍、諸天大聖同時稱善
　　(道言ふ、昔始青天中の碧落空歌大浮黎土に於いて、元始度人無量上品を受く。
　　(中略) 元始天尊の玄座は、五色師子の上に空浮し、經を説くこと一遍せば、諸
　　天大聖同時に善と稱す) (2a 〜 6b) 云々、

とあり、続いて、元始天尊が説教するたびに人々の病気が治ったり、若返ったりするなどの様々な效驗が生じることが述べられる。その後、元始天尊の説經した言葉について、「道」が次のように説く。即ち、

　　道言、元始天尊説教中所言、並是諸天上帝内名、隠韻之音、亦是魔王内諱、
　　百靈之隠名、非世之常辞
　　(道言ふ、元始天尊説教中の所言、並びに是れ諸天上帝の内名、隠韻の音、亦た
　　是れ魔王の内諱、百靈の隠名、世の常の辞に非ず) (18b 〜 19a) 云々、

と述べ、元始天尊が説いた經の中の語が、「諸天上帝の内名、隠韻の音、亦た是れ魔王の内諱、百靈の隠名」であると言う。現行本では卷二に、三十二天と三十二帝の隠諱が列記され、卷四に「諸天中大梵隠語無量音　道君撰」(2b)とあり、以下、『元始靈書中篇』(3a 〜 29a) として、三十二天にそれぞれ八字を配した「大梵隠語無量之音」が列記される。その終わりの部分に、

　　道言、此諸天中大梵隠語無量之音。舊文字皆廣長一丈、天眞皇人昔書其文、
　　以爲正音。有知其音能齋而誦之者、諸天皆遣飛天神王、下觀其身、書其功
　　勤、上奏諸天。(中略) 此音無所不辟、無所不禳、無所不度、無所不成、
　　天眞自然之音也

(道言ふ、此れ諸天中の大梵隠語無量の音なり。舊文の字は皆廣長一丈、天眞皇人は昔其の文を書し、以て正音を爲す。其の音を知り能く齋して之を誦ふる者有らば、諸天皆飛天神王をして、下りて其の身を觀、其の功勤を書し、諸天に上奏せ遣む。(中略) 此の音辟けざる所無く、禳はざる所無く、度さざる所無く、成さざる所無し、天眞自然の音なり) (25b～28b)、

とあり、「大梵隠語無量之音」が「天眞自然之音」であり、すぐれた效驗があり、かつて天眞皇人によって書寫されたことを説明する[176]。巻二に見える三十二天の名は、この後に考察する『洞玄空洞靈章經(どうげんくうどうれいしょうきょう)』の三十二天の名と一致し、巻四の『元始靈書中篇(げんしれいしょちゅうへん)』中の「大梵隠語無量之音」は、道蔵本『内音自然玉字』の巻一に記載されている東方青帝、南方赤帝、西方白帝、北方黒帝の、四方それぞれに配された「八會内音自然玉字」六十四文字と一致する。このように、『度人經』四註本では、最初に『度人無量上品』の靈妙な效驗を記し、それが「大梵隠語無量之音」であるとし、経典自体は「大梵隠語無量之音」、即ち「天書玉字」に基づく経典として設定されている。しかし、巻二の「元始無量度人上品妙經」の本文では、

元始洞玄、靈寶本章、上品妙首、十廻度人。百魔隠韻、離合自然。混洞赤文、无无上眞。元始祖劫、化生諸天。開明三景、是爲天根。上无復祖、唯道爲身。五文開廓、普植神靈

(元始洞玄、靈寶本章、上品妙首、十廻して人を度す。百魔の隠韻は、離合すること自然。混洞の赤文は、无无の上眞なり。元始は祖劫にして、諸天を化生す。三景を開明するは、是れ天根爲り。上に復た祖無く、唯だ道のみ身を爲す。五文は廓を開き、普く神靈を植つ) (1b～6a) 云々、

とあり、「赤文」或いは「五文」と表現される「靈寶眞文」に言及する[177]。また、

---

176) 謝世維氏は、ここにみえる天眞皇人の役割は、「大梵隠語」の翻訳と解説であるとする。同氏前掲書 (2010年) 第二章を參照。
177) 『度人經』四註本では「赤文」について、嚴東注に「赤文赤書、大洞之經、通明龍漢、淪於延康。元始開運於洞陽之宮、火錬玉字。洞陽炁赤、故號赤文(赤文赤書、大洞の經、龍漢に通明し、延康に淪む。元始は洞陽の宮に開運し、玉字を火錬す。洞陽の炁は赤し、故に赤文と號す)」(6a) とあり、道蔵本『天書經』巻上にある「元始錬之於洞陽之館、冶之於流火之庭、鮮其正文、瑩發光芒。洞陽氣赤、故號赤書(元始 之を洞陽の館に錬り、之を流火の庭に冶せば、其の正文を鮮やかにし、光芒を瑩發す。洞陽の氣は赤し、故に赤書と號す)」(1b) を踏まえて、この「赤文」が「元始洞玄靈寶赤書玉篇眞文」、即ち「靈寶眞文」を指す

巻三冒頭部分では、

　　元洞玉暦、龍漢延康、眇眇億劫、混沌之中。上无復色、下无復淵。風澤洞虛、金剛乘天。天上天下、无幽无冥、无形无影、无極无窮。溟涬大梵、寥廓天光。赤明開圖、運度自然。元始安鎮、敷落五篇。赤書玉字、八威龍文、保制劫運、使天長存。梵炁彌羅、萬範開帳、元綱流演三十二天

　　（元洞玉暦、龍漢延康、眇眇たる億劫、混沌の中。上に復た色無く、下に復た淵无し。風澤虛に洞じ、金剛天に乘ず。天上天下、幽无く冥无く、形无く影无く、極まる无く窮まる无し。溟涬たる大梵、寥廓たる天光。赤明に開圖し、運度すること自然。元始安んじ鎮むるに、五篇を敷落す。赤書玉字、八威龍文、劫運を保ち制し、天をして長存せしむ。梵炁彌ゝ羅なり、萬範開帳し、元綱三十二天に流演す）(8a～b) 云々、

とあり、赤明の劫に、元始天尊が「五篇眞文」を広めたことを述べる。これは、道蔵本『天書經』巻下に見える「元始自然赤書玉篇眞文、開明之後、各付一文、安鎮五嶽（元始自然赤書玉篇眞文、開明の後、各おの一文を付し、五嶽を安鎮す）」(12a) 云々とあることに通じる。また、道蔵本『自然内音玉字』が、一部の天にとどまる「五篇眞文」の記述しかしていないのに対し、ここでの「五篇眞文」は全天に及ぶ天書として記述されている。『度人經』四註本巻三には、『元始無量度人上品妙經』が、「大梵隱語無量之音」に基づくことが述べられており[178]、『度人經』は「天書玉字」に経典の権威の根拠をおいていると言えるが、巻二や巻三の記述を考えると、「五篇眞文」の設定を踏まえつつ、「天書玉字」に正統性の根拠をおくという、言わば折衷型の経典であると考えられる[179]。

とする。「五文」についての厳東の注はないが、薛幽棲、李少微の注で共に「五篇眞文」のことであるとしている (8b) ように、これは「靈寶眞文」を指すと解釈される。

178) 『度人經』四註本巻三に、「元始無量度人上品妙經」について、「此二章並是諸天上帝及至靈魔王隱秘之音、皆是大梵之言、非世上常辭（此の二章並びに是れ諸天上帝及至は靈魔王の隠秘の音、皆是れ大梵の言、世上の常の辞に非ず）」(42b-43a) とある。その厳東の注に、「二章、一是元始玄章、二是元洞玉暦章。名爲二章也（二章、一は是れ元始玄章、二は是れ元洞玉暦章。名づけて二章と爲すなり）」(42b) とあり、この二章とは、「元始無量度人上品妙經」を構成する「元始玄玄」と「元洞玉暦」であるとする。この「大梵之言」に関して、同経巻四に三十二天の内音を列記した後に、「道言、此諸天中大梵隱語無量之音（道言ふ、此れ諸天中の大梵隱語无量の音）」(25b) と見える。

179) 謝世維氏は、霊宝経の出世神話では、三段階の天文の「翻訳」の過程、即ち、1. 最初に元始天尊が「天文」を「赤書玉字」に錬成する；2. 元始天尊の命で、天眞皇人が「赤書

⑫ 『太上洞玄靈寶滅度五鍊生尸妙經』(『五鍊生尸妙經』)

　この経典の一部は、『道蔵』に『太上洞玄靈寶滅度五鍊生尸妙經』(HY369) として収録されるが、これは本来、『五鍊生尸妙經』の前半部にあたり、後半部分は収められていない[180]。後半部は敦煌写本 P2865 に残されており、『中華道蔵』では第 3 冊に『五鍊生尸妙經』巻下として収めている。ここでは、前半部分については『道蔵』本、後半部分については『中華道蔵』本を参照する。この経典では冒頭、長樂舍の香林園に於いて、天尊が七千二百四十童子を教化した折、二人の童子が死者救済を求めたのに対し、天尊が諸天に各々「玉字自然玄文」を出して死者の幽魂を救済するように命じる。それに続いて経典の前半部分では、三十二天の名が列記されるが、東方八天にそれぞれ配された八字の玉字合計六十四字は東方九氣天君に、南方八天の六十四字は南方三氣天君に、西方八天の六十四字は西方七氣天君に、北方八天の六十四字は北方五氣天君に属すことが記される。その後に「靈寶五帝鍊度五仙安靈鎭神五氣天文」の解説が続き、飛天神人が五方の九幽地獄の抜度（救済）と、その為に備える法信（供え物）を説明する。ここに見える三十二天の名は、道蔵本『内音自然玉字』や『度人經』四註本に見える名と一致するが、三十二天に配当される「天書玉字」は五方天気君に属すことで、「靈寶五帝鍊度五仙安靈鎭神五氣天文」とも結びついている。「靈寶五帝鍊度五仙安靈鎭神五氣天文」は五方五氣天君の名称や各方位の気に配当された数などから見て、「靈寶五篇眞文」即ち、「靈寶眞文」に関連することが窺える。また、経典の後半部分の「靈寶鍊度五仙安靈鎭神黃章法」では、三十二天の「天書玉字」に関する内容はほとんど見えず、五方の五氣天文五帝女青符命による五方五氣天君を奉じて死者の抜度を請うことと、それに必要な法信の説明や黃繒章の儀法についての解説が記される。その

　　玉字」を「八威龍文」に転写・翻訳する；3. 霊宝経の中の「五篇眞文」と「内音玉字」の経典化、が示されているとする。謝世維前掲書（2010 年）第二章の 113 〜 115 頁を参照。

180) 『五鍊生尸妙經』の写本である敦煌写本 P2865 と道蔵本『五鍊生尸妙經』について、『中華道蔵』第三冊所収の『五鍊生尸妙經』は『正統道蔵』所収部分を上巻、P2865 の 135 行から写本の末尾までの部分を下巻としているが、本来、『五鍊生尸妙經』は全 1 巻である。大淵忍爾前掲書（1979 年）70 頁上段〜 76 頁下段に、敦煌写本 P2865 の写真図版を収めており、それを見ると P2865 は道蔵本の 8 丁 b の 5、6 行目のあたりから残っている。

後には、天眞皇人が「靈寶滅度升天之法」[181]、或いは「五篇文升仙之傳」[182]と呼ぶ法を受けて登仙したいくつかの例を述べる内容になっている。ここで、「靈寶鍊度五仙安靈鎭神黄章法」を「五篇文升仙之傳」とも表現していることから、これが「靈寶眞文」にかかわる法であることが看取される。三十二天の内名が見え、「靈寶眞文」とかかわる五方位の五気天文、及び「靈寶鍊度五仙安靈鎭神黄章法」の解説が経典の大半を占め、かつ五方の飛天神人と天眞皇人がそれぞれ登場して解説を行う内容から、『五鍊生尸妙經』は、「靈寶眞文」と「天書玉字」の両方に正統性の根拠を求める経典と言える。

⑬ 『太上洞玄靈寶空洞靈章經』(『空洞靈章』)

この経典の完本は現存しないが、三十二章の「空洞靈章」は『無上秘要』巻二九や敦煌写本 P2399 等に残存し、それらを元に、「空洞靈章」三十二章が『中華道藏』第3冊に、「太上洞玄靈寶空洞靈章經」として収められている。『中華道藏』所収の「空洞靈章」三十二章を見ると、章中の三十二天の内名は、道蔵本の『内音自然玉字』の巻一及び『度人經』四註本巻二に見える「天書玉字」による三十二天の名と一致する。しかし、章の内容には、「靈寶五篇眞文」や「靈寶五符」に関する記述が複数見える。例えば、「赤明和陽天帝君道經空洞靈章第九」(64頁中段)に、「赤明開元圖、陽和廻上虚。元始敷靈篇十部飛天書（赤明に元圖を開き、陽和に上虚を廻る。元始は靈篇十部飛天の書を敷く）」とあり、「曜明宗飄天帝君道經空洞靈章第十一」(64頁下段)には、「元始開圖、敷絡五篇（元始は圖を開き、五篇を敷絡す）」とある。更に「竺落皇笳天帝君道經空洞靈章第十二」(64頁下段)にも、「黄江廻靈、赤書招眞（黄江は靈を廻し、赤書は眞を招く）」とある。「空洞靈章」三十二章の後の部分では、十方飛天神人が太上大道君に靈章の解説をしている。これらの内容から見て、『空洞靈章』も「靈寶眞文」と「天書玉字」の両方に由来する設定が見える経典であったと推測される。

---

181) 『中華道藏』第4冊、761頁中段。
182) 『中華道藏』第4冊、761頁下段。

(ハ) 「靈寶五篇眞文」と「天書玉字」のいずれも正統性の根拠としない經典

⑭ 『洞玄靈寶自然九天生神章經』(『九天生神章』)

先學によって、この經典の成立過程が複雜であることが指摘されている[183]が、道藏本『九天生神章』では、「三洞飛玄之炁」から化生した天寶君、靈寶君、神寶君の三寶君により、龍漢、赤明、上皇の開劫時に出た靈文であると述べられており[184]、また、

　天尊重告飛天神王、此九天之章、乃三洞飛玄之炁、三會成音結成眞文、混合百神隱韻內名

　(天尊重ねて飛天神王に告ぐ、此れ九天の章、乃ち三洞飛玄の炁、三たび會して音を成し眞文を結成し、百神の隱韻內名を混合す)[185] (7b) 云々、

とあり、「九天之章」は「三洞飛玄之炁」が三たび會して音を成し、眞文を結成した靈文であり、それには「百神隱韻內名」が混合されているという設定である。道藏本『內音自然玉字』に見える「天書玉字」は、「飛玄之炁」が凝結してできた靈文であるという設定で[186]、その靈文、即ち「諸天內音自然玉字」については、「皆諸天之中大梵隱語、結飛玄之炁、合五方之音、生於元始之上、出空洞之中 (皆諸天の中の大梵隱語、飛玄の炁を結び、五方の音を合わせ、元始の上に生じ、空洞の中に出ず)」(卷三、6a) 云々とあり、「九天生神章」といくつか共通した設定は見える。しかし「九天生神章」は、「三洞飛玄之炁」の結合と三寶君が共に經典の出現する要素として設定されており、この點が、「天書

---

183) 小林前掲書 (1990年) の第二篇第一章を參照。
184) 道藏本『九天生神章』1丁に、天寶君については「至龍漢元年、化生天寶君出書、時號高上大有玉清宮 (龍漢元年に至り、天寶君に化生し書を出だし、時に高上大有玉清宮を號す)」(1a)、靈寶君については「至龍漢開圖、化生靈寶君、經一劫至赤明元年、出書度人、時號上清玄都玉京七寶紫微宮 (龍漢に至り圖を開き、靈寶君に化生し、一劫を經て赤明元年に至り、書を出だし人を度し、時に上清玄都玉京七寶紫微宮を號す)」(1a～b)、神寶君については「至赤明元年、化生神寶君、經二劫至上皇元年出書、時號三皇洞神太清太極宮 (赤明元年に至り、神寶君に化生し、二劫を經て上皇元年に至り書を出だし、時に三皇洞神太清太極宮を號す)」(1b) と見える。
185) これと同樣の表現が、3丁にも「九天生神章、乃三洞飛玄之炁、三合成音、結成靈文、混合百神隱韻內名 (九天生神章、乃ち三洞飛玄の炁、三たび合して音を成し、靈文を結成し、百神隱韻內名を混合す)」(3a) と見える。
186) 道藏本『內音自然玉字』卷一：「天眞皇人曰、天書玉字凝飛玄之炁、以成靈文、合八會以成音、和五合而成章 (天眞皇人曰く、天書玉字は飛玄の炁を凝らし、以って靈文を成し、八會を合し以て音を成し、五合を和して章を成す、と)」(1a)

玉字」に由来する設定の経典との違いの一つと言える。また「九天生神章」は、三寶君による「出書」の時点では、元始天尊が関与していないという点でも、「天書玉字」と異なることを指摘できる。故に、この経典は「靈寶五篇眞文」と「天書玉字」のいずれにも由来しない例、換言すればこの経典独自の「三洞飛玄之炁」と三寶君の二つに、正統性の根拠を持つ経典と考えられる。

⑮　『太上洞玄靈寶智慧定志通微經』（『定志經』）

　道蔵本『定志經』は、経典の権威の根拠を天書、天文に求めるという、道教経典の特徴とも言える経典観とは異なる経典観を示す。この経典では、冒頭、靈寶天尊[187]が、造化の始めに氤氳の気が凝結して「神」を成し、その「神」は本来清澄であるが、六情に染まることで罪垢が累積し、その為に衆生は自覚のないまま、三界五道を輪廻して苦しむことを説く[188]。左玄眞人と右玄眞人が衆生が悟りを得るためにどうすればいいかを問うと、天尊は「思微定志旨訣」を二真人に説こうと言う。二真人がその「思微定志旨訣」に経が有るかを問うと、天尊は文字に書かれたものは無いと答える。即ち、

　　二眞曰、不審復應何方必令其悟。天尊答曰、此輩冥昧、示以廣途。文多事碎、智所不堪。智所不堪、致生懈怠心。今欲旨以簡文要事、的以示之、當不同也。二眞於是下座、稽首天尊、不審何事簡要可以開悟。天尊曰、卿並還坐、吾欲以思微定志旨訣告之。其要簡易從易得悟、不亦快乎。二眞曰、思微定志爲有經耶。天尊曰、都無文字。二眞曰、斯徒觸壁無底大癡[189]、如無文字、何從得悟。天尊答曰、即時一切經書、本有文字耶。今日之言、不亦經乎

---

187) この経典の「天尊」については、第1篇第1章第3節を参照のこと。
188) 道蔵本『定志經』がここで説く「両半成一」の思想については、『道教義樞』等その後の道教経典の中での展開を含め、麥谷邦夫論文（2005年）「『道教義樞』と南北朝隋初唐期の道教教理学」（『三教交渉論叢』、京都大学人文科学研究所、2005年、99〜185頁）、王宗昱前掲書（2001年）第四章第二節「両半義」等の先行研究がある。
189) 道蔵本『定志經』の「斯徒觸壁無底大癡」の部分の「觸」の字は、『無上秘要』巻三〇の「經文出所品」に引く『洞玄通微定志經』では「斯徒犖壁无底大癡」(9a)とあって「犖」に作り、『雲笈七籤』巻九の「釋洞玄通微定志經」では「斯徒解壁無底大癡」(12b)とあって「解」に作る。博士論文ではこの部分は語義不詳としたが、本書の出版に際し、「壁に向かい行き詰っているような愚か者」の意ではないか、とご教示頂いた。ここでは、それに従い訓読した。

（二眞曰く、復た何方に應じて必ず其れをして悟らしむかを審らかにせず、と。天尊答へて曰く、此の輩冥昧なれば、示すに廣途を以てす。文多く事碎(くだくだ)しきは、智の堪えざる所なり。智の堪えざる所、懈怠の心を生ずるを致す。今旨は簡文要事なるを以てし、的にして以て之を示さんと欲せば、當に同じからざるべきなり、と。二眞是に於いて座を下り、天尊に稽首すれども、何れの事の簡要にして以て開悟すべきかを審らかにせず。天尊曰く、卿並びに座に還り、吾は思微定志旨訣を以て之に告げんと欲す。其の要は簡にして從ひ易く悟るを得易し、亦た快ならずや、と。二眞曰く、思微定志に爲た經有るや、と。天尊曰く、都て文字無し、と。二眞曰く、斯の徒觸壁無底の大癡、如し文字無くんば、何れに從りてか悟るを得ん、と。天尊答へて曰く、即時の一切の經書、本(もと)文字の有りしや。今日の言、亦た經ならざるか、と）(2a～b)、

とある。経典の由来から見ると、『定志經』では以下のことが言える。

1) 経とは、教えが説かれるより先に文字や符の形で既に存在しているのではなく、説かれた教えが経であり、天書・天文に権威を求めるのではなく、「天尊」が自ら説いた「教え」に権威を求める。

2) 愚昧な者にも悟りを開かせるのに、難解な文では却って懈怠の心を起こさせるとし、むしろ簡潔な要訣を説く方が、それらの者にも早く悟りを得させることができると説く。（これは、難解な奥深い天書を翻訳し解説することで「經」の権威を高めようとする方向とは反対の方向を示していると考えられる。）

上述のように『定志經』は、天尊の説く教えそのものに正統性をおくと解釈される。その点で『定志經』は、他のほとんどの霊宝経典が「靈寶眞文」や「天書玉字」、或いは「飛玄之氣」という「天文」・「天書」、もしくは「天書」を結成する「氣」を経典の持つ正統性の基礎におくのに対して、それらとは異なる思想において作成された経典であることが指摘できる[190]。

---

[190] 『定志經』が他の古霊宝経と異なる考えを示すことに関して、劉屹氏はこの経典が、古霊宝経の中でも晩出の経典であると推定している。劉屹論文（2016年）「古霊宝経戒律思想的発展脈絡」（『敦煌写本研究年報』2016年第10号、219～230頁）の特に228～229頁。

(二) 正統性の根拠とするものが不明瞭な経典

⑯ 『洞玄靈寳玉京山步虛經』（『玉京山經』）

先に言及したように、『玉京山經』は先行研究で、成立過程が複雑であると指摘されている経典である。その中で、原本『玉京山經』にあたるとされる導入部から步虛吟までの前半部分を見ると、経典の基本的な設定に関する記述は見えず、この経典が何を以て正統性の根拠としているかは、現時点で筆者には現行の続道蔵本からは判定できない 191)。

⑰ 『法輪妙經』 四篇（『法輪妙經』A（HY346)、『法輪妙經』B（HY348)、『法輪妙經』C（HY455)、『法輪妙經』D（HY347))

『法輪妙經』に該当するとされる四篇の道蔵本には、この経典の基本的設定についての具体的な記述が見えない。『法輪妙經』Cに見える「道」が八門出游し、八方の無極世界（地獄）を歴観する話は、道蔵本の『九幽玉匱明眞科』や『智慧罪根』(HY457)と共通するが、これら二篇と異なり、直接「靈寳眞文」に言及する箇所は見えず、「天書玉字」に関連した内容も見えない。また、四篇の現行本は専ら『法輪妙經』に言及しており、『法輪妙經』Aに「舊文蔵於太上六合玄臺」（1a）とある「舊文」は文脈から『法輪妙経』を指すという解釈ができるが、そこからは経の正統性をどこに求めているのかは判らない。但し、『法輪妙經』Bに「此文與元始同生（此の文元始と同に生ず）」(6b)とあり、「此の文」が「元始」と共に出現したと述べる。ここから類推すると、『法輪妙經』が、「元始」と共に出現したことを以て、正統性の根拠としている可能性は考えられる。

⑱ 『太上洞玄智慧上品大誡』（『智慧上品大誡』HY177) 192)
　　　　たいじょうどうげん ち え じょうぼんだいかい

この経典では、元始天尊が太上道君に告げる形で、受戒・持戒の重要性を説

---

191) 王承文氏は『玉山京經』は「步虛」儀に関する經典であり、その「步虛」儀は「靈寳五篇眞文」への崇敬を表す儀式であるとする。王氏前掲書（2017年）下篇第四章第一節参照。王氏のこの指摘に依れば、この経典は正統性の根拠を「靈寳五篇眞文」におくと見ることができる。該經典の先行研究については、本書第1篇第1章の注40)参照のこと。

192) この経典は、『正統道蔵』には『太上洞玄眞慧上品大誡』の經題で収められているが、周知のように正しい經題は『太上洞玄智慧上品大誡』である。この経典については、敦煌本「霊

くが、経典自体の正統性の根拠は特に述べていない。戒が衆生救済の為に説かれるという設定は、「十部妙経」に言及する霊宝経典中の戒に関する設定と共通するので、それらの経典の系列上にある経典と見ることもできる。しかし、現行本の内容を見る限りでは、正統性の根拠は不明である[193]。

3 「元始旧経」検証のまとめ

以上、各経典について、それぞれが何に経典としての正統性を求めているのかを考察した。その結果、経典の由来するものが不明な例を除くと、「元始旧経」には「靈寶眞文」に由来する経典の他、「天書玉字」に由来する経典、それらの融合した設定が見える経典、及びそれらの系統とも異なると考えられる経典と、「天書」・「天文」に正統性の由来を求めない経典とが含まれていることが指摘できる。また一部の経典には、正統性の由来についての言及のないものもある。経典が宗教上の正統性をどこに求めるかということは経典の作成意図と大きくかかわり、経典の権威の構築においても大きな意味を持つと考える。故にそこに大きな違いがある経典が、いずれも最初から「元始旧経」という一つの経典カテゴリーを構成する経典として作成されていたと見ることは、慎重を要すると考える。これらの霊宝経典を「元始旧経」というカテゴリーに属する経典としたのは、経典目録に分類し著録する為であったと考えられる。敦煌本「霊宝経目録」が陸修静の目録に基づいているとすると、そのような分類の為の「元始旧経」というカテゴリーを霊宝経典に設定したのは、現時点では陸修静以外に考えられないと言わざるを得ない。個々の検証から、陸修静がそのようなカテゴリーを設定した目的は、彼自身が構想する霊宝経の体系中に、実際に存在する霊宝経典を位置付ける為であったと推測される。もう一方の経典のカテゴリーである「仙公新経」についても、同じことが言えるのではないか。敦煌本「霊宝経目録」に見える二系統の霊宝経典が陸修静の経典分類の結果であって、当時の霊宝経典の状況をそのまま反映しているのではないことを改め

宝経目録」第五篇目の解釈で、議論がある。第五篇目の問題に関しては、本章の注166)、221) を参照のこと。

193) 劉屹氏は、道蔵本『智慧上品大誡』(HY177) は、中に見える戒などの内容から、古霊宝経の中では471年以降成立の晩出の霊宝経であるとする。同氏前掲論文 (2010年)、(2016年)。また、本章の注166) 参照のこと。

て示す為に、次に、「元始旧経」を検討したのと同様、「仙公新経」についても
検証したい。

第3節　「仙公新経」の検証

　「元始旧経」の検証では、「十部妙經」の基本設定との照合により、経典の正
統性の根拠とするものの分析から、「元始旧経」が実際の霊宝経典の在り様を
反映しているのではなく、経典分類の為に設定された経典カテゴリーである可
能性が高いことを示した。「仙公新経」の基本設定については、「元始旧経」と
は異なる状況がある。本節では「仙公新経」に分類された個々の経典の内容に
ついて見ていくが、その結果を先に言えば、「仙公新経」の経典のほとんどが
一部例外を除いて、「仙公新経」の基本設定を形成する「仙公が経典を伝授さ
れる」という「仙公受経」のモチーフを含んでいる。このことから想定される
のは、「仙公受経」のモチーフが陸修静の霊宝経の分類整理以前に、既に霊宝
経典の内部に一種のジャンルを形成していた可能性である。その為、「仙公所
受経典」という基本設定の「仙公新経」のカテゴリーについては、「仙公受経」
というモチーフの経典ジャンルが展開し、必然的に「仙公新経」というカテゴ
リーを形成した可能性も考えられる。そこで、「仙公新経」を「仙公新経」た
らしめる条件として、基本設定である「仙公所受経典であること」に試みに、
先学が「仙公系」霊宝経の特徴とする『道徳五千文』への言及、太極眞人の設
定、天師道関連諸事への言及の三点を加え[194]、この四つの条件を「仙公新経」
に分類された経典の現行本の内容と照合し、「仙公新経」を特定する絶対的条
件が存在するのかを改めて検証したところ、これらの条件はいずれも「仙公新
経」を特定する排他的絶対条件になっていないだけでなく、古霊宝経典の中に
新旧の枠を越えて見出せる例のあることが確かめられた。『法輪妙經』の例で

---

194) 小林正美前掲書（1990年）第一篇第三章四の（2）及び五、六参照。本文中の三点の特
　　徴は氏が分類する「仙公系」の特徴とするものである。また、「仙公新経」中の「道徳五千文」
　　に関する近年の研究には以下がある；劉屹論文（2009年b）"元始旧経"与"仙公新経"的
　　先後問題―以"篇章所見"的古霊宝経為中心」（『首都師範大学学報（社会科学版）』2009年
　　第3期（総188期）、1〜16頁）。王承文前掲書（2017年）下篇第三章第一節。こちらにつ
　　いては本書第3篇第7章の注226）を参照のこと。

は、第1篇第1章で言及したように、ひとつの経典に「仙公新経」と「元始旧経」の両方の設定が見え、敦煌本「霊宝経目録」は後者を優先して、この経典を「元始旧経」に分類している。これは「仙公新経」の基本設定が、「仙公新経」を特定する排他的条件を形成していないことを示す一例と考えられる。先の「元始旧経」の場合は、分類された経典の中に「元始旧経」の枠に本来は収まらない経典があり、経典がその正統性の根拠という問題においてカテゴリーの枠を越えている例が認められた。一方、「仙公新経」では、「仙公新経」を「仙公新経」たらしめる条件と考えられた事柄が、経典のカテゴリーを越えて、古霊宝経典内に存在している例がある。このことは、上述の「仙公受経」モチーフの問題と併せて、「仙公新経」という経典カテゴリーについて、どのようなことを示しているのであろうか。そこで以下に、この四つの条件と経典の内容とを照合しながら、改めて、「仙公新経」という経典カテゴリーが経典分類の為に設定されたものであると言い得るのか、その点について検証したい。

1 「仙公新経」の基本設定

「仙公新経」について敦煌本「霊宝経目録」は、「葛仙公所受教戒訣要及説行業新經（葛仙公受くる所の教戒訣要及び行業を説く新經）」と説明する。また本来、「仙公新経」でも「元始旧経」でもない『五符經序』を「仙公新経」の最初に置き、この経典だけ例外的に「仙公在世時所得本、是分爲二卷（仙公在世時に得る所の本、是れ分かちて二卷を爲す）」と説明している。これらから「仙公新経」の基本設定が、「葛仙公が伝授された経典である」ことは確かであろう。そこで、この「仙公所受経典」という設定に照らして、「仙公新経」の現行本が、その設定に合致するものであるか否かを見ていきたい。ただし、『五符經序』が「仙公新経」に分類されること自体が既に、「仙公新経」というカテゴリーは、分類する者の解釈により判別された経典を含むものであることを示している、と指摘できる。

(1) 基本設定「仙公所受経典」と「仙公新経」の内容の照合

葛仙公が伝授された経典であることが「仙公新経」の基本設定であるとすると、その経典に葛仙公が経典を受けた者として見えることが第一に重要な点と

なる。ところが「仙公新経」の現行本には、経典中に葛仙公が見えない道蔵本『眞文要解』が存在する。それ以外の経典にはいずれも葛玄を指す「仙公」や「葛仙公」の語が見え、直接経法を伝授される者として登場する設定のほか、経典の内容の補足解説者としての設定も見える。後者の設定の経典も、葛仙公への経典伝授を前提にしていると解釈できるので、道蔵本『眞文要解』以外の経典は「葛仙公が伝授された」経典という基本設定に該当すると見ることができる。そこで次に、「仙公新経」の現行本の中で、葛仙公を含む伝授の系譜がどのように設定されているかを確かめたい。

(2) 「仙公新経」中の伝授の系譜
(イ) 太極眞人から葛仙公への伝授の系譜

敦煌本「霊宝経目録」の「仙公新経」の基本設定が葛仙公が伝授された経典であることから、その現行本ではほぼすべての経典で、伝授の系譜を解説している[195]。その中で伝授の具体的な系譜を記載していないのは、道蔵本『諸經要訣』であるが、これは「靈寶齋法」の言わば解説書であり、全体は太極眞人が解説し、数か所で（葛）仙公が更に補足説明を加える構成になっている。このことから『諸經要訣』は、太極眞人から葛仙公に伝授されたことを前提としていると見ることができ、伝授の系譜で、太極眞人から葛仙公への伝授という設定を含んだ経典であると言える[196]。この経典以外はすべて、経法の伝授の系譜について言及しているが、その系譜の設定についても、いくつかの異なる設定が見える。上掲の道蔵本『諸經要訣』を含め、太極眞人から葛仙公への伝授の系譜が設定されている例は、「仙公新経」の中に六例ある。前述の道蔵本『眞文要解』には、そもそも葛仙公が登場しないので、葛仙公への伝授の系譜自体が設定されていない。現行本中、『諸經要訣』を除く残りの五例では、具体的には以下のような伝授の系譜の言及がなされている。

---

195) 霊宝経典中の葛仙公については神塚淑子前掲書（2017 年）第一篇第三章参照。
196) 小林氏は、「元始系」霊宝経では元始天尊と太上大道君を立てるのに対し、「仙公系」霊宝経では太極眞人と葛仙公を立てるとする。小林前掲書（1990 年）第一篇第三章四の (2)。

① 『上清太極隱注玉經寶訣』(『隱注寶訣』)

　この経典では、経典伝授の系譜の説明中に見える「太極仙公(たいきょくせんこう)」は天界の仙人の位を表すが、前後の文脈から葛玄のことを指すと解釈される「仙公」が、経典の内容に補足説明をしている箇所がある。即ち、該経道蔵本に「仙公曰、老子西化胡教外國、讀經時多是大梵天音也。適道士所好者耳（仙公曰く、老子西して胡を化し外國を教ふるに、讀經の時多くは是れ大梵天音なり。道士の好む所に適ふ者なるのみ、と）」(7a) とあり、この「仙公」は葛仙公と考えられる。更に、「寶訣」が太極眞人から「太極仙公」へ伝授されるという伝授の系譜が見え、「太上玉經隱注曰、寶訣衆經之祖也。太上命傳太極諸仙公・仙王・仙伯・仙卿。未得此任不傳之矣（太上玉經隱注曰く、寶訣は衆經の祖なり。太上命じて太極諸仙公・仙王・仙伯・仙卿に傳へしむ。未だ此の任を得ざれば之を傳へざるなり）」(12a) とある。また、

　　太極眞人曰、予有九天黃素隱訣、傳諸人也。（中略）或曰、太上玉經太極
　　隱注。傳諸宿命應爲太上玉京玄都太無太極仙公・仙王・仙伯・仙卿之人矣。
　　不告始學之道士也
　　（太極眞人曰く、予に九天黃素隱訣有り、諸人に傳ふるなり。（中略）或いは曰く、
　　太上玉經太極隱注と。諸々の宿命もて應に太上玉京玄都太無太極仙公・仙王・
　　仙伯・仙卿爲るべきの人に傳ふるなり。始學の道士に告げざるなり、と）(16b)、

とあり、先に示したようにこの経典には仙公が解説をする部分があるので、ここで説明される伝授の対象者の「太上玉京玄都太無太極仙公」には、解説している（葛）仙公が含まれることが前提と考えられ、『隱注寶訣』には、太極眞人から葛仙公への伝授が設定されていたと見ることができる。

② 『太上太極太虛上眞人演太上靈寶威儀洞玄眞一自然經訣上卷』(『自然經訣』)

『自然經訣』の現存する敦煌写本[197]の中に、

　　太極眞人稱徐來勒、以己卯年正月一日日中時、於會稽上虞山傳太極左仙公
　　葛玄、字孝先

---

[197] 『自然經訣』については、『中華道藏』第4冊所収の『太上靈寶威儀洞玄真一自然經訣』（敦煌本：王卡点校）の頁で該当箇所を示す。

第6章　分類の為のカテゴリーとしての「元始旧経」と「仙公新経」　159

(太極眞人　徐來勒と稱し、己卯年正月一日日中の時を以て、會稽上虞山に於い
て太極左仙公葛玄、字は孝先に傳ふ)
　　　　　　　　　　　　(敦煌写本 P2452、『中華道蔵』第4冊100頁中段)、
とあり、また、その前に見える「太極眞人傳經章辞要經」(『中華道蔵』第4冊
99頁中段)に、「葛仙公所受用儀法如左(葛仙公受くる所の儀法を用ゐるは左の
如し)」と説明が付されていることから、『自然經訣』にも、太極眞人から葛仙
公への伝授という設定がされていたと考えられる。

③　『太上洞玄靈寶智慧本願大戒上品經』(『智慧本願』HY344)
　この経典は、仙公が天台山で、「靈寶玄師太極太虛眞人」に請問するところ
から始まる。即ち、
　　仙公於天台山靜齋念道、稽首禮拜、請問靈寶玄師太極太虛眞人曰、弟子有
　　幸、得侍對天尊[198]、自以、微言彌綸萬劫、洞觀道源。過泰之歡、莫有論也。
　　(中略)、近而未究人生宿世因縁本行之由、今願天尊覺所未悟
　　(仙公は天台山に於いて靜齋念道し、稽首禮拜し、靈寶玄師太極太虛眞人に請問
　　して曰く、弟子に幸有り、天尊に侍對するを得て、自ら以へらく、微言は萬劫
　　を彌綸し、道源を洞觀す、と。過泰の歡、論有る莫きなり。(中略)、近ごろ未
　　だ人生の宿世因縁本行の由を究めず、今願ふは天尊未だ悟らざる所を覺されん
　　ことを) (1a)、
とあり、仙公は自らを弟子と称して、「靈寶玄師太極太虛眞人」に教えを請う
ている。「靈寶玄師太極太虛眞人」は、後にはただ「太極眞人」と記されてい
るが、冒頭で「霊宝玄師」と冠されているように、玄師として設定されてい
る[199]。この経典では冒頭の部分から、太極眞人から葛仙公への伝授の系譜が設

198)　この「天尊」は道蔵本『智慧本願』(HY344)で設定されている伝授の系譜から見て、
　　最上位にある「太上虚皇道君」と考えられる。伝授の系譜は「此戒名智慧隠經道行本願上
　　戒寶眞品。太上虛皇傳太上大道君、道君傳太微帝君、帝君傳九微太眞、太眞傳太極大法師、
　　及傳太極高仙王公。不告諸中仙矣(此の戒　智慧隠經道行本願上戒寶眞品と名づく。太上虛
　　皇は太上大道君に傳へ、道君は太微帝君に傳へ、帝君は九微太眞に傳へ、太眞は太極大法師
　　に傳へ、及び太極高仙王公に傳ふ。諸もろの中仙に告げざるなり)」(8a)と見える。
199)　経典を開示する神である「玄師」については、金志玹氏の研究がある。金志玹(2011年)
　　「玄師と經師—道教における新しい師の観念とその展開」(『三教交渉論叢続篇』、京都大学人
　　文科学研究所、2011年、57〜97頁)。

定されていることが判る。

④ 『太極左仙公請問經上』（敦煌寫本Ｓ（スタイン）1351、『請問經上』）
敦煌本『請問經上』では、冒頭に「仙公稽首、禮太上太極高上老子无上法師。夫爲善功之法、脩行等事、願聞其旨（仙公稽首し、太上太極高上老子无上法師に禮す。夫れ善功を爲すの法、脩行等の事、願はくは其の旨を聞かん）」（『中華道藏』第4冊119頁上段）」とあり、仙公が「太上太極高上老子无上法師」に教えを請う場面が見え、両者の間の伝授を通じた師弟関係の設定が看取される。この經典には太極眞人の神格名が見えず、仙公に經法を伝授するのは、冒頭に登場する「太上太極高上老子无上法師」である。この人物は經典の中で、「法師」（『中華道藏』第4冊、120頁上段）、「高上老子」（同書、119頁中段〜120頁上段）、「高上法師」（同書120頁中段）とも表記されている。この中の「高上法師」は、『請問經』の下巻にあたる道藏本『太上洞玄靈寶本行宿緣經』冒頭に、「太極眞人高上法師」（1a）とある。そこから、「太上太極高上老子无上法師」は太極眞人を指すと考えられ、敦煌本『請問經上』に見える「太上太極高上老子无上法師」と仙公の伝授の系譜も、太極眞人と仙公の伝授の系譜であると見ることができる。

⑤ 『太上洞玄靈宝本行宿緣經』（『請問經下』）
道藏本『請問經下』では、冒頭、「仙公請問太極眞人高上法師曰（仙公は太極眞人高上法師に請問して曰く）」（1a）云々とあり、仙公が「太極眞人高上法師」に請問する場面から始まり、仙公が太極眞人に教えを請うている。ここから、この經典には太極眞人から仙公への伝授の系譜が設定されていることが判る。

以上のように見てきたが、『五符經序』を除く「仙公新經」で太極眞人から葛仙公への伝授の系譜が記されていないのは、道藏本で『眞文要解』と『本行因緣經』の二例である。この二例ではそれぞれ、太極眞人から葛仙公への伝授の系譜とは異なる伝授の系譜が設定されている。

(ロ) 太極眞人も仙公も見えない伝授の系譜
⑥ 『太上洞玄靈寶眞文要解上經』(『眞文要解』)
　道蔵本『眞文要解』に、葛仙公が見えないことは先に述べた。太極眞人については「懺謝十方」の儀式において、南方と下方の二方位に向かって行う「懺謝」の中で、「迎謝」の対象となる大勢の神格の中の一人として見える[200]が、経文の中で特に何らかの役割を持った神格としては出てこない。しかし、この経典でも伝授についての言及があり、「十二大願」の伝授に関して「太上大道君曰、吾昔受之於元始天王、使授仙公・仙王・仙卿・上清眞人、不傳中仙（太上大道君曰く、吾は昔之を元始天王より受け、仙公・仙王・仙卿・上清眞人に授けしめ、中仙に傳へず）」(5a)云々とあり、太上大道君の解説の中で、「元始天王→太上大道君→仙公・仙王・仙卿・上清眞人」という伝授の系譜を載せている。但し、ここでの「仙公」は天界の仙人の位を示し、葛仙公を指すものではない。このことから、『眞文要解』では本来、太極眞人から葛仙公への伝授の系譜は設定されていないと考えられる。

(ハ) 太極眞人以外の神格から仙公への伝授の系譜
⑦ 『太上洞玄靈寶本行因縁經』(『本行因縁經』)
　道蔵本『本行因縁經』には葛仙公が登場し、経典は葛仙公の話を中心に構成されている。しかし、この経典には太極眞人は見えず、葛仙公は「太極左仙公(たいきょくさせんこう)」を拝受した際、直接玉京に登り金闕に入って无上虛皇(むじょうきょこう)に拝謁したことが記されている。この経典の冒頭の場面では、仙公が勞盛山で静斎念道した際、その場にいた三十三人の地仙道士の一人が仙公を師尊と呼び、「師尊始學道、幸早被錫爲太極左仙公、登玉京、入金闕、禮无上虛皇（師尊始めて道を學び、幸ひにも早に錫わりて太極左仙公[201]と爲り、玉京に登り、金闕に入り、无上虛皇に

---

200) 道蔵本『眞文要解』の10丁aと13丁bに太極眞人が神格名のみ見える。この経典については、第1篇第1章の注50) を参照のこと。
201) 葛玄が「太極左仙公」を拝命したという霊宝経中の伝承に関して、陶弘景は否定的であり、葛玄が「仙公」と呼ばれるようになった経緯として、葛玄の生前、東海の島から「寄葛仙公」と題された一通の書簡が届けられたことから、彼が「仙公」と呼ばれるようになったという別の伝承を紹介している。(陶弘景「呉太極左宮葛仙公之碑」(『華陽陶隠居集』巻下。ここでは、『陶弘景集校注』([南朝・梁] 陶弘景著、王京州校注、上海古籍出版社、2009年)

禮す)」云々（1a）と述べる。ところで『法輪妙經』A（HY346）では、仙公が「三洞大法師」を拜命するにあたり、太上の命で太極眞人がそれを保舉したことが述べられ、仙公が天界の位を拜受する際に太極眞人が介在していた[202]。これに対し、ここでは葛玄を保舉する「師」を設けず、葛玄が直接「太極左仙公」を拜受している。經典の巻末近くに登場する東華青童子が、このことを「足下受太上錫（足下太上の錫を受く）」(7b)云々と言っているが、保舉には言及していないことから、道蔵本『本行因縁經』には、天上界の位を拜受する仙公を保舉する「師」となる太極眞人は、設定されていないと推測される。先に道蔵本の『眞文要解』や『隱注寶訣』の「仙公」の語に見たように、天上界の位は經典の傳受資格と結びついていると想定されているので、道蔵本『本行因縁經』では、葛玄が「太極左仙公」を拜受したことで生じる經典傳授も当然、想定されていると考えられる。それは經典中、仙公が「受經少、那責求高仙乎（經を受くること少なくして、那ぞ高仙を責求せんや）」（5b〜6a）と述べていることからも窺える。また太極眞人が登場しないので、ここでの傳授の系譜に太極眞人は含まれないと類推される。このことから、『本行因縁經』の原本の『衆聖難經』には太極眞人から葛仙公への傳授の系譜が設定されておらず、故にそれを前提にした經典ではないと考えられる。

以上、現行本を見る限り、『眞文要解』と『本行因縁經』以外の「仙公新經」では、太極眞人から葛仙公への傳授の系譜が設定されており、また道蔵本『本行因縁經』は葛仙公を含む傳授の系譜が設定されているので、これらの經典は、「仙公所受經典」の基本設定である仙公が傳授された經典に該当すると考えられる。道蔵本『眞文要解』では、太上大道君から天界の仙人の位として「仙公」の地位にある者への傳授の系譜は設定されているが、太極眞人から葛仙公への傳授の系譜が設定されていないので、この經典は「(葛)仙公所受經典」という設定から見れば、例外にあたる經典であると言える。

158〜171頁を參照。神塚淑子氏は、『本行因縁經』が、陶弘景が傳える葛玄の傳承との関連が窺える經典であることを指摘する。また、『本行因縁經』に見える「東華青童子」についても言及している。神塚前掲書（2017年）第一篇第三章四。

202)『法輪妙經』Aでは、太上玄一眞人が太極左仙公にかつてのこととして、次のように告げる：「太上命太極眞人徐來勒、保汝爲三洞大法師（太上　太極眞人徐來勒に命じ、汝を保して三洞大法師と爲さしむ）」(2b)。

2 『道徳五千文』に言及する経典

「仙公新経」とその中に見える『道徳五千文』の関係については、第3篇第7章で「古霊宝経」中に見える天師道関連諸事の一つとして考察することとし、ここでは小林正美氏により「仙公系」霊宝経に共通する特徴の一つとされている『道徳五千文』への言及を確認するにとどめる。考察の結果から言うと、「仙公新経」中、現存する経典テキストを見る限り、そのすべての経典で『道徳五千文』が言及されているわけではない。道蔵本『五符序』を除く八点の「仙公新経」の現行本中、『眞文要解』と『本行因縁經』は全く『道徳五千文』に言及していない。それ以外の『隠注寶訣』、『自然經訣』、『諸經要訣』、『智慧本願』(HY344)、『請問經上』、『請問經下』の六点のテキストは、『道徳五千文』に言及している。また、小林正美氏の分類で「仙公系」霊宝経とされる「元始旧経」を見ても、そのすべてが『道徳五千文』に言及している訳ではない[203]。『道徳五千文』に言及していない「仙公系」の経典としては、「仙公新經」の道蔵本『本行因縁經』に加え、「元始旧経」の道蔵本『法輪妙經』が挙げられる。続道蔵本『玉京山經』には「五眞人頌」が含まれ、その中の「正一眞人三天法師張天師頌」に、「靈寶及大洞、至眞道經王。五千文、高妙無等雙（靈寶及び大洞、至眞道經の王。五千文、高妙にして等雙無し）」(9b) 云々とあって、ここに『道徳五千文』が見えるが、この部分は、陸修静当時の『玉京山經』にはなかったとする劉屹氏、王皓月氏の研究があり、陸修静当時のテキストでは、『玉京山經』も『道徳五千文』に言及していない可能性がある[204]。このように、「仙公系」霊宝経の枠で見ても、『道徳五千文』に言及しない経典が含まれており、『道徳五千文』への言及が「仙公新経」であれ「仙公系」霊宝経であれ、経典すべての共通点であるとは言えない。以上のことから、少なくとも『道徳五千文』に言及していることが、「仙公新経」共通の特徴であると言うことは難しい。また、言及の有無で分ければ、言及する経典、言及しない経典、それぞれ複数見えるので、「仙公新経」の中には、『道徳五千文』に言及する経典群

---

203) 小林氏が敦煌本「霊宝経目録」の「元始旧経」で例外的分類例の「仙公系」霊宝経とする経典は、『五符序』と『眞文要解』を除く「仙公新經」と、『玉京山經』、『五稱符上經』、『法輪妙經』で、『九天生神章經』については「仙公系」と「元始系」の融合した経典とする。小林前掲書 (1990年) 第一篇第三章及同書184～185頁の経典リスト参照。

204) 両氏の研究については、本書第1篇第1章の注40) 参照のこと。

と『道徳五千文』に言及しない経典群とが混在していた、ということが言える。

3 「太極眞人」に言及する経典
(1) 「仙公新経」中の太極眞人

「仙公新経」では、多く太極眞人が登場する。ただし、『道徳五千文』への言及のない二つの経典中、道蔵本『眞文要解』では、拝謝の対象となる神格群にその名が見えるだけであり、道蔵本『本行因縁經』では経典中に登場しない。このことから、太極眞人と『道徳五千文』には何らかのかかわりがあると見ることができる。そもそもこの太極眞人について、太極眞人が登場するその他の「仙公新経」では、どのような設定がされているのか。以下、個々の経典の中の太極眞人の記述について見ていき、そこにどのような共通した設定が見えるかを考察したい。言うまでもないが、太極眞人は霊宝経独自の神格ではなく、梁・陶弘景『眞誥』中の東晋期の真人のお告げの記録の中にも見える。そこには太極眞人が、『道徳五千文』一万回誦読の功徳を述べるお告げ[205]も見えるので、既に東晋期には「仙公新経」に見えるような『道徳五千文』とかかわりのある神格として、太極眞人という神格は成立していたようである[206]。霊宝経は

---

205) 周知のように、『眞誥』巻九「協昌期第一」に見える真人のお告げに「太極眞人云、讀道德經五千文萬遍、則雲駕來迎。萬遍畢未去者、一月二讀之耳、須雲駕至而去（太極眞人云く、道德經五千文を讀むこと萬遍せば、則ち雲駕來迎す。萬遍畢はりて未だ去らざる者は、一月に二たび之を讀むのみ、須らく雲駕至りて去るべし）」(23a～b)とあり、太極眞人が『道德經五千文』を一万回読むと登仙できると説いている。『眞誥』に記された諸真人のお告げそのものは、茅山で許謐が霊媒楊羲を介して東晋・興寧二年(364)以降、興寧年間を中心に行った神降ろしにより得た神託であり、信頼すべき東晋期の神託の記録とされている。

206) 「太極眞人」に関しては、『眞誥』巻五「甄命授第一」の1丁b～2丁aに真人裴君のお告げとして、「君曰、太上者、道之子孫、審道之本、洞道之根。是以爲上清眞人、爲老君之師。〔此即謂太上高聖玉晨大道君也。爲太極左眞人中央黃老君之師〕（君曰く、太上とは、道の子孫、審道の本、洞道の根なり。是を以て上清眞人と爲り、老君の師と爲る。〔此れ即ち太上高聖玉晨大道君を謂ふなり。太極左眞人中央黃老君の師爲り〕）（〔　〕部分は陶弘景の注部分）」とあり、「君曰、老君者、太上之弟子也。年七歲而知長生之要、是以爲太極眞人。君曰、太極有四眞人。老君處其左、佩神虎之符、帶流金之鈴、執紫毛之節、巾金精之巾、行則扶華晨蓋、乘三素之雲（君曰く、老君とは、太上の弟子なり。年七歲にして長生の要を知り、是を以て太極眞人と爲る、と。君曰く、太極に四眞人有り。老君は其の左に處り、神虎の符を佩び、流金の鈴を帶び、紫毛の節を執り、金精の巾を巾り、行くには則ち華晨蓋に扶り、三素の雲に乘る）」云々とある。ここには老君は太上の弟子であり、七歲にして長生の要を知り、太極眞人となったことが記されている。この真人のお告げの内容について、陶弘景がこの「老

この太極眞人とその設定を経典の中に取り入れ、太極眞人を、霊宝経を伝授する重要な役割を持つ霊宝経の神格として、霊宝経の神々の体系の中に組み込んだと考えられる[207]。以下に現行本の例を見ていく。(経題は現行本の略称を記す。)

① 『隠注寶訣』

この道蔵本には、「太極眞人曰、吾昔始得仙時、受太上大道君大智慧經（太極眞人曰く、吾昔始めて仙を得し時、太上大道君に大智慧經を受く）」(17b) 云々とあり、太極眞人が太上大道君から「大智慧經」を伝授されたことを述べる。ここから伝授を通した師弟関係上、太上大道君が太極眞人の師として設定されていることが判る。

君」を「中央黄老君」とし、「太上」を「太上高聖玉晨大道君」であると注を付しているのは、老君に関する記述内容が、『上清太上帝君九眞中經』(HY1365) 巻上の「太上帝君九眞中經内訣」に見える中央黄老君の記述と合致することによる。即ち、『上清太上帝君九眞中經』巻上に「中央黄老君、太上太微天帝君之弟也。以清虛上皇二年、混爾始生。(中略) 年七歳、仍自知長生之要、天仙之法（中央黄老君、太上太微天帝君の弟なり。清虛上皇二年を以て、混爾に始めて生ず。(中略) 年七歳にして、仍ねて自ら長生の要、天仙の法を知る）」(1a) とあり、「於是太上授以帝君九眞之經、八道秘言之章。施修道成、受書爲太極眞人。太極有四眞人、中央黄老君處其左、得佩龍玄之文、神虎之符、帶流金之鈴、執紫毛之節、巾金精之巾、或扶晨華冠、駕鬱華飛龍、乘三素之雲（是に於いて太上くるに帝君九眞の經、八道秘言の章を以てす。施修し道成じ、書を受けて太極眞人と爲る。太極に四眞人有り、中央黄老君は其の左に處り、龍玄の文、神虎の符を佩び、流金の鈴を帶び、紫毛の節を執り、金精の巾、或いは扶晨華冠を巾り、鬱華飛龍を駕し、三素の雲に乘るを得たり）」(1b～2a) とある。このような上清経の記述から見て、太極眞人が東晋期には天真として既にかなり詳細な設定がされていた神格であったと推測される。なお、「仙公新經」で最上位の神格として見える太上道君も、上清経が創出した重要な神格である。霊宝経典の一部に、上清経の複数の神格が見えることについては、つとにロビネ氏をはじめ多くの研究者によって指摘されているが、これは霊宝経の成り立ちを考察する上で重要な問題の一つと考えられる。Robinet, I., *La Révélation Du Shangqing Dans l' Histoire Du Taoisme*, École Française D'Extrême-Orient, Paris, 1984, Chapitre XII. Le Shangqing 《Originel》 Et Le Lingbao 《Ancien》, pp. 183-197 の特に 194 頁参照。上清経にみえる太極眞人については、神塚淑子前掲書 (2017年) の第一篇第三章二を参照。

207) 霊宝経典に登場する太極眞人の名は「徐來勒」である。この名は現行本を見る限り上清経には見当たらず、霊宝経が独自に創出した名のようである。霊宝経の中の太極眞人は、上清経にない「徐來勒」という名を与えられたことで、霊宝経独自の太極眞人となったと言えよう。

② 『自然經訣』

この経典の敦煌写本は前の部分を欠くが、「諸如來受太上教説法（諸々の如來は太上の教説せる法を受く）」（『中華道蔵』第 4 冊、97 頁上段～中段）の箇所から残っており、ここから、太上が教えを説く最上の神格として設定されていると推測される。その後に見える「道言」については、「太極眞人曰」として、「我歷觀如經説明、夫道言者、是太上言太上大道文、故稱道言也（我　歷觀して經の如く説明するに、夫れ道言ふとは、是れ太上　太上大道文を言ふ、故に道言ふと稱するなり）」（上掲書、98 頁上段）とあるので、この「道」は太上を指すことが判る。その太上の言葉に太極眞人が補足説明を加えていることと、太上が教えを説く最高神格として設定されていると考えられることから、この経典では太上は太極眞人の上位にあり、太極眞人から經法を伝授される仙公はその下位にあるので、太上（道）→太極眞人→仙公という伝授の系譜が考えられており、太極眞人は太上（道）の弟子として設定されていると類推される。

③ 『諸經要訣』

この経典では、前述のように明確な伝授の系譜が見えない。ここで解説される「靈寶齋」は、天上界で真人たちが太上大道君の台を中心に行う斎法に則ったものであることが述べられている。即ち、

　　所以旋繞香者、上法玄根無上玉洞之天、大羅天上、太上大道君所治七寶自
　　然之臺。無上諸眞人持齋誦詠、旋繞太上七寶之臺、今法之焉。又三洞弟子
　　諸修齋法、皆當燒香歌誦、以上象眞人大聖衆、繞太上道君之臺時也
　　（香を旋繞する所以は、上　玄根無上玉洞の天、大羅天上、太上大道君の治むる
　　所の七寶自然の臺に法る。無上諸眞人持齋誦詠し、太上七寶の臺を旋繞す、今
　　之に法るなり。又　三洞弟子諸々の齋法を修むるに、皆當に燒香し歌誦し、以
　　て上　眞人大聖衆、太上道君の臺を繞る時に象るべきなり）（6b ～ 7a）云々、

とあり、太上大道君をこの経典中、最高神格として設定していると推測される。この経典中で、靈寶齋法について解説する太極眞人は、真人の一人として太上大道君の下位に設定されていると考えられる。因って、ここでもその上下関係から見て、太極眞人は太上大道君の弟子であるという設定が前提になっていると類推される。

④　『智慧本願』(HY344)

　この経典では太極眞人について、この経典中の最高神格である高上太道虛皇との間にも伝授の関係があることを述べる。導入部では、太上高玄真人により、太極眞人が太上虛皇道君から命じられて仙公の師保となったことが告げられる。即ち、

　　而謂太極眞人曰、卿受太上虛皇道君之命、爲其師保、亦必盡敎以高上大洞之淵賾也、豈挨彼多陳

　　(而して太極眞人に謂ひて曰く、卿　太上虛皇道君の命を受け、其の師保と爲る、亦た必ず盡く敎ふるに高上大洞の淵賾を以てするなり、豈に彼の多く陳ぶるを挨たんや) (1b)、

とあり、更に、

　　太極眞人曰、吾昔受「太極智慧十善勸助功德戒」於高上太道虛皇、世世宗奉、修行大法、度人甚易、此自然之福田也

　　(太極眞人曰く、吾は昔「太極智慧十善勸助功德戒」を高上太道虛皇より受け、世世宗び奉じ、大法を修行せば、人を度すること甚だ易し、此れ自然の福田なり) (9a)、

とある。また、仙公に対して戒の伝授に際しての作法を説明する中で、

　　太極眞人曰、吾昔學道時、受之於太上虛皇、奉而修之、遂成眞人也

　　(太極眞人曰く、吾昔道を學ぶ時、之を太上虛皇より受け、奉じて之を修め、遂に眞人と成るなり) (17a)、

とあって、太極眞人が太上虛皇から「大戒品文」を受けたことを述べているので、太極眞人と太上虛皇道君の間に伝授を通じた師弟関係があり、太上虛皇道君が太極眞人の師であることが窺える。この記述の後に、「仙公以元正之日受戒 (仙公は元正の日を以て受戒す)」(17b) 云々と、仙公が大戒を伝授されたことを述べる。これらから道蔵本『智慧本願』(HY344) には、太上虛皇→太極眞人→仙公という伝授の系譜の設定が看取される。

⑤　『請問經上』

　この経典では太上太極高上老子无上法師が、仙公に『太極智慧經』上篇中の十四条の戒を説いている。本章で先に見たように、『請問經下』の神格名との

比較対照から、この太上太極高上老子无上法師は太極眞人であると推定されるので、ここでは太極眞人＝高上老子と見て、太極眞人（高上老子）を仙公の師として設定していると考えられる。

⑥ 『請問經下』
この經典では、太極眞人高上法師の師弟關係が説明されている。即ち、
> 夫學道宜知先師。我師是太上玉晨大道虚皇、道之至尊也。我是師第六弟子、大聖衆皆師之弟子。弟子无鞅數也。我師名波悦宗、字維那訶。(中略) 我名徐來勒、字洪元甫。夫學道不存師、齋誦无感
> （夫れ道を學ぶは宜しく先師を知るべし。我が師は是れ太上玉晨大道虚皇、道の至尊なり。我は是れ師の第六弟子、大聖衆も皆師の弟子なり。弟子は無鞅數なり。我が師の名は波悦宗、字は維那訶なり。(中略) 我が名は徐來勒、字は洪元甫なり。夫れ道を學ぶに師を存せざれば、齋誦すれども感无し）(13a〜b)、

とあって、太極眞人の名が徐來勒であり、その師は太上玉晨大道虚皇であることを明示している。太極眞人の名が「徐來勒」であることは、『自然經訣』にも見える[208]。

以上から、「仙公新經」中の太極眞人は、『眞文要解』と『本行因縁經』を除く「仙公新經」の現行本では、共通して葛仙公に經法を傳授する師として設定されており、更に太上大道君（或いは太上玉晨大道虚皇、太上）の弟子として設定され、その名は「徐來勒」であることが確かめられた。この太極眞人は「仙公新經」だけでなく、「元始旧經」にも見える。そこで次に、「元始旧經」中の太極眞人についても見てみたい。

(2) 「元始旧経」中の「太極眞人」

「元始旧経」の現行本にも、（先学が「仙公系」とする經典であるが）『玉京山經』、『五稱符上經』、『法輪妙經』と、『九天生神章』に、太極眞人が見える。

---

[208] 『自然經訣』末尾の葛玄の傳授系譜に、「太極眞人徐來勒」が見える：「太極眞人稱徐來勒、以己卯年正月一日日中時於會稽上虞山、傳左仙公葛玄字孝先（太極眞人　徐來勒と稱し、己卯年正月一日日中時を以て會稽上虞山に於いて、左仙公葛玄字は孝先に傳ふ）」（『中華道藏』第4冊、100頁中段）

① 『玉京山經』

　この經典には、太極眞人が一か所、「洞玄步虛吟十首」の前にある存思法を解説する文の末尾に[209]、「太極眞人、寶貴此經。宿無仙眞之名、不令見也（太極眞人、寶として此の經を貴ぶ。宿すに仙眞の名無くんば、見しめざるなり）」(3a)と見える。その前にある存思法の文章とこの文章は内容的に繋がっておらず、存思部分は後の挿入である可能性も指摘されている[210]。その可能性を考えて存思法を記した部分を除くと、「太極眞人」以下の文は、その直前にある「山上七寶華林、皆作上清三洞道德玄經文章（山上の七寶華林、皆上清三洞道德玄經の文章を作す）」(3a)を受ける内容になっていると見られる。またその方が、文脈上も意味が通ると考える。ここでは、「上清三洞道德玄經」を尊崇する眞人として、太極眞人が設定されていると見ることができよう。

② 『五稱符上經』

　この經典は「老子曰」として、五稱符、靈寶五符について解説するが、卷下に太極眞人と仙公が見える。太極眞人が「五稱符上經」傳授の規定を解説する部分は經典卷下の末尾にあり、それまで經典全體が「老子曰」で語られる形式であったのが、唐突に太極眞人が現れて解説しているので、この部分は後の挿入の可能性も考えられる[211]。この部分が陸修靜當時、既に『五稱符上經』に含まれていた可能性もあり得るが、この經典中の太極眞人と仙公の關係は不明である[212]。

---

209) ここでは陸修靜當時の『玉京山經』のテキストにあったのは、冒頭から「步虛吟十首」の部分までであったとする劉屹氏と王皓月氏の研究に從い、その部分に見える内容のみを扱う。本書第1篇第1章の注40)を參照のこと。

210) 王皓月氏は、存思法の部分は後世の挿入であるとする。王氏前掲書（2017年）第三編第一章五の（一）。

211) 『五稱符上經』卷下に「太極眞人曰、學道者受此經後、四十年傳一人。…（中略）…得無上洞寂太上至眞者、四萬劫傳一人。太上靈寶大法傳授之科備矣（太極眞人曰く、道を學ぶ者は此の經を受けし後、四十年に一人に傳ふ。…（中略）…無上洞寂太上至眞を得る者、四萬劫に一人に傳ふ。太上靈寶大法傳授の科備さにすなり）、云々」(14a)とある。『無上秘要』卷三二「傳經年限品」に「洞玄五稱文經」として、「太上靈寶大法傳授之科備矣」までをほぼそのまま引くので、少なくとも北周の頃までには、「太極眞人曰」の部分が含まれた『五稱符上經』のテキストが成立していたことは確かであろう。

212) 『五稱符上經』卷下では、『法輪妙經』に重要な神格として登場する「太上玄一眞人」が「太

③ 『法輪妙經』

　道蔵本『法輪妙經』では、太極眞人は直接登場するのではなく、太上玄一眞人の話の中に登場する。『法輪妙經』A（HY346）では、「太上玄一第一真人鬱羅翹」が太極左仙公（葛玄）に対し、太極眞人について、「太上命太極眞人徐來勒、保汝爲三洞大法師。今復命我、來爲子作第一度師（太上は太極眞人徐來勒に命じ、汝を保して三洞大法師と爲さしむ。今復た我に命じ、來りて子が爲に第一度師と作さしむ）」(2b) 云々と、先に太上が太極眞人徐來勒に命じて葛玄を保挙して「三洞大法師」にしたことを述べている。ここから太極眞人と葛玄両者の間に伝授を通した師弟関係の設定が看取される。ところで、この経典は内容設定から見て、「仙公所受」の経典と言えるにもかかわらず「元始旧経」に分類されており、このこと自体が問題とされている経典である[213] が、見方を変えると、前述のように「元始旧経」の中にも仙公が伝授された経典という設定を持つ経典が含まれることになる。このことから、この経典は太極眞人が登場し、「仙公受経」というモチーフを含む霊宝経として、敦煌本「霊宝経目録」の「元始旧経」と「仙公新経」の二つのカテゴリーの枠を越えて存在している例であると言える。

④ 『九天生神章』

　道蔵本『九天生神章』は、経典の末尾に「太極眞人頌」二首を載せる。この太極眞人について、頌の内容からははっきりとした設定や、仙公や『道徳五千文』などとのかかわりを見出すことができず、「太極眞人頌」二首の背景も残念ながらよく判らない。ただし、この経典もまた、「元始旧経」にも太極眞人が見える例の一つと言うことができよう。

　以上から、確かに多くの「仙公新経」で太極眞人が霊宝経の伝授の系譜の中、

　　極眞人」の役割に取って代わり、『道徳五千文』について解説している。即ち、「太上玄一眞人曰、道徳五千文、經之至賾、宣道之意、正眞之教盡也（太上玄一眞人曰く、道徳五千文、經の至賾、道の意を宣べ、正眞の教へ盡くすなり）、云々」(14a) とある。『無上秘要』巻四三の「誦經品」に『洞玄五稱經』として、これとほぼ同文を引く。仙公はこの後の部分で『道徳五千文』を讃えている (14b) が、「五稱符上經」伝授を解説する太極眞人との関係は、現行本では言及されていない。

213) 小林正美前掲書（1990 年）の第一篇第三章四の (1)。

仙公に伝授する役割を持つ神格として設定されている。しかし、『五符經序』と『眞文要解』と『本行因緣經』の現行本では、太極眞人から仙公への伝授は設定されておらず、このことから、太極眞人から仙公への伝授は、「仙公新経」を特定する絶対的条件になっていないことも明らかである。これは、その設定が「仙公新経」だけでなく、「元始旧経」の中の『法輪妙經』に見えることからも指摘できる[214]。

4 天師道関連諸事に言及する経典

「仙公新経」の現行本には、天師道の儀礼で行われる「出官啓事」や「上章」の見える経典や、天師張道陵や天師道の斎法である「三天齋」(旨教齋)に言及する内容が見える経典と、そのような天師道関連諸事に関する言及が見えない経典とがある。「仙公新経」に見える天師道関連諸事については、章を改めて考察するので、ここでは、「仙公新経」の中に天師道関連諸事に言及する経典と言及しない経典とが混在することを確かめるにとどめる。

(1) 天師道関連諸事に言及する経典
以下に「仙公新経」の現行本中、天師道関連諸事に言及する経典を挙げる。

① 『眞文要解』
上香する際に東に向かって唱える呪(8b～9b)の中に、天師道の「太清」[215]の神々と同じ神格名が見える。

② 『自然經訣』
「五眞人頌」(P2452、『中華道蔵』第4冊、98頁下段)の中に、「太上正一眞人

---

214) 『眞文要解』は先学が「元始系」霊宝経とするが(小林正美前掲書(1990年)第一篇第三章四)、この経典にも太極眞人が見える。本節1の(2)、(ロ)の⑥参照のこと。
215) 「太清」の神々とは天師道の上章儀礼文献等に見える神格群で、上章の対象となる神々である。「太清」の神々は『三天内解經』(HY1196)巻上に、「太清玄元無上三天無極大道、太上老君、太上丈人、天帝君、九老仙都君、九氣丈人等百千萬重道氣、千二百官君、太清玉陛下」(2a～b)と見える諸天真を指す。「太清」の神々については、小林正美前掲書(1998年)『中国の道教』第二章第一節三の(一)、第三節二の(四)を参照。

無上三天法師張道陵」の頌が含まれ、また「初度經章儀」(P2452、『中華道蔵』第4冊、99頁下段)の中で「出官啓事」が行われる。

③ 『諸經要訣』
太極眞人が解説する「靈寶無上齋」の中で、「發爐」と「出官啓事」(1b〜4a)が行われ、また「正一眞人三天法師」が「飯賢」について定めたこと(14b〜15a)を載せる。

④ 『請問經上』
仙公と高上老子の問答の中(S1351、『中華道蔵』第4冊、119頁下段)で、「三天齋法(旨教經)」と「三天法師天師」について言及している。

⑤ 『請問經下』
仙公と太極眞人の問答の中(5b〜6a)で、「正一眞人」が「靈寶齋」を受けた後、得道してから齋法として「旨教經」を作ったことを述べる。

⑥ 『本行因緣經』
仙公が地仙道士の質問に答える中(7a)で、「正一眞人三天法師」張道陵が、「三天法師」の任を受けた経緯を説明している。

(2) 天師道関連諸事について言及の無い経典

「仙公新経」の現行本の中で、道蔵本の『隱注寶訣』と『智慧本願』(HY344)の二例の経典には、仙公や『道德五千文』への言及と太極眞人は見えるが、天師道に関連した事柄についての記述は見えない。

以上から、「仙公新経」すべてに天師道に関連する事柄についての言及が見えるのではないことが確かめられた。これまで「仙公新経」の中で、従来先学によって「仙公系」霊宝経の特徴として考えられてきた事柄について、それらを含む経典と含まない経典とが、「仙公新経」の中に存在することを確認してきた。その中には、それぞれの事柄について、例えば『本行因緣經』のように「仙公所受」経典という基本設定には合致するが、『道德五千文』、太極眞人に

表 6-3

現行経典略称 (仙公新経)	葛仙公	太極眞人	道徳五千文	天師道関連諸事
隠注賓訣	有	有	有	無
眞文要解	無	(※1 有)	無	有
自然經訣（※2）	有	有	有	有
諸經要訣	有	有	有	有
智慧本願(HY344)	有	有	有	無
請問經上	有	有	有	有
請問經下	有	有	有	有
本行因縁經	有	無	無	有

（注）1：『眞文要解』に見える太極眞人は拝礼の対象となる神格群中に見えるだけである。
　　　2：四つの条件全てを満たしている経典は、経典名を斜体文字で示した。

は言及せず、しかし天師張道陵に関する言及を含むというように、それらの事柄の有無によってグループ分けすると、複数のグループに重なり合う経典がある。これを表にしてみると、表6-3のようになる。

　表6-3では、「仙公新経」の現行本八例で、四つの条件をすべて満たす経典が四例、三条件を満たす経典が二例、二条件を満たす経典が二例である。このうち二条件を満たす『眞文要解』は、太極眞人の神格名が見えるのみで、かろうじて二条件を満たしている例であり、この太極眞人の条件を除くと、該当する条件は天師道関連諸事が見えることのみとなる。『眞文要解』を除く他の七例は、四条件すべてを満たしていないものでも「仙公受経」のモチーフを含むことを考えると、『眞文要解』は「仙公新経」の中ではやはり例外的な経典であると言えよう。翻って考えると、「仙公新経」は「仙公受経」のモチーフを含む、かなり整合性の高い経典によって構成されていると言うことができる。しかしここで注意すべきは、その内部において『眞文要解』及び『五符經序』という例外を含むことと、前掲四条件にかかわる事項が「仙公新経」内部だけに見られるものではなく、「元始旧経」の中にも見られるという事実である。つまり、「仙公新経」の基本設定の根底にある「仙公受経」のモチーフや、先学が「仙公系」霊宝経の特徴とした諸事項が、「仙公新経」の枠を越えて古霊宝経の中に見える状況の中で、敦煌本「霊宝経目録」には、「仙公新経」に分類されている経典だけが「仙公新経」として選定されたことを示していると考

えられる。このことから、選定の結果として、「仙公受経」のモチーフを含む経典がほぼ全体を占めているとは言え、「仙公新経」とは、陸修静の霊宝経整理以前に既に古霊宝経内部に形成されていたと見られる「仙公受経」ジャンルの経典群から展開して、「仙公新経」という経典カテゴリーが必然的に形成されたものではなく、分類の為に設定されたカテゴリーであった可能性が高いと言える。それを「仙公新経」内部から示しているのが、『五符經序』と『眞文要解』である。なぜなら、第1篇の第1章・第2章で見たようにこの二経典は、「仙公新経」の基本設定に該当しない経典でありながら、分類する者の解釈による選定の結果として、「仙公新経」に分類された経典であると言えるからである。

5 「仙公新経」検証のまとめ

　ここまでは、敦煌本「霊宝経目録」に見える二系統の経典カテゴリーが、経典分類の為に設定された可能性について、「元始旧経」と「仙公新経」のそれぞれにおいて考察してきた。それらを整理してみると、「元始旧経」の経典中に、経典の正統性の根拠の違いから見える多元性に加え、「仙公新経」の設定や特徴とされてきた要素が見えるということも、「元始旧経」の経典が本来持っている多元性を示すものであり、「仙公新経」の基本設定や特徴とされてきた要素が、「仙公新経」の枠を越えて「元始旧経」の多元性を示すもののひとつとなっているということが言えよう。ここに見えるのは、「仙公受経」のモチーフや太極眞人、『道徳五千文』への言及などの要素から経典を見れば、「仙公新経」・「元始旧経」のカテゴリーに跨って存在する経典のグループを想定することも可能な、多元性を内在させた霊宝経の状況であって、排他的条件によって二つの系統に分けられた霊宝経ではない。更にそのような霊宝経の状況を示すものとして、「元始旧経」と「仙公新経」で共通する戒の問題が挙げられる。次に、「元始旧経」と「仙公新経」に同じ戒が存在する事象について考察し、それもまた敦煌本「霊宝経目録」に見える「元始旧経」と「仙公新経」という経典カテゴリーが、経典分類の為に作られたカテゴリーである可能性の高いことを示していることを明らかにしたい。

第4節 「仙公新経」と「元始旧経」で共通する戒

既に大淵忍爾氏や楠山春樹氏、近年では王承文氏や劉屹氏らによって指摘されているように、[216]「仙公新経」の中には「元始旧経」に見える戒と同じ戒を載せる例がある。古霊宝経に見える戒の問題は、霊宝経の形成と展開において独立して研究されるべき価値のある重要な問題と考える。ここでは、「仙公新経」と「元始旧経」で同じ内容を共有する事実の有ることを確認する為に、両者で共通する戒の存在に言及するにとどめる。

「仙公新経」、「元始旧経」の中で、同じ戒、もしくは内容が類似する戒を記載する経典は、まとめると表6-4のようになる。(ただし、表6-4に挙げる戒のうち、「十二可従戒」については、道蔵本の『玉訣妙經』と『智慧上品大誡』(HY177)で重複して記載されているが、この二経典はいずれも「元始旧経」に分類されてい

表 6-4

	經典名(現行本)	十善勸誡	十戒	十惡之戒	一十四戒	十善因緣上戒	十二可從戒
1	諸經要訣(新)(HY532)			※十惡			
2	智慧本願(新)(HY344)	十善勸誡					
3	請問經上(新)(S1351)				一十四戒	※道士之行	
4	請問經下(新)(HY1106)		太上十戒	十惡之戒			
5	智慧罪根(旧)(HY457)		上品十戒之律	十惡之戒	一十四戒持身之品	十善因緣上戒	十二可從戒
6	智慧上品大誡(旧)(HY177)	智慧十善勸助上品大誡	※十戒[217]				十二可從
7	玉訣妙經卷上(旧)(HY352)		※十戒				十二可從

(注) 1. 上記の表の同じ種類の戒の欄で、※印の付いているものといないものは、内容的にはほぼ同じだが、文の順序や語句が異なっており、完全に同じ戒とは言えないものであることを示す。

2. 以下、表6-4から表6-9までの表中、(新)、(新経)は「仙公新経」を、(旧)、(旧経)は「元始旧経」を示す。

る経典であり、本章では新旧の霊宝経で共通する戒を考察することを目的とするので、ここではそのことについては特に言及しない。)

次に、表6-4に示した経典中に見える戒が、「仙公新経」と「元始旧経」の双方に存在する状況について簡単に述べ、新旧の霊宝経で共通する戒の内容の対照表を示しておく。(以下の表中で、文字の異同部分は斜線太字下線で示す。)

(1) 十善勧誡 (表6-5)

この戒は道蔵本で、「仙公新経」の『智慧本願』(HY344) と、「元始旧経」の『智慧上品大戒』(HY177) の両方に見える。『智慧本願』(HY344) は最初の戒文の後に「三寶」に関する注があり、『智慧上品大戒』(HY177) にはないこと、及び若干の文字の異同以外は、両者でほぼ同文である。

(2) 十戒 (表6-6)

敦煌本「霊宝経目録」著録の霊宝経の現行本を見る限り、「十戒」と称する戒には幾種類かあるが[218]、その中で表6-6に示した「仙公新経」の『請問經下』の「太上十戒」(2b～3a) と、「元始旧経」の『智慧罪根』(HY457) 巻上の「上品十戒之律」(6a～b) がほぼ同文である。この二経典の例で言えるのは、「仙公新経」と「元始旧経」で内容の共通する「十戒」が存在するということである。

(3) 十惡之戒 (表6-7)

現行本で、「仙公新経」の『請問經下』(3b～4a) と「元始旧経」の『智慧罪根』(HY457) 巻上 (6b～7a) に、ほぼ同文の「十惡之戒」が見える。「仙公新経」の道蔵本『諸經要訣』(15b) にも「十惡」とする戒文が見え、戒の順序や語句は大きく異なるものの、内容的にはほぼ同じである。これは、先の

---

216) 霊宝経典中の戒については、以下の先行研究を参照。大淵忍爾前掲書 (1997年) 第二章六の4、5。楠山春樹 (1982年)「道教における十戒」(『早稲田大学大学院文学研究科紀要』第28輯、1982年、55～72頁) 及び同氏「道教と儒教」二 (福井康順他監修『道教2』、平河出版社、1983年、65～96頁)。王承文前掲書 (2002年) 第二章第二節、同氏前掲書 (2017年) 下篇第四章第三節。劉屹前掲論文 (2008年、2016年)。

217) 本文表6-4に挙げた「十戒」について、楠山春樹氏は「智慧上上品十戒」の名称を使用するが、本書では道蔵本『智慧上品大戒』(HY177) の表記に従い「十戒」とした。楠山前掲論文 (1982年)。

218) 霊宝経中の「十戒」については、楠山前掲論文 (1982年) を参照。

表6-5 十善勸誡

經	1) 太上洞玄智慧本願大戒上品經（新經）(HY344)	2) 太上洞玄智慧上品大誡（旧經）(HY177)
戒	太極智慧十善勸助功德戒（十善勸誡）:(9b～10b)	智慧十善勸助上品大誡:(8a～9b)
1	十善勸戒曰、勸助禮敬三寶、供養法師、令人世爲君子、賢孝高才、榮貴巍巍、生爲人尊、門族昌熾（三寶者謂道經師也能養生敎善行爲人範是名法師也）	一者、勸助禮敬三寶、供養法師、令人世爲君子、賢孝高才、榮貴巍巍、生爲人尊、門族昌熾
2	戒曰、勸助治寫經書、令人世世聰明、博聞妙**㡳**、恒値聖世、見諸經敎、能誦章句	二者、勸助治寫經書、令人世世聰明、博聞妙**義**、恒値世聖、見諸經敎、能誦章句
3	戒曰、勸助建齋靜**治**、令人世世門戸高貴、身登天堂、飲食自然、常居無爲	三者、勸助建齋靜**舍**、令人世世門戸高貴、身登天堂、飯食自然、常居無爲
4	戒曰、勸助香油**以濟**衆乏、令人世世芳盛、香潔光明、容眸絶偉、天姿高秀	四者、勸助香油衆乏、令人世世芳盛、香潔光明、容眸絶偉、天姿高秀
5	戒曰、勸助法師法服、令人世世長雅、逍遥中國、不墮邊夷、男女端正、冠冕玉珮	五者、勸助法師法服、令人世世長雅、逍遥中國、不墮邊夷、男女端正、冠冕玉珮
6	戒曰、勸助國王父母、子民忠孝、令人世世多嗣、男女賢儒、不**更**諸苦	六者、勸助國王父母、子民忠孝、令人世世多嗣、男女賢儒、不**經**諸苦
7	戒曰、勸助齋靜讀經、令人世世不墮地獄、卽昇天堂、禮見衆聖、速得反形、化生王家、在意所欲、玩**好**備足、七祖同歡、善緣悉**偹**、終始榮樂、法輪運至、將得仙道	七者、勸助齋靜讀經、令人世世不墮地獄、卽昇天堂、禮見衆聖、速得反形、化生王家、在意所欲、玩**服**備足、七祖同歡、善緣悉**會**、終始榮樂、法輪運至、將得仙道
8	戒曰、勸助衆人經學、令人世世才智、洞達動靜、威儀常爲人師	八者、勸助**道士**衆人經學、令人世世才智、洞達動靜、威儀常爲人師
9	戒曰、勸助一切布施諫諍、令人世世壽考富樂、常無怨惱	九者、勸助一切布施諫諍、令人世壽考富樂、常無怨惱
10	戒曰、勸助一切民人除嫉去欲、履行衆善、令人世世安樂、禍亂不生、病者自瘉、仕官高遷、爲衆所仰、莫不吉**祐**、門戸清貴、天人愛育、神魔敬護、常生福地	十者、勸助一切人民除嫉去慾、履行衆善、令人世世安樂、禍亂不生、病者自癒、仕官高遷、爲衆所仰、莫不吉**祚**、門戸清貴、天人愛育、神魔敬護、常生福地

表6-6　十　戒

経	1）請問經下（新經）	2）智慧罪根（旧経）(HY457)
戒	太上十戒：(2b～3b)	上品十戒之律：(6a～b)
1	一者、不得嫉妬勝己、抑絶賢明。	一者、不得嫉妬勝己、抑絶賢明。
2	二者、不得飲酒**食肉**、穢亂三宮。	二者、不得飲酒**放蕩**、穢亂三宮。
3	三者、不得淫犯他妻**女**、好貪細滑。	三者、不得淫犯他妻、好貪細滑。
4	四者、不得棄薄老病窮賤之人。	四者、不得棄薄老病窮賤之人。
5	五者、不得誹謗善人、毀攻同學。	五者、不得誹謗善人、毀攻同學。
6	六者、不得貪積**財**宝、**不**肯施散。	六者、不得貪積**珍**宝、**弗**肯施散。
7	七者、不得殺生、祠祀六天鬼神。	七者、不得殺生、祠祀六天鬼神。
8	八者、不得**臆**論經典、以爲虛誕。	八者、不得**意**論經典、以爲虛誕。
9	九者、不得背師恩愛、欺詐新學。	九者、不得背師恩義、欺詐新學。
10	十者、平等一心、仁孝一切。	十者、平等一心、仁孝一切。

表6-7　十惡之戒

経	1）請問經下（新經）	2）智慧罪根（旧経）(HY457)
戒	十惡之戒：(3b～4a)	十惡之戒（罪根十惡）：(6b～7b)
1	一者、飲酒淫色、貪欲**无**已。	一者、飲酒淫色、貪欲**無**已。
2	二者、陰賊世間、訕謗道士。	二者、陰賊世間、訕謗道士。
3	三者、輕師慢法、傲忽三寶。	三者、輕師慢法、傲忽三寶。
4	四者、竊取經書、妄宣道要。	四者、竊取經書、妄宣道要。
5	五者、借換不還、欺誘萬民。	五者、借換不還、欺誘萬民。
6	六者、殺生貪味、口是心非。	六者、殺生貪味、口是心非。
7	七者、背恩違義、犯諸禁戒。	七者、**不孝**背恩違義、犯諸禁忌。
8	八者、誦經忽略、嘖嗝自是。	八者、誦經忽略、嘖嗝自是。
9	九者、責望人意、嗔恚四輩。	九者、責望人意、嗔恚四輩。
10	十者、臆斷經旨、損益聖典、不信宿命、快情所爲、穢慢四大、不念生道。	十者、意斷經旨、損益聖典、不信宿命、快情恣爲、穢慢四大、不念生道。

二つの経典に見える「十惡之戒」と同根であると考えられる。

「十惡之戒」も、「仙公新経」と「元始旧経」で共通する戒の一例である。

（4）　一十四戒（表6-8）

「仙公新経」の『請問經上』（『中華道蔵』第4冊、119頁中段）の「一十四戒」と、「元始旧経」の『智慧罪根』(HY457)の5丁aに見える「一十四戒持身之品」はほぼ同文であり、同じ戒と言える。

（5）　十善因縁上戒（表6-9、6-10）

『請問經上』に見える『太極智慧經』上篇からの引用とする「道士之行」（『中

表6-8 一十四戒

經	1) 請問經上（新經）	2) 智慧罪根（HY457）（旧經）
戒	一十四戒	一十四戒持身之品：(5a)
1	與人君言則惠於國	與人君言則惠於國
2	人父言則慈於子	與人父言則慈於子
3	人師言則愛於衆	與人師言則愛於衆
4	人兄言則悌於行	與人兄言則悌於行
5	人臣言則忠於上	與人臣言則忠於君
6	人子言則孝於親	與人子言則孝於親
7	人友言則信於交	與人友言則信於交
8	人婦言則貞於夫	與人婦言則貞於夫
9	人夫言則和於室	與人夫言則和於室
10	人弟子言則恭於禮	與人弟子言則恭於禮
11	野人言則勤於農	與野人言則勤於農
12	與人道士言則止於道	與道士言則正於道
13	異國人言則各守其域	與異國人言則各守其域
14	奴婢言則慎於事	與奴婢言則慎於事

華道蔵』第4冊、119頁中段）と、『智慧罪根』（HY457）上巻に見える「十善因縁上戒之律」（4a～b）とは、内容的にはほぼ同じであるが、『請問經上』は「戒」と言わず「道士之行」という表現をしており、「十善因縁上戒之律」のように箇条書きにもされていない。更に戒としての体裁の整った「十善因縁上戒之律」から見ると、内容自体も順不同である。両者の内容を表6-9で比較してみる。（表中の、『智慧罪根』（HY457）についている数字は、「十善因縁上戒之律」の順番。）『請問經上』の「道士之行」は、表6-9に示した対照表に全文記したので、表6-10には『請問經上』と対照できる内容のみ表6-9で示した『智慧罪根』（HY457）の十善因縁上戒全文を示す。

「十善因縁上戒」については、王承文氏、劉屹氏共に、霊宝経の「仙公新経」・「元始旧経」の作成の前後関係を示す例として取り上げているが、両氏の見解は大きく異なり[219]、王氏は『智慧罪根』（HY457）の「十善因縁上戒」が

---

219) 『請問經上』の「道士之行」と『智慧罪根』（HY457）の「十善因縁上戒」の内容について、劉屹前掲論文（2008年）287頁に比較対照表を載せる。この論文で劉屹氏が指摘するように、整った体裁で箇條書きしている『智慧罪根』（HY457）の「十善因縁上戒之律」に比べ、『請問經上』の方は体裁が整っておらず、言葉も『智慧罪根』（HY457）より簡略である。王承文は、後出の『請問經上』が『智慧罪根』（HY457）の戒を書き改めたとする。王氏前掲書（2002年）第二章第二節三。一方、劉氏はむしろ体裁が整い語数も増えている『智慧罪根』

表6-9　十善因縁上戒

請問經上（太極智慧經の道士之行） （新経）	智慧罪根（HY457）巻上 （十善因縁上戒）（旧経）
救疾治病、 奉侍師寶、營靜建舍、 書經校定、 脩齋念道、 燒香燃燈、 念濟一切、 宣化愚俗、諫諍解惡、 施惠護生、*抜*度厄難、 卹死護生、 邊道立井、殖種果林、敎化*尰*矇、勸人作善、 有德於家國、 動靜可觀、施爲可法、敎制可軌。	②救疾治病 ④奉侍師寶、營靖建舍 ⑤書經校定 ⑥修齋念道 ⑤供養香燈 ※該当部分無し ⑧宣化愚俗、諫諍解惡 ③施惠窮困、*拯*度危厄 ①卹死護生 ⑨邊道立井、植種果林、敎化*童*蒙、勸人作善 ※該当部分無し ⑩施爲可法、動靜可觀、敎制可軌

表6-10　智慧罪根（HY457）：十善因縁上戒（4丁）全文

①	一者、當卹死護生、救度厄難、命得其壽、不有夭傷。
②	二者、救疾治病、載度窮篤、身得安全、不有痛劇。
③	三者、施惠窮困、拯度危厄、割己濟物、無有悋惜。
④	四者、奉侍師寶、營靖建舍、廣作功德、無有怠倦。
⑤	五者、書經校定、晨夕禮誦、供養香燈、心無替慢。
⑥	六者、修齋念道、恭心遵法、内外清虛、不生穢惡。
⑦	七者、退身護義、不爭功名、抱素守朴、行應自然。
⑧	八者、宣化愚俗、諫諍解惡、咸令一心、宗奉大法。
⑨	九者、邊道立井、植種果林、敎化童蒙、勸人作善。
⑩	十者、施爲可法、動靜可觀、敎制可軌、行常使然。

『請問經上』の戒より先の成立とし、「元始旧経」が「仙公新経」に先行することを示すと捉えている。劉氏は逆に、『請問經上』の戒が先に成立したとして、「仙公新経」が「元始旧経」に先行することを示していると論じる。しかし、「道士之行」は「十善因縁上戒」よりも文章が短く、語数も少ないにもかかわらず、表6-9 に示した通り、「十善因縁上戒」に見えない句が二か所ある。このことから、この場合、単純に一方が他方を引用したのではなく、他に同じ内

（HY457）の方を後出とし、『請問經上』が典拠とする『太極智慧經』上篇とは『智慧罪根』（HY457）ではなく、「目序」に「或自篇章所見」とある、当時すでに完本が無く一部のみ残るテキストであるとする。「自篇章所見」については、劉屹前掲論文（2009年b）を参照。

容の戒を記載する文献があり、そこから引用し、或いは引用する際に簡略化か、またその逆に再編集された可能性があるのではないかと推察される。その文献が、『請問經上』に言う『太極智慧經』上篇であるのかもしれない。現時点で言えるのは、「仙公新経」と「元始旧経」の両方に、同一の典拠に基づくと考えられる内容を持つ「十善因縁上戒」、或いは「道士之行」と表記される戒がそれぞれ見えるという事実である。

　以上、五種の「元始旧経」・「仙公新経」両方の経典に、共通する戒が見える例を示した。「十善因縁上戒」の例で述べたように、このような共通する戒の問題について、王承文氏は、「仙公新経」が先に成立した「元始旧経」の内容に基づき、これを補足解説する為に作られたことの例証の一つとし[220]、劉屹氏は王氏とは反対に、これは「仙公新経」が「元始旧経」に先行することを示すという見解を示している[221]。ただし、このような諸先学の、「元始旧経」・「仙公新経」両経典における戒の重複を、二系統の経典成立の前後関係の手掛かりとする議論は、これら二つの経典カテゴリーが、陸修静の経典整理以前から既に形成されていたことを前提としている。しかし筆者は、これらの「元始旧経」と「仙公新経」両方の経典において重複する戒を、経典作成時期の前後関係の問題から生じるものとして捉えるのではなく、実際の霊宝経典が新旧二系統の経典カテゴリーの枠に収まらない要素を擁している事象の一つであると考える。例えば、「仙公受経」というモチーフが、二系統の経典カテゴリーの枠を越えて古霊宝経の中に存在しているように、重複する戒もまた、経典カテゴリーの枠とは関係なく、古霊宝経に存在していたと考えることができるのではないだろうか。それを示すことのひとつが、上掲の「十善因縁上戒」と「道士之行」であると考える。前述のように、これらはほぼ同じ内容を持つが、単純

---

220) 王承文前掲書（2002年）第二章第二節三、及び同氏前掲書（2017年）下篇第四章第三節。
221) 劉屹前掲論文（2010年）。この論文中、劉氏は、「元始旧経」の『智慧上品大戒』（HY177）と『智慧罪根』（HY457）に見える戒の比較対照をし、「仙公新経」の『請問經上』に見える戒との比較をしているが、ここでも「仙公新経」が「元始旧経」に先行するとしている。更に劉氏は前掲論文（2016年）の226〜227頁で、『智慧上品大戒』（HY177）は「元始旧経」の中では471年以降に成立した経典であり、戒の内容は「仙公新経」の『請問經上』や437年以前に作られた「元始旧経」の『玉訣妙經』に依拠していると指摘する。劉氏は、新旧の霊宝経間の戒の重複の問題を経典の成立時期の前後問題として見ているが、筆者としては、氏の見解には検証の余地があると考える。

にどちらか一方がもう一方に依拠していると見るには難しい内容を含んでいるからである。そして、「元始旧経」・「仙公新経」の経典の間に共通する戒が確認できることからも、敦煌本「霊宝経目録」の「元始旧経」と「仙公新経」という二つの経典カテゴリーの枠を越えて、共通する内容を持つ霊宝経典が存在していたことが見えてくる。このことからあらためて、敦煌本「霊宝経目録」に見える「元始旧経」・「仙公新経」二系統の経典カテゴリーは本来の霊宝経の状況をそのまま反映したものではなく、経典の分類整理に際して設定されたものであると言うことができよう。そして、そのような経典のカテゴリーを設定したのは誰かというと、現時点ではやはり、霊宝経典の分類整理を行った陸修静であると考えざるを得ない。

第5節 小　　結

　本章では、敦煌本「霊宝経目録」著録経典に該当する現行本を見る限り、陸修静の言う「元始旧経」に、経典の正統性の根拠の違いから「元始旧経」の枠に収まらない経典が含まれていることを示した。「仙公新経」については、「仙公所受」経典という設定や、先学が「仙公系」霊宝経の特徴とした『道徳五千文』や太極眞人、天師道関連諸事という事柄が、「仙公新経」を特定する絶対的条件とはなっておらず、むしろ、それらの要素を含んだ経典が「元始旧経」、「仙公新経」（或いは「元始系」、「仙公系」）の二つのカテゴリーの枠を越えて、霊宝経中に存在していることを確かめた。「元始旧経」、「仙公新経」双方に同じ戒が見えるという戒の重複の問題もまた、諸先学が考える二系統の霊宝経の成立の前後関係において捉えるのでなく、同じ内容を持つ経典が二つのカテゴリーの枠を越えて存在する事象として捉えることで、霊宝経典が本来、所謂新旧二つのカテゴリーに収まらない状態で存在していたと考えられることを指摘した。

　これらのことからも、敦煌本「霊宝経目録」著録の経典に設定された「元始旧経」・「仙公新経」という二つのカテゴリーは、そのまま当時の霊宝経典の状況を反映するものではないと考えられる。現行本を見る限り、敦煌本「霊宝経目録」に著録された経典自体には、「元始旧経」、「仙公新経」というカテゴ

リーは内在せず、故に霊宝経の二系統のカテゴリーは、目録作成者が霊宝経典を整理するために設定した分類項であると考えられる。敦煌本「霊宝経目録」が、陸修静の霊宝経典目録に基づいたものであることから類推して、霊宝経典を、「元始旧経」、「仙公新経」の二つの経典群に分類したのは、陸修静に始まる可能性が高い。これまで本研究では、「元始旧経」・「仙公新経」の経典カテゴリーが、本来、古霊宝経に内在するカテゴリーではなく、陸修静が霊宝経典の整理の為に用いた分類カテゴリーである、と考えられることを考察してきた。本章での考察の結果はそれを更に補強すると考える。

ところで第1篇第2章では、霊宝経典は目録作成の上で陸修静の霊宝経観に基づき、「元始旧経」・「仙公新経」の二系統に分類された可能性の高いことを推測した。それでは何故、陸修静はそのような分類を行う霊宝経観を形成するに至ったのであろうか。或いは、霊宝経典を二系統に分けて、更にそれを一つの目録の中に共に霊宝経として収めたのは、どのような理由によるものであるのか。これは、陸修静がどのような霊宝経の体系化を考えていたのかということに深くかかわる。そこで次に、陸修静の霊宝経観の形成について考察したい。また、その前に、本章では詳しく言及していない敦煌本「霊宝経目録」著録経典の現行本に見える天師道関連諸事についても、次の章で少しく考察し、先学が「仙公系」霊宝経の作者を天師道とした見解についても検証しておきたい。

第 3 篇

▼

陸修静の霊宝経観

第7章
霊宝経と天師道

第1節 序　言

　敦煌本「霊宝経目録」著録経典の現行本の中には、天師道に関連する事項が含まれる経典が複数存在する。それらの中で、「仙公新経」の現行本八篇のうち、六篇に天師道関連諸事が見えることから、天師道関連諸事が含まれることをこれらの経典の特徴的傾向と捉え、それを経典作成の主体を特定する手掛かりとして見る考えがある。しかし、現行本を見る限り、霊宝経典中に見える天師道関連諸事は、言わば霊宝経仕様に改編された形で経典中に取り込まれており、筆者はその点に、独自の考えに基づいて天師道を相対化しようとする意志を有する霊宝経作成の主体を想定せざるをえない。それは天師道に対し、排他的でもなく従属的でもない立場にある者と考えられる。小林正美氏は独自に「仙公系」霊宝経に分類した経典中に、多く天師道関連諸事が含まれることから、「仙公系」霊宝経の作成主体を天師道であると推定している[222]。しかし、小林氏が「元始系」霊宝経に分類する経典の中にも、例えば「發爐」の儀式や「太清」の神々といった天師道関連諸事が見える。敦煌本「霊宝経目録」の分類で言えば、「仙公新経」にも「元始旧経」にも、天師道関連事項は見える。これらのことは、霊宝経典に見える天師道関連諸事が、必ずしも経典作成の主体を天師道に特定する手掛かりとはならないことを示していると考える。本章

---

222) 小林正美前掲書（1990年）第一篇第三章四（2）及び五、六。

では、『道徳五千文』、「三天齋」、天師張道陵、「出官」儀、天師道の「太清」の神々、及び「發爐」という、霊宝経典中に見える天師道関連諸事を取り上げ、これらが霊宝経典の中でどのように扱われ、或いは位置付けられているのかを分析し、それらが霊宝経典の中で、霊宝経に合わせて改編されていることを検証し、霊宝経典中に天師道関連諸事が含まれることを以て、その経典の作者を天師道と推定することが難しいことを明らかにしたい。それは同時に、天師道関連諸事が、敦煌本「霊宝経目録」が示す二系統の霊宝経の、一方の系統の霊宝経にのみ特徴的な構成要素とは言えないことを明らかにすることになると考える。また、陸修静の分類整理以前の霊宝経が、必ずしも敦煌本「霊宝経目録」が示すような二系統の霊宝経として存在していたとは限らないことを示す事例の一つにもなると考える。

第2節　霊宝経中の『道徳五千文』への言及

　敦煌本「霊宝経目録」著録経典に関して、小林正美氏は氏自身が分類する「仙公系」霊宝経では『道徳五千文』を尊崇しており、『道徳五千文』の重視が「仙公系」霊宝経の特徴の一つであると指摘する[223]。この点について、第2篇第6章で見たように、敦煌本「霊宝経目録」著録経典に相当するとされる現行本を見る限り、『眞文要解』と『本行因縁經』には『道徳五千文』に関する言及はなく、すべての「仙公新経」、或いは「仙公系」霊宝経が『道徳五千文』について言及している訳ではないことが指摘できる。このことから、『道徳五千文』の尊重を、「仙公新経」や「仙公系」霊宝経の全体的な特徴として考えることが適当であるかどうか、疑問が生じる。最近の研究では、王承文氏が、『道徳五千文』は尊重されているとは言え、必ずしも他の経典、即ち後の所謂「三洞経典」よりも突出した形で尊崇されているとは言えず、『道徳五千文』が霊宝経を超越する経典とは考えられていないことを指摘する[224]。呂鵬志氏は、早期の霊宝経が、『道徳五千文』に説かれる「道家」哲学の「道」と「気」の思想を吸収し、それを基盤として天書神学を打ち建てており、そのような形で、

---

223)　小林前掲書（1990年）第一篇第三章四（2）。
224)　王承文前掲書（2017年）下篇第三章第一節。

霊宝経では『道徳五千文』が尊重されていると分析する[225]。両氏の研究は、古霊宝経中に見える『道徳五千文』について、霊宝経典中の『道徳五千文』の扱いそのものに着目して進められている。これは、霊宝経中に多く天師道関連諸事が見えるという問題について、従来の「経典の作者」という視点を離れ、霊宝経の中に天師道関連諸事がどのように包摂されているのかを分析する新しい視点からのアプローチであると言える。ここではそうした新しい研究の視点を参考に、『道徳五千文』が、それに言及する霊宝経典では具体的にはどのように記述されているのか、また、そこには霊宝経独自の『道徳五千文』に対する考えが示されているのか、改めて個々の霊宝経典について見てみたい。霊宝経中に見える『道徳五千文』については、その記述内容から、大きく三つの場合に分けて見ていく。その際、敦煌本「霊宝経目録」著録の経典名とその現行本にあたる経典名を併記すると、却って経典名が判りづらくなる上、考察に用いるのは現行本なので、ここでは原則として現行本の経典名を記し、またこれまで本書で用いたその略称を用いる。

1 『道徳五千文』を霊宝経とほぼ同格の経典として尊重する経典
(1) 『上清太極隠注玉經寶訣』(『隱注寶訣』)

この経典は「仙公新経」に分類されているが、後の所謂「三洞経典」と並んで『道徳五千文』について複数の言及箇所がある。例えば該経道蔵本では、

乃開八色之薀、陳無上之寶藏、而執讀大洞・洞玄・道德尊經・八素隱篇・金眞玉光・消魔散靈・招仙歩虚・飛行羽經、清音霄暢、萬眞降庭

(乃ち八色の薀を開き、無上の寶藏を陳べ、而して大洞・洞玄・道德尊經・八素隱篇・金眞玉光・消魔散靈・招仙歩虚・飛行羽經を執りて讀めば、清音霄に暢び、萬眞庭に降る)(1b)、

とあり、また2丁～3丁に見える経典の伝授法の解説では、『道徳五千文』から説明が始まる。4丁の開経作法の説明、5丁～6丁の読経作法の説明でも同じく、『道徳五千文』が最初に説明されている。後の所謂「三洞経典」と共に記述している箇所では、大洞、洞玄の次に『道德尊經』とあり、霊宝経・上清

---

225) 呂鵬志前掲論文 (2003年)。

経と共に、不可欠の重要経典として扱われていると言える。また、『道徳五千文』が経典伝授、開経、誦経の最初に置かれていることは、それが修道において、最も基本的な経典として尊重されていたことを示すと考えられる。このことは、歴史的に見て、『道徳五千文』が最も基本的な経典であるという事実からも説明できよう。道蔵本『隠注寶訣』で複数の経典を挙げる際、挙げられる経典の順序が、そのまま経典のランク付けを反映しているのかははっきりしないが、『道徳五千文』が少なくとも上清経・霊宝経と共に、根幹を成す経典として扱われていることは指摘できる[226]。また、経典の中では、『道徳五千文』に関して、太極眞人が「太極眞人曰、劫始以來、赤松子、王喬、羨門、軒轅、尹子、並受五千文・隠注秘訣、勤行大道、上爲眞人之長、寔要注之妙矣（太極眞人曰く、劫の始め以來、赤松子、王喬、羨門、軒轅、尹子、並びに五千文・隠注秘訣を受け、大道を勤め行ひ、上　眞人の長と爲る、寔に要注の妙なり）（14a）」と解説する。ここでは、『道徳五千文』が『隠注秘訣』と共に、はるか昔から様々な真仙たちに伝授され、それによってそれらの人々が真人の長となったことを述べて、『道徳五千文』が『隠注秘訣』と並んで、昔から重要かつ根本的な経典であったことを示している。この記述から、この経典では『道徳五千文』が霊宝経である『隠注秘訣』と、同格の経典として位置付けられていると

---

226) 王承文氏は、古霊宝経中に見える経典の排列は、必ずしもそれらの経典のランク付けを示すのではないとする。王承文前掲書（2017年）下篇第三章第一節。一方、劉屹氏は「仙公系」霊宝経では『道徳五千文』が尊奉すべき経典の筆頭に挙げられており、また繰り返し出てくる「霊宝経」は「五篇眞文」を指すと考えることができるとして、「仙公系」霊宝経では『道徳五千文』と「五篇眞文」が重んじられているとする。劉屹前掲論文（2009年 b）。道蔵本『隠注寶訣』と『太眞玉帝四極明科經』（HY184、『四極明科』と略す）巻一には、同じく「三洞経典」の格付けという概念が見えることがつとに指摘されている。尾崎正治氏は『隠注寶訣』の現行本では『道徳經』を第一におき、叩歯咽液の回数を『道徳經』、洞真経、洞玄経で同数にしていることを指摘し、これは道蔵本『四極明科』巻一に見えるような「上清経の立場からの三洞の格付けが定着した後、霊宝経の立場からの対抗」と考えられるとする。（尾崎正治「四極明科の諸問題」、『道教研究論集：道教の思想と文化―吉岡博士還暦記念』、1977年、341～363頁）。筆者は、霊宝経典中の経典列挙部分の排列がそのまま経典のランク付けを示すと見ることは慎重を要するが、道蔵本『隠注寶訣』等の霊宝経典中の各種経典に対する記述を見る限り、後の所謂「三洞説」による格付けに近い概念が、既に陸修静の頃には形成され始めていた可能性を示していると考える。神塚淑子氏は、霊宝経典中の各種経典の扱いに区別が存在することを指摘している。神塚前掲書（2017年）第一篇第三章五。また、本書第2篇第6章の注194）参照のこと。

見ることができる。

(2) 『太上太極太虛上眞人演太上靈寶威儀洞玄眞一自然經訣』(『自然經訣』)

この経典も敦煌本『霊宝経目録』では、「仙公新経」に分類されている。ここでは、『道徳五千文』に関して以下のように記されている。即ち、

諸道士、沙門、百姓子男女人、欲棲名山、清靜無爲、永絶世務、志學玄經、長齋幽林、讀道德五千文、洞眞玄經卅九章、消魔智慧、擧身白日升天。而無是經、終不得上仙太眞之道、永享無數劫

(諸道士、沙門、百姓子男女の人、名山に棲み、清靜無爲にし、永く世務を絶たんと欲し、玄經を學ぶに志し、幽林に長齋し、道德五千文、洞眞玄經卅九章、消魔智慧を讀まば、身を擧げて白日升天す。而して是の經無くんば、終に上仙太眞の道を得ず、永く無數の劫を享く)(『中華道蔵』第 4 冊所収の王卡氏点校本、97 頁中段)、

とあり、『道徳五千文』を『洞真玄經卅九章』、『消魔智慧』と共に、読誦すると白日升天するという効験のある経典として挙げている。また、この経典の「五眞人頌」の中の「太上正一眞人無上三天法師張道陵」の頌では、

靈寶及大洞、至眞道仙公[227]。如有五千文、高妙無［等雙］

(靈寶及び大洞は、至眞道仙公。如し五千文有らば、高妙なること［等雙］無し」」(『中華道蔵』第 4 冊、99 頁中段) (［ ］部分は、敦煌本の欠損部分を『授度儀』の「五眞人頌」により補った部分)、

とあり、霊宝経と上清経に加えて、『道徳五千文』も並び無き高妙な経典であることを述べる。これらから、『自然經訣』の作者が、『道徳五千文』を霊宝経や上清経と共に尊崇している姿勢が窺える。この経典のテキストは、一部断片が残るのみで、残簡からは、道教経典全体の中でのランク付けがどのようになされていたのか、或いはランク付けはされていないのかを知ることはできないが、『道徳五千文』が、霊宝経や上清経と等しく尊重されていることは窺える。

---

227) 陸修静の『授度儀』に見える「五眞人頌」中の「太上正一眞人三天法師天師頌」では、「靈寶及大洞、至眞道經王」(27a) に作る。

(3) 『太極眞人敷靈寶齋戒威儀諸經要訣』(『諸經要訣』)

この經典も敦煌本「靈寶經目録」では、「仙公新經」に分類されている。その主要な内容は太極眞人による靈寶齋法の解説であるが、その中で『道徳五千文』については、次のように述べている。即ち、

> 唯道德五千文、至尊無上正眞之大經也。大無不包、細無不入。道德之大宗矣。歷觀夫已得道眞人、莫不學五千文者也。尹喜・松羨之徒是也。大乘之經矣。又大洞眞經三十九章、不得人閒誦之。所以爾者、是眞道幽昇之經也。(中略)詠之一句、諸天爲設禮、況鬼神乎。故不可人間妄施行矣。靈寶經是道家之至經、大乘之玄宗、有俯仰之品格
>
> (唯だ道德五千文のみ、至尊無上正眞の大經なり。大にして包まざるは無く、細にして入らざるは無し。道德の大宗なり。夫れ已得道の眞人を歴觀するに、五千文を學ばざる者莫きなり。尹喜・松羨の徒は是れなり。大乘の經なり。又大洞眞經三十九章、人間(じんかん)に之を誦ふる(となふる)を得ず。爾る所以は、是れ眞道幽昇の經なり。(中略) 之を詠ずること一句、諸天爲に禮を設く、況んや鬼神をや。故に人間に妄りに施行すべからず。靈寶經は是れ道家の至經、大乘の玄宗、俯仰の品格有り)(12a〜b) 云々、

とあり、『道徳五千文』は「至尊無上正眞之大經」であり、「大乘之經」であるとする。靈寶經についても、「道家之至經」、「大乘之玄宗」と述べており、『道徳五千文』と靈寶經のいずれもが「大乘」の経典であるとされている。仔細に見ると同じ「大乘」の経典でも、『道徳五千文』は「大乘之經」とのみ表現され、靈寶經は「大乘之玄宗」と記され、若干の表現の違いがあり、「玄」の付された靈寶經の方がより根元的であるかのような印象を受けるが、いずれにせよ、両者共に「大乘」の経典の根本的且つ重要な経典として考えられていると言うことはできよう。また道蔵本『諸經要訣』では、「唯道德五千文・大洞眞經・靈寶、不滅不盡、傳告無窮矣。故曰、無生之篇、衆經之王也(唯だ道德五千文・大洞眞經・靈寶のみ、滅さず盡きず、傳告すること窮り無きなり。故に曰ふ、無生の篇、衆經の王なり、と)」(20a)とあって、これら三種の経典は、いずれも決して滅びることのない最も価値のある経典として述べられている。経典の中で上清経については、妄りに人間で誦してはならないとして、『道徳五千文』

や霊宝経とはやや異なる扱いをしている[228]。このような経典の扱いの違いから、道蔵本『諸經要訣』でも経典を列挙する際の順序が、必ずしも経典のランク付けを反映させるものではないことが指摘できる。或いは、道教全体にとって最も根本的な経典であるので、『道徳五千文』が筆頭に来る可能性も考えられる。しかし、この文章からは経典相互のランク付けについて、確かなことは判らない。この他にも道蔵本『諸經要訣』は、

　　太極眞人曰、五千文仙人傳授之科、素與靈寶同限。髙才至士、好諷誦求自
　　然飛仙之道者、具法信紋繒五千尺、與靈寶一時於名山峯受之
　　（太極眞人曰く、五千文は仙人傳授の科、素より靈寶と限りを同じうす。髙才至
　　士、好みて諷誦し自然飛仙の道を求むる者は、法信の紋繒五千尺を具し、靈寶
　　と一時に名山の峯に於いて之を受けよ）(13a～b) 云々、

と述べ、『道徳五千文』は本来、霊宝経と同格の仙人伝授の科であり、「自然飛仙之道」を求める者は、法信（供え物）を備えて霊宝経と共に『道徳五千文』を受けるべきこと、即ち『道徳五千文』を霊宝経の伝授の際に一緒に伝授されるべきことが、明確に述べられている[229]。これは『道徳五千文』を、霊宝経と同等の経典として尊重していることを示すと考えられる。

　以上の三例は、敦煌本「靈寶經目録」で「仙公新經」に分類される経典である。「元始旧経」に分類される経典で、小林氏の分類では「仙公系」霊宝経とされる、『太上洞玄靈寶大洞無極自然眞一五稱符上經』の現行本にも、『道徳五千文』への言及部分が含まれる。

(4) 『太上無極大道自然眞一五稱符上經』（『五稱符上經』）

　この経典巻下の巻末部分に、『道徳五千文』に言及する箇所が二か所ある。その内容を見る限り、前の三例と同様、ここでも『道徳五千文』は尊重されている。先ず「太上玄一眞人曰、道徳五千文、經之至賾、宣道之意、正眞之經盡也（太上玄一眞人曰く、道徳五千文は、經の至賾、道の意を宣べ、正眞の經盡くす

---

228)　神塚淑子前掲書（2017年）第一篇第三章五を参照。
229)　『道徳五千文』が霊宝経の伝授の際に一緒に伝授されることは、『科誡營始』巻四の「法次儀」など、後の道教文献に見える受法の段階規定とは異なる。道教の受法のカリキュラムについては、小林正美『唐代の道教と天師道』（知泉書館、2003年）第二章参照。

なり)」(14a)云々とある。次に、「仙公曰、五千文經之偉也。其妙賾難爲辭者也(仙公曰く、五千文は經の偉なり。其の妙賾は辭を爲し難き者なり)」(14b)云々とあり、『五稱符上經』の中で、『道德五千文』は「經之至賾」、「經之偉」として尊重され、「道」の教えを述べる経典であり、「正眞」の経の教えを尽くしたものであると説明されている。ところで、前章第3節でも触れたが、この経典では上下二巻を通して、『道德五千文』については巻下の巻末に見える以外に言及箇所が無い。しかも全体が「老君曰」として語られる形式になっているにもかかわらず、その部分は「老君曰」ではなく「太上玄一眞人曰」と「仙公曰」となっている。ここから、この経典は本来、「靈寶自然眞文」を権威の根拠とする靈寶五符、五稱符について解説する経典であり、原本には、下巻の巻末に見える『道德五千文』に言及する箇所が含まれていなかった可能性が考えられる。下巻巻末の『道德五千文』に言及する部分が、いつ頃『五稱符上經』の中に含まれるようになったかは、現時点でははっきりとしないが、『無上秘要』の巻四三「誦讀品」の10丁a7行目～10丁b1行目に、『洞玄五稱經』として「太上玄一眞人曰」で始まる一文が引用されており、北周の頃までには、『五稱符上經』に含まれていたと推測される。「太上玄一眞人」は、『自然經訣』や『法輪妙經』A(HY346)等に見える真人なので、早ければ、これらの霊宝経典が作られた時と同じ頃に、『五稱符上經』に『道德五千文』への言及部分が加えられた可能性が考えられ、陸修静が『道德五千文』への言及部分を含んだテキストを見ていた可能性も十分ある。但し、『五稱符上經』については上記の理由で、下巻巻末の『道德五千文』に言及する部分を、原本『五稱符上經』の作者の考えが反映した箇所として見ることには注意を要する。しかし、『道德五千文』が高く評価され尊重されて、道蔵本『五稱符上經』巻下の巻末に加えられていることは確かであり、その内容は、北周の頃までの『道德五千文』に対する道典としての評価を示していると見ることはできよう。

　以上の霊宝経典では、『五稱符上經』に検証の余地があるとはいえ、『道德五千文』は尊重されており、しかも霊宝経とほぼ同等の位置付けであることが窺える。次に、霊宝経における『道德五千文』に対する尊重が、霊宝経独自の考えによって為されていることを示す現行本の例を挙げる。

2 『道徳五千文』を「天書」として尊重する経典

(1) 『太上洞玄霊宝智慧本願大戒上品經』(HY344、『智慧本願』)

この経典は、前半部分では太極眞人が仙公に対して、「智慧本願大戒上品」と「太極智慧十善勸助功德戒」を解説し、これを伝授する話が中心となっているが、後半部分には、太極眞人が『道徳五千文』について述べる箇所が見え、『道徳五千文』に対して注目すべき記述がある。即ち、

> 太極眞人曰、道徳五千文、經之大也、是道也。故通乎天地人、萬物從之以終始也。上士受誦爲太上仙王、中士受誦爲飛仙、下士受誦爲轉輪聖王家、不經地獄、常生福國、命過之時、天帝雲車迎其魂神、安處福堂也。此度人無量、不可具言也
>
> (太極眞人曰く、道徳五千文、經の大なるや、是れ道なり。故に天地人に通じ、萬物之に從ひ以て終始するなり。上士受けて誦せば太上仙王と爲り、中士受けて誦せば飛仙と爲り、下士受けて誦せば聖王の家に轉輪し、地獄を經ず、常に福國に生まれ、命過ぐるの時、天帝雲車もて其の魂神を迎へ、福堂に安んじ處くなり。此れ人を度すること無量、具さに言ふべからざるなり) (11a〜b)、

とあり、『道徳五千文』自体が「道」であると述べる。言うまでもなく『道徳五千文』即ち『老子道德經』では、「道」が万物・世界の根源的存在として説かれている[230]。しかし、『道徳五千文』そのものを「道」とすることは、『道徳五千文』自体には見出せない発想であるだけでなく、『道徳五千文』を都習し

---

[230] 小林正美氏が、道蔵本『智慧本願』(HY344) で『道徳五千文』が「道」として讚えられていることを指摘している。同氏前掲書 (1990年) 第一篇第三章四 (2)。因みに『老子道德經』には、「道」について例えば次のように説く。第一章:「道可道、非常道。名可名、非常名。無名、天地之始。有名、萬物之母(道の道とす可きは、常の道に非ず。名の名とす可きは、常の名に非ず。無名、天地の始なり。有名、萬物の母なり)」、第四章:「道沖而用之或不盈。淵兮似萬物之宗(道は沖しくして之を用ふるに或いは盈たず。淵として萬物の宗に似たり)」。『老子想爾註』では、「似萬物宗」の句に「道也」と注がある。参考文献:饒宗頤『老子想爾注校証』(上海古籍出版社、1991年):『老子道德經河上公章句』(王卡点校、中華書局、1993年) (同書所収の「老子道德經序訣」には、「夫五千文宣道德之源。…(中略)…天人之自然經也 (夫れ五千文は道徳の源を宣ぶ。…(中略)…天人の自然の經なり)」(313頁) とある。楠山春樹氏はここに『道德經』を天書とする考えが見えるとし、この序を含む「葛本」と呼ばれる『道德經』テキストと茅山の霊宝経を信奉する一派との関係を指摘している。同氏『道家思想と道教』(1992年、平河出版社)、14〜17頁。但し、この序では『道德經』を「道」そのものとするまでには至っていない。):『老子』(蜂屋邦夫訳注、岩波文庫、2008年)。

たと伝えられる後漢・三国時代の五斗米道から、劉宋初に至る天師道の中にも見出せない発想である。例えば、『三国志』、巻八「張魯伝」注に引く『典略』に、「祭酒主以『老子五千文』使都習（祭酒は主るに『老子五千文』を以て都習せしむ）」[231] 云々とあり、祭酒が道民に『老子五千文』即ち『道德五千文』を都習させたことを記すが、その経典自体が「道」であるという思想は見えない。後漢末から三国時代の天師道に関する資料がごく僅かであり、従って、そこから得られることも限られるのであるが、劉宋初期に至るまで天師道にそのような発想がなかったことは、道蔵本『三天內解經』（HY1196）の『道德五千文』に関する記述から類推される。道蔵本『三天內解經』巻上には、「夫有心者、可熟案五千文。此經皆使守道、長存不有生死。道之宗本、在乎斯經也（夫れ心有る者は、五千文を熟案すべし。此の經は皆道を守り、長存して生死有らざらしむ。道の宗本、斯經に在るなり）」（10a）とある。ここでは「道」の根本的な教えはこの経典に在るとは言うが、経典そのものを「道」であるとは言っていない。これは、東晋末から劉宋初にかけての南朝の天師道には、『道德五千文』自体を「道」とする考えはなかった可能性の高いことを示している。

　北魏・寇謙之の『老君音授誡經』（HY784）にも、「欲求生道、爲可先讀五千文。最是要者。明慎奉行如律令（生を道に求めんと欲せば、爲に先に五千文を讀むべし。最も是れ要の者なり。明らかに慎みて奉行すること律令の如くせよ）」（14b〜15a）とあって、『道德五千文』を読誦することの重要性と、それが最も重要な経典であることを説くが、『道德五千文』を「道」であるとは言っていない。つまり、北魏初期の頃までの北朝の天師道にも、『道德五千文』そのものを「道」であるとする発想はなかった可能性が高いと考えられる。よって、道蔵本『智慧本願』（HY344）が『道德五千文』を「道」と述べる発想は、天師道にはない思想であると見てよいであろう。

　この道蔵本『智慧本願』（HY344）に見える、経典そのものを世界の根源とする発想は、霊宝経の「靈寶眞文」の発想に通じると考えられる。例えば「元始旧経」の道蔵本『天書經』巻上に、「元始洞玄靈寶赤書玉篇眞文、生於元始之先、空洞之中（元始洞玄靈寶赤書玉篇眞文は、元始の先、空洞の中より生ず）」

---

231) 『三国志』（中華書局、1964年）264頁。

(1a～b)云々とあり、「元始洞玄靈寶赤書玉篇眞文」即ち「靈寶眞文」が、天地開闢以前の「元始之先、空洞之中」から生じたことを述べるが、巻上では更に「靈寶眞文」について、

> 元始五老赤書玉篇、出於空洞自然之中、生天立地、開化神明。上謂之靈、施鎭五嶽、安國長存。下謂之寶。靈寶玄妙爲萬物之尊
> (元始五老赤書玉篇は、空洞自然の中より出で、天を生じ地を立て、神明を開化す。上　之を靈と謂ひ、施して五嶽を鎭め、國を安んじ長存せしむ。下　之を寶と謂ふ。靈寶は玄妙にして萬物の尊爲り)(2a～b)云々、

と述べ、「元始五老赤書玉篇」が天地を開闢し、神明を開化した、万物の根源であるとする。また道蔵本『五稱符上經』にも、「老君曰、混沌之初、微妙之源、開闢以前、如有靈寶自然眞文、象帝之先（老君曰く、混沌の初め、微妙の源、開闢以前、靈寶自然眞文有りて、帝の先に象るが如し）」(1a)云々とある。ここでは、『道德五千文』第四章の「吾不知其誰之子、象帝之先（吾　其の誰の子かを知らず、帝の先に象る）[232]」の句で、「象帝之先」である「道」を指す「不知其誰之子」の部分が、「靈寶自然眞文」に置き換えられて引用されている。つまり、「靈寶自然眞文」が「道」と同義の扱いをされている[233]。このことから、

---

232) 参考にしたテキストについては、本章の注230) 参照のこと。

233) 道蔵本『五稱符上經』巻下には「老君曰、靈寶爲道之先、神靈常所憑、諸天諸地諸聖之所共宗。玄洞通靈神眞符、三皇天文大字、洞眞經、本同於靈寶（老君曰く、靈寶は道の先爲り、神靈の常に憑く所、諸天諸地諸聖の共に宗ぶ所なり。玄洞通靈神眞符、三皇天文大字、洞眞經、本より靈寶に同じ）」(11a～b)云々とあり、「靈寶」は「道」の先に存在していたとし、その「靈寶」と「玄洞通靈神眞符、三皇天文大字、洞眞經」が同じものであるとする。福井康順氏は、本章の本文に引いた道蔵本の『五稱符上經』巻下 (5b) 及び『五稱符上經』巻上 (1a) の箇所にあたる、『無上秘要』巻三一「經德品」に引く『洞玄五稱經』の二つの文を挙げ、これらが老子の説く道の思想を神格化して「靈寶」と名づけられたものであるらしいことを示す資料とする。更に福井氏は『洞玄五稱經』の「常先天地始生」の句が、『老子』第二五章の「有物混成、先立天地生。(中略)…吾不知其名、字之曰道（物有り混成し、天地に先立ちて生ず。(中略)…吾其の名を知らず、之に字して道と曰ふ）」云々とある部分に見える思想を踏まえていることを指摘する。福井康順前掲書 (1987年)『福井康順著作集』第二巻Ⅲの四、特に 416～417頁参照。[『無上秘要』巻三一の『洞玄五稱經』の引用部分を以下に示す。①道蔵本『五稱符上經』巻下該当箇所：「老子曰、太上靈寶、常先天地始生。從本无數劫來、混沌自然者也。在道爲道本、在法爲法先。十方神人、皆始於靈寶（老子曰く、太上靈寶、常に天地に先んじて始めて生ず。本无數の劫從り來りて、混沌自然なる者なり。道に在りて道の本と爲り、法に在りて法の先と爲る。十方神人、皆靈寶より始む）」(2a)、②道蔵本『五稱符上經』巻上該当箇所：「老子曰、混沌之初、微妙之源。開闢以前、始有靈寶自

道蔵本『智慧本願』(HY344) に見える『道徳五千文』を「道」であるとする発想は、道蔵本の『天書經』や『五稱符上經』に見える、「天書」を「道」と同じ根元的なものとする霊宝経の思想から出たものと考えられる[234]。前述のように、南朝の劉宋初期、北朝の北魏初期に至るまでの天師道では、『道徳五千文』という経典そのものを宇宙の根元と考える経典観は形成されていなかったようである。道蔵本『智慧本願』(HY344) では、『道徳五千文』を「天書」と位置付けて尊崇している点から見て、『道徳五千文』を天師道とは異なる霊宝経独自の経典観に基づいて尊重していることが指摘できる。道蔵本『智慧本願』(HY344) と同様、『道徳五千文』を「天書」と位置付けて尊重している例として、次の経典がある。

(2) 『太上洞玄靈寶本行宿緣經』(『請問經下』)

この経典では、太極眞人高上法師が仙公に対して、「太上十誡」、「十惡之戒」[235] を説いた後、仙公の問いに答えて、『道徳五千文』と「三洞大經 (8丁a)」について解説する。即ち、

> 夫學道、當先忠孝、善行持誡、慈心一切、事師恭肅、吐納養神、尊受大經、禮仰法師、如奉聖人、齋靜誦經、施惠困厄、勸人以善。然後、服藥致益、吐納神和、齋誡有感、誦經眞降、魔衆伏使、敢爲試害、如是必得道。道德上下經、及洞眞、洞玄、三皇天文、上清衆篇詠等、皆是太上虛皇衆眞、十方自然眞仙、及帝君之隱位、及諸天大聖衆諸天宮殿城臺、山海立池、或是太上之靈觀、自然之寶闕、並諸天之日月星辰、城郭及門戸之銘、或是大魔

然眞文。象帝之先。吾爲靈寶大道之淵門、受其精妙、即爲天地人之神（老子曰く、混沌の初め、微妙の源。開闢以前、始めて靈寶自然眞文有り。帝の先に象る。吾 靈寶大道の淵門と爲り、其の精妙を受け、即ち天地人の神と爲る）」(2a)〕 近年では呂鵬志氏が、『老子』即ち『道徳五千文』の思想が霊宝経の教理の根幹を成していることを指摘している。呂鵬志前掲論文 (2003年)。王承文氏も、霊宝経に説く「道」が『老子』の「道」と同じであることを指摘する。王承文前掲書 (2017年) 下篇第五章第二節三。

[234] 王承文氏は、霊宝経では「靈寶赤書五篇眞文」即ち「靈寶天文」が「道」の本体であるとし、宇宙の根源的な意味を持つ「元気」の凝結である「天文」を核とした教義体系が形成されているとする。王承文前掲邦訳論文 (2007年) の特に 305～308 頁。

[235] この二つの戒は、「元始旧経」の道蔵本中にもほぼ同文が見える。これについては本書第2篇第6章第4節参照のこと。

王官屬之内諱密字、宮室之處所。太上故撰而爲文也
(夫れ道を學ぶは、當に忠孝を先にし、善行持誠し、一切に慈心し、師に事ふること恭肅にして、吐納して神を養ひ、大經を尊び受け、法師を禮仰すること、聖人を奉ずるが如くし、齋靜誦經し、困厄に施し惠み、人に勸むるに善を以てすべし。然る後、服藥せば益を致し、吐納せば神和し、齋誠せば感有り、誦經せば眞降り、魔衆伏使し、敢へて試害を爲す、是くの如ければ必ず道を得ん。道德上下經、及び洞眞、洞玄、三皇天文、上清衆篇詠等、皆是れ太上虛皇衆眞、十方自然眞仙、及び帝君の隠位、及び諸天大聖衆の諸天の宮殿城臺、山海立池、或いは是れ太上の靈觀、自然の寶闕、並びに諸天の日月星辰、城郭及び門戸の銘、或いは是れ大魔王官屬の内諱密字、宮室の處所。太上故に撰びて文を爲るなり)
(10b～11a) 云々、

とある。ここでも『道德上下經』(『道德五千文』)を筆頭に、以下、後の所謂「三洞經典」が挙げられている。列挙された經典について、ここでは「皆是太上虛皇衆眞…」云々と述べており、これらの經典が同格であると考えられていることが窺えるので、『道德五千文』が、後の所謂「三洞經典」と共に尊重されていることは明らかである。道藏本『請問經下』で注目すべきは、『道德上下經』以下の諸經典を、天界の衆真・真仙・帝君の隠位や、諸天の宮殿城台、或いは大魔王官属の内諱密字であると述べている部分である。道藏本『内音自然玉字』では、飛玄の気が凝結してできた霊文である「天書玉字[236]」が諸天の名であり、宮台の場所の名であり、衆真の内名であることを解説するが、道藏本『請問經下』のこのような記述は、道藏本『内音自然玉字』の「天書玉字」と同じ発想を示していると言える。『道德五千文』が、衆真の隠位や諸天の宮台、或いは天官の内名であるという考えは、劉宋初期に至るまでの南朝の天師道、或いは北魏の寇謙之の天師道でも、現存する文献には見出せない。これは先に見た『智慧本願』(HY344)の場合と同じく、霊宝経独自の天書観に基づいて、『道德五千文』を尊重していることを示すと見ることができる。

以上の例では、『道德五千文』が霊宝経の天書観に沿って、「天書」として尊

---

236) 道藏本『内音自然玉字』巻一「大梵隱語無量洞章玉訣」：天眞皇人曰、天書玉字凝飛玄之氣以成靈文、合八會以成音、和五合而成章(天眞皇人曰く、天書玉字は飛玄の氣を凝らして以て靈文を成し、八會を合して以て音を成し、五合を和して章を成す) (1a)。

重されていることを指摘できるが、歴史上、『道徳五千文』の尊重、信奉は、天師道や一部の霊宝経に限られることではない。霊宝経典の中の『道徳五千文』の尊重の背景に、そのような歴史的伝統がある可能性を示唆するのが、次の現行霊宝経典に見える『道徳五千文』の位置付けに関する記述である。

3　広く一般に開かれた経典としての『道徳五千文』に言及する経典
(1)　『太上洞玄霊寶智慧本願大戒上品經』(『智慧本願』HY344)
この経典では『道徳五千文』を尊重する一方で、『道徳五千文』と後の所謂「三洞経典」とでは、その扱いに違いがあることを述べている。即ち、

> 凡人雖不能學仙道、皆得受五千文禮敬、家門安樂、死徑生天堂、不更三官地獄囚徒中也。其訣在信好、則此大福可坐得矣。大洞眞經、太上洞玄隱書寶經、不可傳凡人也。皆必是能學仙之士、所當修誦焉
> (凡人仙道を學ぶ能はずと雖も、皆五千文を受け禮敬するを得れば、家門安樂となり、死して徑ちに天堂に生まれ、三官地獄の囚徒の中を更ざるなり。其の訣は信好に在り、則ち此の大福は坐して得べきなり。大洞眞經、太上洞玄隱書寶經、凡人に傳ふべからざるなり。皆必ず是れ能く仙を學ぶの士、當に修誦すべき所なり) (12a～b) 云々、

とあり、『道徳五千文』は、凡人、つまり誰でも受けることができる経典でありながら、その効験の優れていることを述べる。一方で上清経や霊宝経については、仙道を学ぶ者が必ず修誦すべきものであり、しかもそれは、誰でも受けることができるものではないことを述べている。このように道蔵本『智慧本願』(HY344) では、『道徳五千文』に対しては、最上の経典の一つであるとしながら、誰でも受けることができる広く開かれた経典であることを述べて、霊宝経・上清経とは異なる扱いを示している。これは、『道徳五千文』が本来、誰でも見ることのできる書物であったこと、また、本章でこの後に述べるように、『道徳五千文』が読誦経典として広く信奉されていた歴史が、その背景にあることを窺わせる。

(2)　『太極左仙公請問經上』(『請問經上』)
この経典では、太上太極高上老子无上法師が、仙公に『太極智慧經』上篇

中の十四条の戒[237]を説いた後、『道徳五千文』にも言及し、道蔵本『智慧本願』(HY344)と同様、『道徳五千文』が秘すべき経典ではなく、開かれた経典であることを示している。即ち、

> 道家經之大者、莫過五千文、大洞、玄眞之詠也。此經虛遠、誦之致大聖爲降雲車寶蓋、馳騁龍駕、白日升天。五千文是道德之祖宗、眞中之眞、不簡穢賤、終始可輪讀。
>
> (道家の經の大なる者、五千文、大洞、玄眞の詠を過ぐるは莫きなり。此の經虛遠、之を誦せば大聖は爲に雲車寶蓋を降し、龍駕を馳騁し、白日升天を致す。五千文は是れ道德の祖宗、眞中の眞、穢賤を簡ばず、終始輪讀すべし)(『中華道藏』第4冊所収の王卡氏点校本、120頁上段)、

とある。ここでも『道徳五千文』を筆頭に上清経と霊宝経の三種の経典が列挙され、これらの経典が共に効験の優れていることを述べるが、『道徳五千文』については、どのような状況も選ばないので常に読誦すべきことが説かれる。これは先に見た道蔵本『智慧本願』(HY344)で、『道徳五千文』は凡人でも皆受けることができ、しかもその高妙な力の効験に与ることができるとする考えに通じる。敦煌本『請問經上』では続けて、上清経と霊宝経については、次のように述べる。

> 敷演妙義、則王公致治。齋而誦之、則身得飛仙、七祖獲慶、反胎受形、上生天堂、下生人中王公之門也。皆須口訣洞眞。道欲成可誦之、以致雲龍。不得人間詠之。人間詠之、大魔王敗之也。洞玄步虛詠、乃上清高旨、蕭滌玄暢。微妙之至文、亦得終始脩詠、以齋戒也
>
> (妙義を敷演せば、則ち王公治を致す。齋して之を誦せば、則ち身は飛仙を得、七祖は慶を獲、胎に反り形を受け、上　天堂に生まれ、下　人中の王公の門に生まるるなり。皆須らく洞眞を口訣すべし。道成ぜんと欲せば之を誦し、以て雲龍を致すべし。人間に之を詠ずるを得ず。人間に之を詠ぜば、大魔王之を敗るなり。洞玄步虛の詠、乃ち上清の高旨、蕭滌として玄暢す。微妙の至文なれば、亦た終始脩詠するを得るに、齋戒を以てすなり)(『中華道藏』第4冊、120頁上段)云々。

---

[237] この十四條の戒については、本書第2篇第6章第4節(4)参照のこと。

ここでは上清経と霊宝経の優れていることを説明するが、上清経は妄りに人間で誦読してはならないこと、また、霊宝経は常に斎戒して誦詠することを述べる。このように敦煌本『請問經上』でも、『道德五千文』を上清経と霊宝経の経典と共に「道家」の「大經」としつつも、各々の経典の扱いについては違いがあることが看取される。その中でも先に見た通り、『道德五千文』は、特に状況を選ぶことなく誦読すべき経典とされており、ここには早くから読誦経典として、『道德五千文』が信奉されてきた歴史が反映されていると考えられる。周知のように後漢末・三国時代には、『道德五千文』は天師道（五斗米道）信徒が必ず学ぶべき経典とされてきたが、『道德五千文』が天師道だけに信奉されていたのでないことは言うまでもない。例えば、『眞誥』巻九に、

　　太極眞人云、讀道德經五千文萬遍、則雲駕來迎。萬遍畢未去者、一月二讀之耳、須雲駕至而去
　　（太極眞人云く、道德經五千文を讀むこと萬遍、則ち雲駕來迎す。萬遍畢はりて未だ去らざる者は、一月に之を二讀するのみ、須らく雲駕至りて去るべし）
　　(23a 〜 b)、

とある。これは楊義を通じた真人のお告げに見える一文である。茅山で神降ろしを行った許氏は、天師道を信奉していたと考えられている[238]ので、このお告げの内容は天師道の信仰と関わるものであるかもしれない。けれども、この『道德五千文』の一万回読誦に関連して、『抱朴子内篇』巻八「釋滯」篇では批判的な立場ながら、『道德五千文』を誦読する効験に言及している。即ち、

　　抱朴子曰、道書之出於黃老者、蓋少許耳。率多後世之好事者、各以所知見而滋長、遂令篇卷至於山積。（中略）徒誦之萬遍、殊無可得也
　　（抱朴子曰く、道書の黃老に出づる者、蓋し少し許りのみ。率ね多くは後世の好事の者、各〻知見する所を以て滋長し、遂に篇卷をして山積するに至らしむ。（中略）徒らに之を誦すること萬遍なるも、殊ら得べきこと無きなり[239]）、

---

238) 許氏の信仰について、ミシェル・ストリックマン（Michel Strickmann）氏は、許氏が精神的に北人に屈服して天師道を信仰するようになったが、それが当時の地方の利害関係において有利な地位を占める為の改宗であったことを指摘する。ストリックマン, M 前掲邦訳論文（1977 年）。許謐の信仰に関しては、張超然氏が天師道の信仰から上清経信奉に至る変遷について論じている。（張超然博士論文（2008 年）『系譜、教法及其整合：東晋南朝道教上清経派的基礎研究』（2008 年台湾国立政治大学）の第四章三。

とある。この文は、世の中に在る道書の類の多くは、好事家が自分の知っていることを書き加えて山積したものに過ぎず、それを一万回読誦しても仙道は得られるものではないという趣旨である。ここから当時、所謂道書を一万回読誦することで仙道が得られるという考えがあったことが窺える。更に、『抱朴子内篇』巻八「釋滯」篇では、

> 又五千文、雖出老子、然皆泛論較略耳。其中了不肯首尾全擧其事、有可承按者也。但暗誦此經而不得要道、直爲徒勞耳。又況不及者乎
> （又五千文は、老子に出づと雖も、然して皆泛論較略なるのみ。其の中は了(つい)に肯へて首尾して其の事を全て擧げざれども、承按すべき者有るなり。但だ此の經を暗誦して要道を得ず、直だ徒勞を爲すのみ。又況んや及ばざる者をや[240]）、

とあり、『道德五千文』を暗誦しても道の要諦を得ることはできず、徒勞であると述べる。これは当時、『道德五千文』を誦読することで道の要諦を得られるという、一種の信仰があったことを反映していると考えられる。先に見た道書を一万回読むことで仙道が得られるとする考え、或いは信仰があったと考えられることから類推して、『道德五千文』についても当時、一万回の誦読が道の要諦を得る方法として行われていた可能性は十分にある。同様に、『眞誥』にある太極眞人のお告げの内容も、天師道信徒に限らず、当時広まっていた『道德五千文』読誦の信仰を反映している可能性が考えられる。

『周氏冥通記』(しゅうしめいつうき)（HY302）巻四には、陶弘景が「道德二篇、實道書之宗極（道德二篇、實に道書の宗極なり）」(8a) と記しており、上清經を尊奉していた陶弘景も『道德五千文』を高く評価し、尊重していたことが判る。『周氏冥通記』巻一には、周子良(しゅうしりょう)が十二歳で弟子入りした際、初めて受けた經籙の中に『老子五千文』が含まれていたことも見える。即ち、

> 于時子良年十二、仍求入山伏節爲弟子、始受仙靈籙、老子五千文、西嶽公禁虎豹符、便專心於香燈之務
> （時にして子良年十二、仍りに入山し伏節して弟子と爲るを求め、始めて仙靈籙、老子五千文、西嶽公禁虎豹符を受け、便ち香燈の務に專心す）(2a)、

とある。弟子入りした最初に授けられていることから、『道德五千文』が当時、

---

239) 『抱朴子内篇校釈（増訂本）』（王明撰、中華書局、1995年）、151頁。
240) 上掲書『抱朴子内篇校釈（増訂本）』151頁。

道典における最も根本的かつ基本的経典として認識されていたことが看取される。『茅山志』(HY304)巻九「道山冊」には、楊羲が『老子道德經』を書写したこと[241]、『紫陽眞人内傳』(HY303)には、中嶽仙人黃泰が若くして『道德』を好んだこと[242]などが見え、『道德五千文』が広く尊奉されていたことは、これらの資料からも窺える。このような歴史的背景から『道德五千文』は、霊宝経典において上清経や霊宝経と共に尊重される経典であると同時に、それらの後の所謂「三洞経典」とは異なり、広く開かれた経典として扱われていたことは明らかであろう。つまり、一般に広く信奉されていた『道德五千文』について伝統的な信奉の在り方を反映しているのが、現存する『智慧本願』(HY344)や『請問經上』であり、これは、『道德五千文』の尊重が天師道や霊宝経典の一部にのみ特徴的なことであったのではないことを示すと考えられる。加えて、『道德五千文』が霊宝経典において尊重されている背景には、霊宝経典作成当時、既に上清経、霊宝経、三皇経等の、後の所謂「三洞経典」に対する格付けが始まっており、根本的な経典である『道德五千文』を、それらの経典の体系中に位置付ける必要があったことも考えられる[243]。

以上、敦煌本「霊宝経目録」著録経典に見える『道德五千文』に関する言及内容について考察してきたが、その結果として、以下のようなことが言える。

1. 霊宝経で『道德五千文』は、道教経典全体における位置付けには曖昧な点があるものの、霊宝経とほぼ同等の高い位置付けをされた経典として尊重されている。
2. 霊宝経における『道德五千文』の尊重について、これを「天書」として尊重する記述が、道蔵本の『智慧本願』(HY344)と『請問經下』に見え

---

241) 『茅山志』巻九「道山冊」に、「道德經五千文。按『登眞隱訣』隱居云、『老子道德經』、有玄師楊眞人手書張鎭南古本（道德經五千文。『登眞隱訣』を按ずるに隱居云く、『老子道德經』、玄師楊眞人の張鎭南古本を手書せる有り）」(1a) 云々と見える。
242) 『紫陽眞人内傳』に、「吾是中嶽仙人蘇林、字子玄也。本衛人、靈公末年生。少好『道德』（吾は是れ中嶽仙人蘇林、字は子玄なり。本衛人にして、靈公の末年に生まる。少くして『道德』を好む）」(2b) 云々と見える。
243) 呂鵬志氏は、『道德五千文』が六朝期の霊宝経典の中で崇敬される背景として、この時期の霊宝経が打ち建てた天書神学は、「道家」哲学の「道」及び「気」の思想を基盤とすることを指摘すると共に、『五稱符上經』に見えるように、老子も霊宝経を受けた聖人となっていることを指摘する。呂鵬志前掲論文（2003年）。

る。経典に対するこのような発想は、現存する資料を見る限り、後漢末から劉宋初に至る天師道には見られず、これは道蔵本の『天書經』や『内音自然玉字』、『五稱符上經』等の霊宝経に見える天書観、或いは経典観に見出せる発想である。このことから、天師道の根本経典である『道徳五千文』は、霊宝経の中では、霊宝経独自の思想を背景として尊重されていると考えられる。

3. 霊宝経における『道徳五千文』の尊重は、「仙公新経」において特別に『道徳五千文』が尊重されているのではなく、むしろ、『道徳五千文』が所謂道教の根本的な経典であり、古くから信奉されてきたという歴史的伝統を背景としたものであると考えられる。

　これらから、霊宝経の中で『道徳五千文』が尊重されていることが、特定の道流の信仰を反映しているとは言い難いことが指摘できよう。更に、『道徳五千文』を「天書」として尊重する考えは、天師道には見られない霊宝経独自のものであり、そこには、霊宝経の作者の考えが示されていると言える。次に、霊宝経典中の「靈寶齋」と「三天齋」の関係について考察する。

第3節　「靈寶齋」と「三天齋」

　「仙公新経」では、天師道の「三天齋(さんてんさい)」、即ち「旨教齋(しきょうさい)」[244]に言及する経典がある。それは、『請問經上』と『請問經下』の二篇で、「靈寶齋」と関わる形で天師道の斎法についても述べられている。ここでは、この二篇に「靈寶齋」と「三天齋」について、どのように記されているのか、そこから経典自体のどのような意図が汲み取れるのかを考察したい。

---

244)　「旨教齋」に関する主な先行研究：山田利明『六朝道教儀礼の研究』（東方書店、1999年）第二篇第一章；小林正美前掲書（2006年）所収論文「道教の斎法儀礼の原型の形成―指教斎法の成立と構造」（39〜61頁）；呂鵬志（2009年）「天師道旨教斎考」（『中央研究院歴史語言研究所集刊』2009年第80本第4分冊、365〜541頁）等。呂氏は上掲論文中で、『旨教齋』に言及する『請問經』の成書年代を東晋末から劉宋初に推定している。また、「發爐」、「復爐」、「宿啓」、「行道」、「言功」という道教儀礼用語は、陸修静が道教儀礼を整備した時に創出した用語であるとする。

(1) 『請問經上』

　この經典には、天師張道陵と天師道の齋法「旨敎齋」に言及する部分があり、高上老子が、仙公に次のように語る。即ち、

　　夫道家所先、莫近乎齋。齋法甚多、大同小異耳。其功德重者、惟太上靈寶
　　齋也。但世希能學之矣。學之者皆大乘之士。前世積慶所鍾、去仙近也。又
　　有三天齋法。與靈寶相似
　　（夫れ道家の先とする所、齋より近きは莫し。齋法甚だ多く、大同小異なるのみ。
　　其の功德の重き者は、惟だ太上靈寶齋のみなり。但だ世に能く之を學ぶは希なり。
　　之を學ぶ者は皆大乘の士なり。前世積慶の鍾まる所、仙に去ること近きなり。
　　又三天齋法有り。靈寶と相ひ似たり）（『中華道藏』第4冊所收の王卡氏点校本、
　　119頁下段）、

とあり、齋法の中で最も重要なものが「靈寶齋」であると述べ、この「靈寶齋」と類似するものに「三天齋」があるとする。「三天齋」とは、『請問經上』の次の引用部分から分かるように、天師道が行う齋法「旨敎齋」のことである。この「三天齋」について、仙公が次のように説明する。即ち、

　　仙公曰、三天齋者、是三天法師天師所受法、名爲旨敎經也。抑亦其次也。
　　此法悉在五稱文中、莫不畢載也
　　（仙公曰く、三天齋とは、是れ三天法師天師受くる所の法、名づけて旨敎經と爲
　　すなり。抑亦た其の次なり。此の法悉く五稱文中に在り、畢載せざるは莫きな
　　り）（『中華道藏』第4冊所收の王卡氏点校本、119頁下段）、

とあり、「三天齋」は「三天法師天師」に授けられた齋法であることを述べる。そして齋法の第一位は「靈寶齋」で、「三天齋」はその下であるとする。

(2) 『請問經下』

　この道藏本でも、仙公の問いに太極眞人高上法師が答える中で、「正一眞人」張道陵と「旨敎經」である「三天齋」に言及する。即ち、

　　昔正一眞人學道時、受靈寶齋。道成後、謂此齋尊重。乃撰靈寶五稱文、中
　　出齋法、爲旨敎經。大同小異、亦次本經齋法也
　　（昔正一眞人道を學びし時、靈寶齋を受く。道成じて後、謂へらく此の齋尊く重
　　し、と。乃ち靈寶五稱文を撰し、中に齋法を出だし、旨敎經と爲す。大同小異

なるも、亦た本經の齋法に次ぐなり）(5b)、

とある。ここでは、「正一眞人」張道陵が道を学んでいた時に「靈寶齋」を受けたが、得道の後、「靈寶齋」は尊く重要な斎法であると思い、『靈寶五稱文』(れいほう ごしょうぶん)を撰して、そこに収めた斎法を「旨教經」としたことが説かれている。また、この引用箇所では、「正一眞人」が作った「旨教經」について、「本經」の斎法と大同小異であるが、「本經」の斎法の次位であるとしている。この「本經」の斎法については、上掲の箇所の前に、「學道莫先乎齋。齋者、莫過靈寶。其法高妙、不可宣於世凡流之人、常傳諸有宿世功德之子（道を學ぶに齋より先とするは莫し。齋は、靈寶を過ぐる莫し。其の法高妙なれば、世の凡流の人に宣ぶべからず、常に諸々の宿世に功德有るの子に傳ふ）」(5a～b) とあり、ここから「靈寶齋」を指すと考えられる。つまり、『請問經下』でも『請問經上』と同じく、天師道の斎法である「旨教經」（「三天齋」）は、「靈寶齋」に相似していることを言い、斎法としては「靈寶齋」の次に位置付けていることが判る。この経典では、「正一眞人」自身が、「靈寶齋」を「尊重」なるものと考え、『靈寶五稱文』を作って「靈寶齋」に似た「旨教經」を収めたことを述べており、「靈寶齋」が最初にあり、天師道の「旨教經」はその模倣であるとしている。

(3) 「靈寶齋」の位置付けと思想的背景

先に見た敦煌本『請問經上』では、天師が受けたのは「三天齋」であり、また『請問經下』と同様、その「旨教經」は『靈寶五稱文』にあることを述べている。二つの経典が主張することをまとめると、以下のようになる。

1. 斎法の中で最高の位置を占めるのは「靈寶齋」である
2. 「靈寶齋」と「三天齋」とは相似する斎法である
3. 「靈寶齋」と「三天齋」では、「靈寶齋」が第一であり、「三天齋」はその次の位置付けになる
4. 天師張道陵もかつて霊宝経と「靈寶齋」を学び、これを重んじた
5. 『靈寶五稱文』は天師張道陵が作ったもので、そこには天師が学んだ斎法について記されており、そこに「三天齋」が収められている[245]

---

245) 劉屹氏が前掲論文（2009 年 b）で指摘するように、現行本『請問經』上下に見える『靈寶五稱文』の該当経典として、これまで『太上無極大道自然眞一五稱符上經』が考えられて

ここでは先ず、霊宝経の齋法である「靈寶齋」を、最も優れた齋法として評価している。次に、その「靈寶齋」と「三天齋」は、内容が似ることが述べられている。これについては後世の資料になるが、『正一論』[246]（HY1218）を参照したい。『正一論』中に見える「靈寶齋」と「旨敎齋」及び「塗炭謝儀」に関する問いをいくつか挙げると、質問者は、

① 道家復何以旨敎靈寶一法二用

（道家復た何ぞ旨敎靈寶の一法を以て二用するや）（1a）、

② 聖人設敎、情無彼此。何忌靈寶清齋・旨敎塗炭謝邪

（聖人は敎を設け、情に彼此無し。何ぞ靈寶清齋・旨敎塗炭謝を忌むや）（2b）、

と問い、更に

③ 塗炭儀所説云、悉如靈寶法。推之斯言可得兼用

（塗炭儀の説く所に云く、悉く靈寶法の如し、と。之れ斯の言を推すに兼用を得べきか）（3a）、

と尋ねている。①では「靈寶齋」と「三天齋」が「旨敎靈寶一法二用」と表現されており、また②の「何忌靈寶清齋・旨敎塗炭謝邪」という問いに対して、回答者は「旨敎齋法及塗炭謝儀共出一卷經中（旨敎齋法及び塗炭謝儀は共に一卷經中に出づ）」（2b）と答えている。「旨敎齋」と「塗炭謝儀」は同源の科儀とされているようなので、③の「塗炭儀」の語には、「旨敎齋」も含まれていると見ることができる。このことから、『正一論』の作者は、「靈寶齋」と「旨敎齋」が似ていることを認識していたと推測される。この他に、「靈寶齋」と「三天齋」が似ていることを示すものとして、斎法儀礼の中で行われる「發爐」の儀式が挙げられる。「發爐」については本章で後述するが、「靈寶齋」を解説

きたが、現行本を見る限り、そこで解説されているのは主に五符の用法であり、斎法に関する記述は見えず、『請問經』で言及している『靈寶五稱文』と同一の経典ではない可能性がある。

246) 『正一論』は撰人不詳。王卡氏は南北朝正一派道士の作とし、南斉の道士孟景翼の作の可能性があるとする。（胡孚琛主編『中華道教大辞典』北京、中国社会科学出版社、1995年、284〜285頁。）シペール氏は唐代の成書とする。（『道蔵通考』: *The Taoist Canon: A Historical Companion to the Daozang*, vol. 1, Shipper. K and Verellen. F ed., University of Chicago Press, 2004, p. 486）いずれにせよ、敦煌本「霊宝経目録」著録経典の成書より後に成立した文献と考えられる。王承文氏は『正一論』の内容の分析から、『正一論』の成書時は「靈寶齋法」が流行し、「旨敎齋」と「靈寶齋」が共に天師道の中でも霊宝経派の中でも行われていたことを反映しているとする。王承文前掲書（2002年）第四章第一節四。

する『諸經要訣』の道蔵本に見える「靈寶無上齋」の中で用いられている「發
爐呪」は、天師道の科儀書『正一指教齋儀』(HY797) 及び『正一指教齋清
旦行道儀』(HY798) 等に見える「發爐呪」とほぼ同型である[247]。これも前掲
の『請問經』で、「靈寶齋」と「三天齋」が似ていると述べていることを裏付
ける資料の一つと考えられる。敦煌本『請問經上』では、「靈寶齋」と「三天
齋」が相似することを認めた上で、「靈寶齋」を最高のものとし、「三天齋」は
「靈寶齋」の次の斎法であると位置付けている。道蔵本『請問經下』では、「三
天齋」は天師張道陵が「靈寶齋」をまねて作ったものとしながら、それを「靈
寶齋」の次に価値のある斎法として認めている。別の角度から見ると、天師張
道陵が作ったとされる「三天齋」をある程度高く評価し、その「三天齋」より
も「靈寶齋」を高く評価することで、これを最高の斎法として位置付けている
と言える。これは王承文氏が指摘するように[248]、天師道の伝統的権威を借りて、
「靈寶齋」及び霊宝経の権威を高める意図を示していると見ることができる。
けれども道蔵本『請問經下』で「大同小異」とする「靈寶齋」と「三天齋」に
は、斎法を成立させている思想的背景において大きな違いがある。それは「靈
寶齋」では前世積慶の功徳を以て斎法が行われ、それが経典を伝授される前提
となっているという点である。敦煌本『請問經上』も「前世積慶所鍾、去仙近
也」と述べ、「靈寶齋」を伝授される者については「常傳諸有宿世功德之子」
と述べる。『正一論』は、漢安元年十月十五日に天師張道陵が陽平山において、
「旨教齋」を以て治官に教えたことを記す[249]。そこで質問者が、治官にだけ教
えるなら「旨教齋」は小乗の法であり、霊宝道士が修めるような法ではないで
はないかと言う[250]のに対して、「答曰、天師所説云、吾以此法、教治官道民、
令免災厄、爲後世種民（答へて曰く、天師の説く所に云く、吾此の法を以て、治官

---

247) 実際の「發爐呪」については、本章第6節を参照のこと。
248) 王承文前掲書（2002年）第四章第一節の二、四参照。
249) 『正一論』には、回答者の言葉として「天師以漢安元年十月十五日、下旨教於陽平山、
　　以教衆官、令入仙目（天師は漢安元年十月十五日を以て、旨教を陽平山に下し、以て衆官を
　　教え、仙目に入らしむ）」(3a) 云々とある。
250) 『正一論』：難曰、竊聞議者所説、旨教齋者、天師以教治官而已。此是小乗之法。非靈
　　寶道士之所宜修（難じて曰く、竊かに議者の説く所を聞くに、旨教齋とは、天師以て治官に
　　教ふるのみ。此れは是れ小乗の法なり。靈寶道士の宜しく修むるべき所に非ず、と）。(3b)

道民を教へ、災厄を免れ、後世種民と爲さしむ）」（3b）云々という回答がされ、「旨敎齋」は、治官道民が災厄を免れて後世種民となるために伝えられたという説明がされる。『正一指敎齋淸旦行道儀』では、その中の三上香の儀式で、第一上香から第三上香に至るまで、「當令免離災厄苦難、咸得解脫煩惱惡根（當に災厄苦難を免離せしめ、咸く煩惱惡根を解脫するを得さしむべし）」（4a：8〜9、4b：5〜6、5a：6〜7）云々と願う。ここに後世種民となることは述べていないが、「旨敎齋」が「免離災厄」を目的として行われる斎法であることが判る。これは『正一論』に説明されることと合致し、「旨敎齋」はそのような斎法として認識されていたと考えられる。人々の「免離災厄」を祈る文言は、道蔵本『諸經要訣』の「三焼香三祝願」（4b〜5b）にも見える。その点で「靈寶齋」と「三天齋」即ち「旨敎齋」は似ていると言えるが、『正一論』にも『正一指敎齋儀』や『正一指敎齋淸旦行道儀』にも、「旨敎齋」の「免離災厄」という目的は記されていても、「靈寶齋」のように斎を行う目的以外に、その斎法が本来成立する前提となる「前世積慶」、或いは「宿世功徳」という思想的背景は窺えない。また道蔵本『諸經要訣』中の「靈寶無上齋」の解説では、「靈寶齋法」のそもそもの成り立ちとして、それが天上界で衆聖たちによって行われる斎法に則った儀礼であることを説明している。道蔵本『諸經要訣』では、「靈寶齋」で香炉を持ち、斎堂を三度巡る理由を、

> 所以旋繞香者、上法玄根無上玉洞之天、大羅天上太上大道君所治七寶自然之臺。無上諸眞人持齋誦詠、旋繞太上七宝之臺。今法之焉。又三洞弟子諸修齋法、皆當焼香歌誦、以上象眞人大聖衆繞太上道君臺時也
> （香を旋繞する所以の者は、上　玄根無上玉洞の天、大羅天上の太上大道君の治する所の七寶自然の臺に法る。無上諸眞人持齋し誦詠し、太上七寶の臺を旋繞す。今之に法るなり。又三洞弟子の諸もろの修齋法、皆當に焼香し歌誦し、以て上眞人大聖衆の太上道君の臺を繞る時に象るべきなり）（6b〜7a）、

と解説する。こうした斎法に関する設定は、『正一論』の「旨敎齋」の説明や、『正一指敎齋儀』や『正一指敎齋淸旦行道儀』には見えない。道蔵本『諸經要訣』に見える「靈寶無上齋」は、天上界の儀礼に根元を持つ斎法であり、また現行の『請問經』では、「靈寶齋」は前世からの功徳の累積によって行うことができる斎法であると説明する。つまり儀礼の内容の上では類似した斎法で

あっても、霊宝経典に見える「靈寶齋」には、斎法の成り立ちやその前提となる「前世積慶」・「宿世功徳」という思想的背景があり、天師道の「三天齋(旨教齋)」にはそのような思想が見えないという点で、両者は異なる。霊宝経では、天師道の斎法とよく似た内容構成の斎法を行う上で、その儀礼の根元的な設定において、霊宝経独自の考えが反映されており、その意味で斎法もまた、霊宝経の思想に沿って再構成されていることを指摘できる。

第4節　霊宝経典中の天師張道陵

　先に見た『請問經上』・『請問經下』には、「三天法師天師」或いは「正一眞人」という法号で張道陵が見えるが、霊宝経には『請問經』以外にも天師張道陵が見える現行の霊宝経典がある。『太上洞玄靈寶本行因緣經』(道蔵本『本行因緣經』)もそのひとつであり、経典中で張道陵は「正一眞人三天法師」として言及されている。そこで次に、この経典で天師張道陵がどのように扱われているか、また『請問經上』・『請問經下』中の天師張道陵の位置付けについて考察し、その後に『自然經訣』中の「五眞人頌」に見える張道陵についても、その設定にどのような改編が加えられているのかを検証する。

1　『太上洞玄靈寶本行因緣經』に見える天師張道陵

　道蔵本『本行因緣經』の内容は、葛仙公と三十三人の地仙道士とが労盛山上で本行因縁について問答するという構成で、冒頭、地仙道士の一人が、崑崙玄圃宮で見た「正一眞人三天法師」張道陵について、どのような功徳で彼が道を得たのかを、以下のように葛仙公に問う。

> 近登崑崙玄圃宮待侍座、見正一眞人三天法師張道陵降座、酆都伺迎、三界稽首、諸天禮問動靜、龍駕曜虛、頂負圓明、身生天光、文章煥爛。先世何功徳故是得道、其獨如是乎、願聞之」
> (近く崑崙玄圃宮に登り座に侍し、正一眞人三天法師張道陵降座するに、酆都伺迎し、三界稽首し、諸天禮もて動靜を問ひ、龍駕虛を曜かせ、頂は圓明を負ひ、身に天光を生じ、文章は煥爛たるを見る。先世何れの功徳の故に是れ道を得て、其れ獨り是くの如きか、願はくは之を聞かん、と)。(7a)

これに対し、葛仙公は次のように答える。

> 天師本行所歷亦彌劫勤苦、齋戒讀經、弘道大度、高範玄眞、耽味希微、轉輪求道、尤過於吾、不可具。其志大經行大道、故得三天法師之任、太上正一眞人之號矣。豈不大乎」
> （天師本行の歷る所も亦た劫を彌り勤苦し、齋戒讀經し、道を弘め大ひに度し、高く玄眞を範とし、希微に耽味し、轉輪して道を求むること、吾を過ぐること尤（はなはだ）しければ、具さにすべからず。其れ大經を志して大道を行ふ、故に三天法師の任、太上正一眞人の號を得るなり。豈に大ならずや、と）。(7a)

この箇所は『仙公請問本行因縁衆聖難』の敦煌本『衆聖難經』(P2454)[251]にも見える上、經題にある「本行因縁」に沿った内容であることから、陸修静当時の『衆聖難經』にも含まれていた可能性は高い。ここで注目すべきは、「正一眞人三天法師」張道陵の宗教的権威の正統性が、幾度も転生して勤苦し、斎戒し経典を読み、道を弘めて大いに済度し、道の教えを専らにして道を求め続けたことによると、葛仙公を通して説明されていることである。つまり、宿世に積んだそれらの功徳が、張道陵に「三天法師」の任と「正一眞人」の号に示される権威が与えられた理由とされているのである。周知のように、東晋末劉宋初に内部改革を行った天師道が主張する天師張道陵の正統性は、「新出太上老君」によって「三天」と「六天故氣」の対立という世界観を背景に、張道陵に三天を補佐させる為に「三天之師」の任と「正一盟威之道」が授けられたことに根拠を置くものである。このような天師張道陵の正統性については、天師道系の道典『三天内解經』巻上に見ることができる。この経典は劉宋最初期の成書と推定され、天師張道陵の正統性を明瞭に述べている。道蔵本『三天内解經』巻上では、

> 以漢安元年壬午歲五月一日、老君於蜀郡渠亭山石室中、與道士張道陵將詣崑崙大治新出太上。太上謂、世人不畏眞正、而畏邪鬼、因自號爲新出老君。即拜張爲大玄都正一平氣三天之師、付張正一明威之道・新出老君之制、罷廢六天三道、時事平正三天、洗除浮華、納朴還眞、承受太上眞經、制科律
> （漢安元年壬午歲五月一日を以て、老君　蜀郡渠亭山石室中に於いて、道士張道

---

251) 敦煌写本 P2545 の写真図版：大淵忍爾前掲書 (1979 年) 89〜92 頁。

陵と将に崑崙大治に新出太上に詣らんとす。太上謂ふ、「世人は眞正を畏れず、而して邪鬼を畏る、因りて自ら號して新出老君と爲る」と。即ち張を拜して大玄都正一平氣三天の師と爲し、張に正一明威の道・新出老君の制を付し、六天の三道を罷廃せしめ、時に平正の三天に事へ、浮華を洗除し、朴を納め眞に還らしめ、太上眞經を承受し、科律を制らしむ）（卷上 5b～6a）、

とあり、ここでは「新出老君」が張道陵に「六天三道」の支配を罷廃させて正しい「三天」に仕えさせ、乱れた世の中の人々を純朴にして真実なる状態に立ち戻らせるために、「大玄都正一平氣三天の師」とし、「新出老君」が定めた「正一明威之道」を授けたことを述べる。これが天師道における天師張道陵の正統性の根拠となるもので、それは『陸先生道門科略』(HY1119) にも見える。即ち、

太上老君以、下古委懟、淳澆樸散、三五失統、人鬼錯亂、六天故氣稱官上號、搆合百精及五傷之鬼、敗軍死將、亂軍死兵。（中略）太上患其若此、故授天師正一盟威之道・禁戒律科、檢示萬民逆順・禍福・功過、令知好惡（太上老君以へらく、下古委懟し、淳澆く樸散じ、三五失統し、人鬼錯亂し、六天故氣は官の上號を稱し、百精及び五傷の鬼、敗軍の死將、亂軍の死兵を構合す。（中略）太上は其の此くの若きを患ひ、故に天師に正一盟威の道・禁戒律科を授け、萬民に逆順・禍福・功過を檢示し、好惡を知らしむ）（1a～b）、

とあり、ここでは、直接「三天」と「六天故氣」の対立については言及していないが、「六天故氣」によって乱れた世を憂えた太上老君が、乱れた世を直す為に、天師に「正一盟威之道」・禁戒律科を授けたことが説明されている。その内容から、ここでも、「三天」と「六天故氣」の対立という世界観を背景にしていることが窺える。『正一天師告趙昇口訣』(HY1263) では、天師が弟子の趙昇に次のように告げる。即ち、

今九天俱立、使六天出治、随世分布、三道治正轉亂、不能中正三五之氣。上三天恚怒、無本父母臨正、使太上老君絕世、更立正一盟威之道。太上開化、不以吾輕賤小人、受吾眞法爲百鬼主者、使開二十四治、以應二十四氣、置署職籙、以化邪俗之人、黃老赤籙以修長生。吾言大道永畢

（今九天俱に立ち、六天をして出治せしめ、世に随ひて分かち布くも、三道の治正は轉た亂れ、三五の氣を中正する能はず。上三天は恚怒し、無本の父母は正

しきに臨み、太上老君をして世を絶ち、更に正一盟威の道を立たしむ。太上開化するに、吾を以て輕賤小人とせず、吾に眞法を受けて百鬼主者と爲し、二十四治を開き、以て二十四氣に應じ、職籙を置署し、以て邪俗の人を化し、黄老赤籙は以て長生を修めしむ。吾は大道の永畢なるを言ふ）（1a～b）、

と述べ、この經典でも、「三天」と「六天故氣」の對立を背景に、太上老君が「正一盟威之道」を立て、世を開化する爲に天師に眞法を授けて、「百鬼主者」としたことを述べる。ここに見える「眞法」とは、文脈から見て「正一盟威之道」を指すと解釋される。

以上の天師道系の文献で共通して張道陵の正統性の根據となっているのは、「三天」と「六天故氣」の對立を背景として、「六天故氣」を除き世を正しい状態に戻すために、太上老君が張道陵に「正一盟威之道」と宗教的権威を有する称号とその任を与えたことである[252]。これが、天師道の主張する正統性の根拠である[253]。ところが道蔵本『本行因縁経』中の天師張道陵は、「正一真人三天

---

[252] 東晋末劉宋初の天師道については、主に以下を参照。陳国符前掲書（1963年増訂版）下冊、付録四：南北朝天師道考長編。小林正美前掲書（1990年）第二篇序章、第三篇第二章、及び同氏前掲書（1998年）序章三、第二章第一節。本章で挙げた三例の天師道系文献の中で、「太上老君」は張道陵を『三天内解経』では「大玄都正一平氣三天之師」とし、『正一天師告趙昇口訣』では「百鬼主者」としている。これは二つの経典の成書時期と、その頃に成立していた張道陵の称号の違いを反映している可能性が考えられるが、それは天師道の展開に関わる問題であり、本章の議論とは別の問題であるので、ここでは取り上げない。

[253] その後の道教文献中に見える、張道陵の宗教的権威の正統性を主張する伝承を見ると、『三天内解経』等の天師道系の文献に見える伝承を基にした記述が、例えば『雲笈七籤』巻二八に引く『張天師二十四治圖』や『無上秘要』巻八四、或いは『上清天心正法』（HY566）の序などに多数見える。それに対して道蔵本『本行因縁経』に見える伝承を下敷きにした記述は、ほとんど見えない。これには、道蔵本『本行因縁経』に見える天師張道陵が輪廻転生して功徳を積み得道したという伝承が、霊宝経の権威構築の為に当時は必要であった新しい張道陵像であり、霊宝経が道教経典の体系中にその地位を確立した後には、そのような張道陵像を主張する必要がなくなった可能性が考えられる。一方、「霊寶齋法」と「旨教齋法」の成り立ちについては、『无上黄籙大齋立成儀』巻一「儀範門」の「序齋第一」1丁a5行目～2丁b7行目に、『請問經上』・『請問經下』に見える内容に基づいた説明が見える。そこでは「正一齋法」である「旨教齋法」が、祭酒・籙生の為に作られたと述べられている：昔正一眞人受命導世、奉荷靈寶自以齋法。旨趣淵微、法禁森厳、非愚淺始學所可明了。廻妙出五稱文、撰立正一齋法、目爲旨教、以遺祭酒籙生。靈寶之敎、秘而不傳。（昔正一眞人 命を受け世を導き、靈寶を奉り荷ふに自ら齋法を以てす。旨趣は淵微、法禁は森厳なれば、愚淺始學の明了すべき所に非ず。妙を廻らせ五稱文を出だし、正一齋法を撰立し、目して旨教と爲し、以て祭酒籙生に遺す。靈寶の敎、秘して傳へず）（2b）。

法師」張道陵と記されていながら、その正統性は、転生を重ね、その間に斎戒読経し、道を弘め済度を行い、そのようにして功徳を積んだ結果であるとされており、天師道が主張する天師張道陵の正統性は、ここでは無視された形となっている。一方で、道蔵本『本行因縁經』は天師張道陵を尊崇する態度を示しており、それは經典中「尤過於吾、不可具（吾を過ぐること尤（はなはだ）しければ、具さにす可からず）」と、葛仙公より張道陵が優れていると葛仙公自身に言わせていることから窺える。ただし、そこで張道陵が評価されるのは、彼が葛玄と同様の功徳を積んだことに依るのであり、そのように張道陵を高く評価することで、むしろ葛仙公の評価を高めているとも言える。裏返せば、張道陵の持つ權威を、葛仙公の權威を高めるために利用していると見ることもできる。これは、先に『請問經』で見た「靈寶齋」に関しても、天師道の齋法である「三天齋（旨教齋）」を通して天師道の伝統的權威を借り、自分たちの齋法である「靈寶齋法」を高く位置付けようとする意図があったと推察されることと同様の手法であると言えよう。つまり道蔵本『本行因縁經』では、天師張道陵の權威は、東晋末劉宋初の天師道が唱えた「正一盟威之法」の具現者という正統性の根元に由来する權威から、正統性の根元を葛仙公と同じ宿世功徳の累積に求める權威に置き換えられているのである[254]。しかも、「正一眞人三天法師」という天師道における張道陵本来の權威の正統性を示す稱号は、そのまま用いられている。このこと自体が、本来の張道陵の權威と伝統的な地位を保持しつつ、天師道の開祖である張道陵を靈寶經が構築する体系に組み込んでいることを示すと見ることができよう[255]。現存するテキストでは、『本行因縁經』と同様、天師張道陵を尊重しつつ、靈寶經に合わせてその設定を変えた上で靈寶經の体系の中に組み込んでいる例が、『請問經上』と『請問經下』、及び『自然經訣』である。次にこれらの經典に見える天師張道陵について考察する。

---

254) 神塚淑子氏は、『本行因縁經』が葛仙公と同じ功徳を積んだことを以て張道陵を高く評価していると指摘する。神塚前掲書（2017年）第一篇第三章四。

255) 靈寶經典中に見える天師張道陵に関して、既に王承文氏が、靈寶經が天師道の伝統的權威を保った状態で、張道陵を靈寶經の体系の中に組み込んだという見解を示している。王承文前掲書（2002年）第四章第一節二、四、五。

2 『太極左仙公請問經』に見える天師張道陵

『請問經上』と『請問經下』では先に見たように、「靈寶齋」と「三天齋」に関連して張道陵に言及している。敦煌本『請問經上』では、「三天齋者、是三天法師天師所受法、名為旨教經也」と仙公が述べて、「三天法師天師」である張道陵が「三天齋」を伝授されたとする。その「三天齋」は、「抑亦其次也」とあり、「靈寶齋」の次に位置付けられるが、これは「三天齋」が、霊宝経の科儀の体系中に位置付けられていることを示していると見ることができる。故に、その「三天齋」を受けた張道陵もまた、敦煌本『請問經上』では霊宝経の体系の中に組み込まれていると解釈される。ただし、天師道の開祖である張道陵を霊宝経の信奉者の一人としながら、その「三天法師天師」という天師道における称号を用いているのは、前述のように張道陵の持つ伝統的な地位を保った形で、霊宝経の体系に組み込んでいることを示すと考えられる。

道蔵本『請問經下』では、「昔正一眞人学道時、受靈寶齋」とあり、「正一眞人」即ち張道陵が、かつて「靈寶齋」を伝授されたことを説く。これにより、道蔵本『請問經下』でも張道陵は、霊宝経の体系の中に霊宝経信奉者の一人として組み込まれていることが看取される。更に「道成後、謂此齋尊重。乃撰靈寶五稱文、中出齋法、爲旨教經」(5b)とあり、張道陵に由来する「旨教經」(天師道の「三天齋」)もまた、霊宝科儀の体系中に「靈寶齋」の次位として位置付けられていることが窺える。ここでも、「正一眞人」という張道陵の称号が用いられているのは、『請問經上』と同じ理由であったと推察される。このように、『請問經』に見える天師張道陵もまた、道蔵本『本行因緣經』に見える張道陵と同じく、その称号に示される天師道の伝統的な権威を有しつつ、霊宝経の教義に整合させた形で取り込まれていると考えられる。

3 「五眞人頌」に見える天師張道陵

前掲の『請問經』や『本行因緣經』以外で、張道陵が霊宝経の教義に沿う形で取り込まれている例としては、『自然經訣』中の「五眞人頌」に見える「太上正一眞人無上三天法師張道陵」の頌が挙げられる。完本が現存しない『自然經訣』残簡の敦煌写本P2452には「五眞人頌」が含まれるが、前の部分が欠損していて、『自然經訣』が記す霊宝経の伝授儀の儀礼次第は一部不明瞭であ

る。そこで、陸修静の『授度儀』に引く「五眞人頌」の伝授儀中の用法を参照すると、霊宝経の伝授儀では、法師の上啓が終わった後に誦詠されている[256]。このことから、『自然經訣』でも「五眞人頌」は、霊宝経の伝授に関わる五人の真人の頌として、同じような形で用いられていたと類推される。「五眞人頌」の最後に置かれた「太上正一眞人無上三天法師張道陵」の頌[257]により、天師道の開祖である天師張道陵は、「太上正一眞人無上三天法師」という伝統的な地位と権威を表す称号を保持したまま、霊宝経の伝授に関わる真人の一人として、霊宝経の科儀体系の中に組み込まれている。ここでも天師張道陵の設定は、霊宝経に合わせて改められている。このように霊宝経では、天師道の開祖たる張道陵が、言わば霊宝経仕様の真人に仕立て直されて取り込まれていることが指摘できる。ところで霊宝経典には、張道陵だけでなく、天師道の神々も見える。次にこれらの神々について、霊宝経典の中ではどのように扱われているのかを見ていきたい。

第5節　霊宝経典中の天師道の神々

ここでは天師道の神々として、「仙公新経」の中に見える「出官啓事」と、そこに見える仙官吏兵、及び「仙公新経」、「元始旧経」の両方に見える「太清」の神々について考察する。

---

[256]　『授度儀』には、「五眞人頌」の前に次のような儀式の作法の説明がある：「次法師啓奉、畢。於是起、弟子從師後、三上五方香、從東始毎至一方、輙長跪上香。周竟、便巡行三帀、散花十方。于時、當誦詠五眞人頌。誦一篇、弟子再禮唱善（次に法師啓奉し、畢はる。是に於いて起ち、弟子は師の後に從ひ、三たび五方に香を上げ、東從り始めて一方に至る毎に、輙ち長跪し上香す。周り竟らば、便ち巡行すること三帀、十方に散花す。時に、當に五眞人頌を誦詠すべし。一篇を誦し、弟子再禮し善と唱す）」(25b)。

[257]　敦煌写本 P2452：『中華道蔵』第 4 冊（97～101 頁）収録の『太上靈寶威儀洞玄眞一自然經訣（敦煌本）』、99 頁中段。写真図版：大淵忍爾前掲書（1979 年）119～121 頁。「五眞人頌」の天師張道陵の頌の部分は同書 119 頁下段に見える。王承文氏は、「太上正一眞人無上三天法師張道陵」の頌は、『道德五千文』を特に讚えるものでないとする。王氏前掲書（2017 年）下篇第三章第一節。また王氏は、「五眞人頌」に張道陵を登場させたのは、その伝統的声望を借りて霊宝経が張道陵から葛玄に伝授されたとすることで、葛玄の地位を保証する意義があったと分析する。王氏前掲書（2002 年）第四章第一節二。

1 霊宝経典中に見える「出官啓事」

　敦煌本「霊宝経目録」著録経典の現行本には、「出官啓事」の見える例が二件ある。それは、「仙公新経」の『自然經訣』と『諸經要訣』である。「出官啓事」とは、天師道の根本儀礼である上章の中で行われる儀式の一つで、道士が身中から、受籙の際に身中に付授された籙中神である仙官吏兵を呼び出し、天上界に章を伝達させ、願い事を奏上する儀式である[258]。故に、天師道の籙を受けた天師道の聖職者でなければ本来行うことのできない儀式であり、それに従うならば、この二つの経典は、天師道の籙を受けていて天師道の上章や出官を行うことのできる者でなければ行えない儀礼を含む経典である、ということになる[259]。そのような儀礼を含む霊宝経典が作られたという事が、何を示すのか。先に『請問經上』・『請問經下』や、『自然經訣』の「五眞人頌」、或いは『本行因緣經』の中の天師張道陵が、霊宝経に沿う形でその体系の中に組み込まれていることを指摘したが、「出官啓事」に関しても、霊宝経に整合させるための何らかの改編が生じているのではないだろうか。そこでここでは、天師道の「出官啓事」と霊宝経典に見える「出官啓事」に、差異が見られるかどうかを

---

[258] 「出官啓事」に言及する主な先行研究：（年代順）クリストファー・シペール論文（福井重雅訳、1977年）「「都功」の職能に関する二、三の考察」（酒井忠夫編『道教の総合的研究』、国書刊行会、1977年、252～290頁）。丸山宏（2004年）『道教儀礼文書の歴史的研究』（汲古書院、2004年）第一部第三章。同氏論文（2004年）「道教儀礼の出官啓事に関する諸問題」（坂出祥伸先生退休記念論集刊行会編『中国思想における身体・自然・信仰』、東京、東方書店、2004年、441～469頁）。呂鵬志（2006年）「天師道受籙科儀―敦煌写本S203考論」（『中央研究院歴史語言研究集刊』2006年第77本第1分冊、79～166頁）等。

[259] ステファン・ボーケンカンプ氏は、道蔵本『諸經要訣』では、斎主と持斎者が別々の役職として設置されていることに着目し、この経典が解説する斎法儀礼は、霊宝経を既に伝授された聖職者と天師道信徒の二つの異なるグループが参加する斎法として構成されているとする。また、この経典が天師道の上章に基づく出官儀を含んでいるのは、天師道の信徒を改宗させる目的で経典が作られたことを示すものであり、その教化の手段として「転経」が行われたとする。更に経典自体の作者は（かつて天師道であった可能性もあるが）天師道ではなく、「初期の霊宝の運動の一員」であったとする。ボーケンカンプ前掲邦訳論文(2009年)。霊宝経典に見える「出官」儀についての同様の指摘は、氏の以下の論文（2004年a）にも見える：The Prehistory of Laozi: His Prior Career as a Woman in the Lingbao Scriptures, Cabiers d'Extrême-Asie, no. 14, 2004, pp. 403-421. 鄭燦山氏は、『洞玄靈寶齋説光燭戒罰灯祝願儀』（HY524）中の「転経説法」の研究において、霊宝経に見える「転経」を宗教的救済の功徳性を重視したものであると指摘する。鄭燦山（2014年）『六朝隋唐道教文献研究』（新文豐出版公司、2014年）第一篇「南朝道士陸修静論霊宝斎儀与《道徳經》之著作考」。

確かめることとする。「出官啓事」については、丸山宏氏が、南宋・蔣叔輿『無上黄籙大齋立成儀』の中に見える天師道系科儀と霊宝科儀の「出官啓事」を比較して、両者の間に見える差異について考察すると共に、陸修静の『授度儀』を取り上げ、その差異が劉宋期にまで遡って存在することに言及している[260]。「仙公新經」の現存テキストの『自然經訣』や『諸經要訣』では、経典で解説される儀礼の中に、天師道が行う「出官啓事」の儀式が取り入れられているが、ここにもいくつか天師道の「出官啓事」との差異が認められる。以下に、『自然經訣』や『諸經要訣』の「出官」を見てみたい。

(1) 『自然經訣』中の「出官」

『自然經訣』では、「初度經章儀」の中で、「出官」が行われている。即ち、

　謹因眞官飛仙直使、正一功曹、左右官使者、陰陽神訣吏、科車赤符吏、剛風騎置、驛馬上章、飛龍騎、神龍騎、天仙飛眞騎吏、各廿四人出、奏臣授王甲靈寶經素赤章一通、上詣上上太上曹。伏須告報

　（謹みて因りて眞官飛仙直使、正一功曹、左右官使者、陰陽神訣吏、科車赤符吏、剛風騎置、驛馬上章、飛龍騎、神龍騎、天仙飛眞騎吏、各々廿四人出で、臣が王甲に靈寶經を授くる素赤章一通を奏し、上上太上曹に上詣せよ。伏して告報を須つ）（『中華道蔵』第4冊所収王卡氏点校本、100頁上段）、

とある。ここに見える正一功曹、左右官使者、陰陽神訣吏、科車赤符吏、剛風騎置、驛馬上章、飛龍騎は、天師道の上章で出官する仙官吏兵であり、これらの仙官吏兵は、早期天師道の法籙を保存するとされる『太上三五正一盟威籙』（HY1199）や『太上正一盟威法籙』（HY1200）、『正一法文法籙部儀』（HY1232）、また上章儀礼の科儀書の『赤松子章暦』（HY615）などの天師道の文献に見える籙中神[261]である。

例えば、『赤松子章暦』巻三の「天旱章」で行われる「出官」に、「謹因二官直使正一功曹、左右官使者、陰陽神訣吏、科車赤符吏、剛風騎置、驛馬上章吏

---

260)　丸山宏前掲論文（2004年）。
261)　籙に記載されている仙官吏兵を、籙中神と言う。道士は籙を伝授されることで、その籙にある籙中神を使役できる。シペール氏は、道教科儀中の「出官啓事」に関して、受籙によって成立するこのような道士と籙中神の関係は、道士と籙中神の間に結ばれた盟約であり、「出官」はその盟約を実証するものであると分析する。シペール前掲邦訳論文（1977年）。

官、各二名出操（謹みて因りて二官直使正一功曹、左右官使者、陰陽神訣吏、科車赤符吏、剛風騎置、驛馬上章吏官、各〻二名出だし操す）」（3b）云々とあり、ここにも正一功曹、左右官使者、陰陽神訣吏、科車赤符吏、剛風騎置、驛馬上章吏官が見える。これらの神々は、『赤松子章曆』に收められた章本の中で、「出官」儀を省略していない「驛馬章亦云開度章」（卷四）や、「謝五墓章」（卷四）、「小兒上光度化章」（卷四）、「（又）大塚訟章」（卷五）等の章本中の「出官」でも出官している仙官吏兵である。しかし、『自然經訣』の「出官」に見える神龍騎と天仙飛眞騎吏は、天師道の籙には見えない仙官吏兵であり、天師道の仙官吏兵ではないと考えられる。

(2) 『諸經要訣』中の「出官」

道藏本『諸經要訣』でも「出官」が行われている。そこでは、

謹出臣等身中五體眞官、功曹吏出。（中略）臣等身中仙靈直使、正一功曹、治病功曹、左右官使者、陰陽神決吏、科車赤符吏、剛風騎置吏、驛馬上章吏、飛龍騎吏等、各二人出。（中略）功曹使者、嚴裝事竟、羅列齒簿、關啓<u>靈寶官屬</u>、領仙監齋諸君將吏

（謹みて臣等身中の五體眞官、功曹吏を出だす。（中略）臣等の身中の仙靈直使、正一功曹、治病功曹、左右官使者、陰陽神決吏、科車赤符吏、剛風騎置吏、驛馬上章吏、飛龍騎吏等、各〻二人出でよ。（中略）功曹使者、嚴裝の事竟らば、齒簿に羅列し、<u>靈寶官屬</u>、領仙監齋諸君將吏に關啓せよ）（1b〜2a）云々、

とある。ここで道士の身中から呼び出される正一功曹、治病功曹、左右官使者、陰陽神決吏、科車赤符吏、剛風騎置吏、驛馬上章吏、飛龍騎吏は、同じく天師道の上章で出官する仙官吏兵である。既に丸山宏氏が指摘しているが、ここで注目されるのは、「關啓」と呼ばれる、出官した仙官吏兵が道士の請願や命令を伝達する儀式において、その對象として「靈寶官屬、領仙監齋諸君將吏」という、明らかに靈寶經の仙官と考えられる呼稱の仙官吏兵が見えることである[262]。この「靈寶官屬」は、陸修靜の『授度儀』の中の「出官」にも見える。

---

262) ここで「關啓」の對象となる「靈寶官屬・領仙監齋諸君將吏」は、道藏本『諸經要訣』に見える仙官と同じである。丸山氏は、靈寶法の「出官」では、このような靈寶經の仙官を、「關啓」の對象としていることを指摘する。丸山前掲論文（2004 年）453 頁。

即ち、『授度儀』では、

　　功曹使者、嚴裝事竟、羅列鹵簿、關啓靈寶官屬、監齋仙王、典經侍郎、衛靈司馬、三洞諸君官將吏、…（中略）社稷將吏

　　（功曹使者、嚴裝し事竟らば、鹵簿に羅列し、靈寶官屬、監齋仙王、典經侍郎、衛靈司馬、三洞諸君官將吏、…（中略）社稷將吏に關啓せよ）(5b)、

とある。丸山氏は、『無上黃籙大齋立成義』卷十七「科儀門・古法三時行道儀」の「關啓」の對象となる神々の中にも、「靈寶官屬」が見えることを指摘している[263]。ただし道藏本は原本ではない爲、これが劉宋期の仙官吏兵の呼稱であると斷定するのは難しい。また、『正一旨敎齋淸旦行道儀』の「出官」には、

　　出者嚴裝、顯服冠帶垂纓、整其威儀、住立臣等前後左右、咸受臣口中辭語、分別關啓泰清官屬、監齋諸君將吏、…（中略）社里邑君

　　（出でし者は嚴裝し、顯服冠帶垂纓して、其の威儀を整え、臣等の前後左右に住立し、咸く臣の口中の辭語を受け、分別して泰清官屬、監齋諸君將吏、…（中略）社里邑君に關啓せよ）(1b〜2a)、

とあり、ここでは出官した仙官吏兵は、「泰清官屬」の神々に「關啓」する。「靈寶官屬」と「泰清官屬」という對称的表現から見て、この二つの呼稱については、かなり整理された神格體系において創出された可能性を考える余地があると思われる。ただし、『諸經要訣』と『正一旨敎齋淸旦行道儀』の現行本で、「出官」における「關啓」の對象にこのような差異が見えるということから、劉宋期のテキストでもその部分に差異が生じていた可能性が考えられる。「靈寶官屬」は、『無上秘要』卷五〇「塗炭齋品」の「出官」にも、「功曹使者、嚴裝事竟、羅列鹵簿、關啓靈寶官屬・領仙監齋君吏」(9a)云々と見える[264]ので、北周の頃までに出てきた呼稱である可能性はある。しかし『道藏』所収の文獻中、「靈寶官屬」が見えるのはほとんどが唐代以降の科儀書であることから、この呼稱が一般に道敎儀禮で登場するようになるのは唐代以降であったと

---

263)　丸山前揭論文（2004年）464〜465頁。
264)　『無上秘要』卷五〇「塗炭齋品」では、「出官」部分の出典名の記載がなく、儀禮の内容も品目には天師道の儀禮の名稱である「塗炭齋」とありながら、「靈寶官屬」以外にも「靈寶監齋大法師」(10a)や「靈寶下元大謝修齋」(10b)、「靈寶至眞」(11b)などの「靈寶」を冠した語が見える。本來の天師道の「塗炭齋」から見て、これはかなり改編された儀禮になっていると考えられる。

推測される。ところで、『諸經要訣』と『正一指教斎清旦行道儀』の現行本では、「啓事」の部分にも差異が見える。次にその部分を見てみたい。

(3) 『諸經要訣』中の「啓事」

神々への請願を行う「啓事」の儀式において、神々に願い事を申し上げることを「上啓」と言う。「上啓」の対象となる天上界の神々について、天師道と比較して見てみると、僅かではあるが、霊宝経の「出官啓事」は一部改編されている。道蔵本の『諸經要訣』と『正一指教齋清旦行道儀』の「出官啓事」の上啓の対象となる神々を、比較の為に以下に挙げる。（双方で異なる神格名には傍線を引いて示す。）

① 『諸經要訣』の上啓の対象：

太上無極大道・太上大道君・太上老君・太上丈人・無上玄老十方无極大道・道德衆聖天尊・至眞大帝・天帝・天師君・靈寶監齋大法師・諸官君 (3b)

② 『正一指教齋清旦行道儀』の上啓の対象：

太上大道・太上老君・太上丈人・四方衆真・道德尊君・天師・嗣師・系師・女師・三師君門下典者君吏・泰清霊神・正一諸官君 (2a)

両者を比較すると、『正一指教齋清旦行道儀』の他、例えば『赤松子章暦』の章本中の「出官啓事」にも見えない神格である「靈寶監齋大法師」が、『諸經要訣』の上啓の対象に含まれている。これは「靈寶」を冠する名称から、霊宝経独自の神格であり、「靈寶齋」が行われる時に、これを監視する役割を持つ神格であると推測される。この「靈寶監齋大法師」も「靈寶官屬」同様、『道蔵』収録の文献中で見えるのは、ほとんどが唐代以降の科儀書であり、劉宋当時のテキストにも、「靈寶監齋大法師」が見えたかどうかは判らない。しかし、これ以外にも、道蔵本『諸經要訣』と『正一指教齋清旦行道儀』で共通して見える神格に、その神格名が一部微妙に変わっている例がある。『正一指教齋清旦行道儀』の「道德尊君」は、『諸經要訣』では「道德衆聖天尊」となっており、「天尊」という尊称が用いられている。「天尊」は元始天尊の神格名に見えるように、霊宝経に多く見られる高位の神格に対する尊称で、仏教に由来するとされる。また『正一指教齋清旦行道儀』の「正一諸官君」は、『諸

經要訣』では「正一」の語がなく「諸官君」となっている。道蔵本を見る限り、こちらの二つの例も、『諸經要訣』の「靈寶無上齋」で行われる「出官啓事」が、霊宝経に整合する形に一部変えられている可能性を示していると言える。上述の「靈寶監齋大法師」をそのまま差異の例として挙げるのは難しいとしても、この二例の神格名の若干の変化は、霊宝経典中の「啓事」の部分にも、何らかの改編がなされたことを示すと見られる。「出官」に必要な受籙(じゅろく)の問題については、残念ながら筆者には現時点では解明できていないが、以上の考察から「出官啓事」の儀式も、霊宝経に整合するような何らかの改編が生じている可能性が考えられる[265]。このように、「出官啓事」における神格の一部が改編されていることから、『自然經訣』や『諸經要訣』の「出官啓事」は、霊宝経典の中に組み込まれた時点で、霊宝経の儀礼に変化していることが指摘できる[266]。

2　霊宝経典中の天師道の神々

霊宝経典の中には、「出官啓事」以外にも、天師道の神々が見える例がある。天師道には、上章(じょうしょう)儀礼で上啓の対象となる「太清(たいせい)」と称される神格群がある。

---

[265] 丸山宏氏は、『無上黄籙大齋立成儀』巻四九の6丁の齋法の規定中に、籙に関する規定があり、それによれば、「靈寶齋科」において『太上三五正一盟威籙』と『太上正一盟威法籙』の二籙がなければ斎を行うことはできないとされていることを挙げ、南宋の時代でも、「靈寶齋」を行う場合に天師道の籙の具備が規範となっていたことを指摘する。これは、霊宝経に関わる天師道が一元的なものであったのか否かという問題にもつながる重要な指摘であるが、ここでは丸山氏の指摘を紹介するにとどめる。丸山前掲論文（2004年）、特に464〜465頁。　呂鵬志氏は、「靈寶齋」に多く天師道関連諸事が含まれることなどから、霊宝経を信奉する「靈寶經派」の人々のかなりの部分が、本来天師道の治民であり、これらの人々によって、天師道の伝統を内包する新しい教団が作られたという見解を示す。呂鵬志『唐前道教儀式史綱』（中華書局、2008年）第七章、特に169〜171頁。ボーケンカンプ氏にも『諸經要訣』と靈寶齋法に関する研究がある。これについては、ボーケンカンプ前掲邦訳論文(2009年) 参照。また本章の注259) を参照のこと。

[266] 天師道以外の儀礼の中で「出官啓事」を行う例として、上清経の儀礼に「太眞齋法」がある。近年、広瀬直記氏が「太眞齋法」の研究を行っており、氏によれば、「太眞齋法」では『上清三元玉檢三元布經』（HY354）の「上元檢天大籙」が天師道の「正一盟威籙」と同様の機能を持ち、『上清三元玉檢三元布經』等の上清経を伝授されていれば「出官」が行えたようである。この点で、天師道の「正一盟威籙」を用いる「出官」儀を摂取したと考えられる霊宝経の科儀は、上清経の科儀とは異なる考え、或いは立場から形成されたと言える。広瀬氏博士論文（2017年、早稲田大学）第一部第三章参照。

この「太清」の神々が、霊宝経典の中でどのように扱われているかを、次に考察したい。「太清」の神々については、道蔵本『三天内解經』巻上に、

道源本起出於無先。溟涬鴻濛、無有所因。虛生自然、變化生成。道德丈人者生於元氣之先。是道中之尊、故爲道德丈人也。因此而有<u>太清玄元無上三天無極大道</u>・<u>太上老君</u>・<u>太上丈人</u>・<u>天帝君</u>[267]・<u>九老仙都君</u>・<u>九氣丈人</u>等<u>百千萬重道氣</u>・<u>千二百官君</u>・<u>太清玉陛下</u>。今世人上章書太清、正謂此諸天眞也

（道源本より起りて無の先に出づ。溟涬鴻濛、因る所有る無し。虛は自然に生じ、變化生成す。道德丈人は元氣の先に生ず。是れ道中の尊、故に道德丈人と爲るなり。此れに因りて<u>太清玄元無上三天無極大道</u>・<u>太上老君</u>・<u>太上丈人</u>・<u>天帝君</u>・<u>九老仙都君</u>・<u>九氣丈人</u>等<u>百千萬重道氣</u>・<u>千二百官君</u>・<u>太清玉陛下</u>有り。今世の人上章して太清と書すは、正に此の諸天眞を謂ふなり）（2a〜b）、

とある。引用文中、下線を引いたこれらの神々は、元気の先に生じた「道中の尊」である「道德丈人」に因って出現した神々であると説明され、天師道の根本儀礼である上章では、章本の最後の方に上章を行う道士の姓と所属が記された後、必ず三行開けてその名が記される書式が定められている[268]。少なくとも唐代までの道教文献の道蔵本を見る限りでは、天師道の他の上章関連の文献でも、この神々が他の神格と置き換えられたり、或いは「太清」以外の神が混入している例は見出せない[269]。このことから、天師道では「太清」の諸天真について、厳格に伝統が守られていると言えよう。ここでは、この「太清」の神々の名が見える霊宝経の例を挙げ、そこでの「太清」の神々の扱いについて考察する。

---

[267] 道蔵本『三天内解經』の「太清」の神々に「天帝丈人」は見えないが、道蔵本『赤松子章暦』巻四の「謝五墓章」や『正一指教齋儀』には天帝君と共に見える。

[268] 章本に「太清」の神々の名を書く具体的な例は、『赤松子章暦』巻四の7丁〜9丁に収められている「謝五墓章」の章本に見ることができる。

[269] この「太清玄元無上三天無極大道・太上老君・太上丈人・天帝君・九老仙都君・九氣丈人等百千萬重道氣・千二百官君・太清玉陛下」の神格群と、章本の書式とは、『赤松子章暦』の他、『正一出官章儀』（HY794）や『太上宣慈助化章』（HY617）でも全く同じで、厳格に書式と「太清」を構成する神格の伝統が守られていることを示している。

(1) 『眞文要解』に見える天師道の神々

道蔵本『眞文要解』8丁〜14丁の十方位への懺謝の作法の説明で、最初の東方に向かって行われる懺謝の対象の神々の中に、天師道の「太清」の神々の名が含まれている。以下、「太清」の神々には下線を引いて示す。即ち、

> 道言、齋日燒香、東向祝曰、臣今故燒香、歸身歸神歸命東方無極太上靈寶天尊。臣今仰謝、東方九氣青天、<u>太清玄元上三天无極大道</u>、<u>大上老君</u>・<u>太上丈人</u>・<u>天帝君</u>・天帝丈人・太帝帝君・上皇老人・三十九眞・七十二聖・高玄眞君・<u>九老仙都君</u>・<u>九氣丈人</u>・始生青眞・東華玉寶高晨大司馬・上相青童君・元老九玄主仙眞人・<u>无鞅數量百千萬重道氣</u>・<u>千二百官君</u>・<u>太清玉陛下</u>・青帝九氣・玉門神仙・四司眞人・諸天至極上聖大神・東郷无極世界神仙正眞、乞丐原臣宿世以來、七祖父母、下及臣身積行所犯、殺害賢良、…云々
>
> （道言ふ、齋日に燒香し、東に向ひ祝して曰く、臣は今故に燒香し、東方無極太上靈寶天尊に歸身歸神歸命す。臣は今東方九氣青天、<u>太清玄元上三天无極大道</u>、<u>大上老君</u>、<u>太上丈人</u>、<u>天帝君</u>、<u>天帝丈人</u>、太帝帝君、上皇老人、三十九眞、七十二聖、高玄眞君、<u>九老仙都君</u>、<u>九氣丈人</u>、始生青眞、東華玉寶高晨大司馬、上相青童君、元老九玄主仙眞人、<u>无鞅數量百千萬重道氣</u>、<u>千二百官君</u>、<u>太清玉陛下</u>、青帝九氣、玉門神仙、四司眞人、諸天至極上聖大神、東郷无極世界神仙正眞に仰謝し、臣の宿世以來、七祖父母、下は臣の身に及ぶ積み行ひ犯す所、賢良を殺害し、…云々を原されんことを乞丐す）（8b〜9a）云々、

とある。この中の太清玄元上三天无極大道、大上老君、太上丈人、天帝君、天帝丈人、九老仙都君、九氣丈人、无鞅數量百千萬重道氣、千二百官君、太清玉陛下は、天師道の「太清」の神々と同じ神格名である。

『正一指教齋儀』に収められた宿啓儀でも、四方拝礼の儀式で、東に向かって拝礼する際に用いる祝文にこれらの神格が見える。四方拝で道士は、各方位の神々に「上啓」した後、東に向かい拝礼する。以下がその祝文である。

> 次東向。係天師陽平治左平炁臣姓名、稽首再拜、謹關啓<u>太清玄元上三天無極大道</u>・<u>太上老君</u>、<u>太上丈人</u>、<u>天帝君</u>、<u>天帝丈人</u>、<u>九老仙都君</u>、<u>九炁丈人</u>等百千萬重道炁、<u>千二百官君</u>、<u>泰清玉陛下</u>
>
> （次東に向ふ。係天師陽平治左平炁臣姓名、稽首し再拜し、謹みて<u>太清玄元上三</u>

天無極大道・太上老君、太上丈人、天帝君、天帝丈人、九老仙都君、九炁丈人等百千萬重道炁、千二百官君、泰清玉陛下に關啓す）（2a～b）云々、

これを述べて南に向って拜禮の後、再び東に戻り西に面して上啓する。即ち、
　　係天師陽平治左平炁臣姓名等上啓。太上無上大道上皇・太上北上大道君・南上大道君、泰清玄元上三天無極大道・太上老君・太上丈人・天帝君・天帝丈人・九老仙都君・九炁丈人等百千萬重道炁・千二百官君・泰清玉陛下、天師・嗣師・系師・女師・三師君門下典者君吏、臣等夙參籙治、依法遵行、助國扶命
　　（係天師陽平治左平炁臣姓名等上啓す。太上無上大道上皇・太上北上大道君・南上大道君、泰清玄元上三天無極大道・太上老君・太上丈人・天帝君・天帝丈人・九老仙都君・九炁丈人等百千萬重道炁・千二百官君・泰清玉陛下、天師・嗣師・系師・女師・三師君門下典者君吏、臣等夙に籙治に参じ、法に依り遵行し、國を助け命を扶く）（3a～b）云々、

とあり、拜禮した四方の神々全員に再度、「上啓」を行う。道蔵本『眞文要解』の例と比べて気が付くのは、『正一指教齋儀』では「太清」の神々はひとまとまりの神格群として記され、その中に他の神格名が混入していないのに対し、『眞文要解』では、「太清」の神々が他の神々と入り混じった状態で記されていることである。前述のように「太清」の諸天真は、「道德丈人」を根元として存在する一つの気の連なりと言える神々である。そこに「道德丈人」を根元としない神々が混入するということは、天師道の教義から言えば、「太清」という神々の系列自体が崩れることになる。『眞文要解』には、「上相青童君」のような上清経の神格も見え、個々の神格がどのような意図で取り込まれているのかも検証する必要があるが、天師道の「太清」の諸天真について言えば、もはや「太清」という神格の系列を成していない状態、即ち天師道の神格体系とは異なる形で、『眞文要解』の十方拜禮の対象となる神格群に組み込まれている。つまりここでは、天師道の神格が、ある種の改編を加えられて、霊宝経の神格体系に組み込まれていると考えられる。

(2) 『元始五老赤書玉篇眞文天書經』に見える天師道の神々

　　天師道の「太清」の神格群は、「仙公新経」だけでなく、「元始旧経」にも見

える。道蔵本『天書經』巻下には次のように見える。「太清」の神々には、先の二経典の例と同じく、下線を引いて示す。

　　元始靈寶東天大聖衆、至眞尊神、<u>太清玄元上三天无極大道</u>、<u>無上玄老太上老君</u>、<u>太上丈人</u>、皇上老君、皇上丈人、青靈上眞、<u>天帝君</u>、<u>天帝丈人</u>、太帝君、太帝丈人、<u>九老仙都君</u>、<u>九氣丈人</u>、<u>百千萬重道氣</u>、<u>千二百官君</u>、<u>太清玉陛下</u>、東極老人、青華大神、上相司馬青童、金闕後聖帝君、眞陽始青神人、靈寶九仙君等、青和玉女、主仙玉郎、常以月十五日、上會靈寶太玄都玉山青華玉陛宮、奉齋朝天文

　　（元始靈寶東天大聖衆、至眞尊神、<u>太清玄元上三天无極大道</u>、<u>無上玄老太上老君</u>、<u>太上丈人</u>、皇上老君、皇上丈人、青靈上眞、<u>天帝君</u>、<u>天帝丈人</u>、太帝君、太帝丈人、<u>九老仙都君</u>、<u>九氣丈人</u>、<u>百千萬重道氣</u>、<u>千二百官君</u>、<u>太清玉陛下</u>、東極老人、青華大神、上相司馬青童、金闕後聖帝君、眞陽始青神人、靈寶九仙君等、青和玉女、主仙玉郎、常に月の十五日を以て、靈寶太玄都玉山青華玉陛宮に上會し、齋を奉じ天文に朝す）（2a〜b）。云々。

ここには、太清玄元上三天无極大道、無上玄老太上老君、太上丈人、天帝君、天帝丈人、九老仙都君、九氣丈人、百千萬重道氣、千二百官君、太清玉陛下の「太清」の神々が見える[270]。これらの「太清」の神々も、皇上老君、皇上丈人、青靈上眞などの「太清」以外の神々の間に混入する形で見えるので、道蔵本『天書經』についても、道蔵本『眞文要解』と同様のことが指摘できる。

(3)　『太上大道三元品誡謝罪上法』に見える天師道の神々

『太上大道三元品誡謝罪上法』（道蔵本『謝罪上法』）にも、十方への拝礼の際

---

[270]　『天書經』に関しては、本書第2篇第5章で、道蔵本『天書經』巻下の「十部妙經」に関する記述部分に後世の手が加わっている可能性を述べたが、本章の本文に示した現行本の部分については、『無上秘要』巻九「衆聖會議品」に引く『洞玄元始五老赤書玉篇經』にこれとほぼ同文が見える。故に北周の頃までには『天書經』には「太清」の神々を含んだ記述部分が含まれていたことは明らかである。道蔵本を見る限り、十方位に配された神々の中に他の神格名と混在する形で「太清」の神々の名が見える道蔵本『天書經』巻下の記述形態から、この部分の「太清」の神々は後世の挿入とは考えにくく、経典の編纂時点で「太清」の神々を取り入れ、十方位に配した可能性が高いと考えられる。また、本章で挙げる三つの霊宝経には、上清経の重要な神格である「上相司馬青童（君）」、「金闕後聖帝君」も見える。霊宝経典中に見える上清経の神格については、神塚淑子前掲書（2017年）第一篇第三章四を参照。

に述べる言葉の中に、「太清」の神々が見える。以下、「太清」の神々に下線を引いて示すと、

　　第一東向、九拜長跪言、臣某今、歸命東方无極太上靈寶天尊、已得道大聖衆、至眞尊神、<u>太清玄元无上三天无極大道</u>、<u>无上玄老太上老君</u>、<u>太上丈人</u>、<u>皇上老君</u>、皇上丈人、青靈上眞、<u>諸天帝君</u>、<u>諸天帝丈人</u>、太帝君、太帝丈人、<u>九老仙都君</u>、<u>九氣丈人</u>等、<u>百千萬重道氣</u>、<u>千二百官君</u>、<u>太清玉陛下</u>、東極老人、青華大神、上相司馬青童君、金闕後聖帝君、眞陽始青神人、靈寶九仙君等、青和玉女、主仙玉郎、東方无極世界一切神靈

　　（第一に東に向ひ、九拜長跪して言ふ、臣某は今、東方无極太上靈寶天尊、已得道大聖衆、至眞尊神、<u>太清玄元无上三天无極大道</u>、<u>无上玄老太上老君</u>、<u>太上丈人</u>、<u>皇上老君</u>、皇上丈人、青靈上眞、<u>諸天帝君</u>、<u>諸天帝丈人</u>、太帝君、太帝丈人、<u>九老仙都君</u>、<u>九氣丈人</u>等、<u>百千萬重道氣</u>、<u>千二百官君</u>、<u>太清玉陛下</u>、東極老人、青華大神、上相司馬青童君、金闕後聖帝君、眞陽始青神人、靈寶九仙君等、青和玉女、主仙玉郎、東方无極世界一切神靈に歸命す）（3b～4a）云々、

とあり、ここにも「太清」の神々が、道蔵本『眞文要解』や道蔵本『天書經』同様、他の神々と混在する形で記されている。この三例を表7-1にしてみると、霊宝経典で混入している神々も、無秩序に「太清」の神々と混在しているのではなく、それらの神々の名前が三例で多く共通しており、「太清」の神々に混じって見える順序も一定しているようである。このことから、霊宝経独自の神格体系が形成されていることを指摘できる。

　表7-1に示したように、霊宝経の「仙公新経」、「元始旧経」双方の道蔵本に、天師道の「太清」の神々が見えるが、それらの経典の中で「太清」の神々は、他の神々と混在する形で扱われている。このことから、霊宝経では「太清」の神々は、道徳丈人を根元とする一つの気の連なりであるという本来の性質を失い、霊宝経に整合する神々として、霊宝経の神格体系中に組み込まれていると考えられる。

表 7-1

	『眞文要解』	『天書經』	『謝罪上法』
1	東方九氣青天	元始靈寶東天大聖衆至眞尊神	東方无極太上靈寶天尊、已得道大聖衆、至眞尊神
2	太清玄元上三天无極大道	太清玄元上三天无極大道	太清玄元上三天无極大道
3	太上老君	無上玄老太上老君	无上玄老太上老君
4	太上丈人	太上丈人	太上丈人
5	天帝君	皇上老君	皇上老君
6	天帝丈人	皇上丈人	皇上丈人
7	太帝帝君	青靈上眞	青靈上眞
8	上皇老人	天帝君	諸天帝君
9	三十九眞	天帝丈人	諸天帝丈人
10	七十二聖	太帝君	太帝君
11	高玄眞君	太帝丈人	太帝丈人
12	九老仙都君	九老仙都君	九老仙都君
13	九氣丈人	九氣丈人	九氣丈人等
14	始生青眞	百千萬重道氣	百千萬重道氣
15	東華玉寶高晨大司馬	千二百官君	千二百官君
16	上相青童君	太清玉陛下	太清玉陛下
17	元老九玄主仙眞人	東極老人	東極老人
18	无鞅數量百千萬重道氣	青華大神	青華大神
19	千二百官君	上相司馬青童	上相司馬青童君
20	太清玉陛下	金闕後聖帝君	金闕後聖帝君
21	青帝九氣	眞陽始青神人	眞陽始青神人
22	玉門神仙	靈寶九仙君等	靈寶九仙君等
23	四司眞人	青和玉女	青和玉女
24	諸天至極上聖大神	主仙玉郎	主仙玉郎
25	東郷无極世界神仙正眞		東方无極世界一切神靈

(注)「太清」の神々は書体を斜体文字にして示す。

第6節 「元始旧経」に見える「發爐」

　霊宝経典の中には、天師道関連諸事の一つとして、「發爐」が見えるものがある。「發爐」[271] とは、儀礼の始めに、道士が高位の神を通じて、儀礼の場に

---

271) 「發爐」儀に関して、小林正美氏は「發爐呪」の比較から、「發爐」儀は上章で行う「出官」儀から出たものであるとし、天師道の「發爐」を霊宝経が摂取したと推定する。小林氏編前掲書 (2006年) 所収同氏論文「道教の斎法儀礼の成立」(5～95頁)。呂鵬志氏は「發爐呪」と「復爐呪」に江南の練丹服薬の法に関連する文言が含まれることから、天師道の「發爐」儀が江南の方術の影響下に形成された可能性を指摘し、「發爐呪」・「復爐呪」が、『登眞隠訣』

仙官吏兵を呼び出して使役し、これから行う儀礼を告知し、願い事の成就を祈って神々に「關啓」させる儀式である。呼び名は異なるが、これと同じ儀式が、陶弘景の『登眞隱訣』(とうしんいんけつ)(HY421) 卷下の天師道の儀礼を解説する「正一眞人三天法師 張 諱告南嶽夫人口訣」(しょういつしんじんさんてんほうし ちょう き こくなんがく ふ じん く けつ)中に、静室に入る際に行う「入静法」の儀式として見える。この「入静法」は、『登眞隱訣』卷下、6丁b2行目〜7丁b2行目に説明されている。先に「初入静戸之時、當目視香炉、而先心祝曰（初めて静戸に入るの時、當に香炉を目視し、而して先に心に祝して曰ふべし）」(6a)とあり、その後に以下に示す祝文が見える。

① 『登眞隱訣』卷下：「入静法」の祝文
太上玄元五靈老君、當召功曹使者、左右龍虎君、捧香使者、三炁正神、急上關啓三天太上玄元道君。某正爾燒香入静朝神。乞得八方正氣來入某身、所啓速聞徑達帝前
（太上玄元五靈老君よ、當に功曹使者、左右龍虎君、捧香使者、三炁正神を召し、急ぎ上りて三天太上玄元道君に關啓すべし。某は正爾に燒香し入静し朝神す。乞ふらくは八方正氣の某身に來入して、啓する所は速やかに聞し徑ちに帝前に達するを得られんことを）。(7a〜b)

これは、『正一指敎齋儀』に見える「發爐呪」(はつろじゅ)と同型であり、天師道はこの「入静法」から「發爐」儀を作ったと考えられている[272]。因みに、『正一指敎齋儀』に見える「發爐呪」は、以下のような内容である。

② 『正一指敎齋儀』の「發爐呪」
太上玄元五靈老君、當召功曹使者・左右龍虎君・捧香使者、三炁正神、急上關啓三天太上玄元大道君。臣等正爾燒香、宿啓齋事。願得八方正炁來入臣等身中、所啓速達、徑御至眞無極道前
（太上玄元五靈老君よ、當に功曹使者・左右龍虎君・捧香使者、三炁正神を召し、急ぎ上りて三天太上玄元大道君に關啓すべし。臣等は正爾に燒香し、齋事を宿

巻下の「入静法」中の「入静戸」・「出静戸」の際に唱えられる祝文と同じものであることも指摘している。呂鵬志前掲書（2008年）第六章。
272) 呂鵬志前掲書（2008年）第六章、及び本章の注271）参照のこと。

啓す。願はくは八方正炁の臣等の身中に來入し、啓する所は速やかに達し、徑ちに至眞無極道前に御するを得られんことを)。(1a〜b)

これと「入靜法」の祝文を比べれば、両者が同型の呪文であることは明らかである。『諸經要訣』中の「發爐呪」もまた、これらの天師道が用いている「發爐呪」と同型である。

③　道蔵本『諸經要訣』の「發爐呪」
　　太上靈寶老君、當召眞官功曹使者・左右龍虎直符・捧香使者、關啓無上三天玄元大道。臣等正爾入靜、燒香朝眞。願得太上十方正氣來入臣等身中、所啓時聞、徑御眞一玉皇几前
　　(太上靈寶老君よ、當に眞官功曹使者・左右龍虎直符・捧香使者を召し、無上三天玄元大道に關啓すべし。臣等は正爾に入靜し、燒香し眞に朝す。願はくは太上十方正氣の臣等の身中に來入するを得て、啓する所は時聞し、徑ちに眞一玉皇の几前に御されんことを)。(1b)

このように三つの例を並べてみると、道蔵本『諸經要訣』の「靈寶無上齋」の中で用いられている「發爐呪」では、上啓の對象が「帝」や「至眞無極道」から「眞一玉皇」になっている違いはあるが、『登眞隱訣』に見える「入靜法」で用いる祝文と同型であることが判る。このことから、『諸經要訣』の「發爐呪」は、靈寶經が「發爐呪」を取り入れた早い時期の形式を保存している可能性が考えられる。但し、「八方正氣」が「十方正氣」になっており、靈寶經で特徴的な十方の觀念[273]が反映されている。「關啓」を求める神格も、「靈寶」を冠した「太上靈寶老君」となっている。道蔵本『諸經要訣』の「發爐呪」ではこの二つの部分が、靈宝経に合わせた最も顕著な改編部分であると言える。更に「發爐呪」が儀式の構造の上で、靈宝経仕様に改編され靈宝経典に取り入れられている例が、道蔵本『玉訣妙經』巻上や道蔵本『九幽玉匱明眞科』に見える「發爐呪」である。次にその「發爐呪」の部分を示す。

---

[273]　霊宝経典には、例えば道蔵本の『玉訣妙經』巻上に「十方大神」(1a)、「十方諸天人」(1b)、『度命妙經』に「十方無極世界至眞・大聖・飛天神王・妙行眞人」(2b)、『九幽玉匱明眞科』に「十方无極世界地獄」(1a)、「十方飛天神人」(3b) など、「十方」の語が多く見える。霊宝経に見える十方の観念については、本書第2篇第5章第4節及び注141)参照のこと。

④　道蔵本『玉訣妙經』巻上に見える「發爐呪」
　　無上三天玄元始三炁太上老君、召出我身中三五功曹・左右官使者・左右捧香・驛龍騎吏・侍香金童・傳言玉女・五帝直符。各三十六人、出關啓此間土地四面眞官。我今正爾燒香關啓。願得十方正眞之炁入我身中、令所啓上聞、徑御無上至眞大聖尊神玉帝几前
　　（無上三天玄元始三炁太上老君よ、我が身中の三五功曹・左右官使者・左右捧香・驛龍騎吏・侍香金童・傳言玉女・五帝直符を召し出されんことを。各〻三十六人、出でて此間の土地四面眞官に關啓せよ。我は今正爾に焼香し關啓す。願はくは十方正眞の炁　我が身中に入り、啓する所をして上聞し、徑ちに無上至眞大聖尊神玉帝の几前に御せしむるを得られんことを）。(16a～b)

⑤　道蔵本『九幽玉匱明眞科』に見える「發爐呪」
　　无上三天玄元始三炁太上道君、召出臣身中三五功曹・左右官使者・左右捧香・驛龍騎吏・侍香金童・傳言玉女・五帝直符、各三十六人出。出者嚴裝、關啓土地里域四面眞官。臣今正爾燒香行道。願使十方正眞之炁入臣身中、所啓速過、徑御太上无極大道至尊玉皇上帝御前
　　（无上三天玄元始三炁太上道君よ、臣の身中の三五功曹・左右官使者・左右捧香・驛龍騎吏・侍香金童・傳言玉女・五帝直符を召し出し、各〻三十六人出だされんことを。出でし者は嚴裝し、土地里域四面眞官に關啓せよ。臣は今正爾に焼香し行道す。願はくは十方正眞の炁をして臣の身中に入らせ、啓する所は速かに過ぎ、徑ちに太上无極大道至尊玉皇上帝御前に御せしめんことを）。(26b～27a)

　これらは、天師道の用いる「發爐呪」と基本的には同型の呪文ではあるが、天師道の「發爐呪」との相違点は、「關啓」の対象の違いである。「關啓」とは本来、中国の行政用語であるが、道教儀式の中で行われる「關啓」は、仙官吏兵が道士に代わって請願や命令を他の神々に伝達することである。先に見た「出官」でも行われていた「上啓」が、上位の神々への伝達であるのに対して、「關啓」はほぼ同格の神々への伝達であるという違いがある。天師道の「發爐呪」では、「關啓」の対象は「三天太上玄元大道君」である。「發爐呪」の構造から見て、天師道では実際の「關啓」は仙官吏兵が行うが、その仙官吏兵に

「關啓」させるのは「太上玄元五靈老君」であるという命令伝達の構造になっている。「元始旧経」の「發爐呪」では、「關啓」の対象は、「此間土地四面眞官」或いは「土地里域四面眞官」等、儀礼の行われる土地の真官になっており、道士は出官した仙官吏兵に直接、それらの神々に「關啓」するよう命じている。このように「發爐」において、「關啓」先が天上界の神格ではなく、地上の所謂土地神と考えられる神格になっているという点で、霊宝経典の「發爐」は、天師道の「發爐」とは命令伝達の構造の異なる儀式に変わっており、ここにも霊宝経独自の「發爐」に対する考えが示されていると言える。つまり霊宝経典では、「發爐」が霊宝経に合わせて再構成されて取り込まれていることになる。しかもそれが「元始旧経」に見えることから、霊宝経では「元始旧経」、「仙公新経」の別無く、天師道関連諸事が霊宝経仕様に改編されて、取り込まれていることが指摘できる[274]。

第7節 小　結

本章で、霊宝経に見える天師道関連諸事について、考察を加えた結果として、次のようなことが言える。

1. 霊宝経における『道徳五千文』の尊重は、「仙公新経」や天師道に限って特徴的に見えることではなく、『道徳五千文』信奉の歴史的伝統を背景としていると考えられる。『道徳五千文』に言及する霊宝経典では、『道徳五千文』を、霊宝経と同格の経典であるという高い位置付けをして尊重しており、更に『道徳五千文』を天書と考えるという、天師道にはない霊宝経に特徴的な天書観に基づいて尊重する例も見え、『道徳五千文』の尊重において、霊宝経独自の考えが反映されていることが窺える。
2. 霊宝経では、天師道の「旨教齋（三天齋）」に一定の尊重が示されているが、「旨教齋」は「靈寶齋」から出た齋法として、「靈寶齋」の次位に位置付けられて霊宝経の科儀体系に組み込まれている。霊宝経に見える斎法自

---

274)　陸修静の『授度儀』中の「發爐」では、道蔵本の『玉訣妙經』や『九幽玉匱明眞科』に見える「發爐呪」とほぼ同型の「發爐呪」が用いられている。陸修静は、この二経典に見える「發爐呪」を、霊宝経の授度儀の「發爐呪」として採用したと考えられる。

体にも、天師道の斎法には見えない「前世積慶」、「宿世功徳」という思想的背景が儀礼の根元的な設定に見える。これは、霊宝経では斎法が霊宝経の思想に合わせて改編されていることを示している、と言うことができる。

3. 天師張道陵については、霊宝経の中でその伝統的な地位と権威を保ち、一応の敬意がはらわれているが、その一方で「前世積慶」により得道した真人という霊宝経の教義に合わせた設定が加えられ、霊宝経の真人の一人として霊宝経の体系の中に組み込まれている。

4.「仙公新経」の中には、天師道の上章儀礼で行われる「出官啓事」の儀式を載せる例があるが、「啓事」に関しては、一部「上啓」の対象となる神格に、霊宝経に整合するように改編が加えられている。

5.「仙公新経」、「元始旧経」の双方に、天師道の「太清」の神々が見える経典の例があるが、それらの神々は、天師道における「道徳丈人」から生成した「太清」の神々としての正統性の根拠が見えにくくなった状態で、霊宝経の神々の一部として経典中に組み込まれている。

6.「仙公新経」、「元始旧経」の双方に、天師道で行われるのと同様の「發爐」儀が見える。「仙公新経」の「發爐」の例は、道蔵本では『諸經要訣』一例のみであるが、そこで用いられる天師道の「發爐呪」とほぼ同型の「發爐呪」の中でも、天師道では「八方正炁」と記される道士の身中に流入する気が、「十方正氣」となっており、霊宝経の十方の観念が反映されている。更に、「關啓」を求める神格も「太上靈寶老君」になっている。また、「元始旧経」に分類されている経典で用いられる「發爐呪」では、「關啓」の対象が天上界の神格から地上の土地神に変わっており、仙官吏兵の命令伝達の構造自体が改編されている。

天師道関連諸事が、霊宝経の「仙公新経」、「元始旧経」双方に見えることは、当時、天師道が所謂道教において重要な地位を占めており、霊宝経とも密接な関係にあったことを窺わせる。また、霊宝経の中に見える天師道関連諸事は霊宝経に合わせて再構成されており、そこに、霊宝経の立場から天師道関連諸事を改編しようという意志を有する、経典作成の主体の存在が想定される。むしろ、これまで論じてきたことの一つの帰結として、天師道関連諸事を取り入れ

つつも霊宝経に則した改編がなされているということから、経典の作者は、従来の天師道の教えを信奉してその儀礼に従事する者とは異なる観点に立っている、と言わざるを得ない。以上のことから、古霊宝経の作成主体は、天師道とは分けて考えるべきであろう。また、天師道関連諸事を含む霊宝経が、天師道に包摂されるのか、天師道の外辺に位置付けられるのか、という議論は後にしてもよいであろうと考える。その議論には、霊宝経と関わる天師道が果たして一元的と言えるのか、それらの排他的でもなく従属的でもないが、差異は存在するという両者の関係をどのように整合的に位置付けるのかという問題が含まれ、それは上清経との関係からも考察されるべき問題であり、この論文で論じようとする問題の範囲を超えている。故に、この問題に関して本書では、今後に議論されるべき問題として、提示するにとどめる。

　以上のように、霊宝経典に見える天師道関連諸事について考察したが、霊宝経と天師道の関係に関連することとして想起されるのは、陸修静が「目序」の中で、老君が天師張道陵に教えを授けたことを、霊宝経の「歴史」上の、言わば歴史的事件として記していることである。陸修静自身は、霊宝経の「歴史」の中で、この天師道の創設伝承をどのように位置付けており、それはまた、陸修静の霊宝経観においてどのような意味を持つのであろうか。

　次の章ではこの問題を含めて、敦煌本「霊宝経目録」に見える霊宝経典の分類とかかわる陸修静独自の霊宝経観が、どのように形成されたのかという問題について考察したい。

第8章
陸修静の霊宝経観の形成

第1節 序　言

　敦煌本「霊宝経目録」が、陸修静の霊宝経典整理の結果として、泰始七年 (471) に作成された『三洞經書目録』中の霊宝経目録の内容を反映していると考えると、これを陸修静の最終的な霊宝経観を示すものと見ることができる[275]。また、陸修静の「目序」に看取される霊宝経観は、第1篇での考察から、陸修静の霊宝経の分類整理において重要な位置を占めていたと見ることができる。彼の霊宝経観が古霊宝経に依拠していることは、つとに指摘されている[276]。ここでは、陸修静の霊宝経観が、どのような霊宝経典から着想を得ているかを、「目序」中の記述と近似する霊宝経の記述をその現行本において確認し、更にそれらの霊宝経には見えない「目序」の記述の中から、陸修静独自の霊宝経観が示されていると考えられる部分を選び出した上で、陸修静独自の霊宝経観が形成された背景を考察する。また、陸修静の霊宝経観に関連して、「目序」等の陸修静の著述に見える霊宝経観と異なる霊宝経典伝授の考えを述べる『授度儀』中の「師告丹水文」の記述と、それにかかわる陸修静の霊宝経

---

[275] 陸修静の二つの霊宝経目録と、敦煌本「霊宝経目録」の関係については、本書序論の注3) を参照のこと。

[276] 神塚淑子氏は、陸修静の「目序」には「元始旧経」に見える「開劫度人」と関わる年号のすべてが見え、その中で「元始旧経」の成立を説明していることを指摘する。神塚淑子前掲書 (2017年) 第一篇第二章一。王承文氏も、「目序」が古霊宝経に依拠して書かれていることを指摘する。王承文前掲邦訳論文 (2007年)。

観の継承の問題についても考察することを試みる。

第2節 「靈寶經目序」中の霊宝経観の形成にかかわる霊宝経典

「目序」に見える陸修静の霊宝経の世界観が、古霊宝経に見える世界観・宇宙観に着想を得ていることは、これまでに神塚淑子氏や王承文氏らによって明らかにされてきた。しかし、陸修静は単に霊宝経典に見える霊宝経の世界観を伝えるのではなく、そこに自らの霊宝経観を反映させていると考えられる。ここでは、「目序」の霊宝経の神話的「歴史」が記述される箇所を陸修静独自の霊宝経観が示されている部分と考え、その部分と、陸修静が「目序」を著述する際に着想を得たと考えられる霊宝経典の記述部分とを対照させた表8-1に示した。この表から、陸修静独自の霊宝経観を示すと考えられる部分について、その内容を分析し、「目序」中に表された陸修静の霊宝経観の形成について考察を加える。

表8-1から判ることとして、「目序」に見える内容の中で、霊宝経典には着想のもととなるような内容が見えない次のような事柄が挙げられる。

1. 元始天尊所説の霊宝経が、劉宋の世になって地上に現れるが、まだすべてが出現しているのではない。(O、Q、S)
2. 張道陵が老君から教法を伝授される。これは太上の感応に由るとされる。(J、L)

また霊宝経典に見える事柄であっても、解釈自体は陸修静独自のものと考えられることとしては、次のようなことが挙げられる。

3. 高辛と大禹が「靈寶之文」を得たこと、仙公が霊宝経を伝授されたことも、いずれも太上の感応に由る出来事である。(I、K、L)

ここで改めて、第1篇第2章で言及した「目序」に見える天師道の創立伝承と、仙公受経、及び劉宋の時代に「元始旧経」が出現することの三点が、いずれも陸修静独自の霊宝経観を示す部分であることが確かめられた。表8-1のFの箇所についても、陸修静独自の考えを示す部分と言えるが、この三十六帙の霊宝経については、既に第2篇第5章で考察しているので、本章では言及しない。そこで次に、上記1〜3の事柄がどのような思想的背景から、陸修

表 8-1

	「靈寶經目序」	近似する霊宝経の記述（有無・出典名）
1	龍漢～上皇の時代	
A	夫靈寶之文、始於龍漢、龍漢之前、莫之追記。	此文、以龍漢之年出於此土。(『度命妙經』：1b) 天尊告曰、龍漢之年、我出法度人。(『智慧罪根』(HY457) 卷上：2a)
B	延康長劫、混沌無期、道之隱淪、寶經不彰。	淪於延康、幽幽冥冥、億劫之中 (『智慧罪根』(HY457) 卷上：2b)
C	赤明革運、靈文興焉。	靈寶眞文、以赤明開元之始。(『天書經』卷下：13a)
D	諸天宗奉、各有科典。	置立玄科、有俯仰之儀。(『天書經』卷下：12a)
E	一劫之間、又、後改運、遂積五劫、迫于開皇已後、上皇元年、元始下敎、大法流行。	五劫之中、至開皇元年、靈寶眞文開通。(中略) 我於始青天中、號元始天尊、流演法敎、(『智慧罪根』(HY457) 卷上：2b)
F	衆聖演暢、修集雜要、以備十部三十六帙、引導後學、	(※1)
G	救度天人。	化度諸天。(『智慧罪根』(HY457) 卷上：2b) ※Dの典拠の「流演法敎」の後の部分
2	六天支配の時代～劉宋以前	
H	上皇之後、六天運行、衆聖幽昇、經還大羅。自茲以來、廻絶元法。	至上皇元年、心漸頽壞、恐至凋落、正法不全。(『智慧罪根』(HY457) 卷上：3a) 僞道出行、萬姓心懍、詐共崇奉。此文當還大羅之上、七寶宮中。(『内音自然玉字』卷四：24b)
I	雖高辛招雲興之校、大禹獲鍾山之書、	『五符序』卷上の3丁から6丁の部分
J	老君降眞於天師、	無
K	仙公授文於天台、	『自然經訣』、『請問經上下』、『本行因緣經』、『法輪妙經』等に仙公受経の内容が見える。
L	斯皆由勳感太上、指成聖業。豈非揚芳於世、普宣一切也。	無
M	按經言、承唐之後、四十六丁亥。	※霊宝経ではなく、『上清三天正法經』に近似の文がある（※2）
N	其間先後、庚子之年、殀子績黨於禹口、亂群填尸於越川、強臣稱覇、弱主西播。	※史実を反映した箇所（※3）
3	東晉末～劉宋初	
O	龍精之後、續祚之君、	無

P	罷除僞主、退翦逆民、衆道勢訖。	三五周竟、萬道勢訖。大聖興隆、下世度人。誅罷僞座、退翦逆民（※4）。（『内音自然玉字』巻四：24b） 此法運訖、三龍之後、庚子之年、雜氣普消、吾眞道乃行。（『天書經』巻上：6b）
Q	此經當行。推數考實、莫不信然。期運既至、	無
R	大法方隆。	道德興隆、天下太平、國主享祚、十方寧焉。眞經輔世、善瑞日生。（『内音自然玉字』巻四：24b）
S	但經始興、未盡顯行。十部舊目、出者三分。	無

（注）1. 經典名は、現行本名を記す。
　　　2. 表中に（※数字）で示した部分の注は、注277）にまとめて示す[277]。

静の霊宝経の「歴史」の構成要素の一部となっているのかを考察する。

277）（※1）道蔵本『天書經』巻下に「至五劫周末、乃傳太上大道君、高上大聖衆、諸天至眞、奉修靈文、敷演玄義、論解曲逮、有十部妙經三十六卷、玉訣二卷、以立要用、悉封紫微上宮」（12a～b）と、「目序」の箇所と内容がよく似ている箇所があるが、このテキストのこの箇所が、原本を保存しているかは検証の余地を残すと考え、対照表には記載しなかった。道蔵本『天書經』のこの箇所については、第2篇第5章第5節5参照のこと。

（※2）『雲笈七籤』巻二に引く『上清三天正法經』に、「自承唐之後、四十六丁亥、是三劫之周」とある。「目序」のこの部分が『上清三天正法經』に見えることは、つとに小林正美氏が指摘している。小林前掲書（1990年）第三篇第一章第二節の二の（1）の二。

（※3）この部分が史実を反映していることについては、大淵忍爾前掲書（1997年）第二章の二の87～88頁を参照。

（※4）道蔵本『内音自然玉字』巻四は、天上界に還った霊宝経が、偽道が勢力を失った時に再び地上に下ることを述べており、表8-1に示した道蔵本『天書經』巻上の記述に比べ、「目序」の記述により近い。注目すべきは、「誅罷僞座、退翦逆民」とあり、経典が地上に現れる時代に起こることを具体的に述べていることである。道蔵本が陸修静当時の『内音自然玉字』の内容をよく保存しているとすると、「目序」に見える表現自体が、道蔵本『内音自然玉字』の表現に依拠しているとも考えられる。道蔵本『天書經』巻上では、「三龍之後、庚子之年」という予言めいた表現にとどまっているが、これらは、天上界に還った経が時を得て再び地上に出現するという発想が、当時の霊宝経にあったことを示す例であり、陸修静はこれに着想を得て霊宝経観を構築したと推察される。道蔵本『天書經』に見える「庚子之年」について、ボーケンカンプ氏は西暦400年を指すと解釈し、故に葛巣甫の霊宝経作成時期、及び『三天内解經』に見える「霊宝出世」の時期を400年頃と推定する。（Bokenkamp. S. R. 前掲論文（2004年a）。しかし、その頃には既に孫恩の乱が起きており、403年には桓玄が皇位を簒奪するという、「雜氣普消、吾眞道乃行（雜氣普く消へ、吾が眞道乃ち行はる）」とは言いかねる時代が続いている。この「庚子之年」を400年のこととして霊宝経の作成時期を推定するのは、根拠としては些か弱いと思われる。「庚子之年」に関連して李豐楙氏が、『女青鬼律』（HY789）巻五に見える「災兵大厄庚子年」（1a）という記述について、これは

第3節 「靈寶經目序」に見える陸修静独自の霊宝経観

1 「靈寶經目序」中の「元始旧経」の出世と『三天内解經』の「靈寶出世」

陸修静の「目序」に記された霊宝経の「歴史」には、「元始旧経」が劉宋の世になって出現するという記述が見える。前節の表8-1のP欄に示した道蔵本『内音自然玉字』のように、一度天界に還った経が再び地上に現れることを述べる経典もあるが、そこには、具体的に劉宋建国時に出現するということまでは記されていない[278]。現行本を見る限り、陸修静当時、既に存在していたと

歴史上の特定の年を示しているのではなく、干支紀歳における「五子帰庚之法」に基づく記述であるという見解を示している。李氏によれば「五子帰庚之法」では、五方位の数は皆、庚に帰し、干支相配において、中央位に配された庚子は十二辰の気を総べるという観念から、庚子とは天地運度の転機を示すと考えられ、故に庚子の年は天地運度の転変によって災厄がもたらされる神秘の年であるという考えがあり、それが「災兵大厄庚子年」という一種の予言として『女青鬼律』に見えるとする。(李豐楙（1996年a）「伝承与対応：六朝道経中「末世」説的提出与衍変」の（二）、『中国文哲研究集刊』第九期、1996年、中央研究院中国文哲研究所、91〜130頁。) 道蔵本『天書經』巻上の記述が「五子帰庚之法」に基づくものであるとすると、道蔵本『天書經』中の「庚子之年」は特定の歳を指すというより、漠然と大厄の起こる年として記されていると見ることもできよう。『天書經』と『内音自然玉字』の現行本の記述の違いから見て、後者は実際に劉宋の建国直前の状況を知る者が書いている可能性も考えられる。

278) 「目序」の「續祚之君、罷除僞主、退翦逆民」（本章注277）の（※3）参照）の記述が、順に劉裕、桓温、孫恩を示していることは、大淵忍爾氏によって指摘されている。(大淵前掲書（1997年）の第二章二の87〜88頁。) 道蔵本『内音自然玉字』の「誅罷僞座、退翦逆民」もまた、桓玄、孫恩を指すと見ることができるが、そこには劉裕に該当すると考えられる記述は見えず、「目序」のような明確に劉宋の世の霊宝経の出現を示す表現はされていない。道蔵本『内音自然玉字』巻四、24丁bに見える「大聖興隆、下世度人」は、同じ24丁bの「眞經輔世、善瑞日生」と相関しており、更に続けて見える「壬子之初、乙卯之年、至甲子之旬、當有青帝九種仙人、乘九色之龍、出遊泰山、齎此眞經、以掃不祥。眞經下世、角音龍釋、得遇吾此道、其祚自強、普度天人、其時歡樂、此經之功也（壬子の初め、乙卯の年、甲子の旬に至り、當に青帝九種仙人有り、九色の龍に乘り、泰山に出遊し、此の眞經を齎し、以て不祥を掃すべし。眞經世に下り、角音龍釋あり、吾此の道に遇ふを得て、其の祚自ら強く、普く天人を度し、其の時歡樂あるは、此の經の功なり）」（24b〜25a）と語られる「眞經」のことを指すと考えられる。しかし「誅罷僞座、退翦逆民」に続く「道德興隆、天下太平、國主享祚、十方寧焉」の「國主」については誰に当たるかを判定することは難しく、壬子之初、乙卯之年、至甲子之旬の三つの干支も、具体的にはいつのことを指しているのか、現時点では判断し難いと考える。(本章注277）の（※4）参照のこと。)

される経典の中で、劉宋建国当時に霊宝経の出世を述べる例としては、『三天内解經』[279]がある。その道蔵本巻上に見える部分を以下に示す。

> 劉氏之胤、有道之體。絶而更續、天授應圖、中嶽靈瑞二十二璧・黄金一鎰、以證本姓。九尾狐至、靈寶出世、甘露降庭、三角牛到、六鍾靈形、巨獸雙象、來儀人中。而食房廟之祇、一皆罷廃。治正以道、蕩除故氣。此豈非太上之信乎。宋帝劉氏、是漢之苗胄、恒使與道結縁、宋國有道多矣
>
> (劉氏の胤は、有道の體なり。絶えては更に續き、天應圖を授け、中嶽の靈瑞二十二璧・黄金一鎰、以て本姓を證す。九尾の狐至り、靈寶出世し、甘露庭に降り、三角の牛到り、六鍾の靈形、巨獸雙象、人中に來儀す。而して房廟に食するの祇、一に皆罷廃す。治正は道を以てし、故氣を蕩除す。此れ豈に太上の信に非ずや。宋帝劉氏、是れ漢の苗胄、恒に道と縁を結び、宋國に道有ること多からしむるなり)。(9a～b)

ここでは、劉裕と劉宋王朝を祝して現れた様々な瑞兆が記される中に、「靈寶出世」が見える。この「靈寶出世」の解釈については、現在ではほぼ霊宝経典出現を表すと解釈されているようである[280]。つまり霊宝経の出現が劉宋王朝の瑞兆の一つとされていることになるが、ここで重要なのは、それらの瑞兆がいずれも「此豈非太上之信乎」とあるように、劉裕に対する太上の信頼の表れ、即ち劉裕の勲に太上が感応したことの象徴とされていることである。改めて陸修静の「目序」の記述に戻って見ると、「雖高辛招雲輿之校、大禹獲鍾山之書、老君降眞於天師、仙公授文於天台、斯皆由勳感太上、指成聖業。豈非揚芳於世普宣一切也[281]」とある。ここに見える①高辛招雲輿之校、②大禹獲鍾山之書、

---

279) 『三天内解經』の成立時期については、劉宋(420～479)の時代、劉宋の初めから五世紀の中頃までに撰述されたということで、概ね見解の一致を得ていると言えよう。小林正美氏は、この経典が劉裕受命を讃える内容を含むことから、劉宋のごく初めの頃に成立したとする。ここではこの見解を妥当と考え、『三天内解經』は劉宋最初期の成書とする。小林前掲書(1990年)第一篇第三章三(6)及び第二篇序章三(2)、同氏前掲書(1998年)第二章第一節の69頁。

280) 「靈寶出世」を霊宝経の出現と解釈する主な先行研究：アンナ・ザイデル論文(1980年)「符籙の源泉について」(『東方宗教』56号,31～47頁、特に38頁);小林正美前掲書(1990年)第一篇第三章三の(6)、同氏前掲書(1998年)第二章第一節;Bokenkamp, Stephen R. 前掲論文(1983年)、及び同氏前掲書(1997年) p222;Schipper, Kristfer前掲論文(1994年)等。

281) この部分の訓読は、第1篇第1章第3節の「目序」の引用部分を参照のこと。

③ 老君降眞於天師、④ 仙公授文於天台、の四つの出来事も、「太上」が感じたことに由るとしているが、この①〜④の出来事は、「目序」では、元始天尊所説の霊宝経である「元始旧経」不在の時代のこととなっている。

　ここで注目されるのは、『三天内解経』では、劉宋の時代になって出現した霊宝経が太上の「信」によるものであるとされていることである。当時存在していた霊宝経典には、劉宋期の霊宝経の出世を明示する例がなく、天師道の『三天内解経』では、劉宋期に太上が関与する「靈寶」が出現したことを説いている。陸修静の霊宝経典の整理以前に存在していたと考えられる『三天内解経』が、劉宋建国の瑞兆の一つに挙げた「靈寶出世」を太上に由るものであるとしていることは、元始天尊に由来する霊宝経である「元始旧経」を中心に霊宝経の体系化を図る陸修静にとっては、不都合な記述であったことは想像に難くない。陸修静としても、劉宋の世に在って霊宝経を整理し体系化しようとするにあたり、既に劉宋初期の道典中に太上由来の霊宝経の出現を劉裕受命の瑞祥としていることを無視できなかった、と推察されるからである。そこには朝廷に奉ずるものとして、霊宝経の目録を編纂したという事情もあったかもしれない[282]。それ故、「目序」の「此經當行。推數考實、莫不信然。期運既至、大法方隆（此の經當に行ふべし。數を推し實を考ふるに、信然ならざるは莫し。期運既に至り、大法方に隆んならんとす）」（5a）の部分は、『三天内解経』が示す「靈寶出世」に対して、自らの考える霊宝経観に沿った「靈寶出世」の解釈を主張する記述であったと見ることができよう。元始天尊が「靈寶之文」を敷演し、「十部三十六帙」の経が整えられたことから説き起こされる「目序」中の霊宝経の「歴史」から、陸修静が霊宝経の経典体系の中心に据えたのは、元始天尊所説の霊宝経、即ち陸修静が「元始旧経」として考える経典群であることは明らかである。当時、劉宋王朝の瑞兆として霊宝経が出現したと考えられているとすれば、陸修静の霊宝経観に照らせば、その霊宝経は「元始旧経」でなけれ

282）　陸修静の元嘉十四年の『靈寶經目』については、現存する資料からは勅命によるものであったかは不詳であるが、二度目の『三洞經書目録』の編纂が劉宋明帝の勅命によることは、北周・甄鸞の『笑道論』に「修静、宋明帝時人。太始七年因勅而上經目（修静は、宋明帝の時の人なり。太始七年勅に因りて經目を上る）」（『大正藏』52巻、151頁中段）とあることから知られる。陳国符前掲書（1963年増訂版）上冊、「歴代道書目及道蔵之纂修与鏤板」の「宋陸修静三洞経書目録」；吉岡義豊前掲書（1988年）第一篇第二章。

ばならない。また、『自然經訣』や『請問經』、『本行因緣經』といった霊宝経典は、陸修静が真経と判定した霊宝経であるが、これらの経典には、太上道君から葛仙公に至る霊宝経の伝授、更に葛仙公から弟子や子孫に至る霊宝経の伝授の系譜が記されている。葛仙公こと葛玄は三国呉の頃に実在した人物であるが、その葛仙公が太上から霊宝経を伝授されたことを述べるこれらの霊宝経典も、陸修静が構想する霊宝経の経典体系の中に矛盾無く組み込む必要があった。そこで陸修静が行ったことは、「目序」の中で、『三天内解經』巻上の「靈寶出世」を「元始旧経の出世」のこととして読み換えることであったと考えられる。このように読み換えることによって、葛玄に伝授されたとする霊宝経についても、それは劉宋以前に地上に出現した経典[283]であり、元始天尊所説の霊宝経ではない霊宝経典として霊宝経の体系の中に位置付けることができる。そのようにして陸修静は、彼自身が考える霊宝経観に基づく霊宝経の神話的「歴史」を「目序」中で構築し、霊宝経典の体系化を図ったと推測される。

　以上のように考えると、陸修静が「目序」の中で、劉宋王朝樹立に際して、元始天尊所説の霊宝経が地上に出現したことと、霊宝経不在の時代に仙公の経典伝授が行われたことに言及する理由は説明ができよう。ところで、「目序」の霊宝経不在の時代の四つの出来事の内、①高辛招雲輿之校と②大禹獲鍾山之書の二つは、第1篇第2章で考察したように『五符經序』及び「靈寶五符」との関連で説明できるとして、残る③老君降眞於天師については、陸修静の霊宝経観の形成の過程で、どのような理由、或いは思想的背景の中で霊宝経史の一部を構成する出来事とされたのであろうか[284]。次に、その問題について考えたい。

---

283)　周知のように、葛玄の従孫である葛洪の『抱朴子内篇』巻十二「辯問」篇には、「靈寶經有正機・平衡・飛龜授扶凡三篇、皆仙術也（靈寶經に正機・平衡・飛龜授扶の凡そ三篇有り、皆仙術なり）」（王明撰『抱朴子内篇校釈』、中華書局、1985年、229頁）とあり、劉宋以前、西晋末に霊宝経と呼ばれる道典が存在していたことが知られる。ただし、これらの霊宝経は、本書で霊宝経、または古霊宝経と呼ぶものとは別のものである。

284)　最近の研究では、王承文氏が「目序」中の四つの出来事に関して、『靈寶五篇眞文』が「靈寶經法」を以て世の中に伝えられたという霊宝経の経教神学の一部を構成するものであり、天師道の経法の起源についても、陸修静が天師道と霊宝経の経教神学を整合させようとしたことを示すとしている。王氏前掲書（2017年）下篇第五章第二節四、特に679頁。

2 「靈寶經目序」中の「老君降眞於天師」の考察

　周知のように、張道陵は、『三天内解經』では、後漢の漢安元年に「新出老君」によって「三天之師」を拝命し、「正一盟威之法」を授けられたとされている。これが、東晋末劉宋初に確立した、天師道の創立神話[285]というべきものであり、劉宋の天師道の存在そのものの正統性にかかわる重要な事件とされている。それが「目序」では、霊宝経史の一部として挙げられている。「目序」中に、「老君降眞於天師」と記されるこの出来事について、道蔵本『三天内解經』巻上の8丁bには、次のように見える。

　　自光武之後、漢世漸衰、太上愍之。故取張良玄孫道陵、顯明道氣、以助漢世、使作洛北邙山、立大法。

　　（光武の後より、漢世漸く衰へ、太上之を愍れむ。故に張良の玄孫道陵を取り、道氣を顯明にし、以て漢の世を助け、洛北に邙山を作し、大法を立てしむ）。

　ここでは太上が漢の世が衰えていくのを哀れみ、建国の功臣張良の玄孫である張道陵を選び、正しい道の教えを明らかにし、それによって漢の世を助けたことを述べている。この記述は同じ道蔵本『三天内解經』巻上の5丁〜7丁に記された、「新出老君」が張道陵を「三天之師」とし、「正一盟威之道」を授けて「六天故氣」を除き「三天」を補佐させたことを受けており[286]、張道陵が「天師」を拝命し正一盟威之道を受けたことを、太上が漢の世の衰えを哀れんだことに重ねて説明している。「目序」がこのような天師道の伝承を踏まえて、「老君降眞於天師」と記しているのは言うまでもない。『三天内解經』では、天師道の創立が太上に由ることを述べる。この太上が「新出老君」であることは、『三天内解經』巻上に「太上謂、世人不畏眞正、而畏邪鬼。因自號爲新出老君

---

[285]　天師道の創設伝承については、『正一天師告趙昇口訣』や陸修静の著述とされる『陸先生道門科略』にも見える。（両経典の該当箇所は、第3篇第7章第4節を参照のこと。）特に『陸先生道門科略』に見える天師道創設伝承が、天師道の立場から記述されていることは、陸修静の信仰上の立場を考える上で重要な資料とされ、小林正美氏は陸修静が天師道の道士である証拠と考える。小林前掲書（1990年）第一篇第三章五、及び同氏前掲書（1998年）第二章第一節四の（一）。　最近では王承文氏が『陸先生道門科略』と他の陸修静の著述の傾向の差異に着目し、陸修静の信仰が天師道教徒としての信仰から、霊宝経を奉じる信仰に変化したという見解を示している。王氏前掲書（2017年）下篇第五章第二節。

[286]　道蔵本『三天内解經』の該当部分については、本書第3篇第7章第4節の『三天内解經』巻上（5b〜6a）の引用部分を参照のこと。

(太上謂く、世人眞正を畏れず、而して邪鬼を畏る。因りて自ら號して新出老君と爲る)」(5b～6a) とあることから知られる。このように『三天内解經』では、天師道の神々の系譜に沿って、太上である「新出老君」から張道陵に經法が傳授されている。しかし陸修靜は、「目序」の中でこの天師道創立神話に手を加え、これを靈寶經の經法の傳授の系譜に組み込んでいる。その際、陸修靜は、『三天内解經』の太上を、靈寶經で太上道君を示す太上に置き換えたと考えられ[287]、それによって『三天内解經』の「靈寶出世」を、「目序」では「元始舊經の出世」とすることができたと推察される。更に「目序」で、「老君降眞於天師」という出來事を太上の感應に由るとしたことで、「老君」が「天師」に教えを授けたことは、靈寶經の神である太上に連なる傳授の系譜の中に組み込まれた形になっている。靈寶經では太上は太上道君を指し[288]、太上道君は「元始舊經」では元始天尊の弟子である。「目序」の設定では、太上に由ることとして、張道陵に教えを授ける「老君」は太上の下位にあり、師弟關係に擬せられる上下關係を伴う傳授の關係から見て、「老君」から教えを傳授された天師張道陵は、元始天尊→太上道君→老君→天師張道陵、という傳授の系譜の中に位置付けられる、という解釋が可能である。これは、靈寶經の體系の中に、天師道自體が位置付けられていると見ることもできよう。天師張道陵が靈寶經の傳授の系譜の中に位置付けられていることは、第3篇第7章で考察したように、現存テキストの『請問經』や『本行因緣經』に見える張道陵の設定とも合致する。張道陵は、それらの經典では靈寶經と靈寶經法の信奉者であり、『自然經訣』の「五眞人頌」では靈寶經の傳授に關わる眞人の一人となっている。即ち、陸修靜は、「仙公新經」に見える張道陵を、『請問經』や『本行因緣經』等の靈寶經の内容と整合させながら、「目序」中の靈寶經の「歷史」の中に組み込ん

---

[287] 『三天内解經』の「新出老君」である「太上」を、靈寶經の「太上道君」である「太上」に讀み換える根據とすることのできる記述が、道藏本『五稱符上經』卷上にある。そこには「老君」の言葉として「登無極紫宮、拜爲道君(無極紫宮に登り、拜して道君と爲る)」(1b)とあり、「老君」が無極紫宮に登って「道君」に拜命されたことが見える。ただし、この經典の一文を陸修靜が「太上」の置き換えの根據としたかは推測の域を出ない。しかし、少なくとも古靈寶經に見える神格の呼稱が、文字の上で同じ「太上」であることから、陸修靜が『三天内解經』の「太上」を、靈寶經における「太上」に讀み換えたと見て大過無いと考える。

[288] 靈寶經の「太上」については、本書第1篇第2章の注71) 參照のこと。

でいると言えよう。

3 「靈寶經目序」中の霊宝経の「歴史」と古霊宝経の内容の整合

「目序」では、元始天尊所説の霊宝経が大羅天に還ってから地上で起きた宗教上の四つの出来事は、一般に我々が、「歴史」として認識する時間の流れの中で生じた変遷興亡の記録の上に、道教自体の変遷の跡を重ねた時系列に沿って配されている。道蔵本『五符序』の記述にかかわる高辛と大禹は、神話伝説上の人物であり、この二人の出来事は太古の時代のことになる。その時代は、「目序」では既に「六天」運行の時代に入る。この時代には地上に霊宝経は存在しないので、これは「五帝」の時代に霊宝経が見えないことを説明するのにも都合がよい時代区分である。張道陵は後漢末の人物であるが、『三天内解経』では、彼が「老君」によって「三天の師」となった時点から、世の中は「六天」の支配する時代から「三天」の時代に移ったことになる。ところが「目序」では、「六天」の支配を契機として天上界に還った「十部三十六巻」の霊宝経は、張道陵が「三天の師」となり、「六天」の支配が終わり「三天」の時代になってもまだ地上には出現しない。「目序」では、「六天」支配の終焉以外のある条件が満たされなければ霊宝経は出現しない設定であることが、ここから窺える。その条件とは、「目序」の「龍精之後、續祚之君」、「期運既至、大法方隆」の句に窺えるように、劉宋王朝の樹立である。第1篇第2章で考察したように、「目序」では④「仙公授文於天台」については、仙公に伝授されたのは太上に由来する経典であり、「十部三十六巻」の霊宝経はいまだ天上界に在るということになっている。『抱朴子内篇』巻十二「辯問」篇[289]に霊宝経への言及が見えることから、司馬晋の時代には「霊宝経」という経典があったのは事実と考えられるが、その霊宝経と、陸修静が分類整理した霊宝経とは異なるものであり、「目序」のこの部分の記述も史実に則して霊宝経の説明をしているとは言い難い。これは先に述べたように、「仙公新経」の内容そのものとの整合性を図るのと同時に、陸修静が霊宝経の体系の中核的経典として考える、元始天尊所説の「十部三十六巻」の霊宝経である「元始旧経」が劉宋に

---

289) 本章の注283) 参照のこと。

入って地上に出現した経典である、という主張の為の前提ともなっているようである。つまり、現実の霊宝経典を、陸修静の考える劉宋以前と劉宋以後に時代を区分した「霊宝経史」の中に位置付けて、それぞれの由来を説明することにより、霊宝経典を一つの経典体系にまとめあげようとしたと考えられる。これが、陸修静が霊宝経を、「元始旧経」と「仙公新経」の二つの系統に分類し、一つの霊宝経典目録に著録した主要な理由の一つであると推測される。

以上、陸修静の「目序」に見える霊宝経観の形成について考察してきたが、その結果として言えるのは、陸修静が古霊宝経に見える宇宙観や世界観に依拠しつつ、現実に彼自身が真偽を判別して真経とした霊宝経の内容を、巧みに「目序」中の霊宝経の「歴史」の上に反映させながら、一つの経典の体系を構築しているということである。その中で陸修静が、元始天尊所説の霊宝経を劉裕受命の瑞祥としていることは、留意すべき点であろう。陸修静の霊宝経観に関しては、まだいくつか検証すべき問題がある。次に、それらの問題についても考察を加えたい。

第4節 『太上洞玄靈寶授度儀』の「師告丹水文」中の霊宝経に関する言及の考察

本書で繰り返し述べてきたことであるが、陸修静は元嘉十四年の「目序」や、それより後の著述とされる「授度儀表」の中で、霊宝経の神話的歴史に言及する形で自らの霊宝経観を開陳している。「授度儀表」では、「目序」に記された霊宝経の伝承的歴史の一部を記述するにとどまるが、その内容は「目序」の内容と合致する。「授度儀表」には、霊宝経について、次のように見える。即ち、

玄科舊目三十六巻、符圖則自然空生、讚説皆上眞注筆。仙聖之所由、歴劫之筌範。(中略)但正教始興、天書寶重、大有之蘊、不盡顯行

（玄科舊目三十六巻、符圖は則ち自然に空に生じ、讚説は皆上眞注筆す。仙聖の由る所、歴劫の筌範なり。(中略) 但だ正教始めて興り、天書は寶重なれば、大有の蘊、盡くは顯行せず）(1a〜b)、

とあり、「玄科舊目三十六巻」も巻数から見て、敦煌本「霊宝経目録」の「元始舊經紫微金格目三十六巻」と同じく、元始天尊が説いた経典である「元始旧

経」を示すと考えられる。「授度儀表」でも、「玄科舊目三十六卷」が出現し始めたことを述べるが、まだ経典のすべてが出現しているのではないという説明は、「目序」中で、劉宋の世になり、それまで大羅天に還っていた元始天尊所説の霊宝経が出現し始めたが、まだそれらはすべてが出現してはいないという「但經始興、未盡顯行」の記述と合致する。『三洞經書目録』中の霊宝経典目録を保存するとされる敦煌本「霊宝経目録」では、前半部の「元始舊經紫微金格目三十六卷」の、元始天尊所説の霊宝経と考えられている経典とは別に、後半部に著録された経典群を「葛仙公所受教戒訣要及説行業新經」としている。これは「目序」にみえる元始天尊所説の霊宝経不在の時代に、葛仙公に伝授された霊宝経があったことを記す「仙公授文於天台」の記述と合致する。このように陸修静の霊宝経観は、元嘉十四年の「目序」から泰始七年の『三洞經書目録』に至るまで、終始一貫していたと考えられる[290]。

　ところが『授度儀』本文の内容を見ると、伝授儀で法師が弟子に告げる「師告丹水文」の中に、「目序」で陸修静が示したのとは異なる霊宝経の伝授の話が見える。『授度儀』で「次師告丹水文」(38a) として始まる部分は、法師が霊宝経を伝授する弟子に対して、経典を伝授された者としての心構えや慎むべきことなどを告げる内容であり、その初めに伝授される霊宝経の成り立ちと、人の世における最初の伝授が説き起こされている。問題はその最初の伝授の説話部分に見える。道蔵本『授度儀』では、「次師告丹水文」として記載された文は、次のように始まっている。即ち、

　　某嶽先生大洞法師臣某甲、告弟子某甲等。元始天尊於眇莽之中、敷演眞文、結成妙經、劫劫濟度、無有窮已、如塵沙巨億。無絶靈文、隠奥秘于金閣。衆眞宗奉、諸天所仰。逮于赤烏、降授仙公。靈寶妙經、於是出世度人
　　(某嶽先生大洞法師臣某甲、弟子某甲等に告ぐ。元始天尊は眇莽の中に於いて、眞文を敷演し、妙經を結成し、劫劫に濟度し、窮已有ること無く、塵沙の巨億

---

290)　陸修静の「授度儀表」及び『授度儀』の成書年代について、小林正美氏は「授度儀表」の中の「自從叩竊以來一十七年（自ら叩竊するに從りて以來一十七年）」(1a) の句を手掛かりとして、陸修静が道士となって以來十七年目に「授度儀表」を書いたと推定し、元嘉十四年に「目序」を著述していることから遲くともその年には道士になっていたとして、「授度儀表」は元嘉年間の末年 (453年) には書かれていたと推定する。小林前掲書 (1990年) 第一篇第三章注 (3)。本書はこの推定に従う。

なるが如し。絶えること無き靈文、隠奥は金閣に秘す。衆眞宗び奉じ、諸天の仰ぐ所なり。赤烏に逮び、仙公に降授す。靈寶の妙經、是に於いて世に出で人を度す）(38a〜b) 云々、

とある。ここでは、元始天尊が敷演して作られた「靈寶妙經」が、三国・呉の赤烏の時代になって仙公に降授され、そこで世に現れて人を救済するようになったと述べられている。「目序」では、仙公への経典伝授は太上の感応による出来事であり、元始天尊所説の霊宝経である「元始旧經」は大羅天に還っていて、それが地上に出現するのは、仙公の時代を更に下って劉宋の世になってからのことである。また「目序」では、仙公に伝授された経典と元始天尊所説の経典は同じではない。それは「授度儀表」にも、「然即今見出元始舊經、并仙公所稟、臣拠信者合三十五卷（然らば即ち今元始舊經、并びに仙公の稟ける所を見出すに、臣の拠りて信ずる者合して三十五卷）」(1b) 云々とあるように、「元始舊經」と「仙公所稟」の経典とは区別して記述されている。「授度儀表」でも、「元始旧経」と「仙公新経」の二系統の霊宝経という陸修静の霊宝経観が示されているのに対して、同じ陸修静の著述である『授度儀』本文中の「師告丹水文」のこの記述は、陸修静の霊宝経観から見て整合性を欠いている。これをどのように説明すべきかが問題となるのであるが、そもそも一つの著述の中で、著者の考えが表と本文とで一致していないという事自体が不自然である。そこで考えられるのは、「師告丹水文」が陸修静のオリジナルの内容ではない可能性、つまり、「師告丹水文」の問題の箇所が後世に挿入されたか、或いは一部加筆修正された可能性である。それは、「師告丹水文」中に見える葛仙公受経の話の内容そのものから検証することができると考える。敦煌本「霊宝経目録」著録経典に該当する現存のテキストを見る限り、「仙公新経」の『自然經訣』にも、「元始旧経」の『法輪妙經』にも[291]、葛玄が経典を伝授されたことが見える。しかし、いずれも葛仙公が霊宝経全般を伝授されたとは言っていない。また「師告丹水文」に見える葛玄受経の話は、元始天尊が敷演した霊宝経が葛仙公に授けられたと述べており、それは陸修静が「目序」や「授度儀表」に示した霊宝経観とは異なる。繰り返しになるが、「授度儀表」には「今

291）『自然經訣』及び『法輪妙經』については、第1篇第1章を参照のこと。

見出元始舊經、并仙公所禀」とあって、元始天尊由来の「元始旧経」と仙公が伝授された経典とは明確に区別されている。これが陸修静の霊宝経観の一端であることは間違いないところである。「師告丹水文」では、元始天尊が真文を敷演した「靈寶妙經」が、三国呉の赤烏年間に葛仙公に伝授され、そこからこの経典が地上に出現し、人々を救済したことが語られる。「目序」に見える霊宝経の「歴史」では、元始天尊が敷演した霊宝経が地上に出現するのは劉宋王朝創始の時であり、そのことが陸修静の霊宝経観にとって重要な意味を持つこととは、これまでに考察してきた通りである。しかし、「師告丹水文」の記述では、葛仙公は元始天尊が敷演した霊宝経を伝授されている。陸修静が考える「元始旧経」は、元始天尊が敷演した霊宝経であり、これが葛仙公に伝授されるという記述は、「目序」や「授度儀表」に見える陸修静の霊宝経観とは異なる文脈になっている。また、「師告丹水文」と同じ内容の葛仙公受経の話は、敦煌本「霊宝経目録」著録経典の現存するテキストには見えない。ところが、この「師告丹水文」と同様の葛仙公受経の話は、唐代以降の道教文献に散見する[292]。例えば、葛仙公が霊宝経を伝授された話は、『雲笈七籤』巻三「道教本始部」所収の『靈寶略紀』[293]に窺える。『靈寶略紀』については、次節で陸修静の霊宝経観の継承を考察する中で改めて言及するが、この文献には、

 三眞未降之前、太上又命太極眞人徐來勒、爲孝先作三洞法師。孝先凡所受經二十三卷、并語禀請問十卷、合三十三卷

 （三眞未だ降らざるの前、太上　又太極眞人徐來勒に命じ、爲に孝先をして三洞法師と作さしむ。孝先の凡そ受くる所の經二十三卷、并びに語禀請問十卷、合して三十三卷なり）(12a)、

と見え、葛仙公が二種の霊宝経計三十三巻をすべて伝授された、という内容が

---

[292] 『神仙傳』中の葛玄の伝は、現行本自体がテキスト上多くの問題を含んでおり、また『神仙傳』以外の文献にも葛玄の伝があり、それらを参照することができるので、ここでは『神仙傳』中の葛玄の伝については取り上げない。

[293] 『靈寶略紀』について、大淵忍爾氏は成立時期を特定できないとしつつ、唐或いはそれ以前に成立した可能性を述べている。大淵前掲書（1997 年）第二章の注 (4)。王承文氏も『太極左仙公請問經上』に関連して、『靈寶略紀』等に見える霊宝経典に関する記述部分に言及している。王氏前掲書（2002 年）第二章第二節。劉屹氏は『靈寶略紀』の考察を通して、霊宝経の新旧の区分は特定の時期にのみ、その意義があったとし、陸修静以降継承されていかなかったことを指摘している。劉氏前掲論文（2014 年 a）。

見える。ここには「元始旧経」、「新経」の区分は見えないが、ここに言う「經」二十三巻を「元始旧経」、「語稟請問」十巻を「仙公新経」に該当すると考えると、そこに若干の巻数のずれの問題はあるものの、霊宝経が「經」と「語稟請問」の二種類あると記されている点には、陸修静による霊宝経の分類整理の痕跡が認められるので、この説話は陸修静以降に出てきたものであると考えられる。つまり、陸修静より後の時代になると、葛仙公が新旧の別無く霊宝経を伝授されたという伝承が形成されたことを示している、と見ることができよう。『靈寶略紀』と同じような葛仙公受経の話は、他の文献にも見える。

　唐・王松年『仙苑編珠』（HY596）の巻中に、「『靈寶經』云、葛仙公名玄、年十八於天台山精思念道、感三眞人、降授靈寶諸經・金籙黄籙齋法（『靈寶經』云ふ、葛仙公名は玄、年十八にして天台山に精思し道を念ぜば、三眞人を感ぜしめ、靈寶諸經・金籙黄籙齋法を降授せらる）」(13a) とある。また時代が下って、元・趙道一『歴世眞僊體道通鑑』（HY296）巻二三には、以下のように見える。

　　靈帝光和二年正月朔、感太上老君、勅太極眞人徐來勒等、同降于天台山。老君乘八景玉輿、從官千萬、正一眞人侍焉。老君自號太上玄一眞人眞定光、爲洞經。高玄法師命侍經仙郎王思眞、披九光玉蘊、出洞玄太洞靈寶經凡三十八部、以授仙人葛玄

　　（靈帝光和二年正月朔、太上老君を感ぜしめば、太極眞人徐來勒等に勅し、同に天台山に降る。老君は八景の玉輿に乘り、從官は千萬、正一眞人は焉に侍す。老君自ら太上玄一眞人眞定光と號し、洞經を爲る。高玄法師は侍經仙郎王思眞に命じ、九光玉蘊を披き、洞玄太洞靈寶經凡そ三十八部を出だし、以て仙人葛玄に授けしむ）。(3a〜b)

　更に明・譚嗣先『太極葛仙公傳』（HY450）に、

　　漢光和二年正月朔、仙公於天台上虞山感太上、遣玄一三眞人、太極眞人、授以三洞四輔經籙、修行秘訣、金書玉誥、符圖。又命王思眞、披九光玉蘊、出洞玄大洞靈寶經典、七品齋目、勸誡法輪無量通玄轉神入定經、以授仙公

　　（漢光和二年正月朔、仙公　天台上虞山に於いて太上を感ぜしめば、玄一三眞人、太極眞人を遣はし、授くるに三洞四輔の經籙、修行秘訣、金書玉誥、符圖を以てす。又王思眞に命じて、九光の玉蘊を披き、洞玄大洞靈寶經典、七品齋目、勸誡法輪無量通玄轉神入定經を出だし、以て仙公に授けしむ）。(4b)

とあり、いずれの文献でも新旧の別に言及せず、葛仙公に霊宝経が伝授されたことを述べている[294]。これらの資料から、「師告丹水文」中の葛玄受経の話も、陸修静の時代より後の時代に成立したと推測される伝承を反映する、と見る方が自然であろう。「師告丹水文」の仙公受経の部分が後世の加筆であると考えれば、その部分が陸修静の霊宝経観と異なる霊宝経観を呈している理由を説明できる。葛玄が所謂古霊宝経を伝授されたという話自体、陶弘景の『呉太極左仙公葛公之碑』[295]には見えないことから考えても、「師告丹水文」中にみえるような葛玄受経の話は、梁より更に後の時代になって成立した可能性が高いと思われる。「師告丹水文」中に見える「仙公受経」の話は、前掲の『仙苑編珠』や『霊寶略紀』の成立年代の推定[296]から類推して、遅くとも唐代には成立していた可能性が高いと考えられる。このことは、『授度儀』の現行本自体が、唐代に書写されたテキストであると考えられることからも指摘できよう。道蔵本『授度儀』には、唐代に書写され、その時に当時の状況に合わせて書き換えたと見られる部分が四か所ある。その部分を以下に示す。

① 某府縣郷里某嶽先生（3a）

---

294) これらの文献を時代を追って見ていくと、時代が下るにつれて葛仙公に伝授される経典類が増えており、明代の『太極葛仙公傳』に至っては三洞四輔の経典全てが伝授されたことになっている。これは、時代が下ると共に霊宝経との関係のみならず、道教全体において葛仙公の存在が大きくなっていったことを示すと考えられる。（霊宝経における葛仙公の意義については、神塚淑子前掲書（2017年）第一篇第三章を参照。）また、本文に挙げた文献の他に霊宝経の「歴史」とその伝授について記す文献に、唐末の道士閭丘方遠の『太上洞玄靈寶大綱鈔』(HY393)がある。この文献では伝授される霊宝経の具体的な巻数の記述はないが、「(前略)…於天台山精思、太極三眞及太極法師徐來勒重授靈寶諸法仙公。因合成七部科誡威儀齋法（天台山に於いて精思せば、太極三眞及び太極法師徐來勒重ねて靈寶諸法を仙公に授く。因りて合して七部の科誡威儀齋法を成す）。」云々（2a:9〜2b:1）とあり、葛仙公が「靈寶諸法」を「太極三眞」及び「太極法師徐來勒」から伝授されたことを述べるが、そこにも新旧の経典の別は見えない。この文献では更に劉宋に至り、陸修静が霊宝経を増修し、霊宝経が大いに行われたことを記すが、劉宋建国時の「元始旧経」の「出世」の記述は見えない（『太上靈寶大綱鈔』2丁b:1〜4。）本文で挙げた王松年や、この閭丘方遠の著述の内容を見るに、唐代には既に霊宝経の伝授は葛仙公に集約されており、新旧二系統の霊宝経や、劉宋初の「元始旧経」の出世という陸修静の霊宝経観は継承されていなかったと考えられる。これも「師告丹水文」がその内容から、後世に手を加えられた可能性を示す根拠の一つであると言えよう。
295) 『陶弘景集校注』（王京州校注、上海古籍出版社、2009年）158〜171頁を参照。
296) 『靈寶略紀』については、本章の注293) を参照のこと。

② 臣姓屬某府某縣（47b）
③ 某觀（47b）
④ 某府州縣鄉里中（52a）

　上掲四か所は「府州縣鄉」という唐代の行政区画を用い、道士が祭祀儀礼を行い、起居する場所でもある宗教施設を「觀」と表記していることから、唐代に書き換えられたと見られる部分である。これらから道蔵本『授度儀』は、唐代の頃に書写された版本をもとにしていると考えられる。このように、『授度儀』の現行本が唐代に書写されたテキストを保存するものであるとすると、「師告丹水文」中の葛玄の経典伝授に関する部分も、陸修静のオリジナルのテキストに、唐代の写書当時に既に成立していた「師告丹水文」に見えるような葛玄受経伝承を反映させて、一部手を加えた可能性が考えられる。

　以上の考察から、「師告丹水文」中の葛玄受経の話は、陸修静の著述した原本の内容をそのまま保存しているとは言い難く、『授度儀』の「師告丹水文」の問題の箇所は、陸修静の原文ではないと考えられる。それ故、陸修静の霊宝経観は、「授度儀表」に示されているように、元嘉十四年の「目序」以来揺らぐことなく一貫していたと見てよいであろう[297]。

第5節　陸修静の霊宝経観の継承

　1974年に大淵忍爾氏が、「元始旧経」と「仙公新経」の二部構成になっている敦煌本「霊宝経目録」を紹介して以来、霊宝経研究では「元始旧経」、「仙

---

[297] 『授度儀』が後世、写書された時に一部書き換えられた可能性があるとすると、『授度儀』中に見える道士の法位名の問題についても一応の説明が可能になると考える。つとに指摘されているように、道蔵本『授度儀』には「太上靈寳無上洞玄法師」（21b）、「某嶽先生大洞法師」（36a）、「洞玄弟子」（37a）、「太上靈寳無上洞玄弟子」（43b、44a）という法位名が見える。これらについて、小林正美氏は、陸修静が霊宝経や上清経に見える法位名から儀礼に必要なものを借用したのであり、実際に陸修静当時の天師道で行われていた法位ではないとする。（小林氏論文（2008年）「唐代道教における大洞三景弟子と大洞法師の法位の形成」、『東方学』115輯、55〜72頁。）但し、道蔵本『授度儀』には一か所であるが、「泰玄都正一平炁係天師陽平治左平炁」（47b）という天師道の伝統的な称号も見える。筆者は、道蔵本『授度儀』が行政区画や道教の宗教施設の名称に唐代のものを用いていることから類推して、上掲の法位名も写書された時代の状況に合わせて書き換えられた可能性があると考える。

公新経」それぞれの成立の時期や経典作成の主体に関して様々に論じられてきた。その一方で、これまであまり問題とされてこなかったのが、敦煌本「霊宝経目録」に示されている「元始旧経」と「仙公新経」二系統の霊宝経という霊宝経観が、陸修静以降も継承されたのかどうかということである[298]。先に、敦煌本「霊宝経目録」著録経典の現行本を見る限りでは、経典作成の主体となる者たちには新旧二系統の霊宝経の存在という認識があったとは考え難く、著録経典の現行テキスト中には二系統の霊宝経というカテゴリー自体が内在しないことを考察した。その結果、霊宝経に新旧二系統あるという霊宝経観は、陸修静によって示された可能性が高いことを指摘した。また、陸修静が持つ霊宝経観は、元嘉十四年の「目序」に見える霊宝経の神話的「歴史」を含み、それは陸修静において終始一貫したものであったことも先に確かめた。所謂「元始旧経」・「仙公新経」の二系統の霊宝経という霊宝経観が陸修静に始まるものであったとして、そのような霊宝経に関する認識は、陸修静以降も道教内部で継承されたのであろうか。それともそれは、陸修静独自の経典観にとどまったのであろうか。この点について現存する文献資料から考察を加えることは、いずれの場合にせよ、霊宝経の展開及び陸修静の霊宝経観の形成の過程を考察する上で有用であると考える。前節でも唐代以降明までの道教文献で霊宝経に新旧の区別がされていないことを見たが、ここでは更に、陸修静以降に作られた霊宝経典の目録や『靈寶略紀』、及び仏教側の資料中の霊宝経に関する言及の内容を分析し、そこに「元始旧経」、「仙公新経」の新旧二系統の霊宝経という認識の存在が窺えるか否かを検証する。

1　陸修静以後の霊宝経典の目録

陸修静以降、南宋までの間に作られた霊宝経典の目録として、敦煌本『三洞(さんどう)

---

[298]　先学の研究では、王承文氏が敦煌本「霊宝経目録」に示された霊宝経の巻数から、『靈寶略記』、『道教義樞』、『三洞奉道科誡儀範』の中の「靈寶中盟經目」と『無上黄籙大齋立成儀』の中の「齋壇安鎮經目」及び『辯正論』を傍証として、陸修静の「目序」中の「新舊五十五巻」が、陸修静による真偽判定以前の、当時行われていた霊宝経の数であるという説明を行っている。この研究中、王氏は傍証として用いた上掲の資料中、霊宝経に新旧の区分を示す記述がないことを指摘しているが、そのことを陸修静の霊宝経観の継承の問題としては扱っていない。王承文前掲書（2002年）第二章第二節二。

奉道科誡儀範』(『科誡儀範』と略す)[299] 巻二、或いは道蔵本『洞玄靈寶三洞奉道科誡營始』(『科誡營始』と略す) 巻四に見える「靈寶中盟經目」と、『無上黄籙大齋立成儀』(HY508) 巻一に見える「齋壇安鎭經目」の二つを挙げることができる[300]。先ず、比較対照しやすいように、この二つの霊宝経典の目録と、敦煌本「霊宝経目録」の内容を対照表8-2にまとめてみた。以下、この対照表を見ながら、この二つの霊宝経典の目録に、陸修静の新旧二系統の霊宝経という霊宝経観が窺えるかどうかを考察する。(敦煌本「霊宝経目録」に無い経典は書体を斜体にして示す。)

---

299) 『科誡儀範』には、敦煌写本のS3863、P3682、S809、P2337があり、これらに基づき復元されたテキストが、『中華道蔵』第42冊に『三洞奉道科誡儀範』(敦煌本)として収められている。
300) 「靈寶中盟經目」と「齋壇安鎭經目」記載の経典と、敦煌本「霊宝経目録」著録経典の関係については、小林正美前掲書(1990年)第一篇第一章の注(8)、及び大淵忍爾前掲書(1978年) 附録一「霊宝経目」(365～368頁)を参照。これら三つの経典目録記載の霊宝経に関する問題は更に研究の余地があると考えるが、本章では、陸修静の霊宝経観の継承の有無を考察することを目的とする為、現時点ではこの問題についてはこれ以上の言及はしない。

表 8-2　霊宝経典目録対照表[301]（敦煌本『霊宝経目録』已出分は巻目名）

No.	敦煌本「霊宝経目録」	「霊寶中盟經目」（敦煌本）	「齋壇安鎮經目」
1	（以下、「元始旧経」）（缺）	太上洞玄靈寶五篇眞文赤書上下二巻	太上靈寶元始五老赤書行篇眞文天書經
2	（缺）	太上洞玄靈寶玉訣　上下二巻	洞玄靈寶赤書玉訣妙經
3	（缺）	太上同玄靈寶空洞靈章　一巻	洞玄靈寶運度大劫経
4	（缺）	太上昇玄步虛章　一巻	洞玄靈寶丹水飛術運度小劫經
5	天地運度一巻	太上洞玄靈寶九天生神章經　一巻	洞玄靈寶天地運度自然妙經
6	太上洞玄靈寶空洞靈章	太上靈寶自然五勝文　一巻	洞玄靈寶空洞靈章
7	太上説太上玄都（玉）京山經	太上洞玄靈寶諸天内音玉字上下二巻	洞玄靈寶玉京山步虛經
8	太上洞玄靈寶自然至眞九天生神章	太上洞玄靈寶智慧上品大誡經　一巻	洞玄靈寶自然九天生神章
9	太上洞玄靈寶大洞無極自然眞一五稱符上經	太上洞玄靈寶上品大誡罪根經　一巻	洞玄靈寶無極大道自然眞一五稱符經
10	太上洞玄靈寶諸天内音玉字上下	太上洞玄靈寶長夜府九幽玉匱明眞科經　一巻	洞玄靈寶諸天内音自然玉字
11	八威召龍經　一巻　未出	太上洞玄靈寶智慧定志通微妙經　一巻	洞玄靈寶八威召龍妙經
12	太上洞玄靈寶智慧罪上品二巻	太上靈寶本業上品　一巻	洞玄靈寶智慧上品大誡経
13	太上洞玄靈寶智慧上品大誡威儀自然[302]	太上洞玄靈寶太上玄一三眞勸誡罪福法輪妙經　一巻	洞玄靈寶智慧罪根上品誡經
14	太上洞玄靈寶金籙簡文三元威儀自然眞一經　一巻	太上洞玄靈寶无量度人上品妙經　一巻	洞玄靈寶三元威儀自然眞經
15	太上靈寶長夜九幽府玉遺（匱？）明眞科	太上洞玄靈寶諸天靈書度命妙經　一巻	洞玄靈寶長夜之府九幽玉匱明眞科
16	太上洞玄靈寶智慧定志通微經	太上洞玄靈寶滅度五鍊生尸妙經　一巻	洞玄靈寶智慧定志通微妙經
17	太上洞（玄）靈寶眞文本行妙經	太上靈寶三元品誡經　一巻	洞玄靈寶金眞法輪誠業本行上品妙經
18	太上洞玄靈寶眞一勸誡法輪妙經	太上洞玄靈寶廿四生圖三部八景自然至眞上經　一巻	洞玄靈寶玄一三眞勸誡法輪妙經
19	太上洞玄靈寶無量度人上品妙經	太上洞玄靈寶五符序經　一巻	洞玄靈寶無量度人上品妙經

20	諸天靈書度命　一卷 ※篇目（卷目名缺）	太上洞玄靈寶眞文要解經上　一卷	洞玄靈寶諸天靈書度命妙經
21	太上洞玄靈寶減度五練生尸妙經	太上洞玄靈寶自然經上　一卷	洞玄靈寶減度五錬生尸妙經
22	太上洞玄靈寶三元品誡	太上靈寶敷齋威儀經　一卷	洞玄靈寶三元品戒功德輕重經
23	宿命因緣　一卷　未出	太上洞玄靈寶安志本願大誡上品消魔經　一卷	洞玄靈寶宿命因緣明經
24	衆聖難　三卷　未出	仙公請問　上下二卷	洞玄靈寶仙公請問經
25	導引□□□星　一卷　未出	衆聖難經　一卷	洞玄靈寶仙人請問本行因緣衆聖難經
26	太上洞玄靈寶二十四生圖三部八景自然神眞錄儀	太極隱訣　一卷	洞玄靈寶導引三光妙經
27	飛行三界通微内思　二卷　未出	靈寶上元金錄簡文　一卷	洞玄靈寶三部八景神仙二十四生圖經
28	藥品　一卷　未出	靈寶下元黃錄簡文　一卷	洞玄靈寶飛行三界通微内思妙經
29	芝品　（一卷）　未出	靈寶朝議　一卷	洞玄靈寶藥品
30	變化空洞　一卷　未出	步虛注　一卷	洞玄靈寶芝品
31	（以下、「仙公新経」） 太上洞玄靈寶天文五符經序　一卷	靈寶脩身齋儀　一卷	洞玄靈寶變化空洞妙經
32	太上玉經太極隱注寶經訣　一卷	靈寶百姓齋儀　一卷	洞玄靈寶消魔寶眞安志智慧本願大戒上品妙經
33	太上洞玄靈寶眞文要解上卷　一卷	靈寶明眞齋儀　一卷	洞玄靈寶眞文要解經
34	太上太極太虛上眞人演太上靈寶威儀洞玄眞一自然經訣上卷	靈寶金錄齋儀　一卷	洞玄靈寶太極眞人敷靈寶經文齋戒儀諸要經訣
35	太極眞人敷靈寶文齋戒威儀諸要解經訣下　一卷	靈寶黃錄齋儀　一卷	洞玄靈寶齋説光燭戒罰燈祝願儀
36	太上消魔寶身安志智慧本願大戒上品　一卷	靈寶度自然券儀　一卷	
37	太極左仙公請問經上　一卷 仙公請問經下　一卷	靈寶登壇告盟儀　一卷	
38	仙公請問本行因緣衆聖難經　一卷	太上智慧上品誡文　一卷	
39	太極左仙公神仙本起内傳　一卷　未出	靈寶衆簡文　一卷	
40	太極左仙公起居經　一卷　未出	衆經序　一卷	

(1)「靈寶中盟經目」(『科誡儀範』巻二[303])

「靈寶中盟經目」には全部で40の経典名が記されているが、その内、表8-2の対照表で『靈寶朝議』から『衆經序』までの12部を除く、『太上洞玄靈寶五篇眞文赤書』から『靈寶下元黄籙簡文』までの28部が、敦煌本「霊宝経目録」著録経典に該当する経典である[304]。「靈寶中盟經目」ではこの28部の経典に対して、敦煌本「霊宝経目録」のように「元始旧経」と「仙公新経」の二系統に分けて記載していない。また、敦煌本「霊宝経目録」の14番目の『太上洞玄靈寶金籙簡文三元威儀自然眞一經』(『三元威儀自然眞一經』)に該当すると考えられる「靈寶中盟經目」の27番目の『靈寶上元金籙簡文』と28番目の『靈寶下元黄籙簡文』は、敦煌本「霊宝経目録」の「仙公新経」である32番目の『太上玉經太極隠注寶經訣』に該当する「靈寶中盟經目」の26番目の『太極隠訣』の次に著録されているように、敦煌本「霊宝経目録」中の新旧二系統の経典が混在する形で記載されている。このことから「靈寶中盟經目」は、霊宝経に「元始旧経」・「仙公新経」の二系統あるとする陸修静の霊宝経観を継承していないと言える。『科誡儀範』の成書年代については、諸説あって未だ見解の一致を得ていないが、少なくともその上限と考えられる梁・武帝末には、

---

301) 筆者の博士論文「古霊宝経の研究」(2016年、早稲田大学) 第三篇第二章の198頁表2にある脱落、誤記については、本書のこの表8-2 霊宝経典目録対照表をもって訂正する。

302) 敦煌本「霊宝経目録」13番目は、第五篇目の一部で、第五篇目の解釈をめぐって議論がある。この第五篇目の解釈については、筆者前掲研究ノート (2017年) 参照のこと。

303) 『科誡儀範』の巻数及び該当箇所の表示は、『中華道蔵』第42冊所収の (敦煌本)『三洞奉道科誡儀範』による。

304) 小林正美氏は、『無上秘要』に引かれる『金籙簡文』や道蔵本『洞玄靈寶玉籙簡文三元威儀自然眞經』(HY530) を、敦煌本「霊宝経目録」中の『三元威儀自然眞一經』とは別のものであり、『三元威儀自然眞一經』は早くに散佚したとし、「靈寶中盟經目」に『三元威儀自然眞一經』が無いことをその根拠とする。「靈寶中盟經目」には、『靈寶上元金籙簡文』と『靈寶下元黄籙簡文』が著録されており、『三元威儀自然眞一經』とこの二経典の関係についても考察する必要がある。筆者は「靈寶中盟經目」の経典名の無記載を以て『三元威儀自然眞一經』が散佚した証拠とするのは、慎重を要すると考える。現時点では筆者は本文に述べたように解釈する。小林正美前掲書(1990年)第一篇第三章140頁、小林氏編前掲書 (2006年) 所収同氏論文「劉宋・南斉期の天師道の教理と儀礼」(5～37頁)。『三元威儀自然眞一經』は、敦煌本「霊宝経目録」の第五篇目の解釈ともかかわる。これについては上掲の先行研究の他、劉屹前掲論文 (2010年) を参照。また、『金籙簡文』の問題については、他に以下を参照：大淵忍爾前掲書 (1997年) 第一章三、第二章六の1。

既に陸修静の示した二系統の霊宝経という認識がされなくなっていた可能性が考えられる。

(2)「齋壇安鎭經目」(『無上黄籙大齋立成儀』巻一、5a～7a)

「齋壇安鎭經目」では、経典の記載順序はほぼ敦煌本「霊宝経目録」に沿っているが、経典を「元始旧経」と「仙公新経」の二系統に分けることを示す記載はない。この経目では、表8-2に示す敦煌本「霊宝経目録」の30番目の『變化空洞』(「元始旧経」の「未出」経典)に該当すると考えられる「齋壇安鎭經目」の31番目の『洞玄靈寶變化空洞妙經』に続けて、その32番目には、敦煌本「霊宝経目録」の36番目の『太上消魔寶身安志智慧本願大戒上品』(「仙公新経」)に該当する『洞玄靈寶消魔寶眞安志智慧本願大戒上品妙經』が記載されている。また、既に先行研究で指摘されているが、「齋壇安鎭經目」では、敦煌本「霊宝経目録」で「未出」となっていた「元始旧経」が「已出」経典として記載されている。例えば「齋壇安鎭經目」の28番目の『洞玄靈寶飛行三界通微内思妙經』や、29番目の『洞玄靈寶藥品』、30番目の『洞玄靈寶芝品』等がそれにあたる。注目すべきは、「齋壇安鎭經目」の経典の記載順は、ほぼ敦煌本「霊宝経目録」の記載順に沿っているが、敦煌本「霊宝経目録」で「未出」とされている『宿命因縁』(23番目)と『衆聖難』(24番目)に、「齋壇安鎭經目」では『洞玄靈寶宿命因縁明經』(23番目)、『洞玄靈寶仙公請問經』(24番目)、『洞玄靈寶仙人請問本行因縁衆聖難經』(25番目)をあてていることである。第1篇第3章でも指摘しているが、これらは敦煌本「霊宝経目録」で「仙公新経」に分類されている『仙公請問經下』と『太極左仙公請問經上』(37番目)及び『仙公請問本行因縁衆聖難經』(38番目)に該当する。このことも、陸修静の経典分類に示される新旧二系統の霊宝経という認識が、「齋壇安鎭經目」の作成当時、既になかったことを示していると推察される[305]。

---

305)「齋壇安鎭經目」では初めに「凡靈寶齋會、皆可施用(凡そ靈寶齋會、皆施用す可し)」(5a)とあり、記載経典はいずれも「靈寶齋會」に施用ができると説明している。これも、霊宝経典に二系統あるという認識のないことを示す一例と考えられる。「未出」経典が「已出」になっていることに関しては、小林正美前掲書(1990年)第一篇第一章の注(8)及び大淵忍爾前掲書(1997年)第七章七を参照。

2 『靈寶略紀』の霊宝経伝授に関する記述

　先にも触れたが、『靈寶略紀』は、霊宝経の神話的「歴史」を記した文献である。その中で、太極眞人徐來勒が葛玄に伝授した霊宝経典について述べる部分を示すと、「三眞未降之前、太上又命太極眞人徐來勒、爲孝先作三洞法師。孝先凡所受經二十三巻、并語禀請問十巻、合三十三巻（三眞未だ降らざるの前、太上　又太極眞人徐來勒に命じ、爲に孝先をして三洞法師と作さしむ。孝先の凡そ受くる所の經二十三巻、并びに語禀請問十巻、合して三十三巻なり）」（12a）とあり、葛玄が、計三十三巻の霊宝経を伝授されたことを述べる。ここでは、伝授された霊宝経は「經」と「語禀請問」の二種類に分けられており、それは敦煌本「霊宝経目録」の二つの経典グループそれぞれの内容の傾向、或いは二系統に分けられた経典それぞれの性質を示している可能性も考えられる[306]。しかし、二種類に経典を分けているとはいえ、ここでは陸修静が用いた「新旧」、或いは「元始旧経」・「仙公新経」という、経典出現の前後関係にかかわるような二系統のカテゴリーは見えない。しかも二種類の経典は、全て仙公に伝授された経典とされている。もし「經」と「語禀請問」が、敦煌本「霊宝経目録」中の「元始旧経」と「仙公新経」に該当するとしても、その両方が仙公に伝授されたという記述は、陸修静の「目序」等の著述に示された霊宝経の伝授にかかわる考えとは異なる。前節で挙げた『靈寶略紀』を含む陸修静より後の時代に成立した文献に見える葛玄の霊宝経伝授の伝承は、内容的に道蔵本『授度儀』中の「師告丹水文」に見える霊宝経伝授の伝承に通じる。それは同時に、それらの文献が、霊宝経がその出現の時期にかかわる「元始旧経」と「仙公新経」の二系統から成るとする陸修静の霊宝経観を継承していないことを表している、と見ることができる[307]。

---

306) 『靈寶略紀』中、仙公に伝授された三十三巻の経典の内訳を「經」と「語禀請問」として示したこの記述は、当時、霊宝経をどのような傾向の経典によって構成されていると認識されていたかを示す資料の一つと考えられる。

307) 劉屹氏は、『靈寶略紀』に見える霊宝経の伝承的歴史を、北宋初年の道教が認識する「霊宝の伝統」であるとし、『五符經序』、「仙公新経」、「元始旧経」の三つの源の異なる古霊宝経が晋・宋の時代に一つに集まり、中古道教の霊宝の伝統が正式に形成される始めとなったとする。また、霊宝経が「新経」と「旧経」に区分されていることに意義があったのは、霊宝経形成の特定の期間だけであり、陸修静が目録に新旧の区別を用いたのは、「旧経」の崇高な地位を宣揚する目的に依るものであったとする。劉屹氏の議論は、霊宝経には「新経」・

以上、陸修静以後の道教文献に陸修静の新旧二系統の霊宝経という霊宝経観が継承されていない例を見てきたが、仏教側の霊宝経に言及する資料には、陸修静の霊宝経観を反映するような記述が見出せるであろうか。次に、仏教側の資料についても考察を加えたい。その上で改めて、霊宝経が陸修静の新旧二系統から成る霊宝経観を継承せず、むしろ霊宝経典の出現を葛仙公との関係に集約させていくという変化が生じた背景についても考えてみたい。

3　仏教側の霊宝経に言及する資料の考察

　南北朝から隋唐にかけての仏教側の文献で、陸修静の経典目録に言及するのは、周知のように北周・甄鸞の『笑道論』と唐・法琳の『辯正論』巻八の例である。『辯正論』の記述は『笑道論』に依拠しているが、両者で若干、記述の仕方に違いがある。先ず、『笑道論』の例から見ていきたい。

(1)『笑道論』(『大正蔵』52巻、151頁中段)

　　三十一道經未出言出者、案玄都道士所上經目、取宋人陸修靜所撰者、目云。(中略)檢今經目、並云見在。乃至洞玄經一十五卷、猶隱天宮。今檢其目、並見在。臣笑曰、修靜宋明時人。太始七年、因勅而上經目。既云、隱在天宮。爾來一百餘年。不聞天人下降。不見道士上昇。不知此經從何至此

　　(三十一道經の未出の出づると言ふ者、玄都道士の上る所の經目を案ずるに、宋人陸修靜の撰ぶ所を取らば、目に云ふ。(中略)今の經目を檢ぶるに、並びに見在と云ふ。乃至は洞玄經一十五卷、猶ほ天宮に隱る、と。今其の目を檢ぶるに、並びに見在す。臣笑ひて曰く、修靜は宋明の時の人なり。太始七年、勅に因りて經目を上る。既に云ふ、隱れて天宮に在り、と。爾來一百餘年。天人の下降するを聞かず。道士の上昇するを見ず。此の經何に從ひてか此に至るを知らず、

「旧経」、及び『五符經序』に代表される古い霊宝五符の伝統があったことを前提としており、三つの源の異なる古霊宝経が一つにまとまり、霊宝経について全体的な認識が形成されたことにより、本来、霊宝経にあった「新経」・「旧経」の区別自体が意味を持たなくなったと考えているようである。劉氏前掲論文(2014年a)。筆者は、劉氏が霊宝経に新旧二系統があることを前提に、「仙公新経」が先行し「元始旧経」が後出であるとする点については、古霊宝経の現行本には劉氏の議論によって説明できない内容が含まれていることから見て、再考の必要があると考える。(この注の中の「新経」・「旧経」の呼称は劉屹氏の用語をそのまま用いた。)陸修静の霊宝経観がそのまま後世に継承されたのではないことについては、本章第4節及び注294)参照のこと。

と）。

　ここでは、「元始旧経」の「十五巻」の未出分について言及するが、霊宝経はただ「洞玄經」とのみ記されており、「十五巻」の未出分が「元始旧経」に属することを示す表現はされていない。次に、『辯正論』の例を見てみたい。

(2) 『辯正論』巻八（『大正蔵』52巻、545頁中段）

　　按玄都觀道士等所上一切經目、取宋人陸修靜所撰者、依而寫送。(中略)修靜經目又云、洞玄經有三十六卷。其二十一卷、已行於世。其大小劫已下有十一部合一十五卷、猶隱天宮未出。檢今經目、並注云見在。陸修靜者、宋明帝時人也。以太始七年、因勅上此經目。修靜注云、隱在天宮未出於世。從此以來二百許年。不聞天人下降。又不見道士昇天。不知此經何因而來（玄都觀道士等の上る所の一切經目を按ずるに、宋人陸修靜の撰ぶ所を取る者、依りて寫し送る。(中略) 修靜經目又云ふ、洞玄經に三十六卷有り。其の二十一卷、已に世に行はる。其の大小劫已下十一部合して一十五卷有り、猶ほ天宮に隱れ未だ出でず、と。今經目を檢ぶるに、並びに注に見在を云ふ。陸修靜とは、宋明帝の時の人なり。太始七年を以て、勅に因り此の經目を上る。修靜注に云ふ、隱れて天宮にあり未だ世に出でず、と。此れ從り以來二百許年。天人の下降するを聞かず。又道士の昇天するを見ず。此の經何に因りてか來たるを知らず）。

　ここでは、敦煌本「霊宝経目録」の「元始舊經紫微金格目三十六巻」に該当する経典について、「洞玄經有三十六卷」と表記されているが、霊宝経典の新旧の別は見えず、ただ「洞玄經」となっている。『笑道論』に「既云、隱在天宮」とあり、『辯正論』では更に詳しく「修靜注云、隱在天宮未出於世」と述べている。このことは、敦煌本「霊宝経目録」に「元始舊經紫微金格目三十六巻。二十一巻已出。今分成二十三巻。十五巻未出」とある記述内容と一致するので、二つの仏教側の資料で検証されている陸修静の霊宝経典目録には、敦煌本「霊宝経目録」の中に見える記述があった可能性が高いと考えられる。しかし、『笑道論』も『辯正論』も、敦煌本「霊宝経目録」で用いている「元始舊經紫微金格目三十六巻」の表記を使わず、いずれも「洞玄經」と記している。この二つの資料で問題にされているのが、「元始旧経」の未出経典である。著者たちの見ている陸修静の目録に「元始舊經」と書かれていたとすると、それにもかかわらず、「洞玄經」という三洞説に基づく呼び方を用いているのは、

当時、既に道教側で「元始舊經」という呼称を使わなくなっていたことを反映している可能性が考えられる[308]。

4 陸修静以降の霊宝経観の変化

以上、本節で考察してきたことから、現存する資料を見る限り、霊宝経を「元始旧経」と「仙公新経」の二系統に分けるという陸修静の霊宝経観が、陸修静以降継承されていない例が複数あることを確認した。また道教側の文献では、『靈寶略紀』や後世の加筆があると推測される『授度儀』の「師告丹水文」に見えるような、新旧の区別のない霊宝経が葛仙公に伝授されたという、陸修静の霊宝経観には見えない葛仙公の霊宝経伝授の話が見えることも確かめられた。これはむしろ、霊宝経の由来を仙公受経に集約させる形で、霊宝経が一つの系統であることを示していると思われる。仏教側の資料でも、霊宝経に新旧の別を言わず、三洞説に基づく「洞玄經」という呼称を用いていることから見て、陸修静以後は霊宝経を三洞説に基づいて道教経典の体系中に位置付けて捉えることが定着し、陸修静の示した新旧二系統の霊宝経という霊宝経観は継承されなかったのではないかと考えられる。ただし、それは資料の記載内容からの推測であって、資料に示されている事柄の背後には、更に別の理由が存在していたのではないだろうか。繰り返しになるが、これまで霊宝経典を「元始旧経」と「仙公新経」という二つのカテゴリーに分けるのは陸修静に始まる可能性が高く、そのような経典の分類自体が、陸修静の考える霊宝経の「歴史」、ひいてはそこに表される霊宝経観に由ると考えられることを考察してきた。そのような霊宝経観は、陸修静当時、未整理状態であった霊宝経典を整理し、体系化する為に必要なものであったと考えられる。そこで陸修静が、「元始旧経」を霊宝経の体系の中心に据えることに心を砕いたことは、「目序」中の霊宝経の「歴史」を見れば明らかである。重要なことは、本章前節で考察したように、『三天内解経』が劉宋建国の瑞兆とした「靈寶出世」を、陸修静が「目序」の中で「元始旧経」のこととして読み換えた点である。この点については、劉屹

---

308) 王承文氏は、『辯正論』中の霊宝経に対する記述から、南朝後期から唐代に至る道教では、既に陸修静が整理した新旧三十余巻の霊宝経を、新旧に区分することなく扱っていたと考えられることを指摘している。王承文前掲書（2002年）第二章第二節二。

氏が『靈寶略紀』の記述に関連して指摘するように、霊宝経の新旧の区分は特定の時期にのみ意義があったと言うことができる[309]。その特定の時期とは劉宋の時代であり、霊宝経の新旧の区分は、「靈寶出世」を建国の瑞兆とした劉宋の時代であったからこそ意味があったと考えられる。当時、多種多様と形容し得る経典が次々に作られていた状況は、「目序」の冒頭、「諸道流相興同法、弘修文業、讚揚妙化、興世降福（諸道流ひ興り法を同じくし、弘く文業を修め、妙化を讚揚し、世を興し福を降す）」（『雲笈七籤』巻四、4a）云々とある一文から容易に想像される。そのような玉石混交の状態の中で次々に作られた霊宝経典に対して、霊宝経典を新旧二系統に分けることによって、陸修静が構想する元始天尊所説の霊宝経を中心とした霊宝経の体系化は為されたと言える。そして、陸修静が「目序」に記した霊宝経の「歴史」の中で、「元始旧経」を劉裕受命の瑞祥としたことが、劉宋以降、新旧二系統から成る霊宝経という陸修静の霊宝経観が継承されなかった主要な理由の一つであると推察される。『三天内解經』が「靈寶出世」を劉宋建国の瑞兆の一つとし、陸修静が更にこの「靈寶」を元始天尊所説の「元始旧経」であるとしたことは、劉宋の時代には霊宝経の正統性と権威を象徴することとして、意義があったことは間違いないであろう。しかし、王朝が交代した時に、霊宝経が前の王朝の受命の瑞祥であったということは、常識で考えても道教側にはむしろ不都合なことになるのは想像に難くない。前掲の「師告丹水文」の記述を含め、『靈寶略紀』から明代の『太極葛仙公傳』に至るまで、それらの道教文献で共通しているのは、次の二点である。

1. 霊宝経に新旧の区分をしていない。
2. 霊宝経の由来を葛仙公受経の伝承に集約させている。

このうち共通点1については、前掲の「靈寶中盟經目」や「齋壇安鎮經目」でも同じことが指摘できる。霊宝経を新旧二系統に区分するということは、そこに劉裕受命の瑞兆である「元始旧経」を含むということである。劉宋以降、霊宝経を新旧二系統に区分する陸修静の霊宝経観が継承されなかった背景には、このような「元始旧経」の問題を回避する意図もあったのではないだろうか。新旧二系統の霊宝経ということ自体、これまで考察してきたように、陸修静に

---

309) 『靈寶略紀』に関する劉屹氏の議論については、本章の注307) を参照。

よる意図的な分類であったと考えられる。このことから見ても、三洞説が確立する中で、霊宝経が三洞のうちの洞玄部を構成する経典として広く認識されるようになると、霊宝経典中に新旧のカテゴリーを設定して、その中で経典の正統性を主張するという陸修静の霊宝経観の持つ意義そのものが薄れていったと考えられる。そのような状況下、道教側では、陸修静の考えた霊宝経の「歴史」とは異なる文脈で語られる霊宝経史観を形成していったと考えられる。それが、共通点2として挙げたことである。この新しい形の葛仙公受経伝承では、劉宋建国の瑞祥である霊宝経というイメージは拂拭され、霊宝経の体系は仙公受経を起点とする霊宝経典を以て再構築されている。「目序」でも、仙公の受経は特定の王朝の受命にはかかわらない宗教的事件として霊宝経史に位置付けられており、道教側が葛仙公受経を霊宝経の由来としたことにより、地域や時代の枠を越えて霊宝経が展開することのできる素地を作ったと見ることも可能であろう。本来、霊宝経が「元始旧経」、「仙公新経」の二つの経典カテゴリーを形成するものではなかったこと、また、古霊宝経の中に仙公受経の話が散見することから、霊宝経を仙公に由来する一統の経典とすることは、当時、容易に発想し得るものであったと考えられる[310]。そうした道教側の変化を反映しているのが、陸修静以降に成立した道教文献に見える、仙公受経伝承や新旧の区分のない霊宝経の目録であり、また仏教側でも霊宝経の新旧の別に言及せず、霊宝経をただ「洞玄經」と呼んでいる事実であると言うことができよう。

第6節 小　　結

　以上、陸修静の霊宝経観の形成について、「目序」に見える霊宝経の神話的「歴史」の記述内容を中心に考察してきた。その結果、陸修静は既存の霊宝経典の記述に依拠して「目序」を作成したが、それは単に霊宝経典に記された宇宙観や世界観や、それを表す文章表現に依拠するのではなく、霊宝経の内容と史実とを、言わば霊宝経の「歴史」の時系列上に巧みに配して、それにより、陸修静が、元始天尊所説の霊宝経として考える「元始旧経」を中核にした霊宝

---

310)　霊宝経における仙公の存在意義と「仙公受経」のモチーフの重要性については、神塚淑子氏が指摘している。神塚前掲書（2017年）第一篇第三章。

経の体系を構築していることを指摘した。このことから、新旧二系統の霊宝経という経典カテゴリーは、陸修静がその霊宝経観に基づいて霊宝経を整理する為に採用した分類方法であったことを改めて示すことができたと考える。更に本章では、仏教側の霊宝経に言及する文献でも、霊宝経に対して、陸修静の用いた「元始舊經」の呼称や新旧の区別を用いていないことを確かめた。それと共に、霊宝経を「元始旧経」と「仙公新経」の二系統に分類する陸修静の霊宝経観は、後の時代の道教には継承されなかったことを、陸修静以降の霊宝経典の目録その他の文献から確認し、道教側では霊宝経の由来を葛仙公への伝授に集約させていく方向に変化させたことを指摘した。また、そのような変化には、陸修静が「目序」で「元始旧経」を劉裕受命の瑞兆としたことに、その主な理由が求められる可能性を示した。

結　論

　本書では、敦煌本「霊宝経目録」の発見以来、霊宝経に「元始旧経」と「仙公新経」の二系統があるとされてきたことに対して、それが霊宝経研究の前提となり得る事実であるのかを検証することを目的として、以下のように考察してきた。
　第1篇第1章では、敦煌本「霊宝経目録」の分類について、先学が定義する「元始系」・「仙公系」霊宝経の分類との不一致について考察を加えて、陸修静の経典の分類基準を推測し、それにより、敦煌本「霊宝経目録」の分類は「元始旧経」、「仙公新経」共に一定の分類条件を設定すれば、例外なくその条件による経典の分類結果の説明が可能であることを確かめた。
　第1篇第2章では、その成立時期や成立の背景から見て本来、「元始旧経」でも「仙公新経」でもない『太上洞玄靈寶天文五符經序』が、敦煌本「霊宝経目録」で「仙公新経」に分類されている理由について考察した。先ず「目序」の記述の分析から、「元始旧経」を劉宋の初めに地上に出現し始めた霊宝経であるとする陸修静の霊宝経史観によって、霊宝経の出現に劉宋以前と劉宋建国以後の二つの時期が設定されたことを指摘し、元始天尊に由来する経典ではない『太上洞玄靈寶天文五符經序』は、「元始旧経」不在の時代である劉宋以前の時代に地上に出現した霊宝経とされ、劉宋以前の人物の葛仙公に太上の感応によって伝授された経典である「仙公新経」の一つに位置付けられたことを示した。それにより、新旧二系統の霊宝経という概念は、「目序」に見える陸修静の霊宝経観と深くかかわるものであることを指摘した。

第1篇第3章では、陸修静による霊宝経の分類整理以前に既に存在していたと考えられる「舊目」は、本来、単に霊宝経の目録として作られたものであって、「元始旧経」の目録として作成されたのではないこと、陸修静がこれを「元始旧経」の目録と解釈し直し、彼が考える「元始旧経」に該当する経典を、この「舊目」著録の経典と対応させていく形で、霊宝経典を新旧二系統に分類整理したと考えられることを指摘した。また、「未出」とされた『天地運度』の考察から、陸修静が霊宝経典の真偽の判定において、劉宋受命の瑞兆である「元始旧経」を中心に構想された陸修静の霊宝経観を逸脱しない内容の経典を真経とし、霊宝経の目録に記載した可能性についても言及した。

　第2篇第4章では、敦煌本「霊宝経目録」著録経典の現行本中に、新旧の霊宝経であることを示す「元始舊經」や「新經」といった語が見えないことから、古霊宝経典中に散見する「舊經」、「舊文」、「舊科」、「舊典」という語が、経典の中でどのような意味で用いられているのかを考察した。それらの語には「元始旧経」のような経典カテゴリーを示す意味はなく、それらに共通する「舊」の語は、宇宙のはじめから存在することを示し、「舊」の語を以て、経の天地開闢以前から存在する根源的古さを主張していると考えられることと、この「舊」の語には新旧という相対的概念において、新しい経典に対してより古い経典であることを示す意味はないことを検証し、新旧二系統の霊宝経という相対化された経典の分類概念は、古霊宝経には内在しなかったことを指摘した。また、霊宝経典中に窺える「舊」という概念には、霊宝経の根源的な古さを持つ「天書」としての正統性を示そうとする傾向があり、これに対して相対的な経典のカテゴリーとして「新経」を設定することで、元始天尊の説く「元始旧経」の正統性をより明確に示そうとしたのが、陸修静である可能性の高いことを指摘した。

　第2篇第5章では、霊宝経典中に見える「十部妙經」という語について考察した。それにより、この語が従来諸先学が考えてきたような、陸修静の用語である「元始舊經」と同じ意味で用いられているのではなく、経典中の「十部妙經」は元始天尊が「靈寶眞文」を敷演して撰作したものであり、具体的には要訣科戒の類を指していることを確かめた。このことにより、霊宝経には、陸修静が用いた「元始舊經」の語と同じ意味の経典カテゴリーを示す概念は内在

しない、と考えられることを示した。

　第2篇第6章では、前の二つの章で考察したことを踏まえ、陸修静が用いた「元始舊經」・「新經」の語で表される新旧二系統の経典カテゴリーが本来、霊宝経に内在するカテゴリーではなく、経典分類の為に設定されたカテゴリーと考えられることに関して、「元始旧経」については経典の正統性の根拠とされるものに着目し、「元始旧経」に分類された経典が前章で考察した「十部妙経」の基本設定から見て、その枠に収まらない経典をも含む多元的なものであると考えられることを示した。「仙公新経」については、「仙公新経」の基本設定と、先学により「仙公新経」の特徴とされてきた『道徳五千文』や張道陵、太極眞人、その他天師道関連の事柄全てが、「仙公新経」に分類されている全ての経典で備わっているとは言えず、従って「仙公新経」を特定する排他的条件を形成するものではないと考えられる一方で、それらが「仙公新経」の枠を越えて「元始旧経」にも見出されることを確認し、更に二つのカテゴリーで重複する戒の存在についても言及した。これらによって「元始旧経」・「仙公新経」という経典カテゴリーが、陸修静による分類整理以前の霊宝経の状況をそのまま反映するものではなく、経典分類の為のカテゴリーとして、陸修静によって設定された可能性の高いことを更に示した。

　第3篇第7章では、先学が「仙公新経」の特徴であるとした『道徳五千文』と天師張道陵の尊奉、天師道の神々や儀礼等の天師道関連諸事が、「仙公新経」・「元始旧経」の枠を越えて見えることを考察すると共に、『道徳五千文』については、それを信奉することは天師道に限られていたのではないこと、その他の天師道関連諸事については、それらが霊宝経独自の解釈によって霊宝経典中に取り込まれていることを指摘し、これまでそれらの事柄を「仙公新経」の特徴と捉え、「仙公新経」を天師道が作ったとする先学の見解に対して、霊宝経には霊宝経独自の立場から天師道関連諸事を改編しようという意志を持った経典作成の主体の存在が想定され得ることを示した。

　第3篇第8章では、陸修静の霊宝経観がどのように形成されたのかに関して、陸修静が「目序」に示す霊宝経史観において、古霊宝経に着想を得た部分と、陸修静独自の考えを示す部分とを分け、後者について考察した。その中で、『三天内解經』で劉裕受命の瑞兆として挙げる「靈寶出世」を太上の感応によ

るとしていることに対して、陸修静が「目序」でこれを元始天尊所説の霊宝経出世と読み換え、それによって劉宋以前と劉宋以後の出現時期の異なる二つの霊宝経のカテゴリーが設定されたと推測されること、また、『三天内解經』に見える太上を霊宝経の太上に置き換えることで、神話的「歴史」の中に天師道創設伝承を組み込み、霊宝経の「歴史」と霊宝経典内に天師張道陵が登場することとの整合を図ったと考えられることを示した。更に、陸修静以後に作られた霊宝経の目録である「靈寶中盟經目」及び「齋壇安鎭經目」には、「元始旧経」と「仙公新経」、或いは新旧の経典という分類がされていないことを確認し、『靈寶略紀』には霊宝経は全て葛仙公に伝授されたとする考えが見えることなどから、霊宝経に「元始旧経」と「仙公所受」の「新経」の二系統あるとする霊宝経観は、陸修静以後の道教内部で継承されなかったと考えられることを指摘した。またその理由のひとつとして、二系統の霊宝経という考えは、陸修静が「元始旧経」を中心に霊宝経の体系化を図る上で、元始天尊の教説した霊宝経を劉宋王朝の初めにその瑞兆である「天書」として地上に出現したものとする、陸修静の霊宝経史観において形成されたものであった為、劉宋以後、道教では霊宝経出現の由来を従来から霊宝経典中にあった「仙公受経」のモチーフに集約させていく変化が生じたと考えられることを考察した。

　これらのことをまとめると、以下のようなことが言えよう。

1. 霊宝経典の現行本及び現存するテキストを見る限り、陸修静以前に既に霊宝経典に新旧二系統の霊宝経という概念が形成されていたとは考え難く、また経典作成の主体となる者が、そのような認識の下で経典を作成していたと認められるような内容も見出せない。これらのことから、霊宝経に「元始旧経」と「仙公新経」、或いは新旧の二系統があるとすることは、陸修静が、元始天尊所説の霊宝経を霊宝経の体系の中心に据えた霊宝経観に基づいて、現実に存在する霊宝経を整理し体系化する為に用いた概念であると考えられる。

2. 陸修静が、元始天尊所説の霊宝経を霊宝経の体系の根幹に位置付ける為に行ったことは、元始天尊所説の経を劉宋の世に地上に出現した霊宝経として設定し、従来から存在していた霊宝経の目録である「舊目」を元始天尊所説の霊宝経の目録として改めて定義し、それに基づいて現実に存在す

る霊宝経典を分類整理したことである。それにより陸修静は、霊宝経典を彼の霊宝経観に基づいた経典体系の中に位置付けることを企図したと考えられる。

　本研究は、古霊宝経が本来、敦煌本「霊宝経目録」に見えるような「元始旧経」・「仙公新経」、或いは新旧二系統の経典カテゴリーから成るものとして存在していたのではなく、そのような経典カテゴリーは霊宝経を分類整理した陸修静によって設定されたと考えられることを、上述のような考察を通じて示そうとしたものである。これまでの霊宝経研究では、陸修静以前の霊宝経に対して、陸修静が自らの霊宝経観に基づいて霊宝経を整理した結果を、霊宝経の現実の状態であるように考えてきた。その陸修静の霊宝経観の基本的構造は、次のように整理できよう。

1. 元始天尊の説いた霊宝経を中心として経典を体系化し、元始天尊所説の経典を劉宋建国時に開示された「天書」と位置付ける。
2. 劉宋以前に出現した霊宝経として、伝世文献としての霊宝経を天書観の延長線上に設定し、それらについては、かつて「天書」として地上に現れ、そのまま地上に留まった経典が、伝世の霊宝経典として伝えられてきたという解釈を示す。

　この「天書」と伝世文献とから成る霊宝経というのが、陸修静の霊宝経観の基底にある想定であり、これが「元始旧経」と「仙公新経」という二系統の霊宝経として整理されていったと考えられる。陸修静の考えるこの基本的な霊宝経の構造は、後から出てきたものが古く、以前から存在していたものは実は後から出てきたものより新しいという発想によるものであり、陸修静がその発想をどこから得たのかということも興味深い問題ではあるが、今は本研究中でその問題を扱うことはしない。これについては、今後取り上げる機会があれば、改めて考えることとする。

　ところで、陸修静が、その著述の中で示す霊宝経の「歴史」に見える新旧の霊宝経出現時期の前後関係は、あくまで陸修静の霊宝経観の中で設定されたも

のであって、それはそのまま経典成立史における事実を示しているものではない。この点を認識することもまた、古霊宝経の研究においては重要であると考える。そうであるとは言え、陸修静が古霊宝経に対して行った解釈と枠組みが、霊宝経自体の自然発生的な傾向と枠組みとを写し取ったものである可能性も否定することはできない。しかし、たとえそうであったとしても、我々が今日、陸修静の目を通して古霊宝経を見ているという事実は、もっと強く自覚されるべきであろう。陸修静以前の霊宝経が本来どのようなものであり、霊宝経の真の起源はどこに求められるものなのか、そこにはどのような問題が存在するのか。残念ながらそれらを明確にする為に、当時の霊宝経の在り様を復元して示すことは、今の筆者には手に余る大きな課題である。本研究で扱った個々の霊宝経典についても、その記述の細部において、まだ多くの検証すべき問題が残されている。けれども現在の筆者の力量では、細部に見える問題一つ一つを取り上げて、ここでそれらすべてを総合的に検証することはできなかった。しかしながら、これまでの筆者の考察と議論から、我々が見ているのは、陸修静の霊宝経観によって示された霊宝経であることを明確にすることができれば、先学の諸見解が自覚していなかった、霊宝経の真の起源と、霊宝経を整理した者の観点からの霊宝経の起源とは異なるという点をおさえることによって、古霊宝経研究の新しい可能性が見えてくると考える。

　劉宋中葉に存在したのは、より多元的であり、素樸な正統性に根ざした霊宝経典群である。それらは陸修静により分類・整理され、彼の創造的と表現し得る経典の体系化の中で、その正統性の統合が図られていく。そのことが、道教史上、どのような意味を持ち、また、どのような役割を果たしたのかが、改めて評価されることになるであろう。

あとがき

　拙著『六朝江南道教の研究―陸修静の霊宝経観と古霊宝経』は、筆者が2016年に早稲田大学に提出した学位論文「古靈寶經の研究―敦煌本「霊宝経目録」に於ける経典の分類をめぐって」に、その後更に進めた研究の結果を加え、全体を改稿したものである。

　本書を構成する各論文を作成する過程であらためて感じたのは、陸修静という人物の霊宝経における存在感の大きさである。単なる目録作成の為の経典の分類整理ではなく、経典の分類整理を通して自身の抱く明確な霊宝経観に基づいた霊宝経の体系化を図ったのが、陸修静である。本書は、新旧二系統の霊宝経の概念が陸修静に始まる可能性を認識することで、陸修静の道教史及び道教経典史における役割や、功績の再評価を促す試みともなったと考える。

　本書の前身となる学位請求論文の執筆に当たっては、筆者の指導教授となり、学位論文審査の主査を務めて頂いた、早稲田大学の森由利亜先生の学恩の深さは言葉に尽くせない。これまでの霊宝経研究に名を連ねる錚錚たる諸先学の輝かしい研究業績を前にして、筆者には古霊宝経を研究対象にしようとすること自体が何か畏れ多いことのように思われて、正直なところ、随分と躊躇した。その筆者の背を押し、先ずは霊宝経典を愚直に無心に読むようにと指導して下さったのが森先生である。努めて愚直かつ無心に経典を読み進めた結果、浮かび上がってきたのが、新旧二系統の霊宝経という前提に対する疑念であった。そこから始まって本書に至ることができたのは、ひとえに森先生の的確にして忍耐強い御指導の賜物である。

　論文審査で副査を担当して頂いた早稲田大学の土田健次郎先生と渡邉義浩先生には、学位請求論文公開審査の場で、今回の論文改稿にとって重要かつ的確な御助言をいくつも頂いた。

　早稲田大学での学位論文提出までの長い大学院生活では、惜しくも故人となられた福井文雅先生には、時々に厳しくも温かな御指導と励ましのお言葉を頂いた。福井先生に、本書の完成を直接ご報告できなかったことが残念でならな

い。大久保良峻先生には仏教の基礎知識を、故山崎純一先生には漢文の初歩を学ぶ機会をそれぞれ与えて頂いた。学習院大学の馬淵昌也先生には、中国思想の面白さと奥深さを教えて頂いた。そして、福井先生が作られた、儒仏道と専攻の異なる研究室の院生同士が交流し啓培し合う東洋哲学コースの良き伝統のお蔭で、大学院の諸先輩・同輩・後輩の方々には、筆者の師友として大きな恩恵を受けた。そうした方々に助けられて、筆者の研究は本書に至るまで続けてくることができた。

　専攻を史学から東洋哲学に変える際にも、既にいずれも故人となられたが、学習院大学の清永昭次先生、柳田節子先生、そして香港大学の潘承逹先生から、多くの貴重な御助言を頂いた。清永先生からは六朝道教関係の書籍を、潘先生からは御自身の蔵書の中の『老子』をそれぞれ大学院進学のお祝いに頂き、柳田先生には年齢的に遅い進学をされた先生御自身のお話を伺い、新たな分野に足を踏み入れる勇気を得た。

　また、本書内容の前身である論文を投稿した際には、査読担当の諸先生方からも、本書原稿の改稿の上で重要かつ貴重なご指摘、ご意見を頂いた。

　この場をお借りして、諸先生、諸同学の方々に心から感謝を申し上げたい。

　そして、ここでお一人お一人そのお名前を挙げることはできないが、古霊宝経を含む六朝道教という未開の原野に鍬を入れ、以来、今日に至る六朝道教研究の道を切り開かれた諸先学の方々の存在なくしては、筆者の霊宝経研究などなかったことは言うまでもない。諸先学の方々には、深く尊敬の意を表したい。また、長年筆者の研究を支えてくれた両親にも感謝している。

　本書刊行に当り、早稲田大学出版部の武田文彦氏には多々御配慮頂いた。感謝申し上げる。

　なお本書は、早稲田大学による学術研究書出版制度（早稲田大学エウプラクシス叢書）の助成を受けている。

　　　2019年2月

　　　　　　　　　　　　　　　　　　　　　　　　　　　林　　佳恵

主な参考資料・文献（著者等の敬称略）

1.『正統道蔵』収蔵資料

『正統道蔵』は、1988年文物出版社、上海書店、天津古籍出版社聯合影印明『正統道蔵』及び1977年台湾新文豐出版公司影印明『正統道蔵』を参照。※（HY道蔵番号順：ハーバード大学イェンチン研究所編『哈仏燕京学社道蔵子目引得』（北京、1942年）による）

1-1　使用した敦煌本「霊宝経目録」著録の霊宝経
序論に一覧表を付す

1-2　その他の道教経典（HY番号）
上清大洞眞經（6）
太眞玉帝四極明科經（184）
歴世眞僊體道通鑑（296）
周氏冥通記（302）
茅山志（304）
太上洞淵神呪經（335）
太上洞玄靈寶誡業本行上品妙經（345）
上清三元玉檢三元布經（354）
太上洞玄靈寶大綱鈔（393）
太上洞玄靈寶衆簡文（410）
登眞隠訣（421）
玄覽人鳥山經圖（434）
太極葛仙公傳（450）
無上黃籙大齋立成儀（508）
洞玄靈寶齋説光燭戒罰燈祝願儀（524）
太上洞玄靈寶授度儀（528）
上清天心正法（566）
仙苑編珠（596）
洞玄靈寶昇玄歩虚章序疏（614）
赤松子章暦（615）
老君音授誡經（784）
女青鬼律（789）
正一指教齋儀（797）
正一指教齋清旦行道儀（798）

眞誥（1010）
雲笈七籤（1026）
一切道經音義妙門由起（1115）
洞玄靈寶玄門大義（1116）
洞玄靈寶三洞奉道科誡營始（1117）
陸先生道門科略（1119）
道門經法相承次序（1120）
道教義樞（1121）
無上秘要（1130）
三洞珠囊（1131）
太上三天正法經（1194）
三天内解經（1196）
太上三五正一盟威籙（1199）
太上正一盟威法籙（1200）
醮三洞眞文五法正一盟威籙立成儀（1202）
正一論（1218）
傳授經戒儀注訣（1228）
正一修眞略儀（1229）
傳授三洞經戒法籙略説（1231）
正一法文法籙部儀（1232）
受籙次第法信儀（1234）
正一天師告趙昇口訣（1263）
上清太上帝君九眞中經（1365）
洞玄靈寶千眞科（1399）

2.『正統道蔵』以外の資料

2-1　敦煌写本写真図版

大淵忍爾（1979年）『敦煌道経・図録篇』（東京、福武書店）を参照。（P：ペリオ将来本、S：スタイン将来本、ДX：オルデンブルグ将来本の略）

太上洞玄靈寶空洞靈章經（P2399：2頁下～8頁上）

太上（洞）玄靈寶自然至眞九天生神經（P4659：8頁下～9頁下）

靈寶眞一五稱經（P2440：10頁上～22頁下）

洞玄靈寶諸天内音自然玉字（卷上）（P2432：23頁上～30頁上）

太上洞玄靈寶智慧上品大戒（P2461：30頁下～37頁下）

太上洞玄靈寶金籙簡文三元威儀自然眞經（擬）（P3148：38頁上～39頁下、P3663：40頁上～41頁下、ДX158：42頁）

太上靈寶長夜九幽府玉匱明眞科（P2730：43頁上～47-1頁下、P2442：47-2頁、P2406：47-3頁上～52頁下）

太上洞玄靈寶智慧定志通微經（思微定志經）（P5563：53頁）
太上洞玄靈寶眞文度人本行妙經（P3022v：54頁上〜55頁下）
太上洞玄靈寶眞一勸誡法輪妙經（S1605：56頁上〜59-3頁下、S1906：60頁上〜63頁下）
太上洞玄靈寶無量度人上品妙經（P2606：64頁上〜69頁下）
太上靈寶洞玄滅度五練生尸妙經（P2865：70頁上〜76頁下、S298：77頁上）
太上消魔寶眞安志智慧本願大戒上品（P2468：77頁下〜85頁上、P2400：85頁下）
太上太極太虛上眞人演太上靈寶威儀洞玄眞一自然經訣上（擬）（靈寶威儀經訣）（P2356：116頁上〜117頁下、P2403：118頁、P2452：119頁上〜121頁上）
太上洞玄靈寶三元品誡經（仮）（Д X2850：903頁上）
太極左仙公請問經上（S1351：86頁上〜88頁下）
太上洞玄靈寶仙人請問本行因緣衆聖難經（第十五）（P2454：89頁上〜92頁下）
三洞奉道科誡儀範（S3863：219頁、P3682：219頁下〜221頁下、S809：222頁、P2337：223頁上〜242頁上）
通門論卷下（擬）（P2861の2：725頁下〜726頁上、P2256：726頁下〜734頁上）

2-2 『中華道蔵』（張繼禹主編、華夏出版社、2004年）の敦煌写本を用いた点校本
［第3冊］
太上洞玄靈寶空洞靈章經（63〜69頁：王卡整理点校）
太上無極大道自然眞一五稱符上經（193〜205頁：王卡点校）
太上洞玄靈寶諸天内音自然玉字（206〜283頁：郭清点校、王卡復校）
太上洞玄靈寶智慧上品大戒經（258〜264頁：王卡点校）
洞玄靈寶長夜之府九幽玉匱明眞科（283〜298頁：王卡点校）
太上洞玄靈寶下元黄籙簡文威儀經（擬）（273〜282頁：王卡整理点校）
太上洞玄靈寶智慧定志通微經（299〜307頁：郭清点校、王卡復校）
太上洞玄靈寶眞文度人本行妙經（敦煌本）（308〜312頁：王卡輯補点校）
太上洞玄靈寶眞一勸誡法輪妙經（313〜324頁：王卡点校）
太上洞玄靈寶元始無量度人上品妙經（敦煌本）（325〜330頁：王卡点校）
太上洞玄靈寶滅度五錬生尸妙經（753〜762頁：王卡整理）
靈寶錬度五仙安靈鎭神黄繪章法（763〜765頁：郭清点校、王卡復校）
［第4冊］
太上太極太虛上眞人演太上靈寶威儀洞玄眞一自然經訣（敦煌本）（97〜101頁：王卡点校）
太上洞玄靈寶智慧本願大戒上品經（111〜118頁：王卡点校）
太極左仙公請問經（敦煌本）（119〜126頁：王卡点校）
仙人請問本行因緣衆聖難經（敦煌本）（127〜130頁：王卡点校）
［第42冊］
洞玄靈寶三洞奉道科誡儀範（敦煌本）（28〜41頁：呉亜魁点校）

3. 道教関係訳注本（書名の五十音順）

『雲笈七籤』[宋] 張君房編、李永晟点校、中華書局、2003 年
『周氏冥通記』（訳注篇）麥谷邦夫・吉川忠夫編、京都大学人文科学研究所、道気社、
　　2003 年
『眞誥研究』（訳注篇）吉川忠夫・麥谷邦夫編、京都大学人文科学研究所、2000 年
『神仙傳』福井康順訳注、明徳出版社、1983 年
『陶弘景集校注』[南朝・梁] 陶弘景著、王京州校注、上海古籍出版社、2009 年
『眞誥』[梁] 陶弘景撰、趙益点校、中華書局、2011 年
『登眞隠訣輯校』[梁] 陶弘景撰、王家葵輯校、中華書局、2011 年
『眞靈位業圖校理』[梁] 陶弘景纂、[唐] 閭丘方遠校定、王家葵校理、中華書局、
　　2013 年
『抱朴子内篇校釈（増訂本）』王明撰、中華書局、1995 年
『老子』蜂屋邦夫訳注、（岩波文庫）岩波書店、2008 年
『老子想爾注校証』饒宗頤、上海古籍出版社、1991 年
『老子道德経河上公章句』王卡点校、中華書局、1993 年

4. 仏教関係資料（文献の題名の五十音順）

※『大正新脩大蔵経』（『大正新脩大蔵経』刊行会、1927 年）52 巻所収
『二教論』：北周・釈道安（136 頁下〜143 頁下）
『笑道論』：北周・甄鸞（143 頁下〜152 頁下）
『辯正論』：唐・法琳（489 頁下〜550 頁下）
『甄正論』唐・玄嶷撰（559 頁下〜571 頁下）

5. 史書（著者・選者の時代順）

前漢・司馬遷『史記』（1963 年）中華書局
西晋・陳寿『三国志』（1964 年）中華書局
北斉・魏収『魏書』（1974 年）中華書局
梁・蕭子顕『南斉書』（1972 年）中華書局
梁・沈約『宋書』（1974 年）中華書局
唐・魏徴等『隋書』（1973 年）中華書局
唐・房玄齢『晋書』（1974 年）中華書局

6. 研究文献

6-1　日本語研究論文（著者の名前の五十音順）

石井公成（1996 年）「六朝期における道教・仏教の焼香儀礼」、『駒沢大学大学院仏教学研究会年報』第 29 号、1 〜 19 頁

今枝二郎（1984 年）「道教経典に現れた讖緯思想について」、安居香山編『讖緯思想の綜合的研究』、国書刊行会、137 〜 163 頁

ヴェレレン、フランシスカス（Verellen Franciscus）（2007 年）麥谷邦夫訳「儀礼のあかり―陸修静の斎における影響」、京都大学人文科学研究所編『中国宗教文献研究』、臨川書店、223 〜 238 頁

大形徹（2004 年）「博山炉と香」、『東洋：比較文化論集：宮澤正順博士古稀記念』、青史出版、139 〜 151 頁

王承文（2007 年）佐野誠子訳「霊宝「天文」信仰と古霊宝経教義の展開―敦煌本『太上洞玄靈寶眞文度人本行妙經』を中心に」、京都大学人文科学研究所編『中国宗教文献研究』、臨川書店、293 〜 335 頁

尾崎正治（1974 年）「『太上三天正法経』成立考」、『東方宗教』第 43 号、13 〜 29 頁

―――（1976 年）「六朝古道経に関する一考察―六朝末〜初唐における仏道論争の一問題」、東北大学中国文史哲研究会『集刊東洋学』36 号、99 〜 124 頁

―――（1977 年）「四極明科の諸問題」、吉岡博士還暦記念道教研究論集刊行会編『道教研究論集：道教の思想と文化―吉岡博士還暦記念』、国書刊行会、341 〜 363 頁

―――（1979 年）「寇謙之の神仙思想」、『東方宗教』1979 年 54 号、52 〜 69 頁

カルタンマルク、マックス（Kaltanmark Max）（1983 年）"Some Notes on the T'ai-shang Ling-pao wu-fu hsü," 川勝義雄訳「『太上霊宝五符序』に関する若干の考察」、『東方学』第 65 輯、116 〜 124 頁

菊地章太（1996 年）「甲申大水考―東晋末期の図讖的道経とその系譜」、『東方宗教』87 号、1 〜 20 頁

―――（1998 年）「李弘と弥勒」、山田利明・田中文雄編『道教の歴史と文化』、雄山閣出版、115 〜 143 頁

―――（1999 年）「民間信仰の神々と新しい道教」、砂山稔他編『講座道教第一巻　道教の神々と経典』、雄山閣出版、202 〜 221 頁

―――（2000 年）「道教の終末思想」、福井文雅他編『講座道教第四巻　道教と中国思想』、東京、雄山閣出版、84 〜 109 頁

金志玹（2011 年）「玄師と経師―道教における新しい師の観念とその展開」、麥谷邦夫編『三教交渉論叢続篇』、京都大学人文科学研究所、57 〜 97 頁

―――（2013 年）「伝・訣・経―上清経の形式についての略論」、『中国思想史研究』34 号、京都大学文学部中国哲学史研究会、127 〜 146 頁

楠山春樹（1982 年）「道教における十戒」、『早稲田大学大学院文学研究科紀要』第 28

輯、55 〜 72 頁
─── （1983 年）「道教と儒教」、『道教 2　道教の展開』、平河出版社、49 〜 93 頁
─── （1984 年）「清信弟子考」、『中国の宗教・思想と科学』、国書刊行会、139 〜 155 頁
シペール、クリストファー（Schipper Kristfer）（1977 年）福井重雅訳「「都功」の職能に関する二、三の考察」、酒井忠夫編『道教の総合的研究』、国書刊行会、252 〜 290 頁
─── （1983 年）" Taoist Ordination Ranks in the Tun-huang Manuscripts,"福井文雅訳「敦煌文書に見える道士の法位階梯について」、塚本善隆他監修『講座敦煌 4　敦煌と中国道教』、大東出版社、325 〜 345 頁
小林正美（2008 年）「唐代道教における大洞三景弟子と大洞法師の法位の形成」、『東方学』第 115 輯、55 〜 72 頁
─── （2012 年）「仙公系靈寶經の編纂時期と編纂者について」、『早稲田大学大学院文学研究科紀要』第 58 輯、21 〜 37 頁
小南一郎（1974 年）「西王母と七夕」、『東方学報』第 46 冊、33 〜 81 頁
─── （1988 年）「道教信仰と死者の救済」、『東洋学術研究』第 27 号別冊、74 〜 107 頁
─── （1992 年）「尋薬から存思へ」、吉川忠夫編『中国古道教史研究』、同朋舎出版、3 〜 54 頁
─── （1998 年）「許氏の道教信仰─「眞誥」に見る死者たちの運命」、吉川忠夫編『六朝道教の研究』、春秋社、23 〜 53 頁
ザイデル、アンナ（Seidel Anna）（1968 年）"La Divinization de Lao Tseu à l'Époque des Han"吉岡義豊訳「漢代における老子の神格化について」、吉岡義豊・スワミエ、ミシェル（Soymié,Michel）編『道教研究』第 3 冊、豊島書房、5 〜 77 頁
─── （1980 年）「符籙の源泉について」、『東方宗教』第 56 号、31 〜 47 頁
スタン、ロルフ．A.（Stein Rolf A.）（1977 年）"Religions Taoism and Popular Religion from the Second to Seventh Centuries,"川勝義雄訳「宗教的な組織をもった道教と民間宗教との関係」、酒井忠夫編『道教の総合的研究』、国書刊行会、57 〜 96 頁
ストリックマン、ミシェル（Michel Strickmann）（1977）" The Mao Shan Revelations: Taoism and the Aristocracy,"T'oung Pao 63, pp. 1-64：宮川尚志・安倍道子共訳（1977 年）「茅山における啓示─道教と貴族社会」、酒井忠夫編『道教の総合的研究』、東京、国書刊行会、333 〜 369 頁
砂山稔（1977 年）「陶弘景の思想について─その仙道理論を中心に」、吉岡博士還暦記念道教研究論集刊行会編『道教研究論集：道教の思想と文化─吉岡博士還暦記念』、国書刊行会、295 〜 318 頁
─── （1983 年）「道教と老子」、福井康順等監修『道教第二巻　道教の展開』、平河出版社、5 〜 47 頁
平秀道（1957 年）「道教の成立と讖緯思想」、『龍谷大学論集』335、29 〜 44 頁

土屋昌明（2014年）「霊宝経十二部「本文」の文献的問題から道教の文字説へ」、『洞天福地研究』第5号、洞天福地研究編集委員会、51〜80頁
都築晶子（1995年）「六朝後半期における道館の成立―山中修道―」、『小田義久博士還暦記念東洋史論集』、朋友書店、317〜351頁
―――（1997年）「六朝時代の江南社会と道教」、谷川道雄編『魏晋南北朝隋唐時代史の基本問題』、東京、汲古書院、443〜471頁
林佳恵（2017年）（※研究ノート）「敦煌本「霊宝経目録」第五篇目再考」、『アジアの文化と思想』第26号、1〜20頁
原田正己（1960年）「緯書に見られる河図洛書」、福井博士頌寿記念論文集刊行会編『福井博士頌寿記念東洋思想論集』、福井博士頌寿記念論文集刊行会、885〜902頁
廣瀬直記（2017年）「六朝道教上清派再考―陶弘景を中心に」早稲田大学2017年度博士論文
福井文雅（2000年）「道教の成立」、福井文雅等編『講座道教第四巻　道教と中国思想』、雄山閣出版、12〜22頁
福永光司（1987年）「昊天上帝と天皇大帝と元始天尊―儒教の最高神と道教の最高神―」、福永光司『道教思想史研究』、岩波書店、123〜155頁
船山徹（1998年）「陶弘景と仏教の戒律」、吉川忠夫編『六朝道教の研究』、春秋社、353〜376頁
ボーケンカンプ、ステファン（Bokenkamp Stephen）（2009年）"Turning the Scriptures：A Lingbao Proselytizing Technique、" 酒井規史・山田明広共訳「転経―古霊宝経の宣教方式」、田中文雄・クリーマン、テリー（Kleeman Terry）編『道教と共生思想』、大河書房、73〜86頁
前田繁樹（1987年）「所謂「茅山派道教」に関する諸問題」、『中国―社会と文化』2、227〜234頁
マスペロ、アンリ（Maspero,Henri）（邦訳1978年）川勝義雄訳『道教―不死の探求』、平凡社（原著：(1950) La Taoisme, Melanges Posthume sur les Religion et l'Histoire de la Chine, vol.2, Paris ; Civilisations du sud）
松本浩一（2000年）「符籙呪術論」、田中文雄他編『講座道教第2巻　道教の教団と儀礼』、雄山閣出版、260〜283頁
丸山宏（2004年）「道教儀礼の出官啓事に関する諸問題」、坂出祥伸先生退休記念論集刊行会編『中国思想における身体・自然・信仰』、東方書店、441〜469頁
宮沢正順（1980年）「葛洪の老子批判について」、『東方宗教』第56号、48〜64頁
麥谷邦夫（1977年）「初期道教における救済思想」、『東洋文化』57号、19〜63頁
―――（1988年）「道教における天界説の諸相―道教教理体系化の試みとの関連で」、『東洋学術研究』第27号別冊、54〜73頁
―――（2005年）「『道教義枢』と南北朝隋初唐期の道教教理学」、麥谷邦夫編『三教交渉論叢』、京都大学人文科学研究所、99〜185頁
森由利亜（2006年）「道教と死―天上の権威と死者世界」、吉原浩人編『東洋における死の思想』、春秋社、69〜90頁

安居香山（1966 年）「緯書における生成論」、安居香山・中村璋八編『緯書の基礎的研究』、漢魏文化研究会、171 〜 200 頁
山田俊（1999 年 a）「元始天尊と霊宝経系経典」、砂山稔他編『講座道教 1 道教の経典と神々』、雄山閣出版、38 〜 54 頁
─── （1999 年 b）「再論『太上妙法本相経』─以《東極真人問事品第九》為主」、『敦煌吐魯番研究』第 4 巻、489 〜 507 頁
─── （2015 年）「「安楽法」小考」、『道教研究学報』7 号、337 〜 361 頁
山田利明（1978 年）「李家道とその周辺」、『東方宗教』1978 年 52 号、15 〜 27 頁
─── （1981 年）「『太上洞淵神呪経』の図識的性格」、『大正大学研究紀要・仏教学部文学部』1981 年 66 号、145 〜 162 頁
─── （1983 年）「道蔵十二類成立に関する一資料の背景」、坂出祥伸先生退休記念論集刊行会編『中国の宗教・思想と科学』、国書刊行会、519 〜 537 頁
─── （1984 年）「『霊宝五符』の成立とその符瑞的性格」、安居香山編『讖緯思想の綜合的研究』、国書刊行会、166 〜 196 頁
─── （1987 年 a）「「五符序」形成考─楽子長をめぐって」、秋月観暎編『道教と宗教文化』、平河出版社、123 〜 135 頁
─── （1987 年 b）「二つの新符─『五嶽眞形圖』と『霊宝五符』」、『東洋学論叢』1987 年 12 号、147 〜 165 頁
─── （2011 年）「天地壊滅とメシア」、『エコ・フィロソフィ研究』2011 年（東洋大学）、11 〜 18 頁
吉岡義豊（1961 年）「敦煌十戒経について」、塚本博士頌寿記念会編『塚本博士頌寿記念：仏教史学論集』、925 〜 938 頁
─── （1965 年）三洞奉道科誡儀範の成立について」、吉岡義豊、スワミエ・ミシェル編『道教研究』第 1 冊、昭森社、5 〜 108 頁
─── （1967 年）「仏教の影響による道教戒の形成─特に十二可従戒を中心として」、『日本仏教学会年報』1967 年第 32 号、179 〜 202 頁
吉川忠夫（1998 年）「仏道論争の中の陸修静」、『禅文化研究所紀要』1998 年 24 号、367 〜 380 頁
李遠国（2007 年）斎藤智寛訳「天空の文字─道教の符図文献とその分析」、京都大学人文科学研究所編『中国宗教文献研究』、臨川書店、265 〜 291 頁
劉屹（邦訳 2015 年）冨田恵美訳「「霊宝略紀」と北宋初年における霊宝経の伝統」、渡邉義浩編『中国史の時代区分の現在─第六回日中学者中国古代史論壇論文集』、汲古書院、2015 年、225 〜 240 頁。
ロビネ、イザベル（Robinet Isabelle）（1984）*La Revelation du Shangqing Dans l'Histoire Du Taoisme*, Publications de l'École Française d'Extrême-orient：石井昌子訳（第一部、第二部訳）『道教の歴史における上清派の啓示』、『創価大学一般教育部論集』第 19 号（1995 年）、第 22 号（1998 年）、第 23 号（1999 年）、第 25 号（2001 年）、第 26 号（2002 年）

6-2　日本語単行本（著者或いは編者の名前の五十音順、敬称略）

秋月観暎編（1986 年）『道教研究のすすめ』平河出版社
──── （1987 年）『道教と宗教文化』、平河出版社
大淵忍爾（1964 年）『道教史の研究』、岡山大学共済会書籍部
──── （1978 年）『敦煌道経・目録篇』、福武書店
──── （1979 年）『敦煌道経・図録篇』、福武書店
──── （1983 年）『中国人の宗教儀礼』、福武書店
──── （1991 年）『初期の道教』、創文社
──── （1997 年）『道教とその経典』、創文社
神塚淑子（1999 年）『六朝道教思想の研究』、創文社
──── （2017 年）『道教経典の形成と仏教』、名古屋大学出版会
川勝義雄（2003 年）『魏晋南北朝』（講談社学術文庫）、講談社
菊地章太（2009 年）『神呪経研究──六朝道教における救済思想の形成』、研文出版
京都大学人文科学研究所編（2007 年）『中国宗教文献研究』、臨川書店
楠山春樹（1979 年）『老子伝説の研究』、創文社
──── （1992 年）『道家思想と道教』、平河出版社
講座敦煌編集委員篇（1983 年）『講座敦煌 4　敦煌と中国道教』、大東出版社
小林正美（1990 年）『六朝道教史研究』、創文社
──── （1998 年）『中国の道教』、創文社
──── （2003 年）『唐代の道教と天師道』、知泉書館
小林正美編（2006 年）『道教の斎法儀礼の思想史的研究』、知泉書館
小南一郎（1984 年）『中国の神話と物語り』、岩波書店
酒井忠夫編（1977 年）『道教の総合的研究』、国書刊行会
酒井忠夫他編（1991 年）『日本・中国の宗教文化の研究』、平河出版社
酒井忠夫（2011 年）『道家・道教史の研究』、国書刊行会
坂出祥伸先生退休記念論集刊行会編（2004 年）『中国思想における身体・自然・信仰』、東方書店
砂山稔（1990 年）『隋唐道教思想史研究』、平河出版社
砂山稔他編（1999 年）『講座道教第一巻　道教の経典と神々』、雄山閣出版
田中文雄編（1999 年）『講座道教第 2 巻　道教の教団と儀礼』、雄山閣出版
田中文雄・クリーマン、テリー（Kleeman Terry）編（2009 年）『道教と共生思想』、大河書房
塚本善隆（1990 年）『魏書釈老志の研究』、平凡社
津田左右吉（1964 年）『津田左右吉全集第十三巻（道家の思想とその展開）』、岩波書店
ツルヒャー、エリック（Zurcher Eric）（1959）*The Spread and Adaptation of Buddhism in Early Medieval China*,2vols, Leiden, 田中文雄他訳（1995 年）『仏教の中国伝来』、せりか書房
野口鐵郎・田中文雄編（2004 年）『道教の神々と祭り』、大修館書店

福井康順他監修（1983 年）『道教 2　道教の展開』、平河出版社
福井康順（1987 年）『福井康順著作集』第一巻、法藏館
─────（1987 年）『福井康順著作集』第二巻、法藏館
福井文雅（1999 年）『道教の歴史と構造』、五曜書房
福井文雅他編（2000 年）『講座道教第四巻　道教と中国思想』、雄山閣出版
福井文雅博士古稀退職記念論集刊行会編（2005 年）『アジア文化の思想と儀礼：福井文雅博士古稀記念論集』、春秋社
福永光司（1987 年）『道教思想史研究』、岩波書店
堀池信夫・砂山稔編（2006 年）『道教研究の最先端』、大河書房
前田繁樹（2004 年）『初期道教経典の形成』、汲古書院
牧尾良海博士頌寿記念論集刊行会編（1984 年）『中国の宗教・思想と科学』、国書刊行会
増尾伸一郎・丸山宏編（2001 年）『道教の経典を読む』、大修館書店
マスペロ、アンリ（Maspero Henri）(1950) *La Taoisme, Mélanges Posthume sur les Religion et l'Histoire de la Chine*, vol. 2, Paris；ドミエヴィル、P（Demiéville P.）編、川勝義雄訳（1978 年）『道教─不死の探求』、平凡社
丸山宏（2004 年）『道教儀礼文書の歴史的研究』、汲古書院
宮川尚志（1964 年 a）『六朝宗教史』、平楽寺書店
─────（1964 年 b）『六朝史研究　宗教篇』、京都、平楽寺書店
─────（1983 年）『中国宗教史研究』、京都、同朋舎出版
宮澤正順博士古稀記念論文集刊行会（2004 年）『東洋：比較文化論集：宮澤正順博士古稀記念』、青史出版
麥谷邦夫編（2005 年）『三教交渉論叢』、京都大学人文科学研究所
─────（2011 年）『三教交渉論叢続篇』、京都大学人文科学研究所
三浦国雄他編（2000 年）『講座道教第三巻　道教の生命観と身体論』、雄山閣出版
安居香山・中村璋八編（1966 年）『緯書の基礎的研究』、漢魏文化研究会
安居香山編（1984 年）『讖緯思想の綜合的研究』、国書刊行会
山田俊（1999 年）『唐初道教思想史研究』、平楽寺書店
山田利明（1999 年）『六朝道教儀礼の研究』、東方書店
山田利明・田中文雄編（1998 年）『道教の歴史と文化』、雄山閣出版
吉岡義豊（1959 年）『道教と仏教』第一巻、日本学術振興会
─────（1970 年）『道教と仏教』第二巻、国書刊行会
─────（1976 年）『道教と仏教』第三巻、国書刊行会
─────（1988 年）『吉岡義豊著作集』第三巻、五月書房
─────（1989 年）『吉岡義豊著作集』第二巻、五月書房
─────（1989 年）『吉岡義豊著作集』第四巻、五月書房
吉岡義豊・スワミエ、ミシェル編（1965 年）『道教研究』第 1 冊、昭森社
─────（1967 年）『道教研究』第 2 冊、昭森社
─────（1968 年）『道教研究』第 3 冊、豊島書房

吉川忠夫（1987 年）『書と道教の周辺』、平凡社
─── （1989 年）『劉裕』（中公文庫）、中央公論社
吉川忠夫編（1992 年）『中国古道教史研究』、同朋舎出版
─── （1998 年）『六朝道教の研究』、春秋社

6-3　中国語論文（著者・編者の名前の併音表記アルファベット順）

大淵忍爾（劉波訳、王承文校）（1998 年）「論古霊宝経」、『道家文化研究』第 13 輯、三聯書店、485 〜 506 頁
康德謨（Kaltanmark Max）（杜小真訳）（1997 年）「関于道教術語"霊宝"的筆記」、『法国漢学』第二輯、清華大学出版社、1 〜 27 頁
─── （原文）（1960）" Ling - Pao : Note sur un terme du Taoisme Religieux, "*Mélanges publiés par l'Institut des Hautes Études Chinoises*, tome 2, Paris, pp.559-588
李豐楙（1996 年 a）「伝承与対応：六朝道経中「末世」説的提出与衍変」、『中国文哲研究集刊』1996 年第 9 期、中央研究院中国文哲研究所、91 〜 130 頁
─── （1996 年 b）「六朝道教的終末論—末世、陽九百六与劫運説」、『道教文化研究』1996 年第 9 輯、上海古籍出版社、82 〜 99 頁
李龢書（2010 年）「論古霊宝経与早期道教—以道与至尊神為考察核心」、『史原』復刊第 1 期、63 〜 152 頁
李静（2009 年）『古上清経史若干問題的考辨』、復旦大学 2009 年度博士論文
劉屹（2007 年）「敦煌本『太上妙法本相經』所見南北道教伝統之異同」、『出土文献研究』2007 年第 8 輯、199 〜 212 頁
─── （2008 年）「「元始系」与「仙公系」霊宝経的先後問題—以「古霊宝経」中的「天尊」和「元始天尊」為中心」、『敦煌学』2008 年第 27 輯、275 〜 291 頁
─── （2009 年 a）「論古霊宝経《昇玄歩虚章》的演変」、Reiter, F. C. ed., *Foundation of Daoist Ritual*, A Berlin Symposium, Harrassowitz Verlag, pp. 189-205
─── （2009 年 b）「"元始旧経"与"仙公新経"的先後問題—以"篇章所見"的古霊宝経為中心」、『首都師範大学学報（社会科学版）』2009 年第 3 期（総 188 期）、1 〜 16 頁
─── （2010 年）「古霊宝経"未出一巻"研究」、『中華文史論叢』2010 年第 4 期（総第 100 期）、81 〜 103 頁
─── （2011 年）「古霊宝経中的"三洞説"」、『慶賀饒宗頤先生 95 華誕敦煌学国際学術研討会論文集』、650 〜 663 頁
─── （2012 年）「如何修得上仙？—以古霊宝経中的太極左仙公葛玄為例」、余欣主編『中古時代的礼儀、宗教与制度』、上海古籍出版社、2012 年、375 〜 391 頁
─── （2013 年）「符文、真文与天文」、『敦煌吐魯番研究』第 13 号、457 〜 473 頁
─── （2014 年 a）「《靈寶略紀》与北宋初年的霊宝経教伝統」、2014 年 5 月第 6 回日中学者中国古代史論壇『中国史の時代区分の現在』、財団法人東方学会・中国社

会科学院歴史研究所、134 ～ 144 頁（日本語論文の項に 2015 年に邦訳された該論文を挙げている）
――――（2014 年 b）「《眞文要解上經》考論」、『東方学研究論集　髙田時雄教授退休紀念』中文分冊、東方学研究論集刊行会、2014 年、156 ～ 163 頁
――――（2015 年）「論古靈宝経的神話時間模式―以新経和旧経中"劫"字的使用為中心」、『敦煌吐魯番研究』第 15 巻、447 ～ 465 頁
――――（2016 年）「古靈宝経戒律思想的発展脈絡」、『敦煌写本研究年報』第 10 号、219 ～ 230 頁
呂鵬志（2003 年）「早期靈宝経的天書観」、郭武主編『道教教義与現代社会』（国際学術研討会論文集）、上海古籍出版社、571 ～ 579 頁
――――（2006 年）「天師道受籙科儀―敦煌写本 S.203 考論」、『中央研究院歴史語言研究集刊』第 77 本第 1 分冊、79 ～ 166 頁
――――（2009 年）「天師道旨教斎考」、『中央研究院歴史語言研究所集刊』第 80 本第 4 分冊、356 ～ 541 頁
――――（2010 年）「摂召北酆鬼魔赤書玉訣与靈寶五篇眞文―《太上洞玄靈寶赤書玉訣妙經》校読拾遺」、『宗教学研究』2010 年第 4 期、20 ～ 30 頁
――――（2011 年）「靈宝六斎考」、『文史』2011 年第 3 輯（総第 96 輯）、85 ～ 123 頁
司馬虚（Strickmann Michel）（劉屹訳）（2002 年）「最長的道経」、『法国漢学』2002 年第七輯、中華書局、188 ～ 121 頁
――――（原文）（1978）" The Longest Taoist Scripture ": *History of Religions*. 17.
丸山宏（2006 年）「陸修静『太上洞玄靈宝授度儀』初探」、第 1 屆道教仙道文化国際学術研討会編『第一届道教仙道文化国際学術研討会論文集』、高雄道徳院、623 ～ 640 頁
王卡（1998 年）「靈宝経目再校読」（「敦煌道経校三則」の一部）、『道家文化研究』第一三輯、三聯書店、1998 年、118 ～ 129 頁
――――（2002 年）「敦煌本洞玄靈宝九天生神章經疏考釈」、『敦煌学輯刊』2002 年第 2 期、73 ～ 75 頁
王承文（2003 年）「敦煌古靈宝経与陸修静『三洞』学説的来源」、黎志添主編『道教研究与中国宗教文化』、香港中華書局、72 ～ 102 頁
――――（2008 年）「論中古時期道教"三清"神霊体系的形成―以敦煌本『靈寶眞文度人本行妙經』為中心的考察」、『中山大学学報（社会科学版）』2008 年第 2 期第 48 巻（総 212 期）、34 ～ 59 頁
――――（2012 年）「論古靈宝経"天文"和"神符"的淵源―以《太上洞玄靈宝五符經序》的解釈為中心」、余欣主編『中古時代的礼儀、宗教与制度』、上海古籍出版社、339 ～ 374 頁
王皓月（2014 年）「再論《靈宝経》之中"元始旧経"的含義」、『世界宗教研究』2014 年第 2 期（総第 146 期）、85 ～ 91 頁
王宗昱（1996 年）「文物所見中国古代道符述論」、陳鼓応主編『道家文化研究』第 9 輯、

267～301 頁
――――（2009 年）「『赤松子章暦』的成書年代」、*Foundations of Daoist Ritual*:A Berlin Symposium, Reiter. F. C., ed., Harassowitz Verlag,Wiesbaden, pp.208-216
謝世維（2012 年）「経典、霊図与授度：《洞玄霊宝二十四生圖經》研究」、国立中山大学中国文学系『文与哲』2012 年第 20 期、95～126 頁
楊聯陞（1956 年）「《老君音受誡經》校釋」、『中央研究院歴史語言研究所集刊』1956 年第 28 本、17～54 頁；（1992 年）『楊聯陞文集』（中国社会科学出版社、33～83 頁）に収録。
楊立華（1999 年）「論道教早期上清経的"出世"及其与《太平経》的関系」、『北京大学学報・哲社版』1999 年第 1 期、116～123 頁
張超然（2008 年）『系譜、教法及其整合：東晋南朝道教上清経派的基礎的研究』、台湾国立政治大学中国文学系九十六学年度博士学位論文
――――（2011 年）「道教霊宝経派度亡経典的形成：従《元始五老赤書玉篇眞文天書經》到《洞玄無量度人上品妙經》」、『輔仁宗教研究』2011 年第 22 期、29～62 頁
張澤洪（2000 年）「早期正一道的上章済度思想」、『宗教学研究』2000 年総第 2 期、22～29 頁

6-4　中国語単行本（著者・編者の名前の併音表記アルファベット順）

陳国符（1963 年増訂版）『道蔵源流考』上下、北京中華書局（2014 年に出た修訂版は未見）
陳寅恪（1971 年）『陳寅恪先生論集』、台湾商務印書館
葛兆光（1987 年）『道教与中国文化』、上海人民出版社
――――（2003 年）『屈服史及其他：六朝隋唐道教的思想史研究』三聯書店
黎志添主編（2003 年）『道教研究与中国宗教文化』、香港中華書局
劉　屹（2005 年）『敬天与崇道』、北京中華書局
――――（2013 年）『敦煌道教与中古道教』、甘粛教育出版社
――――（2015 年）『漢唐道教的歴史与文献研究』、博揚文化
呂鵬志（2000 年）『道教哲学』、津出版社有限公司
――――（2008 年）『唐前道教儀式史綱』、北京中華書局
王皓月（2017 年）『析経求真―陸修静与霊宝経関係新探』、北京中華書局
王承文（2002 年）『敦煌古霊宝経与晋唐道教』、北京中華書局
――――（2017 年）『漢唐道教儀式与古霊宝経研究』、中国社会科学出版社
王宗昱（2001 年）『《道教義樞》研究』、上海文化出版社
蕭登福（2008 年）『六朝道教霊宝派研究』上下、新文豐出版公司
謝世維（2010 年）『天界之文―魏晋南北朝霊宝経研究』、台湾商務印書館
――――（2013 年）『大梵彌羅―中古時期道教経典中的仏教』、台湾商務印書館
姚名達（2013 年）『中国目録学史』、岳麓書社
張沢洪（2003 年）『道教礼儀』、宗教文化出版社
趙　益（2012 年）『六朝隋唐道教文献研究』、鳳凰出版社

鄭燦山（2014年）『六朝隋唐道教文献研究』、新文豐出版公司
朱越利（1996年）『道蔵分類解題』、華夏出版社

6-5　欧文研究書及び論文（著者・編者の名前のアルファベット順）

Bokenkamp, Stephen. R.（1983）"Sources of The Ling‐Pao Scriptures,"M. Strickmann ed., *Tantric and Taoist Studies in honour of R. A. Stein*, Bruxelles; Institut Belge des Hautes Etudes Chinoises, vol. 2. pp. 434-486

――――（1997）*Early Daoist Scriptures*; with a contribution by Peter Nickerson, University of California Press.,（1999）first paperback printing, University of California Press, Berkeley,

――――（1989）"Death and Ascent in Ling Pao Taoism,"*Taoist Resources*,vol.1,no.2, pp.1-17

――――（2001）"Lu Xiujing, Buddhism, and the First Daoist Canon," in Scott Pearce,Audrey Spiro and Patrica Ebrey ed., *Culture and Power in the Reconstitution of the Chinese Realm*,Cambridge: Harvard University Press, pp.181-199

――――（2002）"The Salvation of Laozi: Images of the Sage in the Lingbao Scriptures, the Ge Xuan Preface, and the "Yao Buduo Stele" of 496c.e.,"李焯然、陳万成主編『道苑繽紛録』、香港、商務印書館、pp. 287-314

――――（2004a）"The Prehistory of Laozi：His Prior Career as a Woman in the Lingbao Scriptures,"*Cahiers d'Extrême-Asie*, no.14, pp. 403-421

――――（2004b）"The Silkworm and the Bodhi Tree: The Lingbao Attempt to Replace Buddhism in China and Our Attempt to Place Lingbao Taoism、"*Religion and Chinese Society:Ancient and Medieval Chine*, vol. 1, Hong Kong: University Press, pp. 317-339

Cedzich, Ursula Angelika（2000）Review Article: *Early Daoist Scriptures*；*Journal of Chinese Religions* 28, pp. 165-167

Lagerwey, john（2009）"Daoist Ritual from the Second through the Sixth Centuries,"*Foundations of Daoist Ritual*：A Berlin Symposium, Reiter. F. C., ed., Harassowitz Verlag, Wiesbaden, pp. 136-163

――――（1987）*Taoist Ritual in Chinese Society and History*, Macmillan Publishing Company, New York

Nickerson, Peter（1999）"The Great Petition for Sepulchral Plaints,"*Early Daoist Scriptures*, Stephen Bokenkamp with a contribution by Peter Nickerson, University of California Press, Berkeley, pp. 230-275

Ofuchi Ninji（1974）"On ku Ling-Pao-Ching,"*Acta Asiatica* 27, The Toho Gakkai,Tokyo, pp. 35-50

Robinet, Isabelle（1991）*Histoire de Taoisme*：des origines au XlV e siècle, Paris：Les Éditions du Cerf；translated by Phillis Books,

―――― (1997) *Taoisme:Growth of a Religion*,Stanford University Press
―――― (1984) *La Révélation Du Shangqing Dans l'Histoire Du Taoisme*, Publications de l'École Française d'Extrême-Orient, vol. CXXXVII, Paris
Schipper, Kristfer (1994) "Purity and Strangers: Shifting Boundaries in Medieval Taoism," *T'oung Pao* 80, pp. 61-81
―――― (2004)『道蔵通考』*The Taoist Canon : A Historical Companion to the Daozang* = [Dao Zang Tong Kao] ,edited by Kristfer Schipper and Franciscus Verellen,Chicago:University of Chicago Press
Seidel, Anna. K (1969) "The Image of The Perfect Rulerin Early Taoist Messianism: Lao‐Tzu and Li Hung, " *History of Religion*, vol. 9, no. 2/3, pp. 216-247
Strickmann, Michel (1977) "The Mao Shan Revelations: Taoism and the Aristocracy, " *T'oung Pao* 63, pp. 1-64
―――― (2002) "Disease and Taoist Law, " *Chinese Magical Medicine* ; edited by Bernard Faure. Stanford University Press, Stanford, California, pp. 1-57
Raz,Gil (2009) "Daoist Ritual Theory in the Work of Lu Xiujing,"*Foundation of Daoist Ritual*, A Berlin Symposium, Florian C.Reiter ed., Harrasowitz Verlag,Wisebaden,pp.119-133
Zurcher, Eric (1980) "Buddhist Influence on Early Taoism: A Study of Scriptural Evidence, " *T'ong Pao*, vol. 65, pp.84-147
―――― (1982) ""Prince Moonlight"Messianism and Eschatology in Early Medieval Chinese Buddhism,"*T'oung Pao,* 68,1-3,pp.1-75

6-6 その他 (順不同)
胡孚琛主編 (1995年)『中華道教大辞典』、北京、中国社会科学出版社
山田利明・福井文雅他編 (1994年)『道教事典』、東京、平河出版社

索　引

あ　行

阿丘曾　141
已出　5, 23, 61
「已出」・「未出」　49, 54, 125
一十四戒　178
一切道經音義妙門由起（妙門由起）　23
雲笈七籤　1, 54, 125, 141, 249
王皓月　42-43, 163
王承文　4, 6, 41, 52, 175, 179, 181, 187, 208, 236
王卡　141
王龍賜　58, 89, 93-95
王霊期　4
大淵忍爾　1, 5, 49, 54, 82, 107, 110, 130, 175, 252

か　行

戒　94-95, 100, 154, 167, 175-176
解説　90-93, 104
　——凝滞　90-94
夏禹　21, 39, 41
科戒　134
科儀　77-78, 104-105, 109
「過去」　97-98, 139
　——説　96, 100-101, 128-129
葛玄（葛仙公）　3, 21, 30, 156, 158, 161-162, 168-170, 210, 249, 251, 259
　——受経　251-252, 264
葛洪　4
葛氏　3
　——道　5
葛巣甫　3-5, 49, 82
　——造構靈寶　3

科法　74-78
神塚淑子　4, 236
科律　122, 133
關啓　118, 219-220, 229, 231, 233
巻目　5
菊地章太　56
凝滞　90-91, 93
舊　69, 71, 77-79
舊科　76-77
舊經　66, 68-69, 71, 77, 79
救済思想　58
救世者信仰　58
舊典　74-77
　——俯仰之格　75-76
舊文　70-73, 77, 79, 94, 153
舊本　69, 71
舊目　5, 37, 48-51, 53-54, 60, 62, 67, 114
九幽玉匱罪福緣對拔度上品　104, 108
九幽玉匱拔度死魂罪對上品　104, 109
教旨　93, 95, 99
玉訣　70
　——眞要　58, 70, 94, 96, 100
玉字　87, 140
　——自然玄文　148
許氏　201
禁戒　99, 104, 122, 133
　——明眞科律　109
楠山春樹　175
功徳輕重經　140
啓事　221-222
訣言　103-105
玄科舊典　76
玄科舊目　114, 122, 130
　——三十六巻　22, 51, 65, 82, 115,

122, 246
元嘉十四年　17, 36, 64, 114, 246-247
元始　22, 28, 52, 78, 153
玄師　159
玄旨　91
元始舊經（元始旧経）　3, 5, 11, 16, 18, 25-27, 31, 33, 37, 40, 47, 51, 60-61, 66-69, 73, 79, 82, 96, 115-116, 122, 126, 134, 154, 168, 170, 174, 182, 227, 233, 241, 246, 248-249, 261-263
　――の出世　242, 244
元始舊經紫微金格目　2, 67, 112
　――三十六卷　22, 113, 246-247, 261
「元始旧経」の「發爐呪」　232
元始系　18, 31
　――霊宝経　5, 16
元始五老赤書玉篇　69, 196
　――眞文天書經（道蔵本『天書經』）　23, 41, 68, 70, 78, 83, 88, 123, 128-129, 138, 197, 227
元始自然赤書玉篇眞文　69, 88, 127, 129
元始上道舊文　72
元始眞文舊經　70, 91-95
元始天尊　8, 21-22, 28, 38, 43-44, 47, 52, 69, 84-85, 87, 92, 97-98, 104, 108, 120, 129, 145, 147, 151, 153, 248
元始天王　28, 52, 142
元始洞玄靈寶赤書玉篇眞文　138, 196
『元始無量度人上品妙經』四注本（『度人經』四註本）　73, 83, 86-87, 140, 145, 147-148, 149
元始無量度人上品妙經　147
元始靈寶五帝醮祭招眞玉訣　76, 139
嚴東　83, 86-87, 140
玄都紫微宮　69, 71, 127

玄覽人鳥山經圖（道蔵本『人鳥山經圖』）　42-43
寇謙之　57, 195
劫運　100-101
劫災　100-101
高上大聖玉帝　85, 108
高上太道虛皇　167
高上法師　160
高上老子　160, 172, 205
後世種民　209
五稱符　169, 193
五眞人頌　27, 46, 118, 163, 171, 190, 215-216
呉太極左仙公葛公之碑　251
五帝醮祭招眞法　76-77
五帝眞符　71
小林正美　5, 16, 48, 52, 82, 107, 110, 186-187
古文　70, 94
五篇文升仙之傳　149
古靈宝経　2, 61
此間土地四面眞官　232

さ 行

齋壇安鎭經目　50, 53-54, 254, 258
罪福緣對拔度上品　109
齋法（斎法）　166, 171, 205-209
三元戒品　72, 140-141
三国志　195
三十二天　146, 148-149
三天齋（旨教齋）　171, 204-205, 207-210, 214-215, 232
三天齋法（旨教經）　172, 205
三天太上玄元大道君　231
「三天」と「六天故氣」の対立　211-213
三天内解經　39, 195, 211, 240-241, 243, 262-263
三天之師　211, 243
三天法師天師　172, 205, 210
三洞經書目錄　17

三洞経典　188
三洞珠嚢　55
三洞説　261-262, 264
三洞大法師　162, 170
三洞飛玄之炁　150
三部八景神二十四圖　75
三寶君　150
三寶神經　139
師告丹水文　118, 120, 247-248, 251-252
紫微宮（紫微臺，紫微上宮）　25-27, 31, 45-46, 52, 72-73, 127
思微定志旨訣　151
シペール，クリストファー　3
師保　167
謝罪上法　140
謝世維　7
十惡之戒　176, 197
周氏冥通記　202
周子良　202
十善因緣上戒　178-181
　　──之律　179
十善勸誡　176
十二可從（戒）　96, 99, 175
十部　107-108, 110, 115
　　──舊目　38-39, 82, 112, 114-115, 122, 130
　　──三十六帙　21-22, 38, 61, 81, 114-115, 122, 128, 130, 245
　　──飛天書　110
　　──靈寶經　112-113
十部妙經　82-90, 93-101, 103-112, 116-118, 121-122, 126-129, 132-134, 139-140, 154
　　──三十六巻　22, 111, 125-126, 130, 132
十四条の戒　167, 200
宿啓儀　119, 224
宿世功德　209-210, 214, 233
衆生救済　58-59, 61, 154

衆聖難（經）　17, 32, 51, 53, 58
十戒　96, 99, 176
出官　118, 218-220, 222
　　──儀　119
　　──啓事　171-172, 217-218, 221-222, 233
十方　107-111, 230
　　──世界　111
　　──拜　106, 109
　　──飛天神人　109, 149
出法度人　108
授度儀表　37, 51, 65-66, 82, 114-116, 121, 246, 248
受籙　222
正一指教齋儀　208-209, 224-225, 229
正一指教齋清旦行道儀　208-209, 220-221
正一眞人　172, 205, 210-211, 215
　　──三天法師　172, 210-211, 213-214
　　──三天法師張諱告南嶽夫人口訣　229
正一天師告趙昇口訣　57, 212
正一盟威之法　243
正一明（盟）威之道　39, 211-213, 243
正一論　207-209
上啓　118, 221-222, 231
上章　171, 218-219
　　──儀礼　218, 222
紫陽眞人内傳　203
上清経　200
上清太極隠注玉經寶訣（道蔵本『隠注寶訣』）　30, 158, 165, 172, 188
上清同類事相　55
上相青童君　225
笑道論　113, 260-261
消魔智慧　190
諸要　70, 94
眞一自然經　54
新旧　36, 74, 79, 182, 263
　　──二系統　37, 64, 78, 258, 263,

270
　　　──二系統の霊宝経　　8, 61, 80, 265
新舊　65-66
　　　──五十五卷　　37, 64-65
新經　11
眞誥　3, 42, 164, 201
新出太上　39
　　　──老君　　211
新出老君　39, 212, 243
眞文（真文）　69, 70-71, 93, 120
甄鸞　113, 206
瑞祥　263
瑞兆　59, 61, 240, 263
ストリックマン，ミシェル　4
請問經　53
赤松子章曆　218
仙苑編珠　250-251
仙官吏兵　217-219
仙公　30, 35, 38, 158, 160, 162, 167, 169, 172, 197, 199, 205
　　　──系　　18, 31
「仙公系」靈宝經　5, 16, 186-187
仙公在世時所得本　31, 35, 45, 156
仙公受経　155, 173-174, 181, 251, 262, 264
仙公所受　37, 170, 172
　　　──經典　　155-156, 162
仙公所稟　37
仙公新經　3, 5, 11, 16, 18, 32, 40, 44-45, 47, 66-67, 79, 155-157, 163-164, 170-174, 182, 186, 227, 233, 262
仙公請問經　53
仙公請問本行因縁衆聖難　17, 19, 32, 211
　　　──經（衆聖難經）　　51, 53
前世積慶　208-210, 233
宋文明　1

た行

大戒　139
　　　──品文　　167
太極葛仙公傳　250
太極左仙公（葛玄）　161-162, 170
太極左仙公請問經上（請問經上）　53, 160, 163, 167, 172, 178, 180-181, 199, 215
太極眞人　155, 157-159, 162, 164-170, 172-174, 194
　　　──高上法師　　160, 168, 197, 205
　　　──頌　　27, 170
　　　──徐來勒　　38, 168, 259
　　　──敷靈寶齋戒威儀諸經要訣（諸經要訣，道藏本『諸經要訣』）　76-77, 157, 163, 166, 172, 176, 191-192, 208-209, 219-221, 230
　　　──法言　　56
太極仙公　158
太極智慧経　167, 178, 181, 199
太極智慧十善勸助功德戒　167, 194
泰始七年　16-17, 67, 247
大乘　191
「大乘」の思想　5
太上　21, 38-39, 41-47, 162, 166, 240-241, 243-244
太上玉經太極隱注寶經訣（隱注寶訣）　30
太上玉晨大道虛皇　168
太上虛皇道君　167
太上玄一眞人　170, 193
　　　──説勸誡法輪妙經　　25
　　　──説三途五苦勸誡經　　25
　　　──説妙通轉神入定經　　25
太上玄元五靈老君　232
太上元始靈寶五篇眞文（五篇眞文）　29, 76, 144, 147
太上玄臺七寶上宮　52
太上高玄眞人　167
大小劫品經　55

太上十誡　　197
太上正一眞人無上三天法師　　216
「太上正一眞人無上三天法師張道陵」の頌
　　171, 190, 215-216
太上諸天靈書度命妙經（度命妙經，道蔵本
　　『度命妙經』）　　41, 83-87, 92, 97-
　　102, 104, 107-108, 121, 142
太上説太上玄都玉京山經　　17
太上説太上玄都玉京山歩虛經（玉京山經）
　　19, 24-26, 153, 163, 168-169
太上太極高上老子无上法師　　160, 167,
　　199
太上太極太虛上眞人演太上靈寶威儀洞玄眞一
　　自然經訣（——上卷，自然經訣）　　27-
　　28, 38, 45, 54, 158, 163, 166, 168,
　　171, 190, 215, 218
太上大道君（太上道君）　　23, 28-30, 46,
　　70, 84, 97, 104, 127, 129, 149,
　　153, 165-166, 168, 242, 244
太上大道三元品誡謝罪上法（道蔵本『謝罪上
　　法』）　　23, 226
太上洞淵神呪經　　57
太上洞玄智慧上品大誡（智慧上品大誡）
　　153, 175-176
太上洞玄靈寶空洞靈章經　　149
太上洞玄靈寶三元品戒（三元品戒）　　23,
　　83, 86-87, 140
太上洞玄靈寶三元品戒功德輕重經（道蔵本
　　『功德輕重經』）　　23, 72
太上洞玄靈寶自然至眞九天生神章（九天生神
　　章）　　19
太上洞玄靈寶授度儀（授度儀）　　22, 27,
　　117, 119, 124, 218-219, 247-248,
　　251, 259, 262
太上洞玄靈寶眞一勸戒法輪妙經（道蔵本『法
　　輪妙經』）　　17, 19, 25, 28, 32, 52,
　　153, 155, 163, 168, 170-171
太上洞玄靈寶眞文度人本行妙經（本行妙經）
　　141
太上洞玄靈寶眞文本行妙經　　141

太上洞玄靈寶眞文要解上卷（眞文要解）
　　17, 19, 30, 51, 173
太上洞玄靈寶眞文要解上経（道蔵本『眞文要
　　解』）　　28, 30, 32, 52, 157, 160-
　　161, 163-164, 171, 173, 224-225,
　　227
太上洞玄霊宝赤書玉訣妙經（玉訣妙經）
　　58, 70, 83, 92-96, 107, 121, 129-
　　132, 139, 175
太上洞玄靈寶大道無極自然眞一五稱符上經
　　（五稱符上經）　　17, 19, 25, 169,
　　193
太上洞玄靈寶智慧罪根上品大戒經（智慧罪根）
　　139, 153, 176, 178-179
太上洞玄靈寶智慧定志通微經（道蔵本『定志
　　經』）　　23, 151-152
太上洞玄靈寶智慧本願大戒上品經（道蔵本
　　『智慧本願』）　　39, 159, 163, 167,
　　172, 176, 194-195, 197, 199
太上洞玄靈寶天文五符經序（五符經序）
　　19, 31, 34-36, 40, 42-43, 45, 47,
　　77, 171, 173
太上洞玄靈寶本行因緣經（道蔵本『本行因緣
　　經』）　　19, 160-164, 171-172, 210,
　　213-214
太上洞玄靈寶本行宿緣經（道蔵本『請問經
　　下』）　　39, 53, 160, 163, 168, 172,
　　176, 197-198, 208, 215
太上洞玄靈寶滅度五鍊生尸妙經（道蔵本『五
　　鍊生尸妙經』）　　74, 148-149
太上無極大道自然眞一五稱符上經（道蔵本
　　『五稱符上經』）　　25, 139, 168-169,
　　192-193, 196-197
太上靈寶五符序（道蔵本『五符序』）　　35,
　　38, 41
太上靈寶諸天内音自然玉字（内音自然玉字,
　　道蔵本『内音自然玉字』）　　26, 41, 52,
　　110, 121, 143-149, 198
太上靈寶天地運度自然妙經（道蔵本『天地運
　　度經』）　　56-58

太上老君　　212-213
太清（の神々）　　171, 222-227, 233
泰清官屬　　220
大智慧經　　165
太平金闕後聖帝君　　57
大梵隱語　　73, 142
　　——無量之音　　145-147
大羅天　　21, 26
他者救済　　61
智慧罪根上品大戒　　139
智慧本願大戒上品　　194
中嶽仙人黄泰　　203
注訣　　70, 92-95
張超然　　7
張道陵　　21, 39, 172, 206, 210-216, 243-245
長夜之府九幽玉匱明眞科法　　104-106, 109
陳国符　　3
通門論　　1
ツェーチッヒ，アンジェリカ　　7
帝嚳　　21, 39, 41
天師　　212-213
　　——張道陵　　171, 173, 205-206, 208, 211-216, 233
天師道　　5, 39, 171-172, 186, 195, 197, 201-205, 210-214, 217-219, 222-223, 231, 233, 243
　　——関連諸事　　155, 173, 186, 228, 232-233
　　——の「發爐呪」　　231
　　——の籙　　217
伝授　　129
　　——儀　　75, 108, 117-118, 215
天書　　42, 71, 197
　　——観　　7, 198
　　——玉字　　58, 121, 138, 142-143, 146, 149, 154, 198
天上界の科法　　75-77
天眞皇人　　73, 143, 149

天尊　　22-23, 148
天地運度　　56-60
天文　　7, 59, 145
典略　　195
東華青童子　　162
道教義樞　　125-126
洞玄運度經　　56
洞玄經　　261-262
洞玄空洞靈章經（空洞靈章）　　110, 146, 149
洞玄五稱經　　193
洞玄五符經　　42
洞玄靈寶運度大劫經（大劫經）　　55
洞玄靈寶玉京山歩虛經（續道藏本『玉京山經』）　　24-26, 153, 163, 168-169
洞玄靈寶玉籙簡文三元威儀自然眞經（道藏本『三元威儀自然』）　　23
洞玄靈寶三洞奉道科誡營始（道藏本）　　50, 254
洞玄靈寶自然九天生神章經（道藏本『九天生神章』）　　19, 150, 168, 170
洞玄靈寶仙公請問經　　53
洞玄靈寶本相運度劫期經　　55
洞玄靈寶丹水飛術運度小劫經（小劫經）　　55
洞玄靈寶長夜之府九幽玉匱明眞科（道藏本『九幽玉匱明眞科』）　　24, 74, 83, 102-106, 108, 140, 153, 231
洞玄靈寶二十四生圖經（道藏本『二十四生圖經』）　　26, 52, 75, 121, 142
陶弘景　　3, 42, 164, 202, 229, 251
道士之行　　178-181
登眞隱訣　　229-230
『登眞隱訣』卷下　　229
洞真玄經卅九章　　190
道藏本『玉訣妙經』　　58, 70, 76, 90-95, 99, 101, 128
　　——卷上　　89, 94, 107, 129, 231
　　——卷下　　76
道藏本『五符序』卷上　　39, 41

道蔵本『太上諸天靈書度命妙經』(道蔵本
　『度命妙経』)　　84-85, 92, 97-98,
　104, 107
道蔵本『太上洞玄靈寶本行宿緣經』　160
道蔵本『天書經』卷上　51, 68, 71,
　129, 195
道蔵本『天書經』卷中　58
道蔵本『天書經』卷下　26, 69, 88,
　126, 147, 226
登壇告大盟次第法　　117-118, 124
道德五千文 (道德、道德上下經、老子道德經、
　老子五千文)　155, 163-164, 172,
　174, 187-204, 232
道德丈人　223, 225
道流　5
塗炭謝儀　207
土地里域四面眞官　232
敦煌写本ペリオ2861の2とペリオ2256
　1
敦煌本『三洞奉道科誡儀範』(科誡儀範)
　253
敦煌本『衆聖難經』　211
敦煌本『請問經上』　200, 208, 215
敦煌本『霊宝経目録』　2-3, 5, 8, 16,
　18, 22, 31-33, 40, 47-48, 58, 60,
　67, 77, 79, 111, 113, 126, 154,
　156-157, 173-174, 182-183, 235,
　246-247, 252
　――著録経典　58

な 行

二系統　5, 174, 181-182, 262
　――の霊宝経　5, 33, 65, 79, 248,
　253, 271
入靜法　229-230

は 行

八威召龍經 (召龍經)　55
八威召龍神經　55
發爐　118, 172, 207, 228, 232-233
――呪　208, 229-231, 233
飛玄之炁　143
飛天神人　105, 148
百鬼主者　213
広瀬直記　61
福井康順　4
復爐　118
辨正論　113, 260-261
篇目　5, 32, 48-49, 52-54, 59-60
法戒　90, 95
寶訣　158
茅山　3, 201
――志　203
法師　160
寶文十部妙經　118-119
抱朴子内篇　4, 201-202, 245
法琳　113, 260
『法輪妙經』A　25, 39, 72, 153, 162,
　170
『法輪妙經』B　25, 52, 78, 153
『法輪妙經』C　25, 153
『法輪妙經』D　25, 73, 153
保挙　162, 170
北周　55-56, 220
ボーケンカンプ、ステファン　3

ま 行

丸山宏　218-219
未出　5, 49-50, 54-55, 57-59
道　89-92, 94-95, 194, 197
――(神格)　89-96
妙音　104-105
妙經　86, 120
無上黄籙大齋立成儀　50, 218, 220,
　254
無上秘要　42, 55-56, 74, 110, 141,
　149, 193, 220
明科　104-105, 108
明戒　97, 99
明教　92

明眞　74
　——科　74, 108
　——科法　102, 106
　——科品　74
　——科律　109
　——舊典　74
免離災厄　209

や行

山田利明　8
楊羲　3, 201, 203
要訣　99, 122, 133-134
要言　91, 94
楊立華　50
吉岡義豊　4, 57
四つの出来事　38-39, 41, 241, 245

ら行

陸修静　1, 3, 5, 8, 16, 20, 22, 26-27, 31-32, 35-36, 38, 40-45, 48, 50-51, 57, 59-62, 64-67, 69, 73, 78-80, 111, 113-116, 121-122, 130, 154, 182-183, 234-236, 241-242, 244-246, 249, 262-264, 270
　——の霊宝経観　33, 36-37, 46, 57, 59, 61, 183, 235-236, 247-249, 252, 257, 259, 262-264, 271
　——の霊宝経史観　41, 66, 77
　——の霊宝経典観　112
陸先生道門科略　212
李弘　56-59
　——信仰　56-59
李静　50, 54
劉屹　6, 49, 52, 163, 175, 179, 181, 262
劉宋　1, 4, 21, 38, 59, 61, 239, 263
　——王朝　240, 245
劉裕　56-57, 114, 240
　——受命　263

霊書度命（太上諸天靈書度命妙經）　83-84
靈寶　38, 139
　——監齋大法師　221-222
　——官屬　219-220
霊宝経　1, 8, 21, 40, 77, 191-192, 195, 200, 227, 246
　——観　26, 59, 61, 80, 235-236, 242, 246, 253, 262
　——史観　44-45, 80, 129
　——典　59, 77, 182, 246, 259
　——伝授　259
　——の出現　38
靈寶經目　17
靈寶經目序（「目序」）　1, 16, 20, 22, 25, 37, 40-41, 43-44, 61, 64-65, 114-116, 129, 236, 239, 242, 244-248, 262-264
靈寶金籙簡文三元威儀自然眞經　23
霊宝玄師　159
　——太極太虛眞人　159
靈寶五稱符　139
靈寶五稱文　206
靈寶五帝錬度五仙安靈鎮神五氣天文　148
靈寶五符　38-39, 41, 76-77, 149, 169, 193
『靈寶五符』出現譚　41-42
靈寶五篇眞文（靈寶眞文, 五篇眞文）　51, 58-59, 69-71, 77, 84-85, 88, 93, 97, 99, 101, 105-106, 108-109, 111, 127, 133-134, 138-139, 143, 146-149, 153-154, 195
靈寶齋　166, 172, 205-210, 214-215, 221, 232
　——法　157, 166, 191, 214
靈寶自然眞文　139, 193, 196
靈寶出世　240-242, 244, 262-263
靈寶眞文十部妙經　102-103, 105-106
霊宝赤書五篇眞文　5
靈寶大戒　96, 99

靈寶中盟經目　　50, 254, 257
靈寶天尊　　23, 151
靈寶之文　　21, 37, 115, 122, 236
靈寶妙經　　248
靈寶妙法　　92
靈寶無上齋　　172, 208-209, 230
靈寶略紀　　249, 251, 259, 263
靈寶鍊度五仙安靈鎮神黃章法　　148-149

歷世眞僊體道通鑑　　250
老君　　21
　　──音授戒經　　195
老子　　169
　　──五千文　　202
ロビネ, イザベラ　　3
呂鵬志　　7, 187

A Study of Daoism in the period of the Six Dynasties (六朝) through the Early Lingbao Scriptures (古霊宝経)

HAYASHI Kae

This paper aims to examine the premise which the Early Lingbao Scriptures have two categories.

The Early Lingbao Scriptures have considered on the premise that they have old and new categories. The reason for this is that 敦煌本「霊宝経目録」 "The Lingbao Scriptures Catalogue of Dun-Huang manuscripts"consists of two parts: 元始旧経 "the Old Scriptures of the Primal Origin"and 仙公新経 "the New Scriptures bestowed by the Immortal Duke". However, it is unclear whether the mode of thinking of the Lingbao Scriptures in both categories represents the original Lingbao Scriptures before the arrangement and classification by 陸修静 Lu Xiujing (A.D.406 〜 477), or the Taoist view.

In this paper, I would like to state the following point through examination of the premise. The two categories do not exist in the Early Lingbao Scriptures. Instead, they were established by 陸修静 in his compilation of the catalogue of Lingbao Scriptures in the fifth century. 陸修静 categorized the Lingbao Scriptures that he judged as authentic scriptures into two categories, namely, before the 劉宋 Liu Song (A.D.420 〜 479) Dynasty and after the 劉宋 Dynasty. He then placed them on the time axis. 陸修静 described the Early Lingbao scriptures in a historical manner in his writings, such as 「霊宝経目序」 "the preface to the Catalogue of Lingbao Scriptures"which appeared in 『雲笈七籤』 "Cloudy Bookcase with Seven Labels" (HY1026) Vol.4, and 「太上洞玄霊宝授度儀表」 "the preface of Ritual for Transmission of Lingbao Scriptures" (HY528). The division of the scriptures by their date of appearance in his works corresponds to the structure found in 敦煌本「霊宝経目録」 which is regarded as have been keeping the contents of the catalogue of Lingbao Scriptures that 陸修静 compiled.

This paper also presents a few findings. First, the classification of scriptures in 敦煌本「霊宝経目録」 has no exceptions under certain conditions, although previous studies have argued otherwise. Second,considering"已出" (Appeared) and"未出" (Not Yet apperared) scriptures of 元始旧経, it is highly possible that 陸修静 reinterpreted 旧目 "The Old Catalogue", which is originally the catalogue of the Lingbao Scriptures, as the catalogue of 元始旧経; Third, it has been thought that 十部妙經 (*shi bu miao jing*) means 元始旧経 by the preceding study, but 十部妙經 does not mean 元始旧経 actually with the Early Ling-bao scriptures.

Key words: 陸修静 Lu Xiujing; 古霊宝経 the Early Lingbao Scriptures; 元始旧経 the Old Scriptures of the Primal Origin; 仙公新経 the New Scriptures bestowed by the Immortal Duke; Daoism

著者紹介

林　佳恵（はやし　かえ）

2013 年 3 月、早稲田大学大学院文学研究科博士後期課程（東洋哲学専攻）単位取得満期退学。

2016 年 5 月、博士（文学）（早稲田大学）。博士論文「古霊宝経の研究―敦煌本「霊宝経目録」に於ける経典の分類をめぐって―」。

早稲田大学エウプラクシス叢書　16

六朝江南道教の研究
―陸修静の霊宝経観と古霊宝経―

2019 年 3 月 25 日　初版第 1 刷発行

著　者	林　佳恵
発行者	須賀晃一
発行所	株式会社　早稲田大学出版部
	169-0051 東京都新宿区西早稲田 1-9-12
	電話 03-3203-1551　http://www.waseda-up.co.jp/
校正協力	株式会社　ライズ
装　丁	笠井亞子
印刷・製本	大日本法令印刷　株式会社

Ⓒ 2019, Kae Hayashi. Printed in Japan　ISBN978-4-657-19801-3
無断転載を禁じます。落丁・乱丁本はお取替えいたします。

刊行のことば

　1913（大正2）年、早稲田大学創立30周年記念祝典において、大隈重信は早稲田大学教旨を宣言し、そのなかで、「早稲田大学は学問の独立を本旨と為すを以て　之が自由討究を主とし　常に独創の研鑽に力め以て　世界の学問に裨補せん事を期す」と謳っています。

　古代ギリシアにおいて、自然や社会に対する人間の働きかけを「実践（プラクシス）」と称し、抽象的な思弁としての「理論（テオリア）」と対比させていました。本学の気鋭の研究者が創造する新しい研究成果については、「よい実践（エウプラクシス）」につながり、世界の学問に貢献するものであってほしいと願わずにはいられません。

　出版とは、人間の叡智と情操の結実を世界に広め、また後世に残す事業であります。大学は、研究活動とその教授を通して社会に寄与することを使命としてきました。したがって、大学の行う出版事業とは大学の存在意義の表出であるといっても過言ではありません。これまでの「早稲田大学モノグラフ」、「早稲田大学学術叢書」の2種類の学術研究書シリーズを「早稲田大学エウプラクシス叢書」、「早稲田大学学術叢書」の2種類として再編成し、研究の成果を広く世に問うことを期しています。

　このうち、「早稲田大学エウプラクシス叢書」は、本学において博士学位を取得した新進の研究者に広く出版の機会を提供することを目的として刊行するものです。彼らの旺盛な探究心に裏づけられた研究成果を世に問うことが、他の多くの研究者と学問的刺激を与え合い、また広く社会的評価を受けることで、研究者としての覚悟にさらに磨きがかかることでしょう。

　創立150周年に向け、世界的水準の研究・教育環境を整え、独創的研究の創出を推進している本学において、こうした研鑽の結果が学問の発展につながるとすれば、これにすぐる幸いはありません。

2016年11月

早稲田大学